JN153597

江戸時代の呂氏春秋学

山子学派と森鐵之助・新出注釈二種

【解説と翻刻】

編著＝土屋紀義
佐々木研太

中国書店

『呂氏一適』第一冊・第二冊表紙

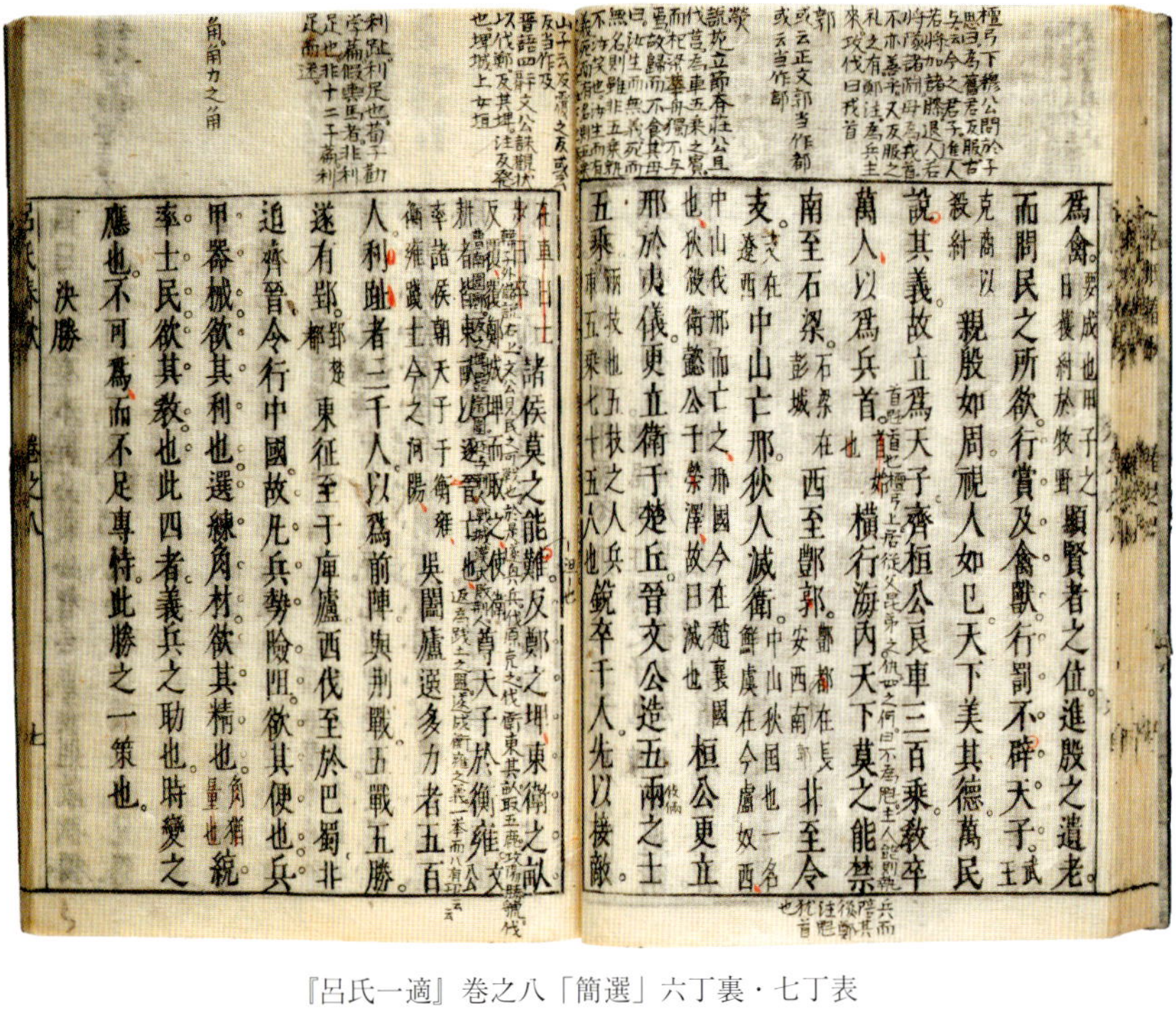

『呂氏一適』巻之八「簡選」六丁裏・七丁表

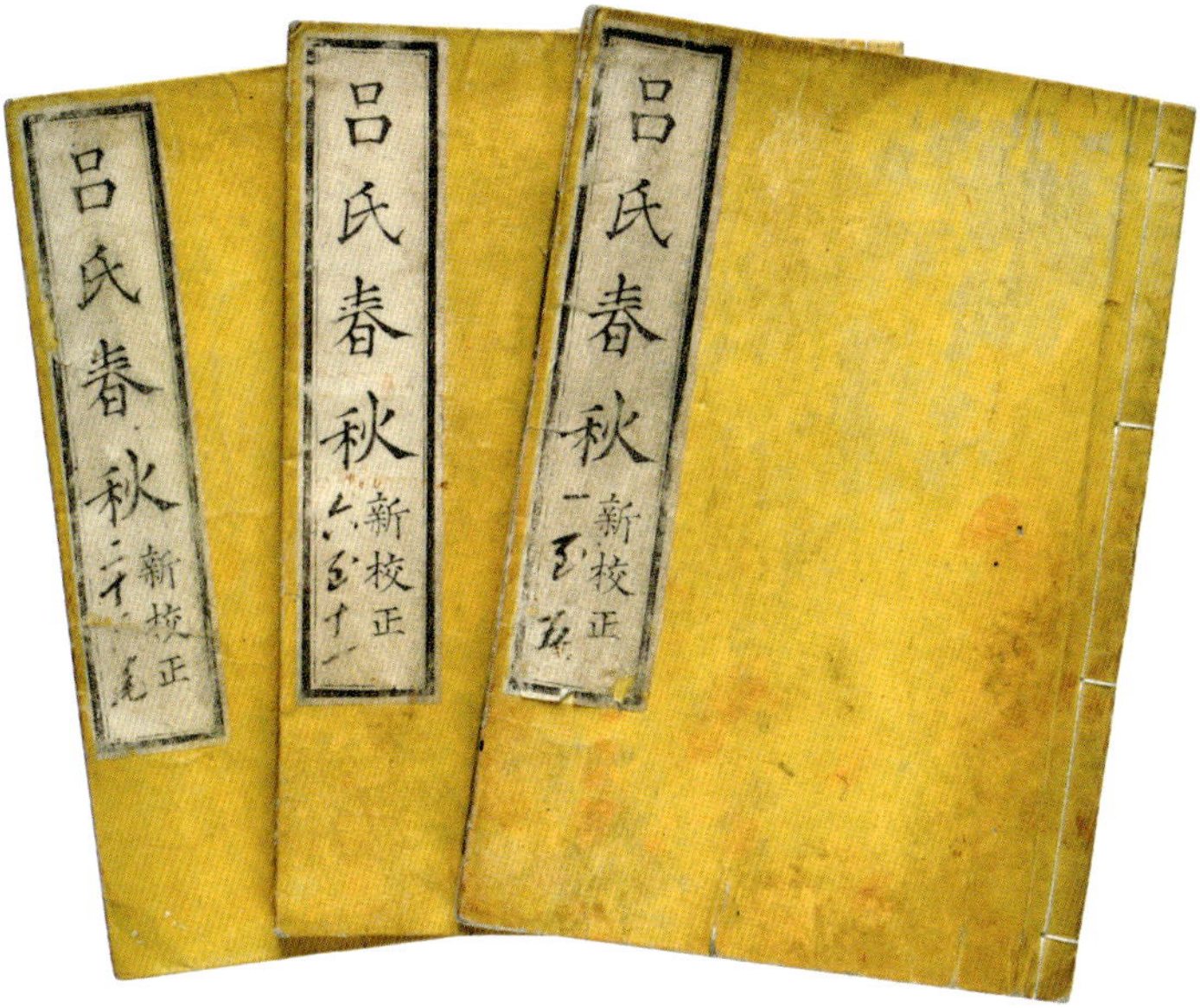

森鐵之助付注和刻本『呂氏春秋新校正』表紙

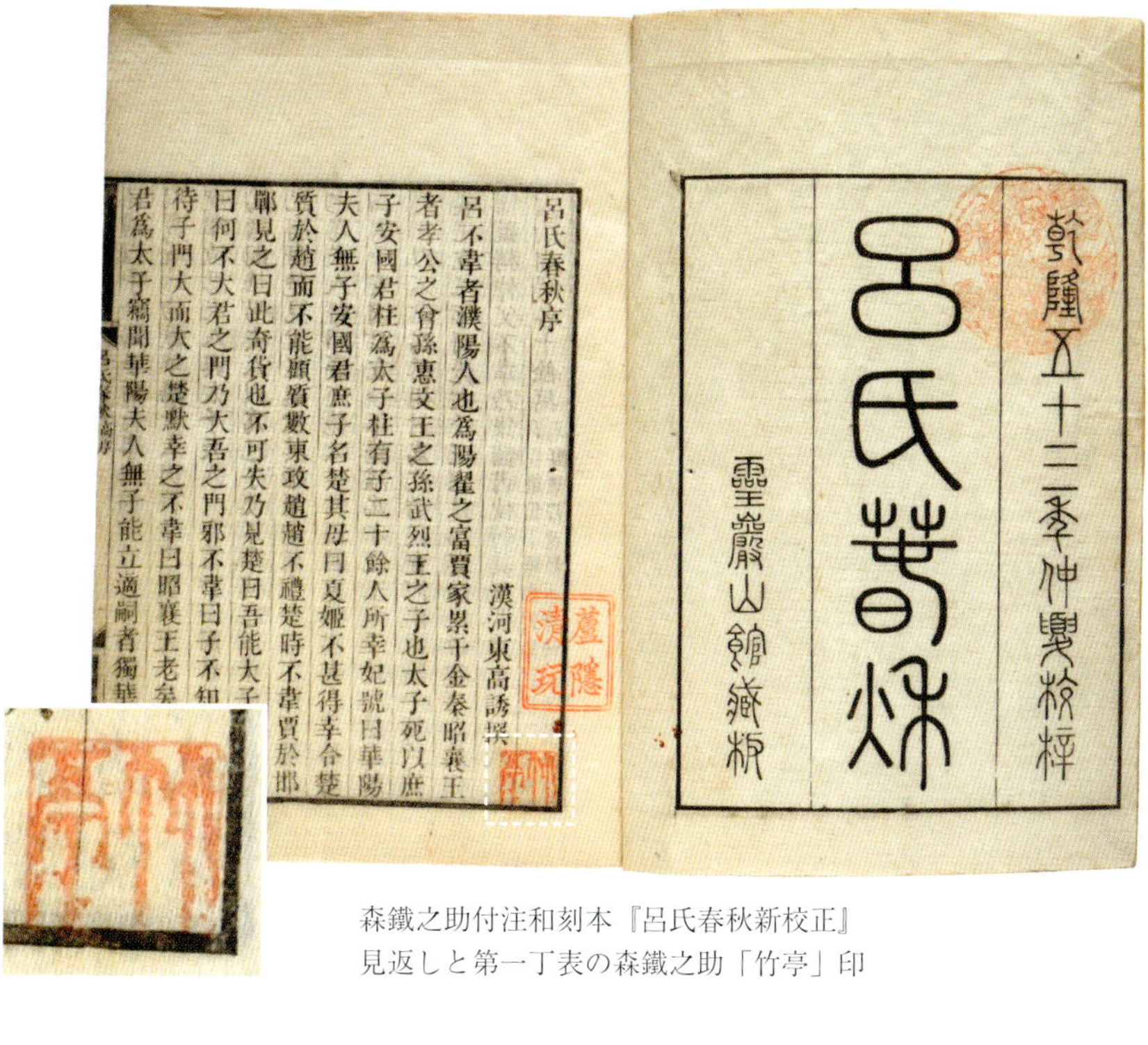

森鐵之助付注和刻本『呂氏春秋新校正』
見返しと第一丁表の森鐵之助「竹亭」印

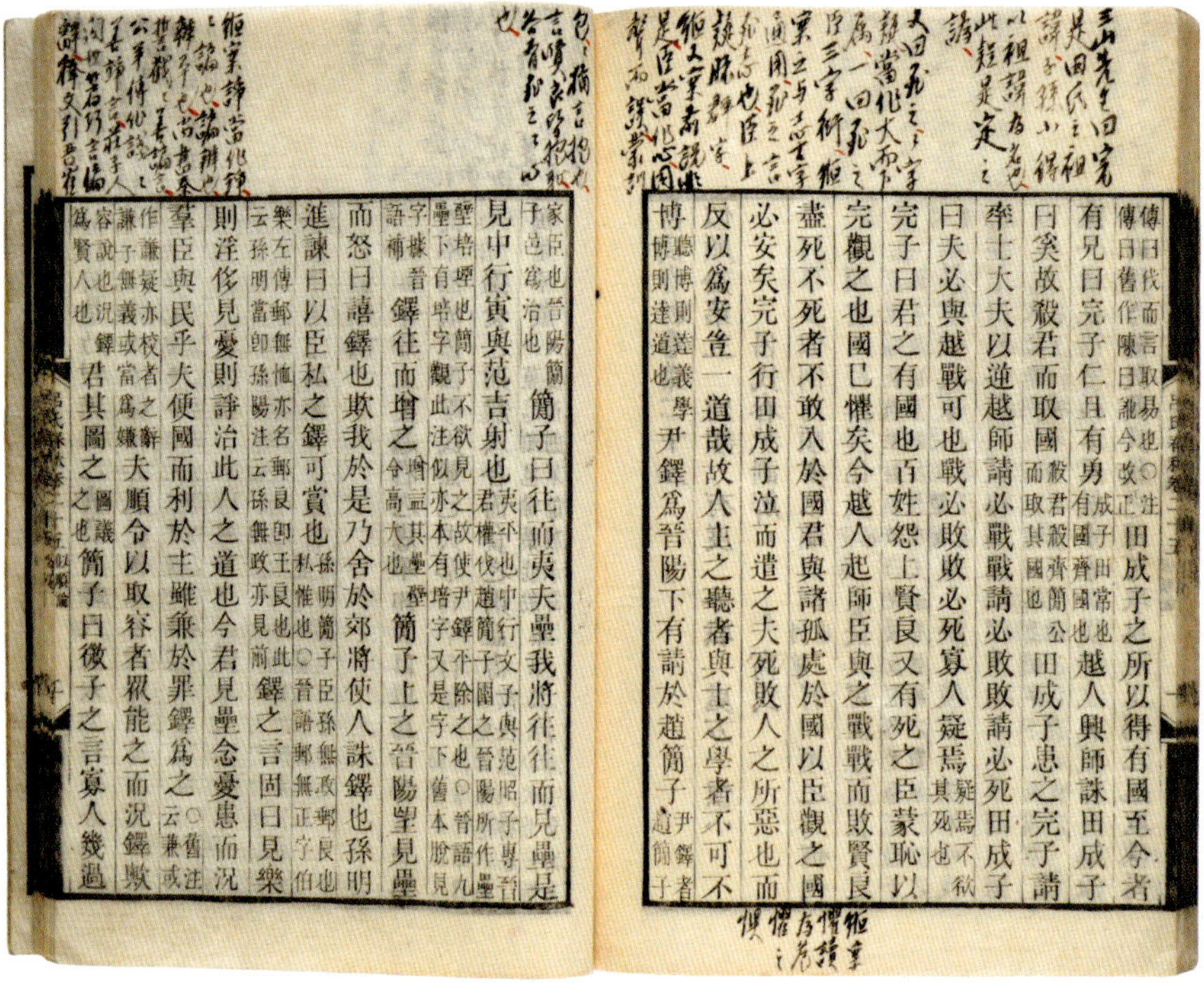

傳曰伐而言取易也○注傳曰舊作陳曰龍今改正田成子之所以得有國至今者有兄曰完子仁且有勇成子田常也有國齊國也越人興師誅田成子曰奚故殺君而取國殺君殺齊簡公而取其國也田成子患之完子請率士大夫以逆越師請必戰戰請必敗敗請必死田成子曰夫必與越戰可也戰必敗敗必死寡人疑焉疑焉不欲其死也完子曰君之有國也百姓怨上賢良又有死之臣蒙恥以完觀之也國已懼矣今越人起師臣與之戰戰而敗賢良盡死不死者不敢入於國君與諸孤處於國以臣觀之國必安矣完子行田成子泣而遣之夫死敗人之所惡也而反以爲安豈一道哉故人主之聽者與士之學者不可不博聽博則達義學博則達道也尹鐸爲晉陽下有請於趙簡子尹鐸者趙簡子家臣也晉陽簡子邑寫治也簡子曰往而夷夫壘我將往往而見壘是見中行寅與范吉射也夷平也中行文子與范昭子專晉君權伐趙簡子圍之晉陽所作壘壁培壁也簡子不欲見之故使尹鐸平除之也○晉語九壘下有培字觀此注似亦本有培字又是字下舊本脫見字據晉語補鐸往而增之增益其壘壁令高大也簡子上之晉陽望見壘而怒曰譆鐸也欺我於是乃舍於郊將使人誅鐸也孫明進諫曰以臣私之鐸可賞也孫明簡子臣孫無政郵良也私惟也○晉語郵無正字伯樂左傳郵無恤亦名郵良卽王良也此云孫明當卽孫陽注云孫無政亦見前鐸之言固曰見樂則淫侈見憂則諍治此人之道也今君見壘念憂患而況羣臣與民乎夫便國而利於主雖兼於罪鐸爲之○舊注云兼或作謙疑亦校者之辭謙子無義或當爲嫌夫順令以取容者衆能之而況鐸歟容說也況鐸爲賢人也君其圖之圖議之也簡子曰微子之言寡人幾過

森鐵之助付注，卷第二十五「似順」一丁裏・二丁表

はじめに

江戸時代における先秦・秦漢の諸子研究は盛んで、『荀子』、『孫子』、『管子』、『韓非子』、『説苑』等には優れた注釈があり、それらの中には刊本のあるものもあり、広く行われた。そのような中で、『呂氏春秋』については比較的手薄で、江戸時代に邦人の注釈が刊行されたものはなく、写本で残されたものも少ない。中にはなかなかに優れた成果もあったようであり、近代中国の注釈家たちによって大いに活用されているものすらあるが、書名のみが伝わるものも少なからず、現存するものが少なく、その実態はとらえがたい。このような状況の中で、本書は、これまで現物の存在が確認されていなかった、従来一般に片山兼山著とされてきた『呂氏一適』[1]と幕末明治初期の大和出身の無名の学者森鐵之助の注釈を翻刻し、両者の江戸時代における『呂氏春秋』研究に占める位置を確認するための解説を付するものである。

江戸時代に比較的広く利用されたと思われる荻生徂徠の『讀呂氏春秋』は「審應覽・具備」までで中断されており、全編にわたって注釈が施されているものでも、徂徠をはじめとする若干の先人の説の引用が多くの部分を占めている。その中で、『呂氏一適』と森鐵之助の注釈は、詳細さにおいて、またそのほとんどが自家の説であるという点で、他にほとんど類を見ない。現存が確認されていなかったということ以上に、特にこの点に両者の意義があると考える。

本書は、前編「解説」と後編「翻刻」とに分つ。『呂氏一適』の翻刻には、片山兼山の学統、いわゆる「山子学」

の『呂氏春秋』研究の成果をできるだけ紹介するための一助にするべく、片山兼山著・萩原大麓訂補『呂子考』の内容の『呂氏一適』を補う部分を当該箇所に付け加えた。

このような翻刻を行ったわれわれの意図は、従来知られていなかった江戸時代の『呂氏春秋』を紹介することによって、この時代の先秦諸子研究の全貌把握の一助とすることのみではなく、むしろ山子学派および森鐵之助らの『呂氏春秋』注釈が、当代の『呂氏春秋』研究にも十分に貢献しうると判断したからである。このように判断する根拠の一端については、「解説」の第二章第二節（三）および第三節（二）においてやや詳しく述べる。

翻刻の方針の詳細については、後編の凡例にゆずる。翻刻の底本は編者の架蔵本である。

注

（1）国文学研究資料館が構築するデータベース「日本古典籍総合目録」には、「『近世漢學者著述目録大成』による」とのみあって、所蔵者は皆無である。これ以外でも所蔵者は確認できない。

❖目次

はじめに　5

解説

第一章　日本における『呂氏春秋』の受容
第一節　『日本國見在書目録』以降、室町時代末までの記録……15
第二節　『呂氏春秋』明版の中国からの舶来……18
第三節　『呂氏春秋』の和刻本……19
第四節　江戸時代の『呂氏春秋』注釈書の概要……24

第二章　『呂氏一適』と森鐵之助の『呂氏春秋』注
第一節　片山兼山著とされている『呂氏一適』……31
（一）『呂氏一適』、『呂子考』について　31
（二）片山兼山および山子学派について　34
（三）『呂氏一適』の注釈として特筆すべき点　40
第二節　森鐵之助の『呂氏春秋』注……47
（一）底本と注の概要、および注者森鐵之助　47
（二）森鐵之助注の注釈として注目すべき点　60

翻刻

凡例／『呂子考』の増補について 70

『呂氏一適』補『呂子考』抄

『呂氏一適』第一冊（巻之一～巻之五）

巻之一　孟春紀 …… 74
正月紀 74／本生 76／重己 80／貴公 83／去私 86
巻之二　仲春紀 …… 87
二月紀 87／貴生 89／情欲 91／當染 93／功名 96
巻之三　季春紀 …… 98
三月紀 98／盡數 101／先己 103／論人 105／圜道 108
巻之四　孟夏紀 …… 110
四月紀 110／勸學 111／尊師 113／誣徒 116／用衆 119
巻之五　仲夏紀 …… 120
五月紀 120／大樂 122／侈樂 124／適音 125／古樂 127

『呂氏一適』第二冊（巻之六～巻之十二）

巻之六　季夏紀 …… 131
六月紀 131／音律 133／音初 134／制樂 137／明理 139
巻之七　孟秋紀 …… 142
七月紀 142／蕩兵 143／振亂 146／禁塞 147／懷寵 149
巻之八　仲秋紀 …… 152
八月紀 152／論威 154／簡選 157／決勝 159／愛士 161
巻之九　季秋紀 …… 163
九月紀 163／順民 165／知士 168／審己 170／精通 171
巻之十　孟冬紀 …… 173
十月紀 173／節喪 174／安死 177／異寶 179／異用 181

卷之十一　仲冬紀……183
十一月紀　183／至忠　183／忠廉　186／當務　187／長見　189
卷之十二　季冬紀……191
十二月紀　191／士節　193／介立　194／誠廉　196／不侵　197
序意　198

『呂氏一適』第三冊（卷之十三～卷之十六）

卷之十三　有始覽……200
有始　200／名類　202／去尤　204／聽言　205／謹聽　207
務本　208／諭大　209
卷之十四　孝行覽……211
孝行　211／本味　213／首時　216／義賞　218／長攻　219
愼人　221／遇合　222／必己　224
卷之十五　愼大覽……227
愼大　227／權勳　231／下賢　232／報更　235／順說　237
不廣　238／貴因　240／察今　242
卷之十六　先識覽……244
先識　244／觀世　246／知接　248／悔過　250／樂成　252
察微　254／去宥　256／正名　258

『呂氏一適』第四冊（卷之十七～卷之二十）

卷之十七　審分覽……260
審分　260／君守　263／任數　265／勿躬　268／知度　270
愼勢　273／不二　276／執一　277
卷之十八　審應覽……280
審應　280／重言　281／精諭　283／離謂　285／淫辭　287
不屈　288／應言　291／具備　293
卷之十九　離俗覽……294
離俗　294／高義　296／上德　298／用民　299／適威　301
爲欲　303／貴信　304／擧難　305
卷之二十　恃君覽……307
恃君　307／長利　309／知分　311／召類　313／達鬱　315
行論　318／驕恣　320／觀表　321

『呂氏一適』第五冊（卷之二十一～卷之二十六）

卷之二十一　開春論……325
開春　325／察賢　328／期賢　329／審爲　330／愛類　331

貴卒 333
巻之二十二 慎行論 …… 335
慎行 335／無義 337／疑似 338／壹行 339／求人 340
察傳 342
巻之二十三 貴直論 …… 343
貴直 343／眞諫《ママ》 344／知化 346／過理 347／壅塞 349
原亂 350
巻之二十四 不苟論 …… 351
不苟 351／贊能 352／自知 353／當賞 354／博志 356
貴當 357
巻之二十五 似順論 …… 359
似順 359／別類 360／有度 361／分職 363／處方 365
慎小 367
巻之二十六 士容論 …… 369
士容 369／務大 371／上農 372／任地 374／辯土 375
審時 376

森鐵之助の『呂氏春秋』注釈

森鐵之助の『呂氏春秋』注釋第一册（巻第一～巻第五）
巻第一 孟春紀第一 …… 380
巻第二 仲春紀第二 …… 383
巻第三 季春紀第三 …… 384
巻第四 孟夏紀第四 …… 386
巻第五 仲夏紀第五 …… 388
森鐵之助の『呂氏春秋』注釋第二册（巻第六～巻第十一）
巻第六 季夏紀第六 …… 391

巻第七　孟秋紀第七……393
巻第八　仲秋紀第八……394
巻第九　季秋紀第九……396
巻第十　孟冬紀第十……400
巻第十一　仲冬紀第十一……401
森鐵之助の『呂氏春秋』注釋第三册（巻第十二～巻第十五）
巻第十二　季冬紀第十二……403
巻第十三　有始覽第一……405
巻第十四　孝行覽第二……407
巻第十五　愼大覽第三……411
森鐵之助の『呂氏春秋』注釋第四册（巻第十六～巻第十九）
巻第十六　先識覽第四……416
あとがき　465
巻第十七　審分覽第五……420
巻第十八　審應覽第六……426
巻第十九　離俗覽第七……433
森鐵之助の『呂氏春秋』注釋第五册（巻第二十～巻第二十六）
巻第二十　恃君覽第八……438
巻第二十一　開春論第一……444
巻第二十二　愼行論第二……447
巻第二十三　貴直論第三……449
巻第二十四　不苟論第四……452
巻第二十五　似順論第五……455
巻第二十六　士容論第六……458

解説

第一章　日本における『呂氏春秋』の受容

第一節　『日本國見在書目録』以降、室町時代末までの記録

『呂氏春秋』が日本に存在していたことを確認できる最も古い資料は、藤原佐世撰とされる『日本國見在書目録』である。その成立時期については諸説あるが[1]、九世紀末に成立していたことに大方の異論はない。「三十　雜家」の項に「呂氏春秋　廿六　呂不韋撰　高誘注」とあり、書誌的事項は現行本と変わらない。天平勝宝三年（七五一）成立の『懷風藻』に『呂氏春秋』に見える説話を踏まえた詩句のあることが確認されており[2]、奈良時代から本書についての何らかの知識があったと考えられ、また平安時代初期の『文華秀麗集』（弘仁九年（八一八）成立）にも『呂氏春秋』の句を踏まえたと考えられる詩句が見えるといわれているが[3]、書物としての存在が確認されるのは『日本國見在書目録』が嚆矢である。

その後、平安時代を通じて、藤原通憲の『通憲入道蔵書目録』には見えず、また蔵書家として知られた藤原頼長の日記にも見えない。

しかし、天長八年（八三一）成立の『秘府略』、承平年間（九三一〜九三八年）成立の『倭名類聚抄』、正暦二年（九九一）の序のある『弘決外典抄』、鎌倉時代初期の『明文抄』などに『呂氏春秋』からの引用が見られる[4]。

これらの中で、『秘府略』は「百穀部中」で数カ所の『呂氏春秋』からの引用があるが、在来の中国の類書を用い

て編集されたものであるというのが通説である。

『日本國見在書目録』以降、『倭名類聚抄』巻七「羽族部」十五「鳥名」百の条に「呂氏春秋云、雞卵多鰕」とあり、狩谷棭齋は、『箋注倭名類聚抄』において、「所引明理篇、原書今本鰕作假誤、當依此改正」という。[5]『日本國見在書目録』以後も、一〇世紀の日本に『呂氏春秋』が存在していた可能性を示すのみならず、現行本の校訂に資することができることも示されている。

さらに、『弘決外典抄』には高誘注も引かれている。[6]

鎌倉時代初期に成立したとされる藤原孝範（一二三三年没）編『明文抄』には、『呂氏春秋』からのかなりの引用がなされている。すなわち、一・二「帝道部上・下」では、引用順に「不苟」「貴公」「謹聽」「義賞」「音初」「制樂」「貴公」「權勲」「行論」の各篇が、三「人倫部」「人事部上」では、「贊能」「審己」「誠廉」「必己」「重己」「孝行」の各篇が引かれている。[7]若干の箇所で、現行本と一字の違いや不足があるが、おおむね一致する。但し、「必己篇」を引く「莊子曰、昔者山中之木以不材得終天年、主人之雁以不能鳴死」とある箇所のうち「以不能鳴死」とあるところは、現行本では「以不材死」となっている。畢沅らの『呂氏春秋新校正』に、この箇所に注して「舊校云「一作以不能鳴死」」とある。ちなみに、ここに所謂「舊校」とは、畢沅らが使用した明嘉靖七年許宗魯刊本が依拠した宋の賀鑄の舊校本の校語といわれるもののことである。[8]『明文抄』の引用によって、遅くとも鎌倉時代初期に日本に存在したテクストに、中国の古いテクストと一致するもののあったことがわかり、上記の『倭名類聚抄』の場合と同様に、『呂氏春秋』本文研究に僅かではあるが役立ちうることがわかるのである。

これらの他に、鎌倉時代初期の金言集、九條良經（一一六九～一二〇六年）編の『玉函秘抄』、藤原爲長（一一五八～一二四六年）編とされる『管蠡抄』がある。『明文抄』では二一カ所、『玉函秘抄』では三カ所、『管蠡抄』では四カ所の『呂氏春秋』からの引用が確認される。『明文抄』は『玉函秘抄』を継承しているとされるが、[9]『呂氏春秋』

に限って言えば、三者の引用に重複する箇所はない。なお、藤原孝範は文章生となり文章博士・大學頭等を経歴しており、その利用した文献は、博士家伝来のものであったという説もある。(10)

これ以後、室町時代末まで、日本における『呂氏春秋』の鈔本、刊本の所蔵の記録や引用の例は、管見の範囲では見出せていない。

注

(1)『日本國見在書目録』については、矢島玄亮『日本国見在書目録―集証と研究―』(汲古書院、昭和五九・九)が従来の研究を詳しく集約している。その成立時期については、二四〇～二四四頁)。

(2) あるいは『文選』李善注によったか。小島憲之『日本上代文学と中国文学』上(塙書房、一九六二・九)一四四頁参照。

(3) 小島、前掲書下、一六八〇頁参照。

(4)『秘府略』以下の『呂氏春秋』引用については、矢島、前掲書一二九頁。

(5) 印刷局刊、明治一四・四、巻七、四三丁オ。

(6) 前田育徳会尊經閣文庫編『秘府略巻八百六十八、八百六十四』(尊經閣善本影印集成一三、八木書店、平成九・五) 解説四頁。

(7)『續群書類從』第參拾輯下雑部(続群書類従完成会、一九七二)所収の『明文抄』を用いた。

(8) 他の版本で『舊注』と表記されてもいる。

(9) 山内洋一郎編著『本邦類書玉函秘抄・明文抄・管蠡抄の研究』(汲古書院、二〇一二・五)五二～五三頁。なお、『呂氏春秋』からの引用につき本書を参照した。

(10)『日本古典文学大辞典』第五巻(岩波書店、一九九三・九、六刷)の「明文抄」の項。

第二節　『呂氏春秋』明版の中国からの舶来

現在日本で所蔵されている宋・元版の『呂氏春秋』は、静嘉堂文庫の元嘉興路儒學刊本のみであるが、これは陸心源旧蔵本で、古くから日本にあったものではない。明版になると戦国時代末か江戸時代初期に日本にもたらされたものを初めとして相当数所蔵されている。これらの中で、比較的早い年代の所蔵者が判明するものには、次のものがある。(1)

まず、徳川家康旧蔵、所謂「駿河御譲本」、現在蓬左文庫蔵の明萬暦九年（一五八一）金陵唐廷仁校刊本『〈新刊批點〉呂覧（新刻名家校正呂氏春秋題評）』六巻二冊である。内閣文庫蔵の明弘治一一年（一四九八）刊本は昌平黌旧蔵で『經籍訪古志』に著録されている。これによると、巻首に「高平隆長」の印記があるという。(2)これは、高力隆長の印である。(3)高力隆長（慶長九年（一六〇四）〜延宝四年（一六七六））、島原藩主、性暗愚にして奸臣を重用し領民を虐待したとの咎で寛文八年（一六六八）封を解かれ仙台に流竄されたという。(4)この版本は、遅くとも一七世紀半ばには日本に舶載されたものであろう。

現在御茶水図書館所蔵の無刊記明刊本に「艸山瑞光蘭若」の印記があるが、これは深草元政（元和九年（一六二三）〜寛文七年（一六六七））のものである。(5)尊經閣文庫蔵明刊本は前田綱紀（寛永二〇年（一六四三）〜享保九年（一七二四））によって収集されたものである。宮内庁書陵部所蔵の明刊本は、周防徳山藩主毛利元次（寛文一一年（一六七一）〜享保四年（一七一九））旧蔵。内閣文庫に所蔵される明版『呂氏春秋』のうち四部が毛利高標（宝暦五年（一七五五）〜享和元年（一八〇一））旧蔵、一部が木村蒹葭堂（元文元年（一七三六）〜享和二年（一八〇二））旧蔵、紅葉山文庫旧蔵一部、昌平黌旧蔵のもの三部、狩谷棭齋の求古樓旧蔵一部など。さらに、覆嘉靖七年（一五二八）刊本『呂氏春秋』、尾張徳川家旧蔵、御茶水図書館成簣堂文庫蔵本がある。
　以上によって、江戸時代に日本にもたらされた『呂氏春秋』明版のどの版本がおおよそいつ頃日本にもたらされたか、その一端を窺うことができよう。

注

（1）この節については、嚴紹盪『日蔵漢籍善本書録』上・中・下（北京、中華書局、二〇〇七・三）によるところが大きい。
（2）『經籍訪古志』（上海、上海古籍出版社、二〇一四・一〇）一五三頁。
（3）渡辺守邦・後藤憲二編『新編蔵書印譜』（青裳堂書店、平成一三・一）一八三頁。
（4）『日本人名大事典』第二巻（平凡社、一九九〇・一〇、覆刻版第五刷）による。
（5）前掲『新編蔵書印譜』一七三頁。

第三節　『呂氏春秋』の和刻本

　江戸時代に刊行された『呂氏春秋』の和刻本は二種類である。まず江戸時代中期に刊行された「漢高誘注　明宋邦乂・徐益孫校刊」と長沢規矩也『和刻本漢籍分類目録　増補補正版』（汲古書院、平成一八・三、一三一頁）にあるものである。同目録には、京都・文泉堂林權兵衛刊本、無刊記の後印本、大坂・伊丹屋善兵衛等後印本、京都・錢屋忠兵衛寛保三年後印本、梶川七郎兵衛後印本の五本が著録されている。全国漢籍データベース協議会が構築する「全国漢籍データベース」には、以上の他に、京都・秋田屋平左衛門後印本、京都・近江屋庄右衛門安永三年後印本などが著録されており、この版がかなり広い範囲に普及していたことがわかる。林權兵衛刊本の刊記に刊年がないので、最初にいつ刊行されたかは不明であるが、文泉堂林權兵衛が活動した時期や[1]、後印本に付された年紀などから判断して、遅くとも江戸時代中期のものであることは明らかである。

この林權兵衛刊本、後にも言及するが、池田四郎次郎が「極劣」と評するように[2]、テクストとしてきわめて問題の多いものである。

この刊本、管見に入ったすべての書目や解題の類には、最近に至っても、すべて「宋邦乂・徐益孫校」となっている。しかし、これは正しくない。一九三七年二月刊行の蔣維喬・沈廷國・楊寛・趙善詒『呂氏春秋彙校』（上海、中華書局）の「板本書録」に「日本板宋邦乂本」がとりあげられ「（略）惟宋邦乂本題為「宋邦乂張瑩徐益孫何玉畏校」、而此本僅為雲間宋邦乂徐益孫同訂、且字句絶不合、其注亦頗刪節也。日本松皐圜『畢校呂覧補正序』稱「今之所行『呂氏春秋』百六十巻、後漢高誘注、明宋邦乂徐益孫同校」、然則此乃日本舊時之通行本矣。此本雖題宋邦乂本、然不與宋邦乂本同、而反與朱本類。不知其何以張冠李戴也。此與朱本略有不同、（略）蓋據朱本而又嘗私意改訂者也。疑此本據朱本而略改訂、後據宋邦乂本而冠以王序、因又牽入宋徐二人、乃成此非驢非馬耳」と言われている[3]。ここに所謂「朱本」とは、同じく「板本書録」に「錢塘朱夢龍本」とある[4]ものである。書誌類では一般に「黃甫龍・沈兆廷校」とされているものであり、以下「朱夢龍本」と呼ぶ。ちなみに、「王序」というのは、宋邦乂等校本（以下宋邦乂本と呼ぶ）の王世貞序のことである。

蔣氏らは、要するに、林權兵衛刊本は、宋邦乂本の翻刻ではなく、実は朱夢龍本を底本として、適当な改竄を加えたものであるというのである。

実際にこの和刻本と朱夢龍本および宋邦乂本を比較してみると[5]、和刻本がまさしく「驢にあらず馬にあらざる」まことに不可思議なものであることがよくわかる。以下に比較の結果の概略を記す。

まず、各本の冒頭の部分を列記する。

和刻本：「呂氏春秋序」漢河東高誘撰、「讀呂氏春秋」明方孝孺撰、「重刻呂氏春秋序」瑯琊王世貞譔。「呂氏春秋総目」、巻首「呂氏春秋巻之一」、次行　雲間宋光禄邦乂徐大學益孫仝訂、次行　孟春紀、次行　正月紀、以下本文。四周単辺白口半丁十行行十八字注小字双行無界。

朱夢龍本：「刻呂氏春秋序」繍水賀萬祚撰、「呂氏春秋序」漢河東高誘撰、「讀呂氏春秋」明方孝孺撰、「呂氏春秋凡例」銭塘朱夢龍用霖甫識、「目録」、巻首「呂氏春秋巻之一」、一・三行　仁和黄甫龍應侯父沈兆廷行諫父仝訂、次行　孟春紀、次行　正月紀。四周単辺白口半丁九行行十八字注小字双行有界。

宋邦乂本：「重刻呂氏春秋序」瑯琊王世貞撰、「讀呂氏春秋」明方孝孺撰、「呂氏春秋序」高誘、一・二丁版心「長州張梗刻」、「呂氏春秋総目」、巻首　呂氏春秋第一巻　高氏訓解、次行　雲間宋邦乂張邦瑩徐益孫何玉畏校、次行　孟春紀第一、次行　正月紀。上下単辺左右双辺半丁十行行二十字注小字双行有界。

以上三種の版本を比較すると、版式がそれぞれ違い、表記の違いも色々あるが、校訂者の氏名から判断すると、和刻本が宋邦乂本の翻刻であると考えてもおかしくない。

ところが、朱夢龍本と宋邦乂本とを実際に比較してみると、最も顕著な特徴が、前者が高注をすべて削除したり、やや長文の高注を削節したりしている箇所が驚くほど多いということである。試みに第一巻のみで両者を比較したところ、七〇カ所以上の削略の箇所を見出した。以て全貌を窺うことができるであろう。そして、削略箇所について、和刻本と朱夢龍本を比較してみると、ほとんど朱夢龍本と同じである。和刻本は、「驢にあらず馬にあらず」というよりは、実質的には、朱夢龍本の翻刻本とみなして差し支えないであろう。正文、高注の部分について一つ大きく違う点は、朱夢龍本の欄外に諸家の評語が多数付されているのに対して、和刻本には皆無であることである。蔣維喬らによって「私意改訂者也」と言われている点については、そのような部分もあろうが、後編の翻刻においてしばしば指摘するように、和刻本の誤刻も少なくないと思われる。また、和刻本の「總目」は、朱夢龍本の「總目」の覆刻に近いほどによく似せてある。この点も、和刻本が朱夢龍本の翻刻であることの一証となる。なぜこのようないささか不可解な手の込んだことが行われたのであろうか。あるいは、出版書肆が費用を安くあげようとしたからではなかろうか。高注を大幅に削ることによって、雕字の費用を減らし、紙数なども減らすことができる。その上で、恐らく当時すでに評価の高かった宋邦乂本の名をかたり、売れ行きの促進を目論んだのではあるまいか。そのために底本とするには、高注を大々的に削節する朱夢龍本がうってつけであったろう。さらに和刻本は、朱夢龍本の欄外に大量に付された諸家の評語もすべて削除している。その理由としても出版コスト削減の思惑があったのではなかろうか。

そもそも朱夢龍本なるものが、顧炎武が批判する[6]明末の劣悪な品質の坊刻本の典型ではあるまいか。本版の「凡例」に「是書劉子政校後其文甚確、但鉛槧之家勘正不嚴、中多訛舛。余讐校之工、雖片字隻詞、必繹義精覈、敢邀世鑒、亦以不朽云」と誇らしげに宣言している。しかし、実際の中身は見てのとおりである。この凡例を書いた朱夢龍なる人物は、恐らく書肆で、その行為はまさに羊頭を掲げて狗肉を売るものであり、文泉堂林權兵衛も同じ穴の貉であったとさえ言えそうである。その行為は、現在においても多くの人に錯覚をもたらしているのである。それはともあれ、元版、明版など手にすることが叶わなかったであろう江戸時代の学者の多くは、長きにわたってこのような劣悪な版本に頼らざるをえなかったのである。

次に刊行されたのが、『和刻本漢籍分類目録　増補補正版』に「呂氏春秋　漢高誘注　清畢沅校　刊（覆清）[7]」とあるものである。この目録には、無刊記本、伊丹屋善兵衛等後印本、無刊記後印本の三種が著録されている。「全国漢籍データベース」によると、これらの他に、赤井長兵衛印本、英大助後印本、秋田屋太右衛門後印本、明治期の河内屋喜兵衛後印本の存在が確認される。

この刊本は、恐らく文化年間（一八〇四〜一八一八年）頃に福山藩の鹽田屯によって刊行されたものである。慶應義塾大学斯道文庫所蔵の浜野文庫旧蔵の覆清刊本『呂氏春秋』の校正刷に「福山藩丸山邸／鹽田屯蔵版」の朱印があるという。この版の刊行には福山藩が大いに関わるともいわれ、また福山藩校誠之館刊という説もあるが、果たして鹽田氏の私刊なのか、藩版なのか判断に迷うところである。(8) 原刊本が乾隆五三年（一七八八）に刊行されているので、その翻刻の出現の時期は、当時としては比較的早いものであろう。

「全国漢籍データベース」によると、大阪府立中之島図書館所蔵本には「萬笈堂製本記」の朱印があるという。坊間の書肆により摺刷、製本が行われ、さらに「東都書肆／本石町十軒店／萬笈堂英大助」の刊記のある英大助後印本が現れるという順序で、この版本の普及が進んでいったのではないだろうか。ちなみに本書の主題の一つである森鐵之助の注は、この英大助後印本に付けられたものである。

注

（1）「吉野家権兵衛　林氏　文泉堂（略）享保以後堀川塾（伊藤）の蔵版を製本発売したりしは即ち此の家なり、其の頃よりして文泉堂と號しき、（略）」井上和雄編、坂本宗子増訂『増訂慶長以来書賈集覧』（高尾書店、昭和四五・一二）一〇一頁。

（2）池田四郎次郎『諸子要目』（松雲堂書店、昭和四・一〇）二七頁。

（3）「板本書録」二一頁。

（4）「板本書録」一九頁。

（5）国立公文書館内閣文庫蔵、木村蒹葭堂旧蔵朱夢龍本等を比較に用いた。

（6）顧炎武『日知録』巻一八、「勘書」、「改書」。

（7）一三二頁。

（8）大沼晴暉『慶應義塾大学附属研究所斯道文庫蔵浜野文庫目録―附善本略解題』（汲古書院、平成二三・三）一四七～一四九頁に「西備福山／鹽田屯／図書記」の陰刻朱印記のあるこの校正刷本の詳細な解説がある。この解説によると、文書の一部を利用した料紙の裏に文化八年、十年と推定される日付が見られるという。また、次節においてやや詳しく解説する松皐圜の『畢校呂氏春秋補正』序に「今文化己亥《ママ》（略）福山鹽田屯購得畢沅校本、捐貲翻刻。予與其藩太田叔龜友善、以故惠其新鐫摺本。」

とある（許維遹『呂氏春秋集釋』〈北京、国立清華大学、民国二四〉の「附攷」十五丁ウ。なお、筆者が拠ったのは、台北、世界書局、一九七五・三刊の影印本である）。文化年間に己亥の年はない。文化一二年が乙亥で、「己」は「乙」の誤記であろう。それはともあれ、ここに引いた二つのことから判断して、鹽田氏刊本が文化年間の末年に刊行され、松皐氏は、これを刊行後間もなく入手することができたと考えてよさそうである。翻刻への福山藩の関与説については、一四八頁。また長沢規矩也編『和刻本諸子大成』第八輯所収『呂氏春秋』解題に「本邦に福山藩誠之館の覆刻本がある」とあるが、鹽田氏刊本が誠之館によって刊行されたとの根拠は、管見の範囲では見出せない。右に引いた松皐氏の序に「捐貲翻刻」とあるので、鹽田氏の私家版としての性格が強かったのかもしれない。なお、太田方の『韓非子翼毳』の刊行資金の援助をしたのも鹽田屯である（『韓非子翼毳』跋に見える）。いずれにせよ、儒臣らの手になる刊本を藩版とみなしうるや否やの判断の難しさについては、高橋明彦「何を藩版として認めるのか――蔵版の意味するもの」（鈴木俊幸編『書籍の宇宙』平凡社、二〇一五・五、二三一～二六六頁所収）が参考になる。

第四節　江戸時代の『呂氏春秋』注釈書の概要

国文学研究資料館が構築するデータベース「日本古典籍総合目録」により『呂氏春秋』についての著作を検索すると、二四件が確認できる。いま、おおよそ著者の生没年、活動時期によって書名と著者を列記すると、以下のとおりである。①『讀呂氏春秋』荻生徂徠、②『讀呂子漫抄』大菅中養父、③『呂覧通解』香川南濱、④『補訂讀呂氏春秋』戸崎淡園、⑤『讀呂子抹』、『呂氏一適』、『呂子考』以上三点片山兼山、⑥『讀呂氏春秋補』園山酉山、⑦『呂氏春秋折諸』太田全齋、⑧『呂氏春秋考』永井星渚、⑨『呂氏春秋目録』猪飼敬所、⑩『呂覧抄解』武田繹、⑪『呂覧解』佚名、⑫『畢校呂氏春秋補正』、『畢校墨子呂覧補正』蒲坂青荘（松皐圓）、⑬『呂氏春秋標註』帆足萬里、⑭

『讀呂氏春秋考』西島蘭溪、⑮『呂氏荃』重田櫟軒、⑯『呂氏春秋考』大田晴軒、⑰『呂氏春秋考』鈴木文臺、⑱『呂覧觽』菊地大瓠、⑲『呂氏春秋考』岡本保孝。これらの他に活動時期未詳の松垣曾大の『呂子疑目』、佚名氏の『呂子抄讀』がある。これらのうち、現存が確認されているのが、『讀呂氏春秋』、『補訂讀呂氏春秋』、『呂子考』、『呂氏春秋目録』、『畢校呂氏春秋補正』、『呂氏春秋標註』、岡本保孝の『呂氏春秋考』、『呂子疑目』、『呂子抄讀』の九点である。「日本古典籍総合目録」に見えないもので、筑波大学図書館に西島蘭溪の『呂氏春秋私考』二冊が所蔵されている。以上すべて写本で、『讀呂氏春秋』の写本の一〇点以上の存在が確認される以外は、一、二点の残存である。

近代の翻刻排印本があるのは、『讀呂氏春秋』と『呂氏春秋標註』の二点である[1]。注釈としてやや詳細なものが、片山兼山著とされるものを除くと、『讀呂氏春秋』、『補訂讀呂氏春秋』、『呂氏春秋考』、『呂氏春秋私考』である。これらの他では、『呂氏春秋目録』は「百家風のある大部の書の目録を作り、一種の索引としたものであろう」とされ[2]、『呂子疑目』、『呂子抄讀』[3]は片々たる小冊子である。前者は、正文の一部を引き簡単な若干の注を付したもの、後者は正文の抜粋にまれに評を付するに過ぎないものである。

『讀呂氏春秋』は、残存する写本の点数からも窺えるように最も広く参照されたと考えられるが、未完であり、巻二十「恃君覽」で終わっている。戸崎氏の書[4]は書名からわかるように、『讀呂氏春秋』に補訂を施したものである。なお、静嘉堂文庫に佚名の『讀呂氏春秋』写本二冊、寛延二年写、というものが所蔵されているが[5]、これも徂徠の『讀呂氏春秋』である。

『畢校呂氏春秋補正』を除くと岡本保孝の『呂氏春秋考』は最も詳細であるが、注文のおよそ四分の一が松澤氏説の引用、「上農」、「任地」の両篇のごときは、その注文の八、九割が松澤説の引用である。松澤氏の説は、次に紹介する松皐圓『畢校呂氏春秋補正』の説と見てよかろう。他に荻生徂徠の説が十数カ所引かれているのをはじめとして、諸家の説が若干ずつ引かれているが、「兼山云」とされるものが五七カ所ありとりわけ多い[6]。このうち、『呂氏一適』に見える説が最も多く、岡本氏が本書を参照したことを窺わせるが、本書に見えないものも一二カ所あり、そのうち『呂子考』と一致するものは一カ所のみで、『呂氏一適』に複数の異本があったか、あるいは未知の別書があったことも推測させる。

次にやや詳しく紹介する必要のあるのが、松皐圜の『畢校呂氏春秋補正』である。この書、現在日本での所在が確認されていない。国外では、台湾の国立中央図書館[7]と中国の安徽省図書館[8]での所蔵が確認されている。

そもそも本書の存在を周知させるきっかけとなったのが、一九三四年に刊行された許維遹の『呂氏春秋集釋』ではあるまいか。『集釋』は、参考文献の一つとして『畢校呂氏春秋補正』をあげるのみならず、その序を全文と思われる状態で引用している。現在国内で本書の現物を目にすることができない状況で、その概要を知ることのできる貴重な資料である。その後、一九三七年に刊行された蔣維喬らの『呂氏春秋彙校』も本書をしばしば引く。近年の代表的な『呂氏春秋』注釈書である陳奇猷『呂氏春秋新校釋』（上海、上海古籍出版社、二〇〇二・四）と王利器『呂氏春秋注疏』（成都、巴蜀書社、二〇〇二・一）においてもしばしば引用されている。中国においてしきりに参照されているのである。

本書が中国に渡った事情の一端を垣間見ることができるので、以下この点について若干述べる。『呂氏春秋彙校』の「呂氏春秋彙校引書要目」（六頁）に「松皐圜畢校呂覧補正、雲輪閣精鈔本」とある。「雲輪閣」は、清末民国初の著名な書誌学者繆荃孫（一八四四～一九一九）の室名である。その蔵書のうちの善本の解題目録である『藝風蔵書續記』に「畢校呂氏春秋補正二巻　傳鈔本。日本東郡《ママ》松皐圜撰。按松皐姓、圜名、行方其字、修文齋其別號也。此書補高氏之疏漏、正畢氏之譌舛、引用羣書以佐證、頗能自暢其説」とある。[9]繆荃孫は光緒二八年（一九〇二）学務視察のために日本を訪問している。[10]自ら進んでの快適な日本行きではなかったようであるが、この時入手したのではあるまいか。さすがに繆氏の慧眼は、『畢校呂氏春秋補正』の価値をいち早く見抜いたのである。

なお、中国と台湾にある本書の書名であるが、『呂氏春秋集釋』に引かれるものと安徽省図書館所蔵本が『畢校呂氏春秋補正』であり、『呂氏春秋彙校』に引かれるものと国立中央図書館所蔵本は『畢校呂覧補正』である。阿部隆一『増訂中國訪書志』（汲古書院、昭和五八・三）の国立中央図書館本の解題に本書の序を要約して「『初校　寛政十一年正月至三月』『再校　文化十二年四月至六月』『初編　文化十三年初冬畢季冬』『再稿　文化十四年季秋吉日始把筆』『初巻畢於十三夜月明之下』と識す」とある（一八二頁）。一方、『呂氏春秋集釋』に引く序末は「文化十有四年秋九月迂齋松皐圜」と識すのみである。『集釋』に引くところが序の全文であるとの確証はないが、若干内容を異にする複数のテクストが伝存しているようである。

松皐圜こと蒲坂青荘、通称松沢金三郎（安永四年（一七七五）〜天保五年（一八三四））。江戸の人、名は圜、字は行方、号は青荘、修文齋。伊予西条藩士で幕府の賄い方となった。松崎観海、井上四明に学び、宋学を修めた。著書のうち『増讀韓非子』に享和二年（一八〇二）の刊本があり、『韓非子纂聞』の排印本が一九三〇年「崇文叢書」第二集におさめられた(11)。

以上『呂氏春秋』注釈書について述べたが、さらにこれらの他に、注釈を書き入れた和刻本数点を確認することができたので、紹介する。

東京大学総合図書館所蔵の林權兵衛刊本の安永五年印本（請求記号B六〇―二九〇六）が山梨稲川書き入れ本といわれる(12)。島田重禮旧蔵。諸所に按語を付し、かなりの数の文献を引くが、『羣書治要』をしばしば引くのが目につく。太宰春臺、士寧（鵜殿士寧？）の説を若干箇所で引く。明人の説をさかんに引くが、明版の評本を参照したのであろう。詳細さと博引傍証という点では、『呂氏一適』に遠く及ばない。

同館に、同版の無刊記後印本を所蔵する（請求記号B六〇―一九九九）。南葵文庫旧蔵。若干の注を付し誤記を訂正する。注は、前掲の山梨稲川書き入れ本とされるものと往々にして一致する。あるいは、その抄録か。全編にわたって訓点、返り点を克明に付し、他に類例を見ない。

東京都立中央図書館所蔵の林權兵衛刊本後印、無刊記（請求記号一二六―MW―一一）。佐野元璋、諸橋轍次旧蔵。佐野元璋書き入れ本。注の大部分が、徂徠の『讀呂氏春秋』の抄録。二〇カ所程の注が独自のもので、その半数に「元璋按」とある。注は数少ないが、その内容は的確である。佐野元璋、諱、元璋。字、世瑞。通称、大介。号、琴壑（嶽）。備中の人。備中岡田藩儒、藩校教學館教授。文化九年（一八一二）没。師は湯浅常山、林述齋。[13]

筑波大学図書館所蔵の林權兵衛刊本後印無刊記（請求記号ロ八九〇―九四）。西島柳谷、蘭溪校本。注の量において『一適』に匹敵するが、しばしば徂徠の『讀呂氏春秋』の説を引き、さらに『呂氏春秋新校正』より大量に引用する。蘭溪と闞松窗の按語を多数付する。

同館に先に掲げた西島蘭溪の『呂氏春秋私考』が所蔵される（請求記号ロ八九〇―一〇一）。本来ならば、単行書の所で説明すべきであるが、前項の「校本」と関連が深いのでここで改めて説明する。

上下二冊、写本、上六三丁、下四九丁。題簽に「呂氏春秋私考　王考蘭溪先生所著子孫永寶」とあり、「王考蘭溪先生著子孫永保西島醇敬識」の朱印記がある。本書については、上冊の第一丁に「例言」があり、その内容を的確に要約しているので、やや長文となるが、以下に引用する。

「一、文信之書、以畢沅校本為第一、考證精確、眞好書也。今不録其説者、世已有刊本也。若夫闞他説、或録之。一、畢校半出於梁玉繩伯仲之手。畢氏書成、玉繩又作校補以足其遺漏、余殫録其説、以完畢氏之書。一、徂徠物氏讀呂子一巻、雖乏考鏡、至解文義、有透徹者、以無刊本、故毎節録之、可惜開春以後闕。一、余弱冠從先考見松窗闞先生、借觀其所校。此時畢本東來、其説與畢氏暗合尤多、故逐條録之、惜審應以後、其説寥寥。一、余嘗曰、古人注書、曰可疑、曰未詳、猶且有益於後學。蓋書素有脱誤錯衍不可通、雖先儒闕疑、後生不知、牽強傅會索解者、往往有之。使彼夙知先儒闕疑、則豈為之邪。然則古人所解、固有裨益、所不解亦恵於後生也。是以有此瀆狗之夙書、賢者察之、時弘化丙午夏五、西島長孫書。」

上掲校本と本書を比較すると、本書が、校本を改訂増補したものであることがわかる。また「例言」に要約されているところからも見ることができるが、本書は、当時の『呂氏春秋』の注釈の中でも注目すべきものである。

闕松窗（享保一二年〔一七二七〕～享和元年〔一八〇一〕）。武蔵川越の人。名は修齢、字は君長、通称永一郎、号、松窗。初め井上蘭臺に師事し、のち昌平黌に入って学んだ。井上蘭臺の影響を受けて徂徠学を尊重するとともに折衷学を主張した[14]。その『呂氏春秋』について書かれた書の存在は、現在のところ確認されていない。

西島蘭溪（安永九年〔一七八〇〕～嘉永五年〔一八五二〕）。江戸の人。名は長孫、字は元齢、通称は良佐、号は蘭溪・坤齋・孜孜齋。本姓は下條氏。昌平黌教官西島柳谷の嗣となる。程朱の学を主としたが、よく独得の識見をもって古今を折衷した。詩学に通じ、書をよくした[15]。

筑波大学図書館には、もう一点宇佐美灊水手沢本とされるものが所蔵される。

林權兵衛刊本、寛保三年錢屋忠兵衛後印（請求記号ロ八九〇―六九）。「惠按」の按語がしばしば見られる。注の内容の大部分は、あまり詳細ではない。ちなみに「惠」は宇佐美灊水の諱である。他に「士寧曰」とされるものもしばしば見られる。『羣書治要』を引き、同名の明人の説を多く引くところは、東大藏の所謂山梨稲川書き入れ本とよく似ている。なお、両者の引く明人の氏名は、朱夢龍本に載せる評者の氏名と一致する者が多いので、これらの二本が朱夢龍本を参照した可能性が高い。

注

（1）『荻生徂徠全集』（河出書房新社、一九七五・一一）および『帆足萬里全集』第一巻覆刻版（ぺりかん社、一九八八・七）所収。なお『帆足萬里全集』の題言に「四書、五經、国語、荀子、呂氏春秋ハ先生ノ意見及ヒ諸家ノ説ノ是ナルモノヲ本經ノ欄上ニ録シ本註ノ取ルヘキモノハ、其ノ旁に批シテ讀者ニ便セシモノナルカ、巻帙浩瀚ナルヲ以テ本全書ニハ先生ノ註解及ヒ其屬スル本經ノミヲ節録シ、他ハ之ヲ省略セリ」とある（第一巻、二七頁）。試みに架蔵の『標註論語集注』刊本と全集本を比較したところ、刊本では、たとえば日本の学者では、伊藤仁齋、荻生徂徠、伊藤東涯、太宰春臺、亀井南冥、中井履軒、佐藤一齋などの説がしきりに引かれている。これらは、帆足萬里の先学に対する立場を反映する重要な情報である。これらをすべて削除してしまったことは、『全集』本の重大な欠陥である。『呂氏春秋標註』においてもこのようなことが行われていると思われる。

（2）前掲『慶應義塾大学附属研究所斯道文庫蔵浜野文庫目録』八二頁。

（3）いずれも東京大学総合図書館所蔵。

（4）内閣文庫所蔵。

（5）漢籍として扱われ『靜嘉堂文庫漢籍分類目録』の「子部・雜家」に著録されている。

（6）東京大学総合図書館所蔵の島田重禮、南葵文庫旧蔵本による。

（7）「日本古典籍総合目録」による。

（8）王寶平等編『中國館蔵和刻本漢籍書目』（杭州、杭州大学出版社、一九九五・二）三三〇頁。

（9）巻二、三丁オ（「清人題跋叢刊」第七（北京、中華書局、一九九三・一）所収影印本による）。

（10）楊洪升『繆荃孫研究』（上海、上海古籍出版社、二〇〇八・一二）一九〜二〇頁。

（11）近藤春雄『日本漢文学大事典』（明治書院、昭和六〇・三）六〇三頁による。

（12）第一冊の表紙裏に「山憲、仰る通り山梨稲川翁ハ名を治憲、字を玄度といはれし故或ハ山憲と書せられしとて無理とハ申し難く尚筆蹟ハ紛なきやうに被存候、「雍」翁之恩師ハ陰山豊州と申され狹山北條侯の儒臣、名ハ雍、字ハ文熙、忠右衛門と稱されママ人なるへし。孝甫ハチト分り兼候故宿題として一応考究可致候。春海拜」とある書簡の一部かと思われる紙が貼付してある。「山梨稲川書き入れ」というのはこれに基づいているのであろう。「筆跡は紛れない」ように思われると言われているが、確実な判断ではなさそうである。他の点から、山梨稲川書き入れとするには若干疑問がなくはない。全編を通じて按語がしばしば見られるが、「山憲按」とあるのは、巻二、六丁ウの書眉にただ一カ所が見えるのみである。自説の書き込みの形としては、不自然である。また「雍曰」という箇所が幾つかあるが、もし山梨稲川の自筆であるとすれば、恩師の諱をそのまま書くのはいかにも異様ではあるまいか。

（13）『改訂増補漢文學者總覽』二〇五頁。

（14）前掲『日本漢文学大事典』三五八〜三五九頁による。

（15）同前注、五〇五頁による。

第二章　『呂氏一適』と森鐵之助の『呂氏春秋』注

第一節　片山兼山著とされている『呂氏一適』

（一）『呂氏一適』、『呂子考』について

『呂氏一適』は林權兵衛刊本『呂氏春秋』の後印本に眉注、挟注、脚注の形で、墨筆で付されている。まれに付箋が追加され、また朱筆が用いられている箇所も僅かながらある。底本は紺色表紙の大本五冊、左肩に寄せた子持ち枠の刷題簽、大字で「呂氏春秋」、下部に「一」から「五」まで刷られている。「春秋」の二字が胡粉で抹消され、その上に墨書で「一適」とある。首巻の形式、版式は前章第三節に列記した。刊記はない。印記もない。

注は第一冊の表紙裏から始まり、本文だけではなく、高誘の序、方孝孺「讀呂氏春秋」、王世貞「重刻呂氏春秋序」にも付けられている。注が誰の説か記さない箇所が圧倒的多数であるが、「山子曰」としているものが多くあり、その他その説が引かれている人物が多数ある。なお、これらの人物については後に記す。

『呂氏一適』は、すでに指摘したように、「日本古典籍総合目録」に片山兼山の著書として記されており、所蔵者の記載はなく、典拠として『近世漢學者著述目録大成』が引かれている。現在のところ、現物の所在は確認されていない。従来片山兼山の著書とされ、辞典類では、すべて兼山の著書の中に入れられている。しかし、本翻刻の底本の注に「山子曰」の三字が頻出することからもわかるように、『呂氏一適』が片山兼山自身の著述であるのか甚だ

疑問である。この点について、兼山自身のものではない決定的な証拠が、『山子垂統』にある。すなわち、前篇下の「諭徳而定次」の項に「共に先生の余等及び滕子文をして著さしむるところの呂子《ママ》一適に詳らかなり」とある（大日本文庫版、三八一頁）。なお、ここに言う「余等」とは『山子垂統』筆録者の越智公遠と長萬年であろうか。この記述は、山子学派に属する人物をはじめ多くの人物の説が引かれている本翻刻の底本の体裁とまさに一致する。

『呂氏一適』には、資料によって『呂子一適』と表記されるものもあるが、以後『呂氏一適』に統一する。

『呂氏一適』は引用文献を示す際に、「〜面」、「〜背」という風に、参照箇所が依拠したテクストの丁付けや丁の裏面であることを記す。これによって、当時の儒学者たちが具体的にどんなテクストを用いていたかをかなりの確度で確認することができる。以下に、確認の結果を列記する。ほとんどが後印本を利用している可能性が高いが、そこまで確認することは不可能なので、ここでは初印本を掲げる。

『春秋左傳』（集解）三〇巻　晉杜預撰　那波師曾点　宝暦九年刊　江戸　中江久四朗　またはその重刊本
『韓詩外傳』一〇巻　漢韓嬰撰　明程榮校　宝暦九年刊　江戸　前川荘兵衛等
同じく　鳥山宗成点　宝暦九年刊　大坂　文星堂淺野彌兵衛等
『增註國語』二一巻　呉韋昭解　宋宋庠補音　冢田虎増註　享和元年刊　京都　角田多助
『孔子家語』一〇巻　魏王肅注　太宰春臺增註　寛保二年刊　江戸　小林新兵衛
『孔叢子』三巻　拠萬暦五年刊本　無刊記
『荀子』（荀子全書）二〇巻　唐楊倞注　覆明世德堂刊本　延享二年刊　江戸　梅村彌市郎等
『賈氏新書』一〇巻　漢賈誼撰　青木昆陽点　元文二年序刊
『新序』（劉向新序）一〇巻　漢劉向撰　明程榮校　平野金華点　享保二十年刊　江戸　植村藤三郎

『説苑』（劉向説苑）漢劉向撰　明程榮校　寛文八年刊　京都　武村三郎兵衛
『韓非子』（韓非子全書）二〇巻　芥川丹丘校　寛政七年刊　大坂　柏原與左衛門
『淮南鴻烈解』二一巻　漢高誘注　明茅坤評　鵜飼石齋点　寛文四年刊　京都　前川權兵衛
（改正）『淮南鴻烈解』二一巻　再刻改正本　漢高誘注　明茅坤評　宇野東山等校　京都額田勝兵衛・額田正三郎
『冲虚至徳眞經』八巻　覆明世徳堂本　唐張湛注　延享四年刊　京都　梅村彌右衛門・山本平左衛門

次に、現在『呂氏春秋』についての片山兼山の著として一般に存在が知られている『呂子考』について簡単に説明する。

『呂子考』には、二部の写本が現存する。一部は、京都大学図書館所蔵『萩原家遺著及舊蔵書』の第一冊から第三冊所収のもの。巻首に「京都帝國大学圖書印」の朱印記、「大正13・11・25」の青印。上下単辺左右双辺、白口単魚尾半丁十行の摺刷された用紙が用いられている。巻頭に「呂子考」二行に「兼山先生著萩原萬世刪補」とある。一部は国立国会図書館所蔵本。上下二冊。二重円の青印、中に「久松文庫」外圜に「Non Scholae Sed Vitae Discendum」の印記、「帝國圖書館蔵」の朱印記。「明治四〇・五・□（不明）購求」の青印。上巻は「金清堂製」の青色有界半丁十行の用箋を使用。下巻は、前三分の二は無界の用紙を使用、あとの三分の一は上巻と同じ用箋を使用。明治時代写。巻頭に「呂子考」とありその下に「片山兼山先生 萩原大麓先生」と並記する。京大本と国会本の比較によると、後者は前者の忠実な写しである。『呂氏一適』と比較すると、全く同文の箇所が散見し、若干の文字の相違はあるが文意の変わらないものも多数ある。しかし、『一適』に見えない説も多く、両者相補う関係にある。

（二）片山兼山および山子学派について

本項では、片山兼山および『呂氏一適』に見える人物について簡単に説明する。

片山兼山は、所謂折衷学派の鼻祖の一人としてよく知られている。略伝は、東條琴臺の『先哲叢談續編』（千鐘房、明治一六～一七年刊）所収のものがあり、以後の略伝や人名事典の記述はほとんどこれに依拠する。ここでも、これを適宜省略したものを記す。

片山兼山、名は世璠、字は叔瑟、兼山と号し、通称は東造、片山氏にして自ら修めて山と為す。上野の人。世世上野平井村の人にして、農桑を業とする。一七、八歳にして江戸に遊び鵜殿士寧に従い学び勉学に勉めるのみならず、士寧には弓術をも学んだ。士寧は服部南郭の門人で文辞に長じ、才を恃んで自らを高く持していたが、兼山を遇すること甚だ敦く、兼山も良くこれに応え修辞の説を研鑽したが、志すところは経義にあった。

師の推挙により南郭の門に入り、秋山玉山とも交わった。玉山は、熊本に帰る際、兼山の学に志すこと厚いにもかかわらず貧なるを憐れんで同行し、藩校時習館に寄寓させ、さらにその生員とした。数年にして玉山没後熊本を去った。京、大坂をめぐること二年、意にかなう師を見出せず、再び士寧のもとで学んだ。蘐園の学の淵源を窮め、修辞に通じ、経義においては士寧の上にあった。

兼山は士寧の紹介により、荻生徂徠の弟子宇佐美灊水の知遇を得た。徂徠の遺教の維持に努める灊水は、兼山を高く評価し、その養子とした。出雲藩主の侍読となった灊水に従い、兼山も藩の子弟に教授した。その後数年さらに研鑽を積んだ兼山は蘐園の学に疑問を抱くようになり、灊水に問うも灊水答えに窮し、両者の間に疎隔が生ずることとなり、結局灊水のもとを去り本姓に復した。

その後、嘗て兼山に学んだ、旗本遠山修理の家臣村杉子敏が主に薦めて、遠山の邸内に住まわせた。時に安永元年（一七七二）、兼山四三歳、従って学ぶ者もようやく増え、漢・唐の古注疏に従って教授したが、必ずしもこれにこだわらず、ここに所謂「折衷学」が誕生した。兼山の他に井上金峨もそのさきがけであった。江戸の儒学は、折衷学の出現によって一変したとされる。兼山は、蘐園の学を忌憚なく排撃することを己が任として口を極めて批判した故に、姦儒と言われ仇敵視されたが、あえてこれにあらがうことはしなかった。常に先秦の書を読み経部のみならず子部にも及び、一家の言をなした。特に子部においては、従来着眼する者のなかった中、ようやく論ずる者が現れ始めたが、多く依拠するところは兼山の説であった。

編著に『古文互證』二四巻あり、魏晉以前の書に就いて訓詁の異同を挙げ、彼此相照らし、類を以て編次するものであり、やや時代の先んずる中国の『經籍纂詁』と暗に符合するものである。また、『禮記』の中から「學記」をとり、『大學』、『中庸』、『孝經』に併せて家塾の『四書』となし、『易』、『書』、『詩』、『儀禮』、『周禮』、『禮記』、『論語』、『孟子』、『孝經』、『千字文』、『文選』の正文に点を付し、「山子点」と呼ばれ、広く行われた。

宇佐美灊水のもとを辞してより一二年、声価はとみに上がったが、好んで先達をあげつらったために、また忌む者もきわめて多かった。諸侯より辞を低くして招かれたが肯えて応じなかった。尾張藩に『羣書治要』校刻の企てがあり、これに心動かされ、仕えて校訂に任じた。幾ばくもなくして病を得、業半ばにして没した。歳五三、天明二年（一七八二）三月二九日。芝三田の妙福寺に葬る。

門下に小田穀山、村杉卜総（子敏）、萩原大麓、小林龍山、松下葵岡、久保筑水、菅野葛陵などがあり、師の説を祖述し「山子学」と言われ、その後も遺説を奉ずる者が絶えなかった。その一例として、南総の高柳、葛間の二村（現在の千葉県木更津市の一部）の郷学で長年にわたって山子学が奉ぜられた。

多くの遺著は、没後四方に散亡したが、人高価を惜しまず購入したという(1)。

『呂氏一適』には、片山兼山の説が「山子曰」として多数引かれる他、多くの人物の説が引かれている。以下、まず略歴の判明した者を紹介し、次いで未詳の人物の名を列挙する。『一適』に見える呼称を掲げ、次いで略歴を記す。

子文：小田穀山。元文五年（一七四〇）～文化元年（一八〇四）、六五歳。初め佐藤氏。陳氏と自称、田氏と修す。名、煥章・敏、字子文。通称、定右衛門・五兵衛。号穀山。諡号、適清先生。越後高田藩士佐藤武求の次男。同国竹直村の豪族小田嘉左衛門の嗣。越後国頸城郡岩手村に生まれ、宝暦六年（一七五六）小田家の養子となる。同一三年、出郷、江戸の鵜殿士寧、片山兼山に学んだ。一旦帰郷の後、安永九年（一七八〇）江戸に出て、四谷門外に開塾して教授した。天明七年（一七八七）芝三島町に移る。のち駿府に赴き、享和三年（一八〇三）江戸に戻った。[2]なお、「田子」とあるものがあり、これも小田穀山のことか。

公遠：越智公遠。この人物については、片山兼山による「越公遠墓銘」が唯一の記録と思われるので、いささか長きに失するが以下にその原文を引く。「安永六年（一七七七）丁酉九月七日、越公遠卒、既葬。其舊友尾士信來謂余曰、斯人之云亡、雖若五種美而不熟、穟穟唪唪、今而不傳、是稊稗之也。先生之愛公遠、仲幹之知公遠、寧忍使彼齎志窀穸。願叙其志業、以託壽於石、然則不生者猶不死、而生者庶乎勿悔。余揮涕應之曰、然、固所願也。乃按譜曰、河野氏越智姓、其先伊豫人也。系于行部大輔通義、大父諱近知、稱随翁、以醫始仕奥侯。以有女無男、養鈴木氏爲嗣、妻以其女、生三男四女。公遠其長子也。名通明、通呼良伯。爲人温良寡言、精勤于學、善屬文、尤精先秦古書。又於前言往行不詳所出者問之、卽曰某在斯、某在斯、疾于響應。是以諸生莫不以公遠爲外府。先是及奥侯公子繼刈谷侯後、公遠府君從焉、輪年在刈谷。公遠因攝家事、自大母君・母君至諸幼弟妹、莫不得其歡心者、至家人忘府君之在遠、可以觀其居家理矣。往歲大母君之卒也、府君在刈谷、公遠拮据奔走、無所不用其極、自禱藥諸養、以及居葬之禮、大凡人之所爲、固無不爲、人之所不能爲、亦無不爲、可以觀其履行。刈谷侯使其世子受書、引而不發、使自己也、可以觀其爲師矣。今秋偶感寒疾、稍深以至不可救藥、寝疾三旬而没。享年二十七歲。葬城南中驪邑光取先塋。於是乎、同社呼天慟哭、學舍若熸。其嘗有一面識者、雖臧獲之無知、莫不嘆惜損言笑、可以知其生平與人之誠信矣。初余之始唱今業於振衣岡、慍乎羣學、而夫巳氏之徒之口、娼疾悪之、仇視不翅。而公遠首來、爲一敵國、輓推提挈、于今六年、自非體有不快、莫日不朝夕于余、以故後進儒者有立志、使余行日就月將、殆至間執娼疾者之口者、公遠之力爲多、實爲疏附云。而今使斯人不幸短命死者、天其未欲造余業與。噫。其所著諸書及雜文、姑韞臧于匱、以俟他日校定而公于世云。（略）」(3)。兼山の期待の大きさと落胆がよくわかる銘文である。

壽：（「壽按」とあり）松下葵岡。寛延元年（一七四八）～文政六年（一八二三）、七六歳。葛山氏とも。名壽。字、子福。通称、清太郎。号、葵岡・一齋。松下烏石の甥。江戸の人。幕臣。片山兼山に学び、兼山没後はその子弟を導き、師説の継承に努め、その学を山子学と称した。「葛子」とあるものもあり、松下葵岡のことかあるいは同じく兼山の弟子であった菅野葛陵（笠間藩儒、文政三年没）を指すか(4)。なお、「壽按」という表記は、他説の引用ではなく自説の表明というニュアンスがあり、翻刻底本の内容の成立に松下葵岡が一定の役割を果たしていたことを推測させる。

子閏：重野櫟軒。生没年未詳。文化・文政（一八〇四～一八三〇年）頃の人。名、葆光。字、子閏。通称、宗一。号、櫟軒。摂津東成郡に生まれる。片山兼山、松下葵岡に学び、日向延岡藩儒になった(5)。

穎：幡鎌鄰齋。文政六年（一八二三）没。名、穎。字、子達。通称、三吾。号、鄰齋・崇古道人。水戸の人。師は松下葵岡。江戸の儒者。「穎按」とある(6)。

三代格：片山述堂。天保一一年（一八四〇）没。名、格。字、天壽。通称、立造。号、述堂、直堂、養拙齋、梅堈。江戸の人。師は朝川善庵。兼山孫、善庵次男、江戸の儒者(7)。

子誠：片山兼山の『古文孝經標註』（明和八年（一七七一）刊）の序に「將爲二三子説斯傳、因與出雲人劉子誠、釐而正之、標而注之、而太宰先生闕如者亦往往可得而讀、無乃愚者之一得乎」とあるが、この劉子誠か。

「吉氏」：「吉子」としてその説が九カ所で引かれている。約一五〇カ所で引かれている片山兼山、一五カ所で引かれる越智公遠に次ぐ。あるいは同じ折衷学の井上金峨の門人吉田篁墩であろうか。

以上の他、多数の人物の説が引かれているが誰であるか不明である。名称と引用数を列挙すると次のとおりである。永親（二回。以下数字は回数を示す）、士寧（二。あるいは鵜殿士寧か）、常興（四）、引（六）、瑞鳳（一）、張卿（四）、辟（一）、厚卿（一）、士憲（一）、松春（一）、維甫（六。「維甫按」とある）、懌（一）、營（一。「營按」とある）、弦高（一）、仲和（二）、重山（一）、則（一）。

兼山の高弟で、『山子垂統』の「筆録」者の一人であり、兼山によって『呂氏一適』を「余及び滕子文をして著さしめられた」長萬年、兼山の著『呂子考』を「刪補」した萩原大麓の名がここに見えない。『呂氏一適』の説の大部分を占める注者の名を付さないものは、本書の編纂を中心となって行った者の説とも考えられ、それが、長萬年か萩原大麓のどちらか、あるいはこの両名の説である可能性もある。

長萬年：生没年不詳。名、帛。字、伯盈。号、萬年。紀州の人。江戸中期の和歌山藩儒[8]。

萩原大麓：宝暦二年（一七五二）～文化八年（一八一一）、六〇歳。修姓、萩。名、萬世。字、休卿。号、大麓。上野国緑野郡萩原村の人。代々農を業としたが読書を好み、明和七年（一七七〇）江戸に出て片山兼山に学ぶ。松下葵岡と共に兼山門の双璧とされる。江戸両国薬研堀に住んで講説を業とした。遠江浜松藩主井上正定、岩代二本松藩主丹羽長倖らもその門に学んだ[9]。

かりに、『呂氏一適』が長萬年か萩原大麓を中心に編纂されたとすると、萩原大麓は文化八年に没し、長萬年の没年もその前後と考えられるが、上掲の人物の中で片山述堂は天保一一年に三〇歳で没しており、その説が引かれるのは天保の初年を遡ることは考えられないので、『呂氏一適』の写本がかなりの期間に複数作成され、その結果、幾つかの異本が現れることになったと推測できそうである。また翻刻底本の作製が天保年間以降であったとの推測も可能である。

なお、荻生徂徠の説は、『讀荀子』などが一、二カ所で引かれるのみである。江戸時代に『呂氏春秋』に付けられた注のほとんどに徂徠説、特に『讀呂氏春秋』の説が引かれていてその影響の大きさを示すのと対照的である。いかにも蘐園学派を排撃した山子学派の著作らしいといえる。

注

（1）以上片山兼山の略歴については『先哲叢談續編』および竹林貫一編『漢學者傳記集成』（名著刊行会、一九七八・九、覆刻版）による。片山兼山の学説については、近世日本儒学史関係の諸書をはじめ、かなりの数の論著があるが、以下に近年の著書、論文の数点を列挙する。著書：相良亨『近世日本における儒学運動の系譜』（理想社、一九六五）第二章・二節「折衷運動―片山兼山と井上金峨―」、藤川正數『荀子註釈史上における邦儒の活動』（風間書房、一九八〇）第二章「讀荀子抹」、李基原『徂徠学と朝鮮儒学』（ぺりかん社、二〇一一）第四章「徂徠学の周辺の世界（一）―片山兼山における徂徠学の受容と変容―」（書評：井上厚による。『日本思想史学』第四三号、二〇一一・九）、Kinski, Michael. *Knochen des Weges : Katayama Kenzan als Vertreter des eklektischen Konfuzianismus im Japan des 18. Jahrhunderts*. Harrassowitz Verlag, 1996. 論文：藤本雅彦「『論語』の聖典性の喪失――片山兼山の学問の位置」『季刊日本思想史』第一五号（一九八〇）五三～六九頁、藤川正數「片山兼山の『讀荀子抹』について」『桜美林大学中国文学論叢』第一二号（一九八六・一一）五二～八九頁、キンスキー、M「片山兼山の思想的立場――儒学的学問観」『立命館大学人文科学研究所紀要』五九号（一九九三・一〇）九五～一一四頁。なお、南総の山子学については、下記の研究がある。三浦茂一「近世地域教育の一断面―上総の郷学「至徳堂」の歴史―」（流山、崙出版、二〇一四・六）

（2）『国書人名辞典』第一巻（岩波書店、一九九三・一一）による。なお、森銑三「越風石臼歌の著者」『森銑三著作集』第十巻典籍篇一所収（中央公論社、昭和四七・八）、穂刈喜久男「小田穀山について」『斯文』一一二号（二〇〇四・三）三六～五二頁にやや詳しい記述がある。

（3）片山述堂編『山子遺文』所収（『日本儒林叢書』第九巻「続編三、随筆・詩文」鳳出版、一九七八・三、影印版）一五～一六頁。
（4）『国書人名辞典』第四巻（一九九八・一一）による。
菅野葛陵については、長沢孝三編『改訂増補漢文學者総覧』（汲古書院、平成二三・一〇）二三七頁。
（5）『国書人名辞典』第二巻（一九九五・五）による。
（6）『改訂増補漢文學者総覧』三三五頁。
（7）前掲書、一二七頁。
（8）前掲書、二八五頁。
（9）『国書人名辞典』第四巻による。

（三）『呂氏一適』の注釈として特筆すべき点

翻刻の過程で目にとまった『呂氏一適』の独自性について、幾つか具体例を挙げてみたい。

まず、仮定を表す接続詞の「爲」について。仲秋紀・決勝に、

漁深淵、其得魚也大、其爲害也亦大。

とあり、高誘は文末の「其の害たるや亦た大なり」について、

爲霣溺則死、故害大。

と注する。高誘注の「霣」は、決勝の上文に「崩山破潰、別辨霣墜」とあり、「墜」と合わさって熟語となっていることからわかるように「おちる」意であり、「霣溺」とは、おちておぼれることである。この「霣溺」と「死」とが、いわゆる「レバ則」でつながっていることからすると、ここの高誘注の「爲」は、王引之『經傳釋詞』巻二に、

家大人曰、爲猶如也。假設之詞也。

とあるように「もシ」と訓むのが適当である。すなわち高誘の注文は、

爲し霣溺すれば則ち死す、故に害は大なるなり。

と訓読しなければならないのである。

王引之の所説を知る今日の目から見れば、この高誘注の「爲」を「もシ」と訓むことに疑問の余地はないように

感じる。しかし後の時代の解釈を援用するのではなく、高誘の同時代、すなわち後漢末までに「爲」が仮定を表す接続詞として使われていたことが明らかにならない限り、なお釈然としないものがあることもまた事実である。

現存する高誘注に、「爲」に仮定を表す用法のあることを示したものはないようである。[1] このことは、高誘の生きた当時、「爲」が仮定を表すことは自明のことであって、ことさらに注記するようなことではなかったと考えることもできるが、いま『呂氏春秋』一書にかぎって見ると、王引之は『經傳釋詞』に「假設之詞」である「爲」の例として、

孟冬紀・異寶「爲我死、王則封汝、必無受利地」。

仲冬紀・長見「臣之御庶子鞅、願王以國聽之也。爲不能聽、勿使出境」。

の二つを挙げる。前者の「爲」について、陳奇猷（『呂氏春秋新校釋』五五九頁、注三。以下、『新校釋』と略称）は、

王念孫「爲猶如也」。

松皐圓「爲猶若也、又見長見篇」。

の二説を正しいという。また、後者の「爲」について、陳奇猷（『新校釋』六二〇頁、注四〇）は、畢沅が「爲、『御覽』作若」というのを受けて

奇猷案、爲猶若也、詳『經傳釋詞』。『御覽』蓋以義改。

といい、さらに注四一（『新校釋』六二〇頁）には、『史記』商君傳の「王卽不聽用鞅、必殺之、無令出境」を引く。陳奇猷が商君傳の文を引いたのは、長見の「爲不能聽」の下にはもともと「必殺之」の三字があったことをいうためであるが、商君傳の「王卽不聽用鞅」に着眼して長見の「爲」が仮定を表すことを明示したのが『呂氏一適』である。すなわち、

山子曰、「爲」猶如也。異寶篇「爲我死」。『史記』作卽。再按、「爲」當作若。考見「異寶」篇。

とあるのがそれである。長見とほぼ同文が『戰國策』魏策一・魏公叔痤病に見え、「痤有御庶子公孫鞅、愿王以國事聽之也。爲弗能聽、勿使出竟」とあることから、両者の説話が同系統の資料に基づくものであることは間違いなく、司馬遷が商君傳の基礎資料としたのもまたこの資料であったろう。注目すべきは、片山兼山（山子）がいうように、司馬遷が原資料を商君傳として転載するに際し、「爲」を「卽」としていることである。商君傳の「卽」が「もシ」であることに疑いはない。であれば、司馬遷のこの改変は、「爲」を仮定の接続詞と理解したうえで、その意をよりわかりやすくするための書き換えであったと考えなければならない。これは、前漢武帝期に「爲」が仮定を表す接続詞と読まれていたことの明証である。したがって上に推測したように、時代の下る後漢末の高誘にとって「爲」に仮定の用法があるのは自明のことであり（だから注を付けなかった）、「爲貫溺則死」のように「レバ則」と呼応する仮定の接続詞として「爲」を用いることもまた特別のことではなかったと考えてよい。

それにしても、『經傳釋詞』に先んずる『呂氏一適』が、司馬遷の書き換えによって、ここの「爲」と「卽」とが通用することを承知していながら、あえて「爲猶如也」と説明しているのは、片山兼山の卓見であると言わねばなるまい。なお、王引之が『經傳釋詞』に引用する『韓非子』内儲説下「王甚喜人之掩口也、爲近王、必掩口」の「爲」について、王先愼『韓非子集解』は「爲、當作若」と注するが、楊樹達『積微居讀書記』は「按爲有如義、詳『經傳釋詞』。王說非」とこれを批判し、陳奇猷は楊説を支持する（『韓非子新校注』六二四頁、注三）。すると、『呂氏一適』の「再按、爲當作若」はかえって本質から逸れてしまったということになろう。しかしながら、『呂氏一適』のこの「再按、爲當作若」には根拠がある。孟冬紀・節喪の「若慈親孝子者之所不辭爲也」に注して、

「若」疑當作爲。字相似而毎誤。下異寶篇「爲我死」、「若」誤而爲「爲」。又淫辭篇「然不若此其宜也」亦「爲」之訛。或云、「若」助語。

とあるのがそれである。すなわち、「若」と「爲」とは字形が似ていて誤ることが多いので、異寶の正文も本来は

「若我死」であったのに伝写の過程で「爲我死」に書き誤ったと考えるのである。審應覽・淫辭の「然不若此其宜也」にも、

「若」當作爲。考見節喪篇。

と注する。その一つ一つが適当であるか否かはひとまず措くけれども、「若」と「爲」とは互いに誤写することがあったという解釈は『呂氏一適』に一貫しているのである。

次に、呉起の死にまつわる故事について。周知のように、呉起は楚に至り、楚の悼王の信任を後ろ盾として変法を断行したが、悼王の死後、変法によって不利益を被った楚の貴族たちに殺された。貴族たちが王の亡骸のあった堂に呉起を追い詰め矢を射かけた時のことを伝える記事が開春論・貴卒に見える。一般的な断句で引用すると、

抜矢而走、伏尸插矢而疾言曰、群臣亂王。呉起死矣。

となる。従来見解が分かれるのは「曰」がどこまでかかるかで、

許維遹：抜矢而走、伏尸插矢而疾言曰「群臣亂王、呉起死矣」。（許維遹『呂氏春秋集釋』梁運華整理、中華書局、二〇〇九）

陳奇猷：抜矢而走、伏尸插矢而疾言曰「群臣亂王」。呉起死矣。（陳奇猷『呂氏春秋新校釋』上海古籍出版社、二〇〇二）

王利器：抜矢而走、伏尸插矢而疾言曰「群臣亂王、呉起死矣」。（王利器『呂氏春秋注疏』巴蜀書社、二〇〇二）

藤田豊八：抜矢而走、伏尸、插矢而疾言曰「群臣亂王、呉起死矣」。（國譯漢文大成『呂氏春秋』國民文庫刊行會、一九二四）

のように、多くは「群臣亂王、呉起死矣」を呉起の発言とするが、陳奇猷は呉起の発言を「群臣亂王」までとし、「呉起死矣」は地の文とする新解を提示する。これらに対して、『呂氏一適』は、

「群臣亂」絶句。

という。すなわち、

尸に伏し矢を插して疾言して曰く「群臣、亂る」と。王・吳起、死せり。

と読むのである。『呂氏一適』のこの説について軽々に是非を判断することは差し控えるが、きわめてユニークな解釈であることは間違いない。

このような句読に関しては、以下の記述にも注目すべきである。すなわち、

①愼大覽・下賢「故曰成王不唯以身下士邪」

「故曰成王」絶句。

②似順論・別類「高陽應將爲室家匠對曰」

「室家」絶句。

である。①は陳奇猷の結論（『新校釋』八九四頁、注三六）に等しく、『呂氏一適』の先駆的解釈の一つといってよい。②については、多少の説明が必要である。該当箇所の高誘注に「家匠、家臣也」とあるので、高誘が「高陽應將爲室。家匠對曰」と句読したことは間違いない。『呂氏一適』はこれを誤りとして「高陽應、將に室家を爲らんとす。匠、對へて曰く」と読むのである。この解釈は、兪樾が經書に「室家」という熟語の見えることを根拠として「此當於家字絶句」というのに先んずるもので、ここにも『呂氏一適』の先駆性が現れている。『新校釋』（一六五七頁、注二八）に引く諸家の説を参照されたい。

ところで、『呂氏一適』の特徴の一つとして、本文を改訂する際に「易地」すなわち字の位置を入れ替えるという解釈が頻見する。たとえば、仲秋紀・簡選に

桀既奔走、於是行大仁慈、以恤黔首。

とある。『新校釋』を見るかぎり、古来この一文が諸家の注目を集めることはなかったようであるが、『呂氏一適』は、

「行大」當易地。

といって、正文を「於是大行仁慈」と改訂する。先秦のみならず漢以降の主要な文献に「大仁慈」という語が見えない以上、『呂氏一適』がいうように「大いに仁慈を行ふ」と読むのが妥当であると思う。また、仲秋紀・愛士に「昔者秦繆公乘馬而車爲敗」とあり、これを陳奇猷は「昔者秦繆公駕而車敗」と改訂する（『新校釋』四六六頁、注五）が、『呂氏一適』は、

「馬」「車」當易地。

といい、「昔者秦繆公乘車而馬爲敗」と改めるのである。陳奇猷がいうように「爲」は衍字と考えるべきであるが、解釈そのものは『呂氏一適』のほうがシンプルである分、かえって説得力があるように思う。

『呂氏春秋』が引く『詩』の中で、高誘が「逸詩」と注するものの一つに[2]、仲秋紀・愛士の

此詩之所謂曰「君君子則正、以行其德。君賤人則寬、以盡其力」者也。

がある。『新校釋』四六八頁の注一七にあるように、范耕研は「此四句句法不似詩、恐是詩序之類。古人亦概謂之詩也」といって逸詩とすることに否定的であるが、王利器は「范説未當。此四句以德・力爲韻、非『詩序』之類」（『呂氏春秋注疏』八四〇頁）と范耕研の説を批判する。明言してはいないが、王利器も高誘と同様に逸詩と考えるのであろう。一方、『呂氏一適』は、

「曰君」二字及下「君賤」之君、衍。

といい、本文を

此詩之所謂「君子則正、以行其德。賤人則寬、以盡其力」者也。

と、『詩經』の基本形である四字句に改訂する。卓見であると思うが、ただ、『太平御覽』兵部十二・撫士下に引く『呂氏春秋』は

此詩所謂「君子正以行德、愛人則寛以盡其力」。

に作るので、もしかしたら『御覽』のこの一文が念頭にあったのかもしれない。

最後に、『呂氏一適』の版本は誤刻がきわめて多く[3]、ために字を訂正する書き入れも相当数にのぼるが、誤刻した字が期せずして改訂すべき正しい字であった例の一つを取り上げておきたい。仲秋紀・決勝に、

諸搏攫抵噬之獸

とあるのがそれで、「抵」は「柢」字の誤刻である。が、許維遹が「王念孫校本改柢作抵[4]」というように、ここは「抵」字に改めるのが正しい。したがって、『呂氏一適』が誤刻の「抵」字に注して、

「抵」讀爲觝。

「觝」の音と意味で読むというのも、また正しいのである。

なお、以上の議論は、陳奇猷『呂氏春秋新校釋』が引用する主に中国の学者の諸説と対照して述べたことであって、日本の江戸期の漢学者の説にも目配りしたものではないことをお断りしておく。

注

(1) 焦冬梅『高誘注釋語言詞匯研究』(北京、北京師範大學出版社、二〇一一・一二)を参照。

(2) 高誘が「逸詩」と注するものには、他に、

○恃君覽・行論「將欲毀之、必重累之。將欲踣之、必高擧之」

○貴直論・原亂「毋過亂門」

がある。

(3) たとえば、池田四郎次郎『諸子要目』二七頁(松雲堂書店、一九二九)は、この版本を「極陋」と評する。

(4) 王念孫校本『呂氏春秋』については、張錦少『王念孫古籍校本研究』(上海、上海古籍出版社、二〇一四・一二)を参照。

第二節　森鐵之助の『呂氏春秋』注

（一）底本と注の概要、および注者森鐵之助

森鐵之助の注は、和刻本の『呂氏春秋新校正』に眉注、挟注、付箋の色々な形で付けられている。ほとんど墨筆であるが、まれに朱筆もある。注の大部分は「緬按」で始まり、「三山先生曰」というものがしばしば見られる。清朝考証学者の説が時に参照されるが、日本の学者の説はほとんど引かれない。「緬」は森鐵之助の諱、「三山先生」は谷三山。この注からは、森鐵之助の説のみならず、谷三山の『呂氏春秋』についての見識の一端を窺うこともできる。

底本は、黄色表紙の大本五冊、左肩に寄せた子持ち枠の刷題簽に大字で「呂氏春秋」、下に小字で「新校正」と印刷され、さらに各冊に「一至五」から「二十至尾」と書き加えられている。見返しに三行で「乾隆五十三季中穐検梓」、「呂氏春秋」、「霊巖山館蔵版」と篆文で記される。冒頭の二丁が高誘の「呂氏春秋序」、以下「呂氏春秋新校正序」二丁、「呂氏春秋附攷」六丁、「新校呂氏春秋所據舊本」一丁、「呂氏春秋總目」九丁があり、次いで本文になる。和刻本刊行者の序・跋の類は皆無である。後表紙裏に三行で「東都書肆」、「本石町十軒店」、「萬笈堂英大助」の刊記がある。

第一冊と第五冊首に「竹亭」、「蘆隠清玩」、第二冊から第四冊首に「蘆隠清玩」の朱印がある。後者が誰の印であるかは未詳であるが、「竹亭」は森鐵之助の号である。したがって、この付注本は、森鐵之助の手沢本であったと考えてよいであろう。森氏の筆跡を確認する手段がないので断定はできないが、注はその自筆と考えられる。注は『呂氏春秋』の本文と高誘注のみに付され、巻一から二六までの全巻に及んでいる。

以下、注者の森鐵之助を紹介する。

森氏は、ほとんど無名の人である。出身地においても、一部の識者を除いては、全く知られていないのではあるまいか。一般には『日本人名大事典』（平凡社、一九三八刊、一九九〇覆刻）により略歴を知ることができ、やや詳しくは『大和人物志』（奈良県編刊、明治四二・八）の「森鐵之助」項があるのみである（『日本人名大事典』の記述も、すべてこれによって簡略化したものに過ぎない）。以下、「森鐵之助履歴」、関係する地域の市史、町史、師の谷三山の遺文等[1]を参考にして確認しえた森氏の身世についてやや詳しく述べる。

森鐵之助。文化一〇年（一八一三）～明治六年（一八七三）。幕末明治初期の儒学者。諱は緬または縝、字は子升、号竹亭。鐵之助は通称で、鐵之介、哲之介とも表記されている。

大和国高市郡田井庄村（現在の奈良県高市郡高取町田井庄）の農を業とする米田惣四朗の次男。文献により越智（高取町越智）の人とするものもある。[2] 越智と田井庄はほとんど隣接地に近いが、森氏は、恐らく若年の頃に事情は不明ながら田井庄と越智の間を転居しているので、田井庄説と越智説があるのであろうか。

幼年より学を好み、儒学で身を立てようとしたが、父母により厳しく拒まれた。しかし、十七、八歳の時にあえて大坂に行き、篠崎小竹の門に入って詩文を学んだ。

『名家門人集録』（上方文藝叢刊五、上方文藝叢刊刊行会、一九八一・一一）所収の『篠崎小竹門人帳――輔仁姓名録・麗澤簿』の文政一二年の条に「（井村）米田錬之進　大和高取八勺村人　井村次郎兵衛養子　同（六月―引用者）十日有故未入塾而帰郷　天保二辛卯六月廿四日再來」とあり、天保二年の条に「井村錬蔵　高取人　七月廿五日」とある。「助」または「介」ではなく「進」となっており、「越智」または「田井庄」ではなく、「八勺」となっている。（ちなみに高取町およびその周辺には、江戸時代以来「八勺」という村は存在しない。隣接する明日香村に「八釣《ヤトリ》」という大字があり、江戸時代には高取藩領の八釣村であった。「八勺」はこれの誤記ではあるまいか）。天保二年の条の「井村錬蔵」は一カ月の食い違いはあるものの、「六月廿四日再來」した井村こと「米田銕之進」、のちの森鐵之助と考えてよいのではないか。また、養父とされる井村氏は八釣村の人であったのではあるまいか。そして、文政一二年といえば森氏数えで一七歳、幾つかの食い違いがあるものの、篠崎小竹の門人帳にある米田銕之進は森鐵之助であると判断してよさそうである。

そうであるとすると、森氏が確かに篠崎小竹の門にあったことが裏付けられる。さらに、当初「故あって入塾することなく帰郷し」、二年後に改めて入塾したこと、養子として井村姓を名乗ったことなどが、儒者への路に対する父母の強い反対と関連があったのではないかとも推測できるのである。なお、「井村」という姓は『篠崎小竹門人帳』以外の森氏に関する文献には全く見えない。

篠崎小竹のもとで学ぶこと数年、これに満足できず、帰郷して母の姓森を継いだ。「森鐵之助履歴」（以下「履歴」と略す）に「森専次の死跡相續を爲し」とあり、改姓の事情がわかる。次いで、八木（現在の奈良県橿原市）の谷三山（享和二年〔一八〇二〕～慶応三年〔一八六七〕）の門にあること二十余年、三山の高弟の一人として同学の上田淇亭と連名で師の墓誌銘を撰するまでに至った[3]。

師の谷三山は、詩文より学問を重視する人であったようで、『三山谷先生遺稿』所収の筆談・筆記に、当時詩文をもって名高かった篠崎小竹に対する微辞が散見する[4]。儒学を志した森氏にとって、三山は詩文に重点のあった篠崎小竹より、よりふさわしい師であったのであろう。推測を重ねるならば、十歳強年上の三山は、森氏の少年時代には未だ名声上がらず、数年後になって不満を抱くその耳に故郷の優れた学者のことがようやく聞こえてきたのかもしれない。

このような森氏を三山も高く評価し、高取藩の重臣築山愛靜に自分の弟子を推薦する中で「僕の門人御領内居住仕候者にはただ鐵之介竝吉次郎まず佼佼瑲瑲たるやと申すべき。就中鐵之介は古書を研究いたし、字義訓詁に明なること他國は知らず、京坂に敵手なからんと存候。文章は森田謙蔵の俊逸に及ばず候へ共、又精密これに勝ところあり。謙蔵もよくこれを知り、近来は大いに以前にかはり鐵之介を敬し候」と言っている。[5] 三山の過褒にあらざることの一端は、次項「森鐵之助注の注釈として注目すべき点」に具体的に見ることができよう。

嘉永末年頃、森氏は師の推挙により、再設の五條代官所の學舎主善館の教授となった。この間の事情について、三山が森氏の弟子北厚治に宛てた書簡に、「サテ森子學益優ニ志益鋭、誠不負所期、御同慶之至ニ候へ共、窮鬼見祟、家意日蹙、勢殆不自支。因之一二雅相愛者方與ニ安歇ノ去處ヲ議スル折リカラ、森田節齋子學盧ヲ訪、近々五條縣令校庠再興之美意ニ而講師ヲ被求候ニ付、森ヲススメ且貴老為之御周旋被下候様物語候。其後森ニ告候處、モシ右様之コトアラバ自貴老報之恐未確ト申候。シカルニ此節弊藩ノ一老吏ニ森ヲ保進セント計ル人アリ、又近藩ニ儒士ヲ被求候ニ付、コレヘ可應様慫慂スルモノアリ、何レモ好爵厚禄ニアラネバ、多年ノ苦學ヲ償フニタラネド、窮猿不擇樹トヤランニテ、亦有自屈之意。然ドモ愚謂、一タビ諸侯之聘ニ應ジ君臣ノ義ヲ定候ハバ實ニ進退不如意ニテ、終身籠中之鳥タルヲ免レズ、五條方ノ事サヘ確ナラバ五條ヲ妙ト存候。況貴老モ御心配被下候由ナレバ、相告ズシテ他ニ應ズベカラズ。故専价ヲ走ラセテ其確否ヲ叩候。何卒御細之御答承度候。」とある。[6] ここから、主善館教授就任直前当時の森氏をめぐる状況について色々と読み取ることができる。彼が師も高く評価する実力を有する儒学者となっていたにもかかわらず、経済的にかなり窮境にあり、このことについて師の三山や同学の森田節齋等周囲の人々が憂慮して何とかしたいと心を砕いていたこと。たまたま再開準備中の五條の主善館の教授をさがしているという情報があり、森田節齋が森氏を適任と考え、三山に一肌脱いでくれるよう頼んだこと。森氏自身は、この人事の実現性について若干疑問を抱いていたこと。当時の高取藩の周辺では、森氏の実力が知られるようになっており、幾つかの招聘の動きがあったこと。五條代官所の条件が森氏にとって最も有利なものであると三山が考え、北厚治に協力を依頼したことなどである。招聘する側で動いたのは、五條代官の内藤杢左衛門と北厚治であった。

嘉永六年（一八五三）、大和を旅した吉田松陰との間に親密な交流があったのは、この頃のことである。この年旧暦四月二一日、五條から田井庄に入った松陰は、同地の藤井隆庵の家に投じ、森哲（ママ）之助を訪れた。翌二二日、再度森氏のもとに至り、『孫子』の訓詁を論じた。田井庄には二五日まで滞在し、この日五條に戻った。五月一日、再び田井庄に至り、藤井氏を宿として、森氏を再度訪問し、翌日、森氏の息子吉太郎に伴われ八木に至り、谷三山を訪問した。滞在日数と訪問回数は、松陰の森氏に対する関心の強さを物語るものではあるまいか(7)。

「癸丑遊歴日録」の末尾に『孫子』の訓詁についてのメモが収められているが、その内容は、大和訪問の際のやりとりの結果であるといわれている(8)。一カ所だけ「三山の説」と注記しているが、あとは大部分が森氏とのやりとりの結果であろう。森氏を訪れた五月一日の条には「小徳川流、大徳敦化とあり、川は小の誤、流は化なり。敦は大なり。猶ほ小徳小化、大徳大化と言ふごとし、互文のみ」と「浮大白、浮罰なり、白は杯の名」という訓詁が付されている。前者は『中庸』、後者は『説苑・善説』にかかわるものである。ちなみに、江戸時代の代表的な『説苑』註釈である関嘉の『劉向説苑纂注』（寛政六年刊）に「白罰爵之名」（巻一一、九丁オ）とあり、ここに引くところと同説。これらも森氏との議論の結果ではないだろうか。松陰は、延べ数日にわたって森氏を訪れ、『孫子』のみならず、経・子の書の訓詁を論じたと思われる。ちなみに、上に引かれている『中庸』の訓詁は、『禮記正義』、朱子の『中庸章句』、荻生徂徠の『中庸解』、太田錦城の『中庸原解』などの主要な注釈に見えない異説である。わざわざこれを引くことを含めて、松陰が森氏の実力を大いに評価したことを推測できるのである。

主善館教授としての森鐵之助は、関係者の期待に十分に応えたようである。谷三山の築山愛静宛ての別の書簡に「又森生ニ御芳意之趣語聞候處、大ニ感銘仕居候。此生近来五條邊ニテ大ニ歸依セラレ、御山ヨリ五條ニ出テ左傳ヲ講ジ、森田任庵等同日ニ入門スルモノ九人。節齋竝小林モミナ出席聴講候。タダ佐野老人負惜強ク文郎ヲ入門サセズ世ノ笑柄トナリ候由、氣ノ毒ノコトニ候。石井潤徳モ森生出講ノコトヲ傳聞、入門ヲ望候ヘドモ不承知ト申居候。

森生カク時々重ゼラレシコト御同慶可被下候。」とあり[9]、五條周辺の儒学に関心を持つ人々に高く評価されていたことを窺うことができる。

五條時代の門下から、天誅組に参加した乾十郎、林豹十郎、伊澤宜庵、原田亀太郎なども出た。少年時代の陸奥宗光が森氏の門下にあったと言われるのも、この頃のことと考えられる。父親が藩から追放処分にあった陸奥は、安政四、五年頃、ある「老吏」の食客となって五條に住んだと言われ、近年発見された文久初年の陸奥の書簡に自分の手紙を五條の「森先生方迄」届けて欲しいというくだりがあり、「老吏」はすなわち「森先生」であり、森鐵之進《ママ》ではないかという推測がなされている[10]。さらに推測を重ねるならば、陸奥宗光は、当時、森氏の高い評判を耳にしていたのではなかろうか。この頃陸奥家の人々が暮らしていた入郷村《ニュウゴ》（現在の和歌山県伊都郡九度山町）[11]は、紀ノ川筋を溯って五條まで十数キロの距離である。急げば五條まで半日を掛ければ十分であったろう。「五條邊ニテ大ニ歸依セラレタ」森氏のことが向学心にとんだ少年の耳に入ったとしてもおかしくないであろう。陸奥家には、五條の書商が出入りしていたと言われている[12]。

慶応二年（一八六六）、森鐵之助は、河内狭山藩藩校簡脩館の教頭に招かれ、以後その職に尽力した。優遇されて、士班に列したとされるが、このあたりの事情についても谷三山の書簡が消息を伝える。高弟の上田淇亭に与えた書簡に「扨今日七ツ時、高取家中之者參り、柳田死去に付森を招き候筈之處、折節森狭山方へ約束窮り候に付其事不叶、因之上田氏を招請致度段内々家老より被申聞候間、何卒上田氏へ右の趣御申し遣し被下度、若上田氏不承知に候はゞ、御門人中に可然人御推挙に預度申參り候。扶持、格式の處相尋候處、扶持は當分七人扶持と申候。因て狭山方之事を物語、上田は森と違ひ男女も寡く、親元も相應に暮らし居候故、當分之處七人扶持に而あまり不自由も有之間敷、格式の處御心を用られ度と申入候處、狭山方は始めより給人格なれど、當藩は左様には難相成候へども、追々昇進にて如何様にも相成可申事と申候」とある[13]。

この書簡は、上田氏の就職を主題とするものであるが、森氏の狭山藩招聘の事情を垣間見せるものでもある。狭山藩での優遇が、具体的に「給人」待遇であったことがわかる。「給人」とは、江戸時代に知行地を与えられた武士のことで、上、中級藩士であった。予定されていた上田氏の俸禄が七人扶持であるのに比べて、かなりの優遇であったということになるであろう（さらに「履歴」には「俸十三人口」とある）。それだけ森氏に対する評価の高かったことを示すことでもあるまいか。

明治維新後、堺県立学校句讀師[14]に迎えられたが、老齢のため間もなく辞職。明治六年七月三〇日大阪で没した。墓所は、高取町市尾の如来寺の墓地にある。

以下、森鐵之助の人柄、取り巻く環境、暮らし、学問等について窺いうる若干のことについて述べる。

谷三山は、これも築山愛靜に宛てた書簡において、森氏について「其上人となり狷介にて其の長もあれど、其短もここに在て、藩中諸士の應接行届き兼可申歟と不安心に存候」と言っている[15]。父母の強い反対を押し切って初志を貫徹したことにもその性格の強さが窺われ、学問上では、師の説に異を唱えることも辞さなかったのではあるまいか。その『呂氏春秋』注においても、時として、表現は鄭重ながら師の説を覆している箇所があるところからも、その推測をある程度裏付けることができる。

幕末の激動する政治状況の中で、後にも見るように森田節齋と親しい関係にあり、また門下から天誅組参加者を何人も出しながら、我が道を行ったように見えることにも、年齢も当時としては老境に近づいていたこともあるかもしれぬが、己を頼むことの強さを垣間見ることができる。

谷三山に就いて以降の森鐵之助の学問修業は、先に引いた三山の三通の書簡のここかしこから窺えるように、順調なものであったろう。しかし、生活はかなり苦しかったようである。主善館教授就任前の森氏は、上に引いたように「窮鬼に祟られ、家意日に蹙り、勢い殆ど自ら支えず」という状況であった。以前仕官の話が出た時、三山は

「しかるに、鐵之助は、家累はなはだ多く、三人扶持か五人扶持被下候而も度世以六ケ敷」と言って[16]、推薦することを断っている。すでに述べたように、彼が経済的に困窮していた原因に、子供が多く、「相応に暮らし」ていなかった親の支援を期待できなかったことも数えられよう。ここでまた推測を重ねるならば、森氏の学問への道に反対した両親の反対の理由は、経済的なものであったかもしれぬ。海のものとも山のものとも知れぬ学問修業などにうつつを抜かすよりは、庶民として真っ当な生業の道に就くべしと両親が考えたとしてもおかしくないであろう。

　これらの事情の他に、谷三山の書簡からは、さらに森氏をめぐる具体的な状況を知ることができる。同じく築山愛靜に宛てた書簡[17]で、森氏の兄の源次という人物の不行跡に対する対応を相談する中で「鐵之介《ママ》ハ兄ノタスケ無之トモ我ダニ達者ナレバ老母ノ介抱手ヌカリ不仕ト申候ヘドモ、此ノ者近頃身上ウスク且源次ノ罪業萬人ノ嘲リモ笑止ノ事也。モシ心ヲヒルガエシ一半ノ介抱ヲ分チツトメ候ハバ、互ノ為ニ宜ク卽チ鐵之介ノ介抱モナオナオ行届可申ト愚量仕候。カヤウニ源次ノ爲ヲモ思ヒ候ハ鐵之介ノミニアラズ、去冬ヨリ源次倅入門素読イタシ候テ、ソレガ父タルモノ故ニモ御座候」と言っている。恐らく家庭内のごたごたで、「身上ウス」い森氏が、家を継いだ兄がいるにもかかわらず、親の面倒を看ざるをえない状態に陥る可能性を示唆するものである。「家累はなはだ多」い事情の一端を見ることができる。

　なお、この書簡には、兄源次の義兄が田井庄村の庄屋で、妻の父が蛇穴村の大庄屋であるとあり、これによって、森氏の出身社会階層を推測することもできる。

　森田節齋とは馬が合ったようで、節齋は、森氏を「敬視し」、「森生ト遊ビヨロコビ候[18]」と言われ、その就職を心配していた。陽明学を好んだ節齋とは、下に述べるように学問の傾向を異にしており、これも三山の書簡のあちこちから窺えるように性向も異にしていたが、反面馬が合い、互いに長所を認め合っていたようである。

　学問的立場は、「大ニ王學ヲキラ」[19]う師の三山と同じ傾向であったと思われる。王学を嫌う三山は、その反面で清朝考証学に造詣が深かった。たとえば、松田元修という人物に与えた書簡に以下のように言う。

「畢竟清人ノ長ハ考拠ニアリ、顧亭林（炎武）コレガ宗祖タリ、一時ニ輩出スル者ハ毛（奇齡）、朱（彝尊）、胡（渭）、閻（若璩）、其ノ選ナリ。然レドモ竹垞（朱彝尊）ノ經學ハ西河（毛奇齡）ニ本ヅキ、杜撰ニ傷ツク。唯ダ胡・閻イササカ人意ヲ強クスルノミ。コレヲ寧人（顧炎武）ニ比スルニ、其レ猶オ賀六洋ノ曹瞞ニ於ケルガゴトキ歟。又萬氏兄弟（萬斯大・萬斯同）、其著各ノ観ルベキモノ有リ、而シテ斯同ノ史学、尤モコレヲ稱スルニ足ル。其ノ後、練見復（「練」は誤りではあるまいか。陳祖範、字見復か）、王白田（懋竑）、江慎修（永）、惠士奇父子（惠士奇・棟）、戴東原（震）、程綿荘（廷祚）、銭辛楣（大昕）、段茂堂（玉裁）、王懐祖父子（王念孫・王引之）、竝ニ其ノ翹翹楚楚タル者ナリ。戴ハ博贍ハ亭林ニ遠ク譲ルモ、而レドモ精密ハ則チコレニ過グ。且ツ顧ノ經學猶ホ宋・元ノ舊軌ニ傍ヒ、而シテ戴ハ則チ自ラ一家ヲ成ス。『孟子字義疏證』一書ハ、有明以來此ノ見解無シ矣。聞クナラク綿荘ノ學、戴ト相伯仲スルト。（姚鼐云フ—原注）或ハ其ノ上ニ出ルト云フ（程晉芳—原注）。怨ムラクハ盡クハ其ノ書ヲ讀マザルノミ。銭ノ史学、懐祖父子ノ訓詁ノ如キハ亦近代及ブ所無シ。惠氏ノ漢學、一世ヲ風靡スルト雖ドモ、而レドモ其ノ著述ヲ覈スルニ、二家ニ及バザルニ似タリ。カカルコトコトゴトクイハントスレバ南山ノ竹モツキヌベシ。姑ク垂詢ニ因テ其概ヲアグ。阮芸臺（元）高名ナレド古學ヲ論ズルトコロ甚ダアサシ、程瑤田『論學小記』ニシカズ[20]」

あたかも考証学に焦点をおいた清代学術史の要綱のごとくであり、ところどころにはさまれている三山の評言は、近代の学界の定説に一致する。なかんずく「『孟子字義疏證』一書ハ、有明以来此ノ見解無シ矣[21]」という評語のごとき、戴氏と同時代の中国の学者の間でさえ本書が十分に認められていなかったと言われる中で、きわめて注目すべきものである。いささか長きに失するかもしれぬが、三山の造詣の深さを如実に示すものであるのでここに引用した。当時の日本の儒学者で、清朝考証学を知ることにおいて、彼に匹敵する者は数少なかったのではあるまいか。

谷三山は、自ら「拙ハ天下第一ノ書物ズキ[22]」と公言する蔵書家であった。生家が近隣に並びなき富家であった[23]ことが、その書物収集を可能にしていたのであろう。清代の学者の著書も、収集の過程で入手し、これを読破して造詣を深めていたのであろう。

森鐵之助は、このような三山を師とし、同門の森田節齋は、森氏と「清人ノ書ヲ讀コトヲヨロコビ[24]」と言われているが、森氏も清人の書を読むことを大いに喜んだことであろう。

森氏は『呂氏春秋』の注において、次項の詳細な検討から明らかなように、しきりに『廣雅疏證』、『經義述聞』、『經傳釋詞』等の説を参照するが、その背景には以上のような事情があったと考えられる。谷三山の入室の弟子として、注釈の方法において、清代の考証学に学ぶところが少なくなかったであろう。また、ここでも推測を重ねるならば、経済的にあまり恵まれなかった森氏が、師の蔵書を大いに利用したとも考えられる。当時、和刻本などほとんどなかった清朝考証学関係の唐本を、地方の小藩の藩校等の儒官や在野の学者が入手することは容易ではなかったはずである。三山はこれを所蔵しており[25]、またその蔵書を惜しみなく貸し出したことは書簡の随所に見えている。

森鐵之助は、谷三山にまたとない師を見出し、そして師の薫陶に十分に応えたと言いうる。森氏の『呂氏春秋』注は、今のところ、後世にのこされたその唯一の学問的成果である。

注

（1）「森鐵之助履歴」（国立国会図書館憲政資料室所蔵「品川彌二郎関係文書」のうち）。本資料は、これまでその存在がほとんど知られていなかったと思われるので、次に全文を引く。

「森鐵之助履歴

大字池尻第三十三番屋敷平民

森權六亡父（舊狹山藩北條相模守氏泰家臣）

森鐵之助

文化十年月日不詳出生

出生地

大和國高取城主植村駿河守領高市郡田井之庄村米田惣

四朗次男

改姓
舅家大和國高市郡田井之庄村森專次ノ死跡相續ヲ爲シ
森姓ヲ冒ス
職業
農ヲ業トシ後チ儒ヲ業トシ經學及ヒ兵籍ニ精通セリ
諱及雅號
諱ハ緻字ハ士君號ハ竹汀又ハ履祥堂ト號ス
住居地
幼年大和國高市郡田井之庄村ニ住シ後同郡越智村ニ轉シ再ヒ田井之庄村ニ復歸シ又同國宇智郡五條村ニ轉シ慶應元年河内國丹南郡狭山藩ニ移リ廢藩置縣後堺及ヒ大阪ニ住ス
仕官
安政三年頃大和國五條幕府内藤某ノ招ニ依リ五條ニ轉シ教授ヲ爲ス慶應元年北條相模守ノ招聘ニ應シ家臣トナリ俸十三口ヲ給セラレ明治四年堺縣學校教頭ト爲ル
事蹟
事蹟ニ至テハ別ニ記スベキ著明ノモノナシト雖モ常ニ皇室ノ式微國威ノ不振ヲ慷慨シ幕府ノ末常ニ天下有志ノ士ト相交リ專ハラ尊攘ノ主義ヲ唱道シ以テ國家ノ爲ヲ畫ス所アランコトヲ期セリ偶マ文久元年八月中山忠光公義兵ヲ大和國五條ニ擧ク當時鐵之助窃カニ正義ノ士ト相謀リ其義擧ヲ助ク門人乾十郎井澤宜庵林久八郎友人原田龜太郎其他門生數名義擧ニ應シ後捕ハレ刑ニ處セラレタル者數名アリ（乾井澤原田ノ三士ハ贈位ノ恩典ヲ受ケタリ）又幕府及ヒ舊領主植村侯ニ建白ヲ爲シタル等ノ事蹟アルモ今其詳ナルコトヲ知リ得ス唯タ僅ニ遺稿斷片數通ヲ古紙中ヨリ搜索シ得タリ
門生中著名ナルモノハ陸奥宗光乾十郎井澤宜庵林久八郎其他一々記臆セス」

「品川彌二郎関係文書」には、別に「森鐵之助遺稿（寫）」として、二件の文章が収められている。内容は、天誅組参加者の弁護を行い、あるいは赦免を嘆願して要人に提出されたものと思われる。「履歴」に「古紙中ヨリ搜索シ得タリ」と言われているものに相当するであろう。品川は、幕末維新期の人士の顕彰に力を注いだといわれているので（元国立国会図書館の堀内寛雄氏のご教示）、これらの文書は、森氏の遺族によって、その顕彰をめざして没後しばらく経って作成、提出された文書かその写しであると考えられる。尊攘思想の強調、天誅組との関係について、若干の文飾もありそうである。

以下、『大和人物志』（奈良県編刊、明治四二・八）、『三山谷先生遺稿』（奈良県高市郡教育会、大正六・一）、大伴茂『聾儒谷三山』（平凡社、昭和一一・一）、高取町教育委員会編『高取町史』復刻改訂版（一九九二）、五條市史刊行会編『五條市史』下巻（昭和三三・一一）、狭山町史編纂委員会編『狭山町史』第一巻本文編（狭山町役場、一九六七・一二）その他。

なお、妻木忠太『吉田松陰の遊歴』（泰山房、昭和一八・六、四版）第十三章「癸丑遊歴」（其二）の「津藩士並に大和名士の略傳」に森氏の伝があり、そこに墓誌が引かれているので、以下に紹介する。「君諱緬、字子昂、稱鐵之助、號竹亭、森氏、大和田井庄村人、業儒。慶應元年九月應聘於狭山藩爲儒官。維新之後、爲堺縣立學校教頭。無幾而辭職老於大阪、明治六年七月三十日病歿、享年六十一歳」、この後に森氏の「無我前不悲無我有我後不愛有我忽然出玄還入玄一任造物工弄我」（書き下し：我無きの前、我無きを悲しまず、我有るの後、我有るをおしまず。忽然として玄を出で、また玄に入り、一に造物工の我を弄ぶに任す）という辞世が引かれ、さらにその息について「男を權六といひ、始審裁判所判事に任んじ、辭職後辯護士となって、大阪で歿した」とある（三三三頁）。ちなみに、森氏の墓碑は、高取町市尾の如来寺に現存するが、一カ所に集められた二、三十基の墓石の中に埋もれた状態にあり、頭頂部の「竹亭森」の三字が見えるのみで、墓誌と辞世を見ることはできない（二〇一五年一〇月一四日、如来寺において確認。なおその際にお寺よりご協力を得ることができた）。

（2）『大和人物志』に「高市郡越智の人」とあり、『高取町史』に「越智村に生まれた」とあるが、前掲「履歴」、「墓誌」および『聾儒谷三山』には「大和田井庄の人」とある。地元の『高取町史』にははっきりと「越智村に生まれた」とあるのは、何か基づくところがあるのかもしれぬが、いま一応「田井庄」説に従う。

（3）『三山谷先生遺稿』の巻頭に「三山谷先生墓誌銘」が収められ、その末尾に「門人森緬　上田忱　同撰」とあり、これを以て森氏の三山門下における位置を知るに足りよう。

（4）たとえば、「小竹只俗儒」と言い（「節繹兩先愛靜館筆語」『遺稿』四一五頁。以下『三山谷先生遺稿』を引く際は『遺稿』と略す）、後藤松陰と小竹を比較して「然其人甚好、決非小竹類」（「二家筆語上」の森田節齋の語、『遺稿』四三一頁）とあり、さらに「小竹好（ハナハダ―原注）大胆、竹頭注糞」（「二家筆語下」『遺稿』四三一頁）、「小竹・小山均屬皮相」（「二家筆語下」『遺稿』四三三頁）などとある。

（5）「與簗山愛靜書」『遺稿』四三三頁。

（6）「與北厚治書」『遺稿』一三〇頁。

（7）山口県教育会編『吉田松陰全集』第九巻（大和書房、一九七六・一一再刷）所収「癸丑游歴日録」。松陰の大和行についての記述はすべてこれによる。なお、松陰と森氏との会合について、『聾儒谷三山』の「三山の門人」の項に「孫子を論議しています」とあり、孫子の兵法について語り合ったようにもとれ、さらに『五條市史』に至っては「国事を論じている」（六五六頁）と言うが、「日暦」には「『孫子』の訓詁を論じ」とあるのであって、兵法や国事を論じたという意味合いは見えない。大伴氏、『五條市史』編纂者は、幕末の騒然たる世情が念頭にあって、思い込みに引きずられたのではなかろうか。また論じた訓詁が『孫子』のみにかかわるものでなかったことは、本文で指摘したとおりである。ちなみに、松陰の大和行については、前掲『吉田松陰の遊歴』にも詳細な記述がある（二九八〜三二二頁）。

（8）『吉田松陰全集』第九巻、三三五頁頭注参照。

（9）「與築山愛靜書」『遺稿』九七頁。

（10）萩原延壽『陸奥宗光』上（朝日新聞社、一九九七・八）「（略）一通の年賀状から宗光が食客となっていたという「五條の老吏」についての推測もつけられる。文久元年（推定）正月三日付のこの年賀状は、のちに紹介するように漢文で書かれ、三つの部分から成るが、その末尾で宗光は自分の手紙を「森先生方迄」届けてほしいと依頼している。北山直大氏の調査では、確証はないが、この森先生とは五條代官所主善館の教授である儒学者の森鉄之進《ママ》ではないかと推測している。もしそうであれば、「五條の老吏」は「森先生」ではあるまいか」（九二〜九三頁）。なお、この年賀状と北山直大の調査の結果は、北山直大「紀州藩文久二年政変の新資料—伊達宗興・宗光の手紙を中心として—」（私家版、一九九六）に収められているということであるが、本論文を披見することは叶わなかった。

（11）萩原、前掲書。

（12）阪崎斌『陸奥宗光』（博文館、明治三一・六）に「程近き大和の五條より來れる書肆の主人が君の気象を感じつゝ之に説きて云へるよう（略）」とある（一一頁）。

（13）狭山町史編纂委員会編『狭山町史』（狭山町役場、一九六七・一二）第一巻本文篇、五二五頁。なお「履歴」、「墓誌」には「慶應元年」とあるが、ここでは、しかるべき根拠によったと思われる『狭山町史』に従った。また「與上田淇亭書」『遺稿』一五四頁。

（14）前掲「履歴」、「墓誌」および『高取町史』には「堺縣學校教頭と爲る」とか「維新後、堺県立学校教頭に迎えられた」とある（七三三頁）。しかし、堺市役所編『堺市史』第三巻（昭和五・三）に「（明治—引用者）四年（略）二月には森鐵之助を郷學校の句讀師に任ずるなど（御用留）」（八五五〜八五六頁）とある。原文書に依拠した『堺市史』の記すところに従った。『高取町史』等は、森氏が狭山藩校の教頭であったことから、これと混同したか。

（15）「與築山愛靜書」『遺稿』四三〜四四頁。

（16）前注に同じ。

（17）「與築山愛靜書」『遺稿』九八〜一〇〇頁。

（18）前掲注五および「與松田元修書」『遺稿』一一八頁。

（19）前注に同じ。

（20）「與松田元修書」『遺稿』一二三頁。なお「カカルコトコトゴトク」の上は漢文であるが、読解の便を考慮して書き下しとし、字号で表記されているものに諱名を補うなどの処置を行った。

(21) 安田二郎「〔孟氏字義疏證〕訳者序」（『戴震集』朝日新聞社、一九七六・一一〔中國文明選、八〕）三九五～三九六頁。

(22)「與山尾子永書」『遺稿』一五九頁。

(23) 大伴『聾儒谷三山』五頁。

(24)「與松田元修書」『遺稿』一一八頁。

(25) 谷三山の集書と蔵書については、西村天囚にやや詳細な紹介がある。以下にこれを引く。「其の大父致親は家貧にして書を讀まざりしを悔ひ、其の子重之をして學ばしめんとしけれども、家業に忙はしくて果たさざりけるが三山の蔵書に従事するや、重之は是れ大父の志を繼ぐ者なりと喜びつ。其の頃は商賣に巨利を得て、家道頗る裕なれば思ふ儘に書を購ひて三山に與へしなりけれ。予れ三山の遺篋を検せしに、書物は常に大阪の河内屋某（河新）より買入れしものと見え、書籍代の受取いと多く、又『相在室書目』（三山の蔵書目録であろう―引用者）を見るに、經解叢書の類の浩瀚なるものを初として經史子集百家の雑書に至るまで蓄へて而して略備はれり。蓋價を論ぜずして船載の唐本を購ひしと見ゆ。其該博も亦宜ならずや。蔵書は三山没後税所知事の手に渡り更に各處に散在すとなり」（西村天囚『谷三山』相在室刊、明治四一・一一、五～六頁）。森鐵之助が利用した清朝考証学の代表的な著作が、単刊本か『皇清經解』本か不明であるが、右に引いたところに、谷三山の蔵書に「經解」が含まれていたとあることから、『皇清經解』本であった可能性が高い。さらにまた、これが谷三山の清朝考証学への造詣の源泉であったことも推測できる。それはともかくとして、森氏の学問形成とその大成に三山の蔵書が決定的な役割を果たしたことはほぼ間違いないであろう。

（二）森鐵之助注の注釈として注目すべき点

『呂氏一適』よりも時代の下る本注の特長の一つは、前節でも言及したように王念孫・王引之父子の学をはじめとして清朝考証学の成果を参照し大いに引用しているところにある。よく参照しているのは『廣雅疏證』、『經義述聞』、『經傳釋詞』で、他にも段玉裁『古文尚書撰異』、江藩『周易述補』、王鳴盛『尚書後案』などの引用が目にとまった。このように考証学の成果を貪欲に吸収していても、やはり幾ばくかの見落としはあって、たとえば仮定を

表す「爲」については、仲冬紀・長見の「爲不能聽、勿使出境」に、

緜案、「爲」與若古通用。故『御覽』作若也。

と注するにとどまり、『經傳釋詞』の所説を挙げていないのは遺漏というべきであろう。

それはともかく、以下には、翻刻の過程で印象に残った特徴的な書き込みを幾つか挙げることにしよう。

本文の改訂に関して、まず、語順を上下逆にすることを「乙正」あるいは「乙」、「乙轉」といった語で示すことを挙げなければならない。審應覽・精諭の

唯知言之謂者可爲。

に注して、

緜案、「爲」語詞。不然則「可爲」二字當乙正。

とあるのがその初見である。「可爲」の二字を入れ替えるという解釈は、王念孫が「可爲は當に爲可に作るべし」というのに等しい。また、似順論・分職の

夫君也者、處虛素服而無智。

について、

三山先生曰、「素服」當乙正。

とあるのは、王念孫が「素服は疑うらくは當に服素と爲すべし」というのに等しい。王念孫の諸説は許維遹が『呂氏春秋集釋』（一九三五）に引用して初めて世に知られるようになったのであるから、ここに挙げた緜（森鐵之助）説や谷三山説は王念孫のそれに先んずるものであり、『呂氏春秋』の校勘史に特筆する価値がある。[1]

句読に関しても注目すべきものがある。離俗覽・上德の「小民皆之～此之謂順情」は、陳奇猷が「此文自高誘以下皆未得其讀」（『新校釋』一二七一頁、注一六）というように難解な部分であるが、本書には、

緜案、「皆」與比、古字通。比、親也。「其之敵」三字難解。句必有誤脱。

緜案、「順天」句絶。與下文「順情」對。

「敎」、使也。屬下讀。

とある。すなわち「小民皆之其之敵而不知其所以然、此之謂順天。敎變容改俗而莫得其所受之、此之謂順情」と断句するのであり、句読については陳奇猷と同じ結論に達しているのである。また、審應覽・不屈の「惠子之治魏爲本」は、これを一句として読むことがほとんどであるが、

案、「之治」句逗。

といい、「惠子之治、魏爲本」と断句するのはきわめて独創的である。(2) さらに、開春論・期賢に、

其僕曰、然則君何不相之。於是君請相之、段干木不肯受。則君乃致祿百萬、而時往館之。於是國人皆喜、相與誦之曰（略）

とあり、多くは「然則君何不相之」を僕の発言とするが、

緜案、上「於是」二字衍。「曰然則」至「往館之」、皆其僕勸文公之言也。「館之」下、試添「從之」二字看。

とあれば、森鐵之助は「其の僕曰く、然らば則ち君は何ぞ之を相とせざる。君、之に相たらんことを請へ。段干木、肯へて受けざれば、則ち君は乃ち祿百萬を致して、時に往きて之に館せよ、と」と読んだのであろう。後文の「此に於いて國人皆な喜ぶ」以下とのつながりを考慮しなければそう解釈できないこともないが、その当否よりもむしろ注目したいのは「館之下試添從之二字看」という書き込みである。

この「試～看」という文構造は、「試移～看」、「試作～看」、「試添～看」などのように現れる類型表現で、初見は、孝行覽・義賞の「姦僞賊亂貪戾之道興、久興不息、民之讎之若性。戎夷胡貉巴越之民是以雖有厚賞嚴罰弗能禁」について、

緬案、「是以」二字試移「戎夷」上看。

というものである。ここの「是以」に関しては、許維遹が「是以二字當屬上爲句」と解釈して以降、

姦僞賊亂貪戾之道興、久興不息、民之讎之若性、戎夷胡貉巴越之民是以。雖有厚賞嚴罰弗能禁。

と句読することが多く、陳奇猷は「以本作㠯、同已」といい、ここの「是以」を「是《これ》已（是なるのみ）」と解釈する（『新校釋』七八九頁、注一二）が、緬説に従って「是を以て戎・夷・胡貉・巴越の民は、厚賞嚴罰有りと雖も禁ずる能はず」と読むほうがすっきりするように思う。また、審分覧・任數に

孔子之所以知人難也。

とあるが、陶鴻慶は「若專主孔子言、則非本篇之旨矣」と考えて「孔子之」の三字を衍文とし[3]、陳奇猷も陶鴻慶の説を支持する（『新校釋』一〇八八頁、注五四）。これに対して、森鐵之助は、

緬案、「孔子」二字試作「君子」看則其義通。

という。前段に位置する孔子説話の趣旨を述べ、かつ任數篇をまとめる一文として「孔子」の二字が不適切であると考えるのは陶鴻慶と共通するが、孔子説話を抽象化し人臣掌握に関わる者（君子）の心得としてこの一文を解釈したところに緬説の真骨頂がある。

語釈にも見逃すことのできないものがある。審應覽・不屈に「乃請令周太史更著其名」とある。惠子を寵用した魏の惠王は、魏の相次ぐ敗戦によって惠子の施策が天下の物笑いになると、「其の名を著す」ことによって惠子の名誉を回復してやろうとした。緬説で注目しなければならないのは、魏の惠王が惠子の名を顕彰するために働きかけた「周太史」という存在についての解釈である。すなわち、

緬案、「周太史」者、非謂在周室太史也。諸國皆在也。以各於其國、掌周之禮樂典籍、故稱周太史耳。『晉語』「智果別族于太史」（注云「太史、掌氏姓」）、是亦周太史之類也。

とある。森鐵之助がことさらに「周太史とは、周室に在る太史を謂ふに非ざるなり」といわなければならなかったように、今日でも「周太史」は「周〔室〕の太史」と解するのが一般的である。しかし森鐵之助は、「周太史」は諸国に仕官する太史で、周の伝統を掌る者であると考える。この解釈の相違は、戦国期における周室の社会的位置を考えるうえできわめて示唆に富んでいる。すなわち、従来の解釈では、周室の承認を得ることによって恵子の名を顕彰しその生命・地位を保全できるという合意が、戦国初期の諸国間で共有されていたことになり、魏の恵王の治世期の周室は既存の公権力としてそれなりに権威を保持していたことになる。他方、「周太史」を森鐵之助のように春秋期以降の諸国内にあって周の伝統を継承する太史と考えるならば、魏の恵王の措置に周室は全く介在していないことになる。すなわち、魏の恵王は自国内の論理（といっても旧来の周室の慣行を踏襲しているのであるが）に従って恵子の生命・地位をさらに万全たらしめようとしたのであって、もはや周室の権威を必要としていなかったということである。このように「周太史」一語の解釈は、戦国初期の周室が諸国の必要とする権威を備えていたか否かという理解と密に関連するのである。また、離俗覽・上徳の「死而有益陽城君、死之可矣」について、

　緬案、「死而」、「而」與若仝。

というのは、ここの「而」が仮定の用法であることにはじめて明確に言及したものである。ほぼ同じ句法・内容の文が『左傳』僖公二十八年に「死而利國、猶或爲之（死して而《も》し國に利あらば、猶ほ之を爲すこと或り）」と見えるので、恐らくこの一文を念頭に置いた解釈であろう。さらに驚くのは、愼行論・愼行の「毋或如齊慶封、弑其君而弱其孤、以亡其大夫」についての書き込みである。すなわち、

　三山先生曰、「亡」當爲⿱亡皿、⿱亡皿與盟古今字、『左傳』作盟。

とあるのがそれである。『左傳』昭公四年は「無或如齊慶封、弑其君弱其孤、以盟其大夫」[4]に作るので、「亡」と「盟」とが通用することは間違いないが、谷三山は「亡」を「盟」の音転とするのではなく、「盟」が古くは「⿱亡皿」

であったことに基づいてここの「亡」は「盂」字とすべきであると考えるのである。谷三山が何を根拠として「盂與盟古今字」と考えたのかはわからないが、近年の文字学が明らかにしたところによれば、(5)「盟」は「盂」の異体字であるという。このような文字学の成果によって、谷三山のいう「盂與盟古今字」が必ずしも荒唐無稽な考えでなかったことが裏付けられたのである。

最後に、文字の通仮について言及したものを幾つか挙げよう。すなわち、

①孟夏紀・勸學「師尊則言信矣、道論矣」

緻按、「道論」二字、難解。當作道諭。諭與論、古書往往互混。

②審應覽・不屈「得擧其諱」

緻案、「得」字、古作㝵。故古書中「見」「得」注又相亂。『趙策』「用兵踰〔年〕、未見一城」、『史』「未得一城」、是其證也。此「得」當作見。「見擧其諱」言被稱其諱也。

③離俗覽・爲欲「謀士言曰」

緻案、「謀士」、『左傳』作「諜出」。從『左傳』作諜出爲是。「出」與士、諸書往往相混。『史記・夏本紀』「稱以出」、徐廣曰「出、一作士」、亦此類也。

④士容論・辯士「澤其靷而後之」

又案、「後」・從二字、意相近。「後之」猶言從之也。古書、後・從互相混。『史記・蘇秦傳』「寧爲雞口、無爲牛後」、『戰國策』作「寧爲雞尸、不爲牛從」。是亦後・從相混一證也。

である。①は通仮というよりも誤写されることの多い字例というべきであるが、②の内容は、王念孫『讀書雜誌』第二之二に

「夫用百萬之衆攻戰、踰年歷歲、未見一城也」。念孫案、見當爲㝵。㝵、古得字。形與見相近、因譌爲見（說見

『經義述聞』周語「見神」下）。下句曰「今不用兵而得城七十」卽其證也。『史記』趙世家正作「未得一城」。（戰國策第二・趙）

とあるのに一致する。ただし、本書の書き込みに『讀書雜誌』の名は見えないので、参照したのは『經義述聞』のほうかもしれない。(6) というのは、③の内容は明らかに、王引之が『大戴禮記』五帝德の「稱以上士」について、

「聲爲律、身爲度、稱以上士」。（略）家大人曰、作「稱以出者」是也。出與律爲韻。若作上士、則失其韻矣。隸書士字或作土。出字或作𡳿。二形相似。故書傳中出字多譌作士（僖二十五年『左傳』「諜出、曰、原將降矣」、『呂氏春秋』爲欲篇「諜出」譌作「諜士」）。『史記』「稱以出」、『集解』「徐廣曰、一作士」。（『經義述聞』第十二・大戴禮記中）

というのに基づくと考えられるからである。④は「後・從」の混用に言及する。文面上は、森鐵之助がいうとおり「後」・「從」は通用すると考えられそうであるが、「寧爲雞口、無爲牛後」と「寧爲雞尸、不爲牛從」との異同については、范祥雍が「口・後、尸・從之辨、紛論已久」(7) というように古来議論のかまびすしいところであるから、その当否は後考に俟ちたい。

なお、以上の議論は、陳奇猷『呂氏春秋新校釋』が引用する主に中国の学者の諸説と対照して述べたことであって、日本の江戸期の漢学者の説にも目配りしたものではないことをお断りしておく。

注

（1）王念孫『呂氏春秋』校本については、張錦少『王念孫古籍校本研究』（上海、上海古籍出版社、二〇一四・一二）を参照。

（2）なお、新編漢文選二『呂氏春秋（中）』（明治書院、一九九七）六八三頁も「惠子之治、魏為本」と断句し、「惠子の治は、魏、本と為せども」と訓読している。

（3）陶鴻慶『讀諸子札記』（北京、中華書局、一九五九）一二三頁。

（4）『呂氏春秋新校釋』一五〇〇頁、注四六を参照。

（5）裘錫圭は、「盟」の初文は「盥」であり、「盥」は「㿻」

の音と意味（血祭）で読まなければならない、という。

裘錫圭「釋殷虛卜辭中的〝⿱屮厶〟・〝⿱屮口〟等字」（香港中文大學中文系編集『第二屆國際中國古文字研討會論文集』香港中文大學出版社、一九九三）を参照。

（6）王引之『經義述聞』第二十・國語上「見神」の条に「是以或見神以興、亦或以亡」。家大人曰、見當爲㝵。㝵、古得字。形與見相近、因譌爲見（『史記』趙世家「踰年歴歳、未得一城」。『趙策』得作見。見亦㝵之譌）。とある。

（7）范祥雍『戰國策箋證』一四八九頁、注三三（上海古籍出版社、二〇〇六）を参照。范祥雍が引く諸説の中では、明の何孟春の説が私には最も得心がいった。なお、朱亦棟『羣書札記』巻十「雞口牛後」に次の説がある。
『顏氏家訓』「太史公記曰、寧爲鷄口、無爲牛後」。此是刪『戰國策』爾。按延篤『戰國策音義』曰「尸、雞中之主。從、牛之子。然則口當爲尸、後當爲從。俗寫誤也」。按、口與後叶、與『（後）漢書』「寧爲秋霜、無爲檻羊」正同。若尸・從則不叶矣。『補正』引『正義』云「雞口雖小、乃啄食。牛後雖大、乃出糞」。此蓋以悪語侵韓、故昭侯怒而從之也。最爲得解。

翻刻

◇凡例

一　漢字は原則として旧字に統一した。

一　正文の下の［　］内の数字は、陳奇猷『呂氏春秋新考釋』（上海古籍出版社、二〇〇二年）の頁（上段）と行（下段）とを表す。篇名の次の「一曰、二曰～」を第一行とした。

一　編者による注記・補足は〔　〕で示し、適宜【編者按】を付した。

一　正文の行間の書き入れ（傍注）は原則として【編者按】に「〇字に注す」あるいは「〇字を訂す」と記した。

一　踊り字や繰り返しの記号は本来の漢字に直した。

一　行改めは原文と必ずしも一致しない。

一　割注や小文字の書き入れは（　）内に入れた。

一　注釈に句点がある場合は極力その句読を尊重した。

一　白文の引用文には通行に従って句点をつけた。

一　引用の資料が長文の場合は、適宜「……」を用いて節略した。

◇『呂子考』の増補について

一　底本には国立国会図書館所蔵本を用い、京都大学所蔵本を以て対校した。ただし、京大所蔵本は、虫損に由来すると思われる用紙の粘着箇所がしばしば見られ、これを無理に開くと資料を毀損する恐れがあるため、対校を十全に行えなかったことをお断りする。

一　『呂氏一適』と同一あるいはほぼ同じ箇所の注であるが、内容や表現が異なるものは『呂氏一適』の当該箇所に【補】として増補した。

一　『呂子考』には『呂氏一適』と全く同文ないし僅かな違いはあるものの趣旨は同じである注記がかなりの数あるが、これらは全て取らなかった。

一　『呂氏一適』が全く言及しない注記は、今回は取らなかった。

『呂氏一適』

補『呂子考』抄

表紙裏

「善學者若齊王之食雞、必食其蹠數千而後足」（『〈淮南子〉說山訓』十八背）

「固護」（『〈文選〉蕪城賦』「觀基局之固護、將萬祀而一君」、注「固護、言牢固也」。又、長笛賦）

「于莘崇侯」（『漢・古今人表』）

「不勝食氣」（「〈孟春紀〉重己」八背注・「〈孟春紀〉去私」十一背注）

呂氏春秋序（高誘、『新校釋』序一頁）

名之曰正［二、一〇］

　政（下同）【編者按：「正」字を訂す】

乃集儒書［二、二］

　「書」當作者。

各十餘萬言［二、二］

　按『〈史記〉呂不韋傳』「各」當作「二」。『〈史記〉呂不韋傳』「呂不韋乃使其客人人著所聞、集論以爲八覽・六論・十二紀二十萬餘言、以爲備天地萬物古今之事、號曰『呂氏春秋』、布咸陽市門、懸千金其上廷、諸侯遊士賓客有能增損一字者予千金」。

以是著在『錄』『略』［二、五］

　劉向『別錄』・劉歆『七略』。

讀呂氏春秋（方孝儒）

使其賓客所著者也［『呂氏一適』本、五丁オ四行］

　「所」、疑合移「使」上、不然字誤。

太史公之言誤也［同、五丁ウ五行］

　「不韋徙蜀、乃作呂覽」、出『史記・自序傳』。「史又稱」云云、出『〈史記〉呂不韋傳』。共皆太史公之筆、蓋傳異聞而已。

況乎人君任賢［同、六丁オ二行］

　『〈孟子〉萬章下』【編者按：『孟子』萬章下に「況乎以不賢人之招招賢人乎」とある】

關内侯［同、七丁オ一行］

　『賈子・耳痺』【編者按：『賈子』耳痺に「孤身爲關内諸侯、

世爲忠臣」とある】

重刻呂氏春秋序（王世貞序）

『續稿選』卷之九載此序。

曰疇有能損益〔同、八丁オ七行〕

『〔尚書〕堯典』「帝田疇、咨若時、登庸」、句法本于此。

『莊子・說劍』篇、太子悝云「孰能悅王之意止劍士者、賜之千金」。

宋光祿邦乂〔八丁ウ四行〕

『續稿選』無「宋光祿邦乂」五字。

穆叔之次立言於取之〔同、九丁オ二〜三行〕

『〔左傳〕襄二十四年』

『續稿選』「於」作于。下皆同。

欿然〔同、九丁オ五行〕

「欿」、不自足貌。

有不淟涊汗浹者邪〔同十二丁オ六行〜ウ一行〕

『〔文選〕陸機・文賦』「謬玄黄之秩序、故淟涊而不鮮」。『〔文選〕枚乘・七發』「涊然汗出貌」。『〔漢書〕揚雄傳・反離騷』「紛纍吕其淟涊」、注「應劭曰、淟涊穢濁也」。

秦王刻其國柄〔同、十二丁ウ六行〜十三丁オ一行〕

『續稿選』「刻」作割、是。

宋子徐子〔同、十二丁オ五行〕

『續稿選』無「宋子」二字。

不以人廢言之義。〔同、十二丁ウ一行〜二行〕

『〔論語〕衞靈公』篇。

巻之一　孟春紀

『〈左傳〉昭二十九年』「蔡墨曰」云云「故五行之官、是謂五官。實列受氏姓、封爲上公。祀爲貴神、社稷五祀、是尊是奉、木正曰句芒」云云、可考。蓋自古有此禮。十二記《ママ》之所本也。

正月紀

【正文】昏参中〔一、二〕

『禮記釋文』「中、如字、徐丁反」。【編者按：「中」字に注す】

【正文】其神句芒〔一、二～三〕

「句芒」卽句萠也。三月紀「生者畢出萠者盡達」。『〈禮記〉月令』「生者」作句者。『〈禮記〉樂記』「昫嫗覆育萬物、然後草木茂、區萠達」。『史記』樂書『正義』曰「區、音句」。

【補】「區音句」、可以見。

【正文】其味酸〔一、三〕

『周禮・食醫』「凡和、春多酸、夏多苦、秋多辛、冬多鹹、調以滑甘」。

【補】『禮記』〈內則〉亦同。

【正文】魚上氷〔一、四〕

『〈大戴禮記〉夏小正』「魚陟負冰」。

【正文】鴻雁北〔一、四〕

來（月令）【編者按：「北」字に注す。『禮記』月令は「鴻雁來」に作る】

【正文】太史之謁天子曰〔一、七〕

【高注】太史掌國之太典。

六【編者按：「太典」の「太」字を訂す。「太」字は版本の誤刻】

【補】「太典」當作六典。

【正文】廼命太史守典奉法〔一、一〇〕

六典八法、『〈周禮〉太宰職』。「太史」屬宗伯職。【編者按：『周禮』天官冢宰・大宰之職に「掌建邦之六典、以佐王治邦國」とあり、小宰之職に「掌邦之六典・八法・八則

之貳」とある】
【正文】司天日月星辰之行〔二、一〇〕
「司」讀爲伺。（注皆同）
【正文】宿離不忒〔二、一〇〕
呂計反、偶也。【編者按：「離」字に注す】
【正文】措之參於保介之御間〔二、二〜三〕
山子曰、「參於」當易地。『禮記』作「于參」。下「之」猶與也。
『（詩經）周頌・巨工』「嗟嗟保介」、『箋』云「保介、車右也」、又「介、甲也。車右、勇力之士、被甲執兵也」。
神保【編者按：「保」字に注す】
『（孟子）萬章上』「得之不得」。（永親）【編者按：「之」字に注す。「永親」は人名であろう】
【高注】保介勇士衣用而爲車右者御、御車之人也。
「保介」疑保持・介助之義、不必車右。
【正文】窮耕帝籍田〔二、三〕
『字彙』、「籍」・藉同。【編者按：『字彙』未集・竹部に「籍、又與藉同」とある】

【正文】天子三推……九推〔二、三〜四〕
【高注】『國語』曰……
周語上（十、十一之交）
【正文】草木繁動〔二、五〕
「繁」、『（禮記）月令』作蕍。
【正文】王布農事〔二、五〕
『（尚書）堯典』「厥民析」（『孔傳』「冬寒無事、竝入室處、春事既起、丁壯就功、言其民老壯分析」）。
【補】「上農」篇「天子親率諸侯、耕帝藉田、大夫士皆有功業」、是故當時之務、農不見于國、以敎民尊地產也。『尚書・堯典』「厥民析」、『孔傳』「冬寒無事、竝入室處、春事既起、丁壯就功、言其民老壯分析」。
【正文】命田舍東郊〔二、五〜六〕
考詳「上農」篇。
【正文】皆修封疆、審端徑術〔二、六〕
山子曰、「封疆」、國之封疆。「徑術」、國之徑術。
【正文】先定準直〔二、七〕
山子曰、「準直」、晉裴秀所謂「準望迂直」也。見『蒙求・季元《ママ》領袖』注。【編者按：「元」は「彥」の誤記。

また、岡白駒『箋註蒙求校本』の「季彦領袖」項の「標疏」に「夷地、詳分率・準望・方邪、略高下・迂直・道里、險地反之、各因地制宜、所以校夷險之異」とあり、さらに、「準望」「迂直」について、宇都宮遯庵『蒙求詳說』を引く】

〔正文〕乃修祭典〔二、八〕

〔高注〕典、掌也。

山子曰、「典」、法也。

【補】注非。

〔正文〕犧牲無用牝〔二、八〕

「無用牝」、鄭玄云「爲傷妊生之類」。

〔正文〕無麛無卵〔二、九〕

〔高注〕蕃庶物也。

山子曰、「物也」下當補「麛子」二字。『〔淮南子〕時則訓』高誘注「麛子曰夭」。今按、凡物穉曰夭、何必麛子也。注非。

〔正文〕揜骼霾髊〔二、九～一〇〕

營蜡氏【編者按：「揜」字に注す】

江百反【編者按：「骼」字に注す】

〔正文〕草木早稿〔二、一三〕

稿【編者按：「稿」字を訂す。「稿」字は版本の誤刻】

〔正文〕霜雪大摯〔二、一四〕

『毛詩』關雎『箋』云「摯之言至也」。【編者按：『詩經』國風・周南・關雎に「關關雎鳩、在河之洲」とあり、『毛傳』に「雎鳩、王雎也、鳥摯而有別」とある】

本生

〔正文〕始生之者天地〔三、二〕

「地」疑當作也。（一考本）

【補】地當作也、字之誤。

〔正文〕勿攖之謂天子〔三、二〕

「攖」、『玉篇』「亂也」。

『莊子・在宥』（十七面）。音英。【編者按：「攖」字に注す。『莊子』在宥に「昔者黄帝始以仁義攖人之心」とある】

〔正文〕則所爲立之矣〔三、四〕

以【編者按：「爲」字を訂す】

〔高注〕象于度。

干【編者按：「于」字を訂す】

【正文】失所爲修之矣〔二一、五〕
以【編者按：「爲」字を訂す】
【正文】士者抇之〔二一、六〕
【高注】抇、讀曰骨。骨、獨也。
山子曰、注二「骨」當作滑。又曰、今按「抇」讀爲
汩。汩、亂也。
【補】「二骨」當作滑亂。『國語』（晉語八）「置不仁以
滑其中」、『字典』引此抇作搰、『尚書』（舜典）「蛮夷
猾夏」、又『〔尚書〕洪範』「汩陳其五行」。因此觀之、
滑抇搰猾汩古音通。
【正文】則不知輕重也〔二一、七～八〕
『荀子・正名』篇（十九葉）可幷見。【編者按：『荀子』
正名に「此人所以惑於輕重也」とある】
【正文】無幸必亡〔二一、九〕
『〔論語〕雍也』「子曰、人之生也、直罔之生也幸而免」
之幸。【編者按：「幸」字に注す】
【高注】假令有幸且猶危。
士寧曰、注「假令」以下七字、疑正文、是。
【正文】耳聽之必慊己聽之……目視之必慊己視之……
口食之必慊己食之〔二一、一〇～一一〕
三「己」字屬下句。或云、屬上句、是。
【正文】則使人聾……、則使人盲……、則使人瘖〔二一、
一〇～一一〕
山子曰、三「則」字猶而也。
【正文】必弗食〔二一、一二～一三〕
【高注】『老子』曰……
十二章。
【正文】此全性之道也〔二一、一三〕
『晏子・問上』（八背）「不淫于樂、不遁于哀」。
【正文】世之富貴者〔二一、一三～一四〕
今【編者按：「世」字の上に補う】
【補】依上文例、「世」上當補今字。
【正文】幸而得之則遁焉〔二一、一四〕
『淮南・本經訓』「閉四關、止五遁則與遁淪」。注「遁、
逸也」。『〔淮南子〕繆稱訓』（二背）。【編者按：『淮南子』
繆稱訓に「世莫不擧賢、或以治、或以亂、非自遁、求同乎
己者也」とある】
【補】『晏子』（問上）「不淫于樂、不遁于哀」。『莊子』

（外物篇）「夫流遁之志、決絶之行、噫其非至知厚　德之任與」。『淮南子』（繆稱訓）「凡人各賢其所說、……求同己者也」。又『（淮南子）本經訓』「天愛其精……耳聰而聽、（一本有口而不以六言、……和而（弗矜）眞生生命之情……此五者一足以亡天下矣」、是「遁」義。

[正文]　萬人操弓、共射其一招、招無不中〔三二、二〕

魏策【編者按：「一招」の「招」字に注す。『戰國策』魏策二・秦召魏相信安君に「兵爲招質」とある】

[高注]　招、埻的也。

音準【編者按：「埻」字に注す】

[正文]　萬物章章〔三二、二〕

「（仲春紀）情欲」篇「萬物之形雖異」云云「尊酌者衆則速盡。萬物之酌大貴之生者衆矣。故大貴之生常速盡。非徒萬物酌之」云云。

【補】「情欲」篇「尊酌者衆則速盡、萬物之酌大貴之生者衆矣。故大貴之生常速盡」亦此意。『淮南子』（繆稱訓）「今萬物之來擢拔吾性、攓取吾情、有若泉源、雖欲勿稟、（一作涸）其亦可得」云云。

[正文]　口敏矣〔三二、四〕

不敏不佞。利與痦反對。【編者按：「敏」字に注す】

【補】敏則訥之反、『家語』（六本《ママ》篇）「子曰、賜之敏賢於女」云云「賜能敏而不能詘」是也。『列子』（仲尼篇）亦敏幷作辨、詘與訥通。

[正文]　三百六十節皆通利矣〔三二、四〕

「（恃君覽）達鬱」篇。

[正文]　不言而信〔三二、四〕

『中庸』云「誠者不勉而中、不思而得、從容中道、聖人也」、又云「君子不動而敬、不言而信」。

[正文]　不謀而當〔三二、四〕

『（淮南子）原道訓』（七背）【編者按：『淮南子』原道訓に「故聖人不以人滑天、不以欲亂情、不謀而當、不言而信、不爲而成」とある】

[正文]　上爲天子而不驕、下爲匹夫而不惛〔三二、六〕

山子曰、「惛」、悶亂也。『孝經』曰「居上不驕、爲下不亂」。

『老子』（十八章）「國家昏亂」之昏。【編者按：「惛」字に注す】

【正文】貧賤之致物也難〔二二、七〕
『〔論語〕里仁』「子曰、以約失之者鮮矣」。
【正文】出則以車、入則以輦、務以自佚〔二二、八〕
『〔文選〕枚乘・七發』曰「出輿入輦、命曰蹷痿之機」。
『說苑・敬愼』（十五面）
【正文】招蹷之機〔二二、八〕
山子曰、「招」、招致也。「蹷」、顚蹷也。「機」、機會也。
『說苑・政理』（初背）【編者按：『說苑』政理に「修近理内政橛機之禮」とある】
【補】招、招致也。蹷也。機、機會也。出車入輦謂致顚之機會。高誘以古有撅機之文、拘拘爲解、可謂牽合矣。
【正文】肥肉厚酒〔二二、八〕
『韓子・揚權』篇、『〔文選〕枚乘・七發』。
【高注】老子曰……。
十二章。
【正文】靡曼皓齒〔二二、九〕
『〔文選〕七發』曰「皓齒蛾《ママ》眉、命曰伐性之斧」。【編者按：「蛾」は「娥」字の誤記】
【高注】『詩』所謂……
衞風・碩人。
【高注】昔者殷紂……
「昔者殷紂」云云、『史記・樂書』。
【高注】衞靈公北朝於晉。
『韓子・十過』
【高注】投之濮水。
「之」・於通。【編者按：「之」字に注す。「之」は「於」字の誤刻】
【補】謂美色蠱惑爲戕伐性命之斧斤、而注以滅亡解之、非。且夫季札觀樂於鄭衞曰、其淫已甚。今讀詩而可知。豈㠯濮水之故曰之鄭衞乎。可謂粗鹵也。按、衞靈公事見『史記』（樂書）、『韓子』（十過）〇注師曠曰、剩曰字〇『文選』（七發篇）「且夫出輿入輦、……腐腸之藥」。『說苑』（敬愼篇）「夫徼幸者……趨之路也」。
【正文】非夸以名〔二二、一〇〕
「夸」、夸譽也。
呼爪切、音誇。【編者按：「夸」字に注す】

［高注］夸、虚也。
『〔文選〕阮籍・詠懐詩』「豈爲夸譽名、憔悴使心悲」、注亦此意。

重己

【補】與『莊子』以「逍遥遊」爲始意同、亦過論仁者也。
［正文］人不愛倕之指〔三四、二〕
說山訓（十面）【編者按：『淮南子』說山訓に「人不愛倕之手」とある】
［正文］人不愛崑山之玉〔三四、二〕
［高注］崑山之玉、燔以爐炭。
『〔淮南子〕俶眞訓』作鐘山。【編者按：「崑山」に注す】
〔『淮南子』俶眞訓〕作炊。【編者按：「燔」字に注す】
［正文］論其貴賤、爵爲天子〔三四、三～四〕
『禮記・王制』「王者之制。祿爵、公・侯・伯・子・男、凡五等」云云、『孟子・萬章下』「北宮錡問曰、周室班爵祿也、如之何」云云「天子一位、公一位、侯一位、伯一位、子男同一位、凡五等也」。
［正文］論其輕重、富有天下〔三四、四〕
［高注］論其所輕富而所重【編者按：「而所重」を朱で圍む。畢校本に「輕下無富字、疑衍文」とある】
［正文］一曙失之〔三四、四～五〕
山子曰、「一曙」猶一朝一旦也。
［正文］不達乎性命之情也〔三四、五～六〕
［高注］當時行則行、時止則止
下象傳【編者按：『易』象傳に「艮、止也。時止則止、時行則行」とある】
［正文］是師者之愛子也〔三四、六〕
［高注］糠其盲眯子目、非利之者也。
「其」字當移「子目」上。（常興）【編者按：「常興」は注釋者の名（あるいは號）と思われるが、未詳】
［正文］是聾者之養嬰兒也、方雷而窺之於堂、有殊弗知愼者〔三四、六～三五、一〕
山子曰、聾者不聞雷聲、當雷震抱児窺窓牖也。
『韓子・解老』（六背）【編者按：『韓非子』解老に「聾則不能知雷霆之害」とある】

爲【編者按：「有」字を訂す】

【補】「有」讀曰又。注「糠其」當易地也。夫聾者之於雷不須注解、其義固明、然高誘爲鄙俚詁、辭費之說、可謂妄矣。

【正文】未始有別者、其所謂是未嘗是、其所謂非未嘗非〔三五、二〕

「是非」、『荀子・修身』。【編者按：『荀子』修身に「是是非非謂之智、非是是非謂之愚」とある】

【正文】惑召之也〔三五、四〕

「名類」篇（六背《ママ》）【編者按：「名類」は有始覽・應同の原名。『呂氏一適』卷之十三・六葉に「以言禍福人或召之也」とある】

【正文】壽長至常亦然〔三五、四〕

「常」與恆同。『〔禮記〕檀弓下』「亡國恆於斯、得國恆於斯」與此「常」同義。

『孟子・告子下』「國恆亡」。

『〔禮記〕大學』篇「財恆足」。

【正文】故有道者、不察所召、而察其召之者〔三五、四～五〕

「〔仲春紀〕功名」篇（十一背）。

【正文】莫不欲長生久視〔三五、七〕

『荀子・榮辱』（十六面）【編者按：「長生久視」に注す】

「視」、『詩〔小雅・何人斯〕』「視人罔極」之視。

【補】「視」卽『詩』（何人斯）「視人罔極」之視、注非。『荀子』（榮辱）「是庶人（略）刑戮也」、又『淮南子』（詮言訓）有「常在久見」之文。【編者按：高注に「視、活也」とある】

【正文】多陰則蹷〔三五、一〇〕

「〔季春紀〕盡數」篇「鬱」云云「處足則爲痿爲蹷」。

【補】「盡數」篇「鬱」云云「處足則爲萎爲蹷」。按、蹷、顚蹷之蹷、注非。【編者按：高注に「蹷、逆寒疾」とある】

【正文】味不衆珍〔三五、一一〕

重【編者按：「衆」字を訂す】

【正文】衣不燀熱、燀熱則理塞、理塞氣不達〔三五、一一～一二〕

『素問・瘧論』「其但熱而不寒者、陰氣先絕、陽氣獨發、則少氣煩冤、手足熱而欲嘔、名曰癉瘧」。又『〔素問）奇病論』「帝曰有病口甘者、病名爲何、何以得之。岐伯曰、此五氣之溢也、名曰脾癉」。『漢書・嚴助傳』「南方暑濕、近夏癉熱」、師古曰「癉、黃病」、非。

塞【編者按：「理寒」の「寒」字を訂す】

腠理也。【編者按：上の「理」字に注す】

審分（一背）【編者按：下の「理」字に注す。審分覽・審分に「察乘物之理、則四極可有」とある】

【補】『國語』（周語下）「水無沈氣、火無炎燀」。『左傳』（昭二年）「燀之以薪」又與癉通。

【高注】理寒、脈理閉結也。

【補】「寒」當作塞、蓋高注所見本似作塞、後人誤寫、本文及注皆作寒字、今改復其舊。

【正文】胃充則中大鞔［三五、一二］

審分（二背）、『韓子・忠孝』（四面）。【編者按：「鞔」字に注す。『韓非子』忠孝に「古者黔首悗密惷愚」とある】

楚威王策「水漿無入口、瘨而殫悶、旄不知人」。【編者按：『戰國策』楚策一・威王問於莫敖子華】

【高注】鞔讀曰懣。

音悶。【編者按：「懣」字に注す】

【補】『靈樞』（本神篇）「至其淫佚離藏則精失、魂魄飛揚、志意悗亂、智慮去身者、何因而然乎」、『音釋』曰悗音悶。

【正文】足以觀望勞形而已矣［三五、一三］

「勞」、華佗所謂人體欲得勞動之勞、見『蒙求・華佗五禽』注。

【正文】先聖王［三五、一三］

『荀子・富國』（六面）【編者按：『荀子』富國に「先王聖人」とある】

【正文】其爲輿馬衣裘、足以逸身煖骸而已［三五、一四～一五］

『韓子・解老』（十一背）及『淮南・精神訓』（十三面）。【編者按：『韓非子』解老に「故聖人衣足以犯寒、衆人則不然」とあり、『淮南子』精神訓に「蓑布衣掩形、鹿裘御寒」とある】

【正文】飲食酏醴也［三五、一五］

以支反。【編者按：「酏」字に注す】

鄭『〔周禮〕酒正』注曰「醴猶體也。成而汁滓相將、如今甜酒矣」。
〔高注〕酏、讀如『詩』「虵虵碩言」之虵。小雅・巧言【編者按：『詩』に注す】
〔高注〕『周禮』「採人掌王之六飲、水漿醴涼鑿酏也」。天官【編者按：『周禮』に注す】
漿【編者按：「採」字を訂す】
醫【編者按：「鑿」字を訂す】
共【編者按：「王」字の上に補う】
【補】「採人」當作漿人、鑿當作醫、相醴不爲語、疑相釀之誤。【編者按：高注に「相醴」とあり】
〔高注〕酒正「二曰醴齊」。
『三禮編繹』酒正「二曰醫」。注可考。【編者按：『三禮編繹』は、明萬曆三十三年、鄧元錫の撰。二十六巻。蓬左文庫に浙江刊十二行本があり、内閣文庫に浙江布政使刊本がある。同版であろう。尊經閣文庫に『五經繹』所收本がある。尾張藩に關係のあった片山兼山は蓬左文庫本を觀ることが出来たか】
〔高注〕以糵與黍相醴。
釀【編者按：「醴」字を訂す】

貴公

〔正文〕洪範曰、無偏無黨、王道蕩蕩、無偏無頗、遵王之義〔四五、三〕
『說苑・至公』（一面）【編者按：『說苑』至公に「『書』曰、不偏不黨、王道蕩蕩」とある】
〔高注〕義、法也。
【補】注以法解、可謂不知古言矣。
〔正文〕利而弗利也〔四五、六～七〕
上「利」謂若天地之利物、下「利」謂若世俗之利人也。
『荀子・富國』（十一葉）【編者按：『荀子』富國に「不利而利之、不如利而後利之之利也」とある】
〔正文〕荊人有遺弓者、而不肯索曰「荊人遺之、荊人得之、又何索焉」〔四五、七〕
『家語・好生』（二十一背）、『說苑・至公』（五面）、『孔叢子・公孫龍』。
〔正文〕生而弗子、成而弗有〔四五、九〕

「子」當作恃。『老子』第二章「生而不有、爲而不恃」。

【補】「子」當作恃、音之誤。『老子』第二章「生而不有、爲而不恃」、十章亦同。

［正文］此三皇五帝之德也〔四五、九～一〇〕
［高注］『老子』云……五章。

［正文］管仲有病……〔四五、一一〕
「管仲」云云、『列子・力命』、又『莊子・徐無鬼』（十七背）。

［正文］仲父之病矣、潰甚〔四五、一二〕

「矣」疑合移「甚」下。再按、「〔仲冬紀〕長見」篇「矣」當作嗟。

「〔季秋紀〕順民」篇「越王」云云「時出行路、從車載食、以視孤寡老弱〔之〕潰病困窮顏色愁悴不贍者、必身自食之」。

［高注］按『公羊傳』曰「大眚者何、大潰也」。

此誤引『公羊傳』。「大眚」當作大災。『公羊』莊二十年『經』曰「夏、齊大災」、『傳』曰「大災者何。大瘠也。大瘠者何。大痢《ママ》也」。〔莊公〕二十二年『經』曰「肆大眚」、『〔公羊〕傳』云「大眚者何。災省也」。

按「潰」古有積音、如錫貢、可以證。故又莊十七年『經』云「齊人殲《ママ》于遂」、『〔公羊〕傳』云「殲《ママ》者何。殲、積也。衆殺戍者也」。此以積爲潰也。

［正文］管仲對曰……〔四五、一二〕
『世說・言語中』引『呂氏春秋』曰「管仲病、桓公問曰、子如不諱、誰代子相者。豎刁何如。管仲曰、自宮以事君、非人情、必不可用。後果亂齊」。與此大異、可疑。

［正文］不比於人〔四五、一五〕
『列子』爲之。【編者按：「於」字に注す。『列子』力命は「不比之人」に作る】

［正文］上志而下求〔四六、一〕
『管子・戒』作「好上識而下問」。依『管子』、「上志」上宜補好字。
「上志」作上忘、「下求」作下不叛。【編者按：『列子』力命は「上忘而下不叛」に作る】
【補】『管子』（戒篇）「求」作問、是也。此事亦見「知接」篇、『列子』（力命篇）、『莊子』（徐無鬼篇）。

［正文］醜不若黃帝［四六、一］
『列子』「醜」作愧。
［高注］『詩』云……
小雅・車舝。
［正文］其於國也、有不聞也［四六、一～二］
不欲小察。【編者按：「不聞」に注す。貴公の後文に「處大官者、不欲小察、不欲小智」とある】
【補】「夫處官者、謹其所聞、不務聽其所不聞、謹其所見不務視其所不見」（『商子《ママ》・王覇篇』）、故曰「思不出其政」（『易』）、注非。【編者按：高注に「不求聞其善也。志在利國而已」とある。『商子』は『荀子』の誤記】
［正文］其於人也、有不見也［四五、二］
［高注］務在齊民、求見之。
「求」上脱不字。
［高注］『孝經』曰……
廣至德章。
［正文］處大官者、不欲小察、不欲小智［四六、三］
「（愼大覽）權勳」（初章）可幷見。
［正文］故曰大匠不斲［四六、三～四］
『老子』末言。『老子』七十四章。【編者按：『老子』第七十四章の末尾に「夫代大匠斲者、希有不傷其手矣」とある】
［正文］大庖不豆［四六、四］
下十二背【編者按：孟春紀・去私に「庖人調和」とある】
［正文］大勇不鬭［四六、四］
［高注］大勇之人、折衝千里、而能服遠、不復自鬭也。
一考本引『家語・王言解』云「明王之道、其守也、則必折衝千里之外。其征也、則必還師衽席之上」。
［正文］大兵不寇［四六、四］
［高注］朝成湯之廟。
『淮南・道應訓』（二十二面）
［正文］桓公行公去私惡［四六、四］
「私惡」、指管仲射鉤之事也。
［正文］蟲出於戶［四六、五］
「（先識覽）知接」篇、『韓子・二柄』篇。
［正文］日醉而飾服［四六、六］
「醉」者威儀幡幡、而飭正其容服、何益也。
［高注］飾、讀曰勅。

音頼、與飭同。【編者按：「勅」字に注す】
【補】醉者威儀已幡幡、而飾正其容服、可謂無益、注以喪服解之、非。【編者按：高注に「『禮』喪不飲酒食肉、而日醉於酒、欲整喪紀、猶無目欲視青黃、無耳欲聽宮商也」とある】

去私

【正文】黄帝言曰……〔五六、四〕
「黄帝言」云云、「〈孟春紀〉重己」篇「先生《ママ》不處大室、不爲高臺、味不衆味《ママ》、衣不燀熱」之意。
【補】「重已」篇「先王不處大室、不爲高臺、味不衆珍、衣不燀熱」之意。高注可謂杜撰矣。
【正文】衣禁重〔五六、四〕
【高注】子臧好聚鷸冠也。
『左・僖二十九年《ママ》』【編者按：『左傳』僖公二十四年に「鄭子華之弟子臧出奔宋。好聚鷸冠」とある】
音聿。【編者按：「鷸」字に注す】
【正文】不與其子而授舜〔五六、五〕
【高注】『孟子』曰……
萬章上。
【高注】子殆丹朱。
始【編者按：「殆」字を訂す】
【正文】晉平公問祁黄羊〔五六、七〕
襄十六年『左傳』、『新序・雜一』（三背）。
【正文】其誰可而爲之〔五六、七〕
「而」猶以也。猶謂「以來」「以往」爲「而來」「而往」也。古音蓋通用。
【正文】祁黄羊對曰、解狐可〔五六、七〕
「〈開春論〉開春」篇作「祁奚」（與『左氏』同）。
【正文】孔子聞之曰「善哉。祁黄羊之論也、外擧不避讎、内擧不避子」〔五六、一一～一二〕
『左・襄二十一年』【編者按：『左傳』襄公三年に「君子謂、祁奚於是能擧善矣。稱其讎、不爲諂、立其子、不爲比、擧其偏、不爲黨」とある】
【正文】祁黄羊可謂公矣〔五六、一二〕
「公」上有至。（三代格）【編者按：三代格とは、片山述堂のこと。名は格、片山兼山の孫。天保十一年、三十一歳で

沒した。『改訂增補漢文學者總覽』一二七頁を參照】

【正文】腹薅居秦〔五六、一三〕

『字典』「音皦」。【編者按：「薅」字に注す】

【高注】薅讀曰車笓之笓。

笓（下同）【編者按：「笓」字を訂す】

【正文】殺人者死〔五七、二〕

『荀子・正論』【編者按：『荀子』正論に「殺人者死、傷人者刑」とある】

【正文】不可其不行墨者之法〔五七、三〕

依下諸篇例、「其」當作而、讀爲以。上文云「其誰可而爲之」。

「〔仲春紀〕功名」篇「不可而不此務」、又云「不可而不此事」。

「〔離俗覽〕用民」篇「不可而不察於此」。

【正文】庖人調和〔五七、五〕

上十一面【編者按：孟春紀・貴公に「大庖不豆」とある】

卷之二　仲春紀

二月紀

【正文】昏弧中、旦建星中〔六四、二〕

【高注】是昏旦時皆中於南方。

月【編者按：「是」と「昏」との間に「月」字が缺落していることをいう】

【正文】律中夾鐘〔六四、三〕

【高注】萬物去陽夾陰而生。

「陽」「陰」當易地。『〔淮南子〕時則訓』注「萬物去陰夾陽、聚地而生、故曰夾鐘」。

【正文】天子居青陽太廟〔六四、四〕

【高注】太廟中夾室。

央【編者按：「夾」字を訂す。「夾」字は版本の誤刻】

【補】「夾」當作央。

【正文】命人社〔六四、六〕
「命人」、『禮記〈月令〉』『淮南〈時則訓〉』共作令民、是。
【正文】毋肆掠〔六四、七〕
「肆」、『淮南』作笞、似是。
【正文】高禖〔六四、八〕
【高注】『周禮』「禖氏以仲春之月、合男女於時也。奔則不禁」。
媒【編者按：「禖」字を訂す】
【正文】帶以弓韣〔六四、九〕
音讀。【編者按：「韣」字に注す】
【正文】開戶始出〔六四、一〇〕
『禮』作啓。【編者按：「開」字に注す】
【正文】奮鐸以令於兆民〔六四、一〇～六五、一〕
木【編者按：「奮」と「鐸」との間に「木」字が缺落していることをいう】
『禮』無「於」。
【正文】雷且發聲〔六五、一〕
『禮』作將。【編者按：「且」字に注す】
【正文】生子不備、必有凶災〔六五、一〕
【高注】生子必有瘖躄通精狂癡之疾。
白癡【編者按：「通精」を訂す】
【補】「精」一作晴〇「通精」二字可疑。
【正文】同度量〔六五、二〕
【高注】量、鬴鍾也。
鍾【編者按：「鐘」字を訂す】
【正文】鈞衡石〔六五、二〕
【高注】石、百三十斤。
二【編者按：「三」字に注す。「三」字は版本の誤刻】
【正文】角斗甬〔六五、二〕
正也。【編者按：「角」字に注す】
【正文】正權概〔六五、二〕
【高注】概平斗斛者令均等也。【編者按：朱線で「平斗斛、令均等者也」と改めるべきことを示す】
【正文】耕者少舍〔六五、三〕
【高注】少舍皆耕在野。
鄭玄云「舍猶止也。蟄蟲啓戶耕事小閒而治門戶也」。
【正文】寢廟必備〔六五、三〕

〔高注〕廟以事祖。
鄭玄云「凡廟、前曰廟、後曰寢」。
〔高注〕故曰必無墮頓也。
一考本、「頓」疑當作傾。
【補】三月紀注「前曰廟、後曰寢」是也。一篇中矛盾如此、何其妄也。
〔正文〕天子乃獻羔開冰〔六五、四〕
〔高注〕『詩』云……
豳風・七月。
〔高注〕納於陵陰。
凌【編者按：「陵」字を訂す。「陵」は版本の誤刻】
〔正文〕入舞舍采〔六五、五〕
「入」當作習、音之誤也。『禮記』作「習舞釋菜」。
〔高注〕『周禮』……
春官・大胥。
〔正文〕親往視之〔六五、五〕
「視」、閲視也。「天子視學」之視。『穀梁傳・隱五年』「常事曰視、非常曰觀」。【編者按：「天子視學」は『禮記』文王世子に見える】
〔正文〕中丁又命樂正〔六五、五〕
『禮』、「中」作仲。
〔正文〕寒氣總至〔六五、八〕
「總」・叢同。「〔恃君覽〕達鬱」篇「百惡竝起、而萬災叢至矣」。
〔正文〕煗氣早來〔六五、九〕
〔高注〕故早煥也。
「故早」之早、當作旱。

貴生

〔正文〕在四官者不欲、利於生者則弗爲〔七五、三〕
「不欲」之欲、疑衍。
〔高注〕則不治此四官之故。
「故」當作欲。
〔正文〕堯以天下讓於子州友父〔七五、六〕
『莊子・襄王』（下同）
支（下同）【編者按：「友」字を訂す】
【補】「友」當作支、『莊子』（讓王）亦載此事、作子

州支父。茂卿云「支州友父、當是巢父」。子州友三合巢音、可謂於古書矣。【編者按：京大本では、「於」の上に「闇」字あり】

[正文] 未暇在天下也〔七五、七〕

「在」、『莊子』作治。

「在」、察也。『〔尚書〕舜典』云「在璿璣玉衡、以齊七政」、『孔傳』「在、察也」。

[高注] 『詩』云……

邶風・栢《ママ》舟。

[正文] 天下重物也〔七五、七〕

「重物」猶重器也。『莊子』作至重。『史記・伯夷傳』「示天下重器、王者大統」。

[正文] 惟不以天下害其生者也〔七五、八〕

胠篋（十六背）【編者按：『莊子』胠篋に「天下之善人少而不善人多、則聖人之利天下也少而害天下也多」とある。なお、丁の表記に誤りがあるか。「胠筐」篇は、太宰春臺點本では十四丁まで、千葉玄之點本では十五丁半ばまで】

[正文] 可以託天下〔七五、八〕

『老子』十三章【編者按：『老子』第十三章に「愛以身爲天下、若可託天下」とある】

[正文] 王子搜患之〔七五、九〕

[高注] 『淮南子』云「越王翳」也。

原道訓（八面）【編者按：『淮南子』原道訓に「越王翳逃山穴……」とある】

作【編者按：「云」字を訂す】

[正文] 越人薰之以艾〔七五、一〇〕

「〔孝行覽〕本味」篇「湯得伊尹、祓之於廟、爝以爟火、釁以犧猳」。

「〔不苟論〕贊能」篇「桓公迎管仲」云云。

[正文] 使人以幣先焉〔七五、一三〕

『〔左傳〕僖三十三年』（二十一面）、『〔左傳〕襄二十六年』（四面）【編者按：「先」字に注す】

[正文] 顏闔守閭、鹿布衣〔七五、一四〕

「閭」疑宜讀爲廬、猶「闔閭」作闔廬也。『莊子〔讓王〕』作「守陋閭」。

「鹿」當作麤。『莊子』作苴。

[正文] 恐聽繆而遺使者罪、不若審之〔七六、二〕

[高注] 恐繆設。

「設」當作誤。
［正文］復來求之、則不得已〔七六、二～三〕
［高注］顏闔踰坏而逃。
『〔文選〕揚雄・解嘲』「士或自盛以橐、或鑿坏以遁」、李善注「坏、屋後牆也」。
『〔淮南子〕齊俗訓』（十八背）【編者按：『淮南子』齊俗訓に「顏闔、魯君欲相之而不肯、使人以幣先焉、鑿培而遁之」とある】
［正文］其不相知、豈不悲哉〔七六、三～四〕
「其不相知」謂人主不知得道之人之志也。
［正文］其土苴〔七六、五〕
「土」、封土。「苴」、苞苴。表襮之義。
［正文］彼且奚以此之也〔七六、七〕
［高注］之、至也。
「之」、行之義。
［正文］死次之、迫生爲下〔七六、一〇〕
逼迫【編者按：「迫」字に注す】
【補】「死」謂死亡、迫生謂不義而生、注非。【編者按：高注に「守死不移其志、可以次虧生者」とある】
［正文］服是也、辱是也〔七六、一三～一四〕
山子曰、「服」字必疑。
「〔仲春紀〕當染」篇有「國愈危、身愈辱」之文。
「服」宜爲戮。此篇論與「〔孟夏紀〕尊師」篇相表裡、當幷觀。「尊師」篇亦有「刑戮死辱」也。（子文）
『荀子・子道』篇「衣與繆與」亦服之譌。（子文）
【補】「服」字可疑。或曰此三字衍。

情欲

［正文］身盡府種〔八六、六〕
「府種」當作浮腫。「〔季春紀〕盡數」篇「鬱處頭則爲腫爲風」、又云「處腹則爲張爲府」。
【補】「府種」與腑腫通。『素問』（至眞要大論）「諸府腑腫、疼酸驚該、皆屬於火」是也。
［正文］猶不能爲也〔八六、七〕
［高注］使之無欲。
「欲」、求。『荀子・禮論』（初面）【編者按：『荀子』禮論に「先王惡其亂也、故制禮義以分之、以養人之欲」とあ

る】

［正文］蹻然不固〔八六、九〕

「蹻」讀爲矯、與橋同。『〔史記〕扁鵲傳』（三背）「目眩然而不瞚、舌撟然而不下」。

［高注］蹻謂乘蹻之蹻。

讀【編者按：「謂」字を訂す】

【補】或曰、與喬同。『禮記』（樂記篇）「齊音敖喬志」是也。

［正文］衿勢好智、胸中欺詐〔八六、九〕

［高注］衿大其寵契。

勢【編者按：「契」字を訂す】

［正文］猶不可反〔八六、一〇〕

「反」疑當作及。

［高注］反、見。

「見」當作還、或復。

【補】「反」疑當作及、字之誤。且注不爲義、見必誤。

［正文］亂難時至〔八六、一二〕

『小雅・四月』詩「亂離瘼矣」。離・難字似。引。【編者按：「引」は人名かもしれない】

［正文］能久樂之、奚故論早定也〔八六、一三〕

瑞鳳曰、「奚」當作矣。【編者按：「能久樂之矣。故論早定也」と斷句するということ。「瑞鳳」は人名であろう。未詳】

【補】茂卿云「議論既定、無所惑亂、一意行之也。其於亂離未至之前、故曰早也」、是也。

［正文］知早嗇則精不竭〔八七、一〕

『家語・冠頌』「使王近於民、遠於年、嗇於時、惠於財、親賢而任能」。

「〔季春紀〕先己」（五背）、『〔左傳〕襄二十六年』（十二背）【編者按：「嗇」字に注す。『左傳』襄公二十六年に「嗇於禍」とある】

［正文］尊酌者衆則速盡〔八七、三〕

「尊」・樽同。「〔孟春紀〕本生」篇（五背）、可幷見。

『說苑・善說』篇「天下有大樽、而子獨不酌」（十五面）。

［正文］生虧乎内〔八七、五〕

［高注］幽通賦曰「張修襮而内逼」。

張毅【編者按：「張」字に注す】

【正文】妄言想見〔八七、五～六〕
思【編者按：「見」字を訂す】
【補】「想見」二字可疑。
【正文】臨死之上〔八七、六〕
「上」、『家語・顏回』（六面）【編者按：『孔子家語』顏回に「孔子曰、君子以行言、小人以舌言。故君子於爲義之上、相疾也、退而相愛。小人於爲亂之上、相愛也、退而相惡」とある】
『前漢書・李廣傳（李將軍列傳）』贊曰作「及死之日」。
日【編者按：「上」字を訂す】
【補】「之上」猶云之時也。「（貴直論）貴直」篇「戰鬬之上、枹鼓方用」、『家語』（顏回篇）「君子於爲之上相病也。……退而相惡」、是也。
『戰國策』（魏安釐王（魏三・華軍之戰））「魏不以敗之上割、可謂善用不勝矣、而秦不以勝之上割、可謂不善用勝矣」。

當染

【正文】墨子見染素絲者而歎曰〔九六、二〕
下文云「魯惠公」云云「桓公使史角往。惠公止之。其後在於魯墨子學焉」。
【正文】夏桀染於羊辛・岐踵戎〔九七、四〕
「羊辛」、「（愼大覽）愼大」篇作干辛、考見彼。
「岐踵戎」、『墨子（所染）』作「推哆」二字。
【補】「愼大」篇及『漢書』（古今人表）作干辛、『說苑』（尊賢篇）作子辛。
【正文】幽王染於虢公鼓・祭公敦〔九七、五〕
「虢公鼓・祭公敦」、『墨子』作傅公夷・蔡公穀。
【高注】幽王、周厲王之孫、宣王之子、名官皇。
宮涅【編者按：「官皇」を訂す】
【補】「官皇」當作宮涅。
【正文】晉文公染於咎犯・郄偃〔九七、七〕
「郄」、『墨子』作高。
再按、當作狐偃、或郭偃、於時世爲當。
郭偃。考出『（韓非子）南面』篇（十一面）。【編者按：「郄偃」に注す】
【正文】荊莊王染於孫叔敖・沈尹蒸〔九七、七～八〕

考見「〔孟夏紀〕尊師」篇。

【補】「尊師」篇作沈尹巫、「〔愼行論〕察傳」篇作沈尹筮、「〔不苟論〕贊能」篇作沈尹莖、『劉向新序』〔雜五〕作沈尹竺。

[正文] 吳王闔廬染於伍員・父之儀 〔九七、八〕
「父」當作文。「尊師」篇「吳王闔閭師伍子胥・文之儀」、注「文氏、之儀名也」。
文【編者按:「父」字を訂す】

[正文] 越王句踐染於范蠡・大夫種 〔九七、八〕
[高注] 范蠡、楚三戶人也。
「尊師」篇注作楚郢人。『〔史記〕伍子胥傳』〔七面〕引此作郢人。

[正文] 功名傳於後世 〔九七、九〕
依前後文例、「後世」下有脫文。〔春卿〕

[正文] 范吉射染於張柳朔・王生 〔九七、九〕
『〔史記〕晉世家』厲公五年「三郤讒伯宗殺之」云云。事見成十五年『左傳』。

[正文] 中行寅染於黃藉秦・高彊 〔九七、九〕
定十四年【編者按:「黃藉秦・高彊」に注す。『左傳』定公十四年に「冬、十二月、晉人敗范・中行氏之師於潞、獲籍秦・高彊」とある】

[正文] 吳王夫差染於王孫雄・大宰嚭 〔九七、一〇〕

『〔史記〕吳世家』闔閭元年「楚誅伯州犂、其孫伯嚭亡奔吳、吳以爲大夫」、注徐廣曰「伯嚭、州犂孫也」。

『史記』與『吳越春秋』同」。

『〔史記〕楚世家』昭王元年「楚衆不說費無忌、以其讒亡太子建殺。伍奢子尚與郤宛、宛之宗姓伯氏子嚭、及子胥皆奔吳。吳兵數侵楚。楚人怨無忌甚」云云。

『〔史記〕伍子胥傳』「楚誅其大臣郤宛・伯州犂、伯州犂之孫伯嚭亡奔吳」、注徐廣曰「伯州犂者、晉伯宗之子也」。楚世家云云。吳世家云云。今按『史記』正文、伯州犂之「孫」疑當作子。『〔左傳〕定四年』「楚殺郤宛也、伯氏之族出、郤宛之黨、伯州犂之孫嚭爲吳大宰、以謀楚」云云。

[高注] 嚭、晉宗伯之孫、楚州犂之子。

「宗伯」當作伯宗。【編者按:「宗伯」は版本の誤刻。『左傳』成公十五年に「伯州犂奔楚」とあり、杜預注に「伯宗子」とある】

【補】高誘蓋因『〔史記〕楚世家』爲之說、然其他皆以孫、當從其多者。「吳以爲大夫」、注徐廣曰「伯嚭州犂孫也」。『史記』與『吳越春秋』同。

【正文】宋康王染於唐鞅・田不禋〔九七、一一〕

「禋」、『墨子』作禮。

【正文】故國皆殘亡〔九七、一一〕

「〔恃君覽〕達鬱」（十四面）。

【正文】宗廟不血食〔九七、一二〕

成十五年【編者按：「成十五年」は誤記であろう。『左傳』莊公六年に「社稷實不血食」とある。あるいは『左傳』成公十五年に「伯宗每朝」とあるので、上記の高注「晉宗伯之孫」に對する書き込みかもしれない】

【正文】勞於論人、而佚於官事〔九七、一四〕

『禮記・王制』「大樂正論造士之秀者以告于王、而升諸司馬、曰進士。司馬辨論官材、論進士之賢者以告於王、而定其論。論定然後官之、任官然後爵之、位定然後祿之」。

季春紀有「論人」篇。『家語・入官』篇「賢君必自擇左右。勞於取人、佚於治事」。

【補】「論人」謂考評其人也。

【正文】不知要故也、不知要故〔九七、一五〕

下「要故」衍「故」字。或云、「故」、事也。「要故」當連讀。非。

【補】「故」字衍、涉上文而誤。

【正文】理奚由至〔九七、一五〕

音治。【編者按：「理」字に注す】

【正文】存亡故不獨是也〔九八、一〕

山子曰、「故」、事也。

【正文】帝王亦然〔九八、二〕

【高注】爲王帝者……

「王帝」當作帝王。

【正文】子貢、子夏、曾子學於孔子、……孔墨後學顯榮者衆矣〔九八、六～八〕

『史記・儒林傳』「自孔子卒後」云云「子路居衛、子張居陳、澹臺子羽居楚、子夏居西河、子貢終於齊。如田子方・段干木・吳起・禽滑釐之屬、皆受於子夏之倫、爲王者師」。

功名

[正文] 功名之不可得逃〔一一二、二〕

[高注]『淮南記』曰人世非正爲蹠……

繆稱訓（五面）【編者按：『淮南子』繆稱訓に「故人之甘甘、非正爲蹠也、而蹠焉徃、慘怛非正爲僞形」とある】

[正文] 猶表之與影〔一一二、二〕

『莊子・在宥』（二十三面）【編者按：『莊子』在宥に「若形之於影」とある】

[正文] 善弋者〔一一二、三〕

[高注]『詩』云……

鄭風・女曰・鶏鳴。

[正文] 蠻夷反舌〔一一二、三〕

「反舌」猶『孟子』「鴃舌」也。『淮南・地《ママ》形訓』「自西南至東南方」云云「穿胸民反舌民」、及時則訓「仲夏反舌無聲」注可幷考。『〔孟子〕滕文公上』「今也南蛮鴃舌之人」云云。吉子曰、『〔淮南〕地《ママ》形訓』「反舌民」、注「舌本在前末向喉」。【編者按：「地」は「墜」字の誤記】

「爲欲」篇【編者按：「反舌」に注す。離俗覽・爲欲に「蠻夷反舌殊俗異習之國」とある】

[高注] 一說、南方有反舌國、本在前、末倒向喉、故曰「反舌」。

舌【編者按：「本」字の上に補うことをいう】

[正文] 水泉深則魚鱉帰之〔一一二、四〕

『荀子・致仕《ママ》』、又『〔荀子〕勸學』篇【編者按：『荀子』勸學に「積水成淵、蛟龍生焉」とある】

「先己」篇【編者按：季春紀・先己に「大水深淵成而魚鱉安矣」とある】

【補】『荀子』（致仕《ママ》篇）「川淵深而魚鼈歸之……君子歸之」。

[正文] 故聖王不務歸之者〔一一二、五〕

「〔孟春紀〕重己」篇（八面）。

[高注] 務人使歸之、未也。

末【編者按：「末」字を訂す】

[正文] 彊令之笑不樂〔一一二、六〕

彊（下同）【編者按：「彊」字を訂す。「彊」は版本の誤刻】

〔正文〕缶醯黄蚋醯聚之有酸〔一一二、七〕

『荀子・勸學』篇「樹成蔭而衆鳥息焉。醯酸而蚋聚焉。故言有召禍也、行有招辱也、君子愼其所立乎」。

『荀子・勸學』、『列子・天端』、『淮南・說林』。

〔正文〕以茹魚去蠅〔一一二、八〕

茹魟漏（『淮南氏《ママ》』）

『〔易〕既濟』（六面）「繻有衣袽、終日戒」、王注「繻宜曰濡、衣袽所以塞舟漏也。夫有隙之棄舟而得濟者、有衣袽也」。

『史記・張釋之傳』文帝曰「嗟乎以北岩《ママ》爲椁、用紵絮斲陳蘩、漆其間、豈可動乎」、徐廣曰「斲、一作錯」。

『〔韓非子〕外儲說左下』（十面）【編者按：『韓非子』外儲說左下に「以魚驅蠅蠅愈至」とある】

『〔淮南子〕詮言訓』（十三背）「周公散臑不收於前」、注「臑、音如、臑前肩之美也」。

〔高注〕茹、讀茹魟漏之茹字。與絮同、藥名、竹茹亦同義。【編者按：「茹」字に注す】

【補】「茹」字可疑。按『〔文選〕魏都賦』「神藥形茹」注、「魚自死曰茹」是亦備一考。

〔正文〕罰雖重、刑雖嚴、何益〔一一三、一〕

〔高注〕急轡利錣。

『字彙』〔戌集・金部〕「錣、之瑞切、音贅、策端利銕《ママ》」。

〔正文〕見利之聚、無之去〔一一三、二～三〕

『大學』云「財聚則民散、財散則民聚」。「去」、散去也。

而【編者按：上の「之」字に注す】

利（『治要』）【編者按：下の「之」字に注す】

【補】「去」、散去。注非。『大學』「財聚則民散」是也。『羣書治要』「無」下有利字。【編者按：高注に「去、移也」とある】

〔正文〕欲爲天子、民之所走、不可不察〔一一三、三〕

首時（十背）【編者按：孝行覽・首時に「亂世之民嘆然、未見賢者也。見賢人則往不可止」とある】

〔正文〕取則行鈞也〔一一三、四〕

「取」當作何。

〔正文〕民猶無走〔一一三、四〕

〔高注〕行不異亂、雖欲信利民、無肯歸走也。

「利」當作令。

［正文］不可而不此務 ［一一三、六］

「而」猶以也。考見「〔孟春紀〕去私」篇。

【補】「而」字考見「去私」篇、下宜例之。

［正文］若命不可之易 ［一一三、七］

『荀子・法行《ママ》』篇「若性命肌膚之不可易也」。【編者按：「法行」は哀公の誤記】

［正文］若美悪之不可移 ［一一三、七］

［高注］故曰不可爲也。

「爲」作移、是。（一考本）

【補】謂子奢之姣、嫫母之醜不可移於他人。注非。

卷之三　季春紀

三月紀

［正文］日在胃 ［一一三、二］

［高注］趙之分野。

越【編者按：「趙」字を訂す】

【補】「趙」當作越。

［正文］田鼠化爲鴽 ［一一三、四］

『〔淮南子〕時則訓』注「田鼠、鼢鼸鼠也。鴽、鶉也」。

［高注］鴽、鶕。青州謂之鴹。

音羊。【編者按：「鴹」字に注す】

【補】『淮南子』注「田鼠、鼢鼸鼠也。鴽、鶉也」是也、誘注二書異同如此、可謂無識。

［正文］天子乃薦鞠衣於先帝 ［一一三、六］

［高注］王后之六服、有菊衣、黄衣、如菊花。

『〔周禮〕内司服』注、鄭司農云「鞠衣、黄衣也」、鄭玄云「鞠衣、黄桑服也。色如鞠塵。象桑葉始生。月令『三月、薦鞠衣于先帝《ママ》、告桑事』」、又『〔禮記〕月令』鄭注「鞠衣、黄桑之服」。【編者按：『周禮』鄭玄注の原文は「薦鞠衣于上帝」に作る】

按、草木始生萌芽皆黄。

公遠、「黄衣」之「衣」、衍。

［高注］春王東方色皆尚青。此云薦菊衣、未達此意。注「春王東方」云云、可删。

【補】『〔禮記〕月令』三月「薦鞠衣于先帝、告桑事」、又『〔禮記〕月令』鄭注「鞠衣、黄桑之服」是也、注非。「黄衣」衍衣字。

［正文］乃告舟備具於天子焉〔一二三、六〕

「焉」、越也。平入之轉音也。猶闕氏爲焉支也。

［正文］周天下、勉諸侯〔一二三、九〕

［高注］周、賜。勉、進也。

『〔禮記〕月令』鄭注「周謂給不足也。勉猶勸也」。

「周」讀爲賙。

［正文］命司空〔一二四、一〕

［高注］司空、主士官也。

土【編者按：「士」字を訂す。「士」は版本の誤刻】

［正文］田獵罼弋〔一二四、二〕

罼（注同）【編者按：「畢」字を訂す。「畢」は版本の誤刻】

［正文］罝罘網羅〔一二四、二〕

［高注］罘、射鹿罟也。

「射鹿」二字可疑。「射」當作車。

「罘」與罦同。『〔詩經〕王風』兎爰『毛傳』「罦覆車也」。『字彙』〔未集・网部〕云「翻車網。郭璞云、今之翻車大網、有兩轅、中施罥以捕鳥」。

【補】「射」字疑衍。

［正文］餧獸之藥〔一二四、二〕

『荀子・王制』（十四面）

［正文］戴任降於桑〔一二四、三〕

［高注］戴勝鴟也。

「鴟」當作鳥。『〔淮南子〕時則訓』注作鳥。

［高注］彊飛。

彊【編者按：「彊」字を訂す】

［正文］具挾曲蒙筐〔一二四、三〕

葛子曰、「挾」爲撲。撲以音誤。『〔淮南子〕時則訓』作「具樸曲筥筐」〔「樸」を「薄」に訂す〕、注「撲、持也。三輔謂之撲」、「員底曰筥、方底曰筐。皆受桑器」。籧（月令）【編者按：「蒙」字に注す。『禮記』月令は「具曲植籧筐」に作る】

[高注] 曲、薄也。

『方言』巻五「簿《ママ》、宋魏陳楚江淮之間謂之苖、或謂之麴（此直語楚轉聲耳）。自關而西謂之薄、南楚謂之蓬薄」、又「槌（縣蠶薄柱也。度畏反）、宋魏陳楚江淮之間謂之植（音植）。自關而西謂之槌、齊謂之样（音陽）。其横、關西曰榺（音朕、音名、校音交）」云云。【編者按：（ ）は郭璞の注。朱筆。「簿」は「薄」の誤記】

『〔史記〕絳侯周勃世家』「以織薄曲爲生」注。【編者按：『史記集解』に「蘇林曰、薄、一名曲。月令曰、具曲植」とあり、『史記索隱』に「勃本以織蠶薄爲生業也。韋昭云、北方謂薄爲曲。許愼注『淮南』云、曲、葦薄也。郭璞注『方言』云、植、懸曲柱也。音直吏反」とある】

【補】 挾當作梜、與榺同。『方言』（五巻）「槌、宋魏陳楚江淮之間謂之植、其横關西曰榺」是也。『淮南子』亦誤作樸。「蒙」與蓬通。『方言』「薄、南楚謂之蓬簿」、注挾亦當作榺。三輔乃關西之地。「謂之」下當補祥字。『方言』「槌、齊謂之祥（音陽）」可以證。

[正文] 省婦使、勸蠶事〔一二四、四〕

「使」下有以字。（月令）

[正文] 無有敢墮〔一二四、五〕

『〔禮記〕月令』「墮」作惰、是也。

【補】「随」與惰通。

[高注] 『周禮』内子章……

宰【編者按：「子」字を訂す】

[高注] 率内外命婦。

『周禮〔内宰〕』作帥外内、「婦」下有始字。

[正文] 命工師、令百工〔一二四、六〕

孟冬紀、又『荀子・王覇』。

[正文] 百工咸理、監工日號、無悖於時〔一二四、七〕

『〔禮記〕月令』鄭注「百工作器物、各有時。逆之則不善。時者若弓人春液角、夏治筋、秋合三材、各定《ママ》體之屬也」。【編者按：「各」は「冬」の誤記】

【正文】無或作爲淫巧、以蕩上心〔一二四、七〕
【高注】宋人以玉爲楮葉、三年而成。亂之楮葉之中不可別。

『列子・説符』

【正文】擇吉日、大合樂〔一二四、八〕
【高注】八音克諧、簫韶九成。

『周禮〈大司樂〉』「韶」作磬。

【高注】『周禮』大司胥樂章……【編者按：「胥」字を朱で圍む。「胥」が衍字であることを示す】
【正文】乃合纍牛騰馬〔一二四、九〕

『〈淮南子〉時則訓』「纍」作犪。注云「犪牛、特牛也」。
『〈禮記〉月令』作「累」、注云「累・騰皆乘匹之名、是月所合牛馬、謂繫在廐者」。

【正文】行之是令〔一二四、一二〕

「〈愼大覽〉下賢」篇「誠行之此論、而内行修」云云。

【補】「下賢」篇「誠行之此論、而内行修」與此句同。何必爲行是之令而讀。『禮記』無此十字。

【正文】季春行冬令〔一二四、一二〕
【高注】行冬令寒殺氣之令。【編者按：上の「令」字を朱で圍む。「令」が衍字であることを示す】
【正文】兵革竝起〔一二四、一三〕

「竝」讀爲〈去聲〉。「竝起」、方起也。余別有考。

盡數

【正文】畢數之務〔一三九、一〕

「畢數」謂畢盡其天年之數也。

【正文】集於聖人與爲夐明〔一三九、五〕

『〈詩經〉邶風・擊故《ママ》』「于嗟洵兮、不我信兮」、『毛』云「洵、遠」。【編者按：「故」は「鼓」字の誤記】
『釋文』「洵、呼縣反」。『韓詩』作夐、亦遠也」。
再按、「夐」疑蔑之誤也。蔑・滅、古通用。共有明之義。鄭蔑、字明。又有澹臺滅明。又『尚書・君奭』「茲迪彝敎、文王蔑德、降于國人」、『孔傳』「解爲精微之德」。
叡【編者按：「夐」字を訂す】

【補】「夐」字可疑、或曰、當作聡。蓋缺畫誤。○夐、今『詩』作洵、『釋文』『韓詩』作夐。

【正文】精氣之來也……因智而明之〔一三九、五～六〕
「〈恃君覽〉達鬱」篇可幷見。
【正文】處耳則爲揭爲聾〔一三九、八〕
「處」、留居也。「〈季春紀〉圜道」篇「人之竅九、一有所居則八虛」。
「〈仲夏紀〉適音」篇「以危聽清、則耳谿極」云云。
【補】「揭」字無考。
【正文】處目則䁾爲盲〔一三九、八〕
「䁾」疑與「瞥」通。『字彙』〈午集・目部〉「瞥、過目也。徐曰瞥然暫見也」。『世說〈言語〉』有「飄瞥」之語。「瞥」蓋眼華之比、蠛蠓之類、可以見矣。宋玉・風賦「中唇爲胗、得目爲䁾」。『釋名・疾病』「目皆傷赤曰䁾。䁾、末也。創在目兩末也」。
【正文】處鼻則爲鼽爲窒〔一三九、八～九〕
【高注】鼽、齆鼻。
烏貢反、音甕。【編者按：「齆」字に注す】
【正文】則爲張爲府〔一三九、九〕
「〈仲春紀〉情欲」〈六背〉「府種」之府。【編者按：「府」字に注す】
【補】「張」與脹通、「府」字說見前「情欲」篇、注非。
【編者按：高注に「府、跳動。皆腹疾」とある】
【正文】多禿與癭人〔一三九、一〇〕
「癭」、『字典』「幺衞切、頸瘤也」。
【正文】多尰與躄人〔一三九、一〇〕
「躄」、見「〈孟春紀〉本生」篇。
【正文】尫與傴人〔一三九、一一〕
尫〈注同〉【編者按：「尫」字を訂す。「尫」は版本の誤刻】
【高注】傴、傴瘠疾也。
脊【編者按：「瘠」字を訂す。「瘠」は版本の誤刻】
【補】「瘠」當作脊。
【正文】凡食無彊厚、味無以烈味重酒〔一三九、一三〕
「〈孟春紀〉本生」篇「肥肉厚酒務以相彊、命之曰爛腸之食」。
【高注】重酒厚也。
猶【編者按：「酒」字を訂す】
【正文】口必甘味和精端容、將之以神氣〔一三九、一三～一四〕
「〈士容論〉審時」篇「是故得時之稼、其臭香、其味甘」云云「殈氣不入、身無苛殃」。
【正文】百節虞歡〔一三九、一四〕
「虞」・娛同。『孟子〔盡心上〕』「霸者之民、勸《ママ》虞如也」。
【正文】今世上卜筮禱祠、故疾病愈來〔一三九、一五〕
『韓子・亡徵』（初背）、察賢（四面）、『韓子・顯學』（十八面）。【編者按：『韓非子』亡徵に「用時日、事鬼神、信卜筮、而好祭祀者、可亡也」とあり、開春論・察賢に「今夫塞者、勇力・時日・卜筮・禱祠無事焉、善者必勝」とあり、『韓非子』顯學に「此說者之巫祝、有度之主不受也」とある】
尚【編者按：「上」字に注す。朱筆】
【補】「上」與尚同。
【正文】射而不中、反修於招、何益於中〔一三九、一五～一四〇、一〕
【高注】不知循穀精藝。
「循」當作修。
【補】「於」字可刪。「循」當作修。
【正文】夫以湯沸、沸愈不止〔一四〇、二〕
『淮南・精神訓』（十七面）、又『〔淮南子〕原道訓』（六面）、各文小異。【編者按：『淮南子』精神訓に「以湯止沸、沸乃不止」とあり、原道訓に「若以湯沃沸、亂乃逾甚」とある】
【正文】故古之人賤之也〔一四〇、二〕
恐衍。【編者按：「故」字に注す。朱筆】

先己

【正文】嗇其大寶〔一四六、三〕
「〔仲春紀〕情欲」（七面）【編者按：「嗇」字に注す】
【正文】用其新、棄其陳〔一四六、三〕
「用新棄陳」、吐故納新之義。
【正文】治其身而天下治〔一四六、五〕
『大學』引。
【正文】行義則人善矣〔一四六、七〕
【高注】行仁義於所宜、則人善之矣。【編者按：「仁」字を朱で圍む。「仁」は衍字であることを示す】
【正文】百官已治矣、萬民已利矣〔一四六、八〕
二「已」讀爲以。

[高注] 則百官承使化職事。
「化」疑治。
[正文] 君曰勿身〔一四七、一〕
「勿身」卽勿躬。下有「〔審分覽〕勿躬」篇。
[正文] 勿身督聽〔一四七、一〕
[高注] 督、正也。正聽、傾不聽也。
「傾不」當易地。
【補】「督」猶察也、責也。注非。
[正文] 姦塞不皇〔一四七、二〕
[高注] 故姦軌塞斷於不皇。
「於」字衍。
【補】「皇」字無考。
[正文] 内失其行、名聲墮於外〔一四七、三〕
[高注] 殺李克之黨。
里【編者按:「李」字を訂す】
『〔左傳〕僖十年』
【補】「李」當作里。
[高注] 與秦穆公戰而敗之《ママ》。
『〔左傳〕僖十五年』【編者按:「之」は「亡」の誤刻】

[正文] 五帝先道而後德〔一四七、五〕
趙世家【編者按:「五帝」に注す。『史記』趙世家に「慮戲・神農教而不誅、黃帝・堯・舜誅而不怒。及至三王、隨時制法、因事制禮」とある】
[正文] 夏后相與有扈戰於甘澤而不勝〔一四七、八〕
[高注] 令予惟龔行天之罰。
今【編者按:「令」字を訂す。「令」は版本の誤刻】
古恭字。【編者按:「龔」字に注す】
【補】「令」當作今。
[正文] 吾地不淺〔一四七、八〜九〕
鮮【編者按:「淺」字を訂す。朱筆】
【補】「淺」疑當作鮮、音之誤。
[正文] 子女不飭〔一四七、十〕
飾【編者按:「飭」字を訂す】
[正文]『詩』曰、執轡如組〔一四七、十二〕
邶風・簡兮。
『家語・好生』(二十七面)
[正文] 孔子見魯哀公〔一四八、一〕
『家語・賢君』篇「魯哀公」作衛靈公。

【正文】爲國家者爲之堂上而已矣〔一四八、一〕

齊閔王策（十七面）【編者按：『戰國策』齊策五・蘇秦說齊閔王に「衞鞅之始與秦王計也、謀約不下席、言於尊俎之間、謀成於堂上」とある】

【高注】夫人皆治堂以行禮、治國亦當以禮、故曰「爲之上堂而已矣」。【編者按：朱筆で「上堂」を「堂上」にすべきことを示す】

【正文】不出於門戶而天下治者、其唯知反於己身者乎〔一四八、三〕

「〈審分覽〉君守」篇、『韓子・喩老』（六背）【編者按：『韓非子』喩老に「故曰、不出於戶、可以知天下。不闚於牖、可以知天道」とある】

『老子』四十七章「不出戶知天下。不窺牖見天道。其出彌遠、其知彌少。是以聖人不行而知、不見而名、不爲而成」。

【補】「〈恃君覽〉召類」篇「修之於廟堂之上而折衝乎千里之外」、『老子』四十七章「不出戶知天下。不窺牖見天道。其出彌遠、其知彌少。是以聖人不行而知、不見而名、不爲而成」、與此意全同、注非。【編者按：ここの「注」は前項の高注を指す】

論人

【正文】太上反諸己〔一六一、二〕

『韓子・說疑』【編者按：「太上」に注す。『韓非子』說疑に「禁姦之法、太上禁其心、其次禁其言、其次禁其事」とある】

【正文】其求之彌彊者、失之彌遠〔一六一、二～三〕

彊【編者按：「彊」字を訂す】

依上例、「失」上脫其字。

【正文】去巧故〔一六二、二〕

「智故」、『韓子・解老』（十七面）。

「詐故」、『荀子・王制』（二十二面）、又『〈荀子〉王霸』（十四面）。

「僞故」、『〈荀子〉性惡』（五面）。

楚宣王策（六背）「以故與奚恤」之故。【編者按：「故」字に注す。『戰國策』楚策一・郢人有獄三年不決】

【正文】無以害其天則知精〔一六二、二〕

『老子』三十九章「昔之得一者、天得一以清」云云。

［正文］知神之謂得一〔一六二、二〜三〕

［高注］一、道也。

「〔季春紀〕圜道」篇注「一、道本」、爲是。

［正文］豪士時之〔一六二、四〕

「豪士時之」謂如伯夷・大公歸文王也。

趨【編者按：「時」字に注す】

「〔仲春紀〕功名」篇「人主賢則豪傑歸之」。

【補】「時」字不穩。

［正文］不可收也〔一六二、五〕

「收」、收束也。「〔仲夏紀〕適音」篇「以下聽濁則耳不收」。

【補】此一段叶韻文。「收」疑一音轉、當爲束字讀、卽以剩束字、故易以「收」字。

［正文］嗜欲易足〔一六二、五〕

「嗜欲易足」故養不厚而自厚。

［正文］不可得也〔一六二、五〜六〕

德。「思德」之德。【編者按：「得」字を訂す】

【補】「得」疑當作德。

［正文］不可量也〔一六二、六〕

亂【編者按：「量」字を訂す】

【補】「量」疑當作逼。

［正文］威不可懼〔一六二、六〕

『〔孟子〕滕文公下』「富貴不能淫、貧賤不能移、威武不能屈、此之謂大丈夫」。

［正文］故知知一、則可動作當務〔一六二、七〕

「可」疑衍。

仲冬有「當務」篇。【編者按：「當務」に注す】

［正文］肌膚不可革也〔一六二、八〕

『荀子・哀公』篇「知旣已知之焉、言旣已謂之矣、行已由之矣、則若性命肌膚之不可易也」。

［高注］『孝經』曰……

卿大夫章。

［正文］則車輕馬利〔一六二、九〜一〇〕

『韓子・難勢』（三面）

［正文］致遠復食而不倦〔一六二、一〇〕

「復食」疑當作追速。速食音近而誤。『淮南・說林訓』「羿所以射遠中微者、非弓矢也。造父之所以追速致遠者、非輿《ママ》衙也」、又『〔淮南子〕主術訓』「夫載重而馬羸、雖造父不能以致遠。車經《ママ》馬良、雖中工可使追速」云云。

【補】○羿所以射遠中微者、非弓矢也。

[正文] 三代之興王、以罪爲在己〔一六二、一二〕

『尚書』

考見「〔季秋紀〕順民」篇。

[正文] 故日功而不衰、以至於王〔一六二、一二〕

「禹湯罪己、其興也勃焉」（『左氏〔莊公十一年〕』）。

[高注] 日行其人民之功不衰倦。

「人」、音民。

【補】謂功業日廣而衰廢也、注非。『左傳』（莊十一年）「禹湯罪己其興也悖焉。桀紂罪人其亡也忽焉」。

[正文] 此不肖王之所以亂也〔一六二、一二～一三〕

「王」當作主。

『莊子・列御寇』

[正文] 凡論人、通則觀其所禮〔一六二、一三〕

『賈誼新書・大政下』（八面）

『六韜・選將』篇。

[正文] 貴則觀其所進〔一六二、一三〕

『〔史記〕魏世家』「文侯謂李克曰」云云。

[正文] 富則觀其所養〔一六二、一三〕

『荀子・君道』（十面）、『家語・儒行』。

[正文] 哀之以驗其人〔一六三、一〕

『治要』作仁。【編者按：「人」字に注す】

[高注] 人人可哀、不忍之也。

「人」當作仁。注「人人」上「人」亦當作仁。

[正文] 又必以六戚四隱〔一六三、二〕

「〔季秋紀〕精通」篇「隱志」。【編者按：「四隱」に注す】

[高注] 六戚、六觀也。

親【編者按：「觀」字を訂す】

【補】「隱」則惻隱之隱、隱憂（邶風）、憂戚（『荀子・禮論』）之義、可徵、注非。○「觀」當作親。

[正文] 何謂四隱〔一六三、二〕

「隱」蓋含近側之意。「惻隱」之隱、亦然。

『〔左傳〕哀八年』「所託則隱」、『荀子・君道』「隱其所憐、所愛」。

[正文] 若逃雨、汙無之而非是〔一六三、三～四〕

「汗」當作汙。
【補】『雨』字之誤。茂卿以雨霑身如汗解之、牽強哉。

圜道

【正文】雲氣西行、云云然〔一七四、七〕
吉子曰、「云」與運通、「云爲」之云、亦然。【編者按：『易』繫辭下に「變化云爲、吉事有祥」とある】
【高注】云遊也、周旋運布、膚寸而合。
「膚寸」、依『公羊傳〔僖公三十一年〕』。
【補】「遊」當作旋。○『老子』〔十六章〕「夫物芸芸、各復歸其根」。
【正文】留運爲敗〔一七四、一〇～一一〕
「運」疑連。
【補】「運」、字之誤。
【正文】一也齊至貴〔一七四、一一〕
「〔愼大覽〕下賢」篇〔八葉背〕。
「齊」疑當作者、音近而誤。
者〔「大樂」四背〕。【編者按：「齊」字に注す。仲夏紀・大樂に「一也者制令、兩也者從聽」とある。「四背」は五面の誤り】
【補】「齊」疑當作者、蓋缺畫也。
【正文】而萬物以爲宗〔一七四、一一～一七五、一〕
『荀子・非十二子』篇「宗原應變、曲得其宜、如是然後聖人也」。
【正文】以定其正〔一七五、一〕
止【編者按：「正」字を訂す】
【補】「正」讀爲政。
【正文】令出於主口、官職受而行之〔一七五、一～二〕
『荀子・君子』篇「足能行、待相者然後進。口能言、待官人然後詔」。
【正文】宣通下究〔一七五、二〕
【高注】宣、偏布也。
偏【編者按：「偏」字を訂す。「偏」は版本の誤刻】
【補】「偏」當作徧。
【正文】濈於民心遂於四方〔一七五、三〕
音尖。莊十七年『公羊傳』「殲《ママ》者何。濈、積也。衆殺戌者也」。【編者按：「濈」字に注す】

【高注】瀸、合。
「合」當作洽。『字彙』〔巳集・水部〕「瀸、漬也、洽也」。
莊七《ママ》年『公羊傳』「齊人殲《ママ》于遂。瀸者何。瀸、積也。衆殺戍者也」。【編者按：「七」は「十七」の誤記】
【正文】安之危之所安也〔一七五、四〕
「安之」、「之」猶與也。或云、衍文。
【補】上「之」字衍。
【正文】爲其感而必知也〔一七五、四～五〕
【高注】感者痛恙也。
「恙」當作癢。
【補】癢。音之誤。
【正文】先王立高官也〔一七五、七〕
「高」疑百。
【正文】不肯與其子孫〔一七五、八〕
『漢・蓋寬饒傳〔蓋諸葛劉鄭孫毌將何傳〕』引『韓氏易傳』言「五帝官天下、三王家天下、家以傳子、官以傳賢、若四時之運、功成者去」。又『說苑・至公』〔四面〕。【編者按：『說苑』至公に「貴爲天子、富有天下、得舜而傳之、不私於其子孫也」とある】
【正文】此所以不受也〔一七五、一二〕
「受」疑當作亂。

卷之四　孟夏紀

四月紀

[正文] 旦婺女中〔一八八、二〕
[高注] 婺女、南方宿。
北【編者按：「南」字を訂す】
【補】「南」當作北。
[正文] 律中仲呂〔一八八、三〕
[高注] 陽散在外、陰實其中、所以類陽也、故曰「仲呂」。
在【編者按：「其」字を訂す】
[正文] 其性禮。其事視〔一八八、三〕
「其性禮其事視」六字衍文、可刪。『禮記』『淮南』亦無之。
[正文] 其祀竈。祭先肺〔一八八、四〕
[高注] 吳國、回祿之神、託於竈。
「國」當作回。
[高注] 祭神之。
依「孟冬」例、「神」當作祀、「之」下脫肉字。
[高注] 一曰、肺、火、用自其藏。【編者按：朱筆で「用自」を「自用」にすべきことを示す】
【補】「國」當作回。「祭神之」、依「孟冬紀」當作祭祀之肉、「用自」當易地。
[正文] 王善生、苦菜莠〔一八八、四〕
『本草』（十八卷）「王善」作王瓜《ヒサコウリ》《カラスウリ》。
『〈禮記〉月令』作「王瓜生」、鄭注「皆記時候也。螻蟈、哇也。王瓜、萆挈也。今月令云、王萯生、夏小正云、王萯秀、未聞孰是」云云。
『〈禮記〉月令』作瓜。【編者按：「善」字に注す】
秀【編者按：「莠」字を訂す。「莠」は版本の誤刻】
【補】秀英對文者、『爾雅』之訓是也、然至散文、其義廣矣、如華榮秀英、亦互相用、其證不可枚擧。高注拘泥、刪之可也。【編者按：高注に「苦或作瓜。瓠瓢也、是月乃生。『爾雅』云「不榮而實曰秀、榮而不實曰英」。苦

菜當言英者也」とある】

【正文】其器高以觕〔一八八、五～六〕

『〈禮記〉月令』作粗。【編者按：「觕」字に注す】

【正文】擧長大〔一八八、九〕

辟、「長大」、『〈淮南子〉時則訓』作孝悌。【編者按：「辟」は人名であろう。未詳】

【高注】故齊桓公命於天子之卿。

『〈國語〉齊語』曰「正月之朝、鄉長復事。君親問焉曰、於子之鄉有居處好學、慈孝於父母、聰慧質仁、發聞於鄉里者、有則以告。有而不以告、謂之蔽明、其罪五。有司已於事而竣」。

又『管子・小匡』。

鄉【編者按：「卿」字を訂す。「卿」は版本の誤刻】

【正文】命農勉作、無伏於都〔一八九、三〕

「伏」當作休。『禮記』作休。

「〈士容論〉上農」篇「當時之務、農不見于國、以教民尊地產也」。彼考引『〈尚書〉堯典』可幷考。

【正文】斷薄刑、決小罪、出輕繫〔一八九、六〕

【高注】及五日陰氣伏於下。

「日」當作月。【編者按：「日」は版本の誤刻】

【正文】行冬令、則草木早枯、後乃大水、敗其城郭〔一八九、一〇〕

【高注】姦時逆行之徵也。

「姦」當作干、音之誤也。

勸學

【正文】忠孝、人君人親之所甚欲也〔一九八、二〕

『韓子・忠孝』篇、『莊子・人間世』。

【正文】不知義理〔一九八、三〕

「義理」當易地。

【正文】學者師達而有材。吾未知其不爲聖人〔一九八、四〕

「師」字疑衍。「〈孟夏紀〉誣徒」篇「達師之敎也、使弟子安焉」云云、『荀子・勸學』「其義始乎爲士、終乎爲聖人」。

【正文】聖人生於疾學〔一九八、七〕

「疾」、「疾耕力」之疾、孜孜不怠之意。『荀子・榮辱』篇「孝悌愿愨、軥錄疾力」云云。【編者按：『鹽鐵論』

巻三・未通に「是以百姓疾耕力作、而饑寒遂及己也」とある】

「疾學」猶力學也。「〔孟夏紀〕誣徒」篇「就學敏疾、本業幾終」云云。

【高注】疾、趨也。

「〔孟夏紀〕尊師」篇「疾諷誦」、注「疾、力」。

【正文】未之嘗有也〔一九八、八〕

「之嘗」當易地。「〔季秋紀〕順民」篇「未之〔曾〕有也」亦同。

【正文】道論矣〔一九八、八〕

「論」讀爲倫。「道論」、下「〔孟夏紀〕尊師」可幷考。

【補】「尊師」篇「稱師以論道、聽從必盡力」之義、注非。【編者按：高注に「信、從也。言從則其道見講論矣」とある】

【正文】故往敎者不化、召師者不化〔一九八、八～九〕

『〔禮記〕曲禮上』「禮聞來學、不聞往敎」。撰擇。【編者按：「化」字に注す】

【補】『〔禮記〕曲禮上』「禮聞來學、不聞往敎」、『孟子・公孫丑下』「將大有爲之君……而後臣之」、『韓詩外傳』巻三「孟嘗君請學於閔子……不能化者也」。

【正文】自卑者不聽、卑師者不聽〔一九八、九〕

『〔孟子〕公孫丑下』「故將大有爲之君、必有所不召之臣」云云「故湯之於伊尹、學焉而後臣之」云云。

【正文】不亦遠乎〔一九八、一〇〕

「遠」猶迂也。『荀子・法行』篇「內人之疏、而外人之親、不亦遠乎」。

【補】『荀子・法行』篇「內人之疏而外人之親、不亦遠乎」是也、注非。【編者按：高注に「言愈遠於尊也」とある】

【正文】凡說者、兌之也〔一九八、一二〕

『莊子・德充符』「使之和豫、通而不失於兌」、『釋文』「〔兌〕徒外反。李云、悅也」。

【補】「說」者稅、「兌」音悅、幷下同。

【正文】是拯溺而硾以石也〔一九九、一〕

【舊校】拯、一作承。

『列子・黃帝』篇「弟子竝《ママ》流而承之」、張注「〔承〕音拯。『方言』「出溺爲承」。諸家直作拯、又作撜」。【編者按：「竝」は「益」字の誤記】

【高注】硾、沈也。

「沈」當作鎭。『字彙』〔午集・石部〕「硾、音墜。鎭也。呂氏春秋」云云。

【正文】是救病而飲之以堇也〔一九九、一〕

「〔似順論〕別類」篇、『〔國語〕晉語二』〔三背〕「寘鴆於酒、置堇於肉」。【編者按：「堇」字に注す】

【正文】理勝義立則位尊矣〔一九九、二〕

「位」當作道或德。

【高注】王者不臣師是位尊也。

『〔禮記〕學記』「凡學之道、嚴師爲難」云云「大學之禮、雖詔於天子無北面、所以尊師也」。

【正文】王公大人弗敢驕也〔一九九、二～三〕

『荀子・修身』篇「志意修則驕富貴矣、道義重則輕王公矣」。孟子「浩然氣」是也。

【正文】凡遇合也〔一九九、三〕

「〔孝行覽〕遇合」篇可考。

【補】「遇」者合也、時合者尊榮、時不合者貧賤、爲師者雖理勝義立、至合與不合、不可必期也。

【正文】餘若夫何哉〔一九九、五～六〕

「若」助辭。「〔恃君覽〕長利」篇「慮天下之長利、而顧《ママ》處之以身若也」、又「〔恃君覽〕驕恣」篇「莫敢諫若、非弗欲也」。「〔孟夏紀〕誣徒」篇「若晏陰喜怒無處」、「雖不肖者猶若勸之」。又「〔仲夏紀〕古樂」篇「其音若熙熙凄凄鏘鏘」。【編者按：「顧」は「固」字の誤記】

【正文】無乃畏邪〔一九九、七〕

「畏」、「畏於匡」之畏。

【正文】孔子畏於匡〔一九九、七〕

『〔論語〕先進』篇。

尊師

【正文】神農師悉諸、黄帝大撓〔二〇七、二〕

『新序・雜五』

【正文】帝堯師子州父〔二〇七、二～三〕

【畢沅】〔州〕一作友。

「州」下當補支字。按本有支字。故注云「一作友」、作友者非。

【補】「州」下當補支字。按本有支字。故注云「一作友」、作友者非。『劉向新序』（雜五）作州文父亦誤。

〔正文〕湯師小臣〔二〇七、三〕

山子曰、「小臣」疑當作伊尹。臣字與尹字似。

「〔審分覽〕知度」篇亦云「小臣・呂尚聽而天下知殷・周之王也」。

『韓詩外傳』卷六（一面）「齊桓公見小臣、三往不得見」。（營）【編者按：「營」は人名であろう。未詳】

〔正文〕楚莊王師孫叔敖・沈申巫〔二〇七、四～五〕

二十九子本作尹。【編者按：「申」字に注す】

山子曰、「申」當作尹。「〔仲春紀〕當染」篇作「沈尹蒸」。劉向『新序』作「沈尹竺」（雜事五）、「〔不苟論〕贊能」篇作「沈尹莖」、「〔愼行論〕察傳」篇作「沈尹筮」。

〔正文〕大夫種〔二〇七、五〕

〔高注〕楚鄞人。

「〔仲春紀〕當染」篇注作「楚之鄒人」。

〔正文〕且天生人也、～其知不若狂〔二〇八、一～二〕

『老子』十二章「五色令人目盲。五音令人耳聾。五味令人口爽。馳騁田獵、令人心發狂」、又『莊子・天地』（十二背）。

〔正文〕其言不若爽〔二〇八、二〕

「爽」、『新序〔雜事五〕』作喑、可從。

【補】「爽」惑也。（『列子・黃帝』篇「五情爽惑」）『老子』（十二章）「五色令目盲、五音令耳聾、五味令口爽、馳騁田獵令人發狂」。『莊子』（天地）「五味濁口、使口厲爽」、『國語』（周語下）「言爽目反其信」。

〔正文〕魯之鄙家也〔二〇八、四〕

『世說・德行上』法《ママ》引『典略』曰「黃憲」云云「而族出孤鄙、父爲牛醫」云云。【編者按：「法」は「注」字の誤記】

『荀子・大略』（二十、二十一之交）「子貢・季路故鄙人也」。

【補】「鄙」、陋也、注非。【編者按：高注に「鄙、小也」とある】

〔正文〕顏涿聚〔二〇八、四〕

『〔史記〕孔子世家』「孔子遂適衞、主於子路妻兄顏濁鄒家」、又『〔孟子〕萬章上』「於衞主顏讐由」。

氾論訓（十八面）【編者按：『淮南子』氾論訓に「夫顏喙聚、梁父之大盜也」とある】

【正文】晉國之大駔也〔二〇八、四～五〕

子黨切。【編者按：「駔」字に注す】

【正文】指於鄉曲〔二〇八、五〕

「〈恃君覽〉行論」篇。

【正文】心則無營〔二〇八、九〕

『家語・相魯』篇「匹夫熒侮者罪應誅」。『〈史記〉孔子世家』作「熒惑」。又『〈孔子家語〉始誅』篇「其談說足以飾褒榮衆」。『荀子〈宥坐〉』「榮」作「營」、楊倞讀爲熒。吉子曰、『〈文選〉西京賦』（四十三背）「展季桑門、誰能不營」。

【正文】求所謂〔二〇八、一〇〕

「所謂」義見「貴生」篇。（子文）【編者按：仲春紀・貴生に「所謂尊生者、……。所謂全生者、……。所謂虧生者、……所謂死者、……。所謂迫生者、……」とある】

【正文】不苟辨、必中法〔二〇八、一〇〕

「不苟辨、必中法」、『荀子・不苟』篇所云「君子行不貴苟難、說不貴苟察、名不貴苟傳、唯其當之爲貴也」。

【正文】必反其本〔二〇八、一二〕

『〈孟子〉梁惠王上』「蓋亦反其本矣」、與此同文注《ママ》。

【編者按：「注」は「法」字の誤記であろう】

【正文】疾灌寖〔二〇八、一三〕

浸【編者按：「寖」字を訂す】

【正文】捆蒲葦〔二〇八、一三〕

「捆」、苦本切。『〈孟子〉滕文公上』「捆屨織席、以爲食」、趙注「捆猶叩椓也。欲使堅、故叩之」。又見「〈季冬紀〉士節」篇。『荀子・不苟』篇「柔從若蒲葦、非懾怯也」、楊注「蒲葦所以爲席可卷者也」。『儀禮・大射禮』「既拾取矢、捆之」、鄭注「捆、齊等之也。古文捆作魁」。又曰「中離維綱、揚觸、捆復」、注「捆復、謂矢至侯、不著而還復。古文捆作魁」。困、按捆叩而齊之也。

【正文】愼駕御〔二〇八、一四～一五〕

『〈禮記〉學記』「始駕馬《ママ》者反之、車在馬前」。【編者按：『禮記』の原文に「馬」字はない。なお、『太平御覽』獸部五・馬一に引く學記は「始駕馬反之、車在馬前」に作る】

【高注】愼、一作順。
「一作順」、非。
【正文】必蠲絜［二〇八、一五］
「蠲」・圭・潔、蓋古字通用。
【高注】蠲、讀曰圭也。
『〔孟子〕滕文公上』「圭田五十畝」、注「圭、潔也」。
【正文】命之曰背、說義不稱師、命之曰叛［二〇九、二〜三］
背・倍通。畔・叛通。『荀子・大略』篇「言而不稱師、謂之畔、教而不稱師、謂之倍。倍畔之人、明君不內、朝士大夫遇諸塗不與言」。
『〔禮記〕檀弓上』「子夏喪其子、而喪其明。曾子弔之」云云「吾與女事夫子於洙泗之間、退而老西河之上、使西河之民疑女於夫子、爾罪一也」、鄭玄云「言其不稱師也」。
【正文】學也者、知之盛者也［二〇九、四］
『〔論語〕學而』篇引。
【正文】莫大於成身［二〇九、五］
「成身」、『家語・大婚解』引。
【正文】有大勢可以爲天下正矣［二〇九、六］
『老子』三十九章「侯王得一以爲天下貞」、河上公「貞」作正。考亦出「〔審分覽〕君守」及「〔審分覽〕執一」篇。
【正文】好學而不厭、好教而不倦［二〇九、七］
公孫丑上【編者按：『孟子』公孫丑上に孔子のことばとして「我學不厭而教不倦也」とある】「述而」篇【編者按：『論語』述而に「子曰、默而識之、學而不厭、誨人不倦、何有於我哉」とある】
【正文】天子入太學、祭先聖、則齒嘗爲師弗臣［二〇九、八］
『〔禮記〕學記』「凡學之道、嚴師爲難」云云「是故君之所不臣於其臣者二。當其爲尸則弗臣也、當其爲師則弗臣也」云云。
【補】太學、大學校也、注非。【編者按：以下『呂氏一適』に同じ。高注に「太學、明堂也」とある】

誣徒

【正文】使弟子安焉、樂焉、休焉、游焉、肅焉、嚴焉〔二三三、二〕

『（禮記）學記』云「君子（之）於學也、藏焉、修焉、息焉、遊焉。夫然、故安其學而親其師、樂其友而信其道。是以雖離師輔而不反（也）」。

【正文】理義之術勝矣〔二三三、三〕

『荀子・彊國』「力術止、義術行」云云。

【補】「勝」、勝負之勝、注非。【編者按：高注に「勝、猶行也」とある】

【正文】師不能令於徒〔二三三、三～四〕

【高注】此篇一名詆役、凡篇中「徒」字皆作「役」、徒與役謂弟子也。

『莊子・庚桑楚』篇「老聃之役、有庚桑楚者」、『音義』云「司馬云、役學徒、弟子也」。『廣雅』云「役、使也」。

【正文】雖不肖者猶若勸之〔二三三、五〕

助字。【編者按：「若」に注す】

【補】「若」字助語。『墨子』（尚賢）「事猶若未成」。『荀子』（不苟篇）「民猶若未從也」。此類古書中不可枚舉也。

【正文】子華子曰、王者樂其所以王〔二三三、六〕

『（尚書）大甲下《ママ》』、『（尚書）蔡仲之命』。

【正文】然則王者有嗜乎理義也〔二三三、七〕

『（孟子）告子上』「口之於味也、有同嗜焉」云云「心之所同然者何也。謂理也、義也。聖人先得我心之所同然耳。故理義之悅我心、猶芻豢之悅我口」。

【正文】若晏陰喜怒無處〔二三三、九〕

仲夏紀「是月也、日長至、陰陽爭、死生分」云云「退嗜欲、定心氣、百官靜、事無刑、以定晏陰之所成」。

【補】「若晏陰」三字、疑衍。

【正文】愎過自用〔二三三、一〇〕

「（似順論）似順」篇「世主之患、恥不知而矜自用、好愎過而惡聽（諫）」。

【正文】不可證移〔二三三、一〇〕

「（不苟論）貴當」篇「主有失、皆交爭證諫」、又「（季秋紀）知士」篇又「（愼大覽）愼大」篇。【編者按：「證」字に注す】

【正文】不察其行、毆而教之〔二三三、一一〕

山子曰、「毆」當作嘔。
『荀子・儒効』（十七背）【編者按：『荀子』儒効に「君子之所謂察者、非能遍察人之所察之謂也」とある】
吉子曰、『史・淮陰侯傳』「言語嘔嘔」。『漢書〈韓信傳〉』作「姁姁」、注「和好貌」。【編者按：「毆」字に注す】
【補】歐與嘔通、卽「煦嘔覆育」（『〈禮記〉樂記』）之嘔。

［正文］難而懸之〔二二三、一二〕
「懸」、懸久也。

［正文］惡異於己者〔二二四、一〕
『家語・儒行』「同己不與、異己不非」（二十一背）。
『莊子・在宥』【編者按：『莊子』在宥に「世俗之人、皆喜人之同乎己、而惡人之異於己也」とある】

［正文］則得敎之情也〔二二四、三〕
「情」、情實也。

［正文］不能學者、從師苦而欲學之功也〔二二四、六〕
『〈禮記〉學記』「善學者、師逸而功倍、又從而庸之。不善學者、師勤苦《ママ》而功半、又從而怨之」。【編者按：「苦」は衍字】
楛同。『荀子・勸學』（八背）【編者按：「苦」字に注す。『荀子』勸學に「問楛者、勿告也。告楛者、勿問也。說楛者、勿聽也」とある】
【補】「功」、成功之功、注非。【編者按：高注に「功、名也。欲得爲名」とある】

［正文］不可譙詬遇之〔二二四、七〕
［高注］譙、一作護。
「護」當作讓。
【補】「譙詬」謂責讓、詈辱也、注非。○護疑讓。

［正文］遇師則不中〔二二四、八〕
「中」讀爲衷、「服之不衷」之中。【編者按：「服之不衷」は『左傳』僖公二十四年に見える】

［正文］於師慍〔二二四、九〕
厚卿云、「慍」當移「於」上。『〈禮記〉學記』所云「從而怨之」。是也。

［正文］懷於俗、羈神於世〔二二四、九〕
「懷」、「小人懷土」之懷。「神」、神心也。【編者按：『論語』里仁に「子曰、君子懷德、小人懷土」とある】

【補】「神」、神心也、「世」、世俗、互文也。或云「神」字衍。

[正文] 以章則有異心 [二二四、一〇]

「章」下脫文。

【補】「章」字無考。

用衆

[正文] 善學者若齊王之食鷄也、必食其跖數千而後足 [二二五、二]

「跖」、『〔康熙〕字典』「之石切。音隻。『說文』足下」。『文選・張協・七命』「翰音之跖」。『〔淮南子〕說山訓』(十九背)。『淮南』作蹠。注「蹠、鷄足踵也」。【編者按:「跖」字に注す】

[正文] 故善學者假人之長、以補其短 [二二五、三]

『荀子・勸學』篇「登高而招、臂非加長也、而見者遠。順風而呼、聲非加疾也、而聞者彰。假輿馬者、非利足也、而致千里。假舟檝者、非能水也、而絕江河。君子生非異也、善假於物也」。

[正文] 故學士曰 [二二五、七]

「士」疑當作志。『韓子・孤憤』「學士不因則養祿薄禮卑、故學爲之談也」。

【補】「士曰」二字當作者字、蓋闕畫分裂爲二字耳。

[正文] 是被褐而出、衣錦而入 [二二六、一]

「被褐而出、衣錦而入」、猶「出則被褐、入則衣錦」也。

[高注] 被褐在外、文錦在內。

當作衣。【編者按:「文」字に注す】

[正文] 戎人生乎戎 [二二六、二]

莊嶽。脫注引。【編者按:「戎」字に注す】

[正文] 今使楚人長乎戎、戎人長乎楚、楚人戎言、戎人楚言矣 [二二六、三]

『荀子・勸學』篇「于・越・夷・貊之子、生而同聲、長而異俗、敎使之然也」。又、『〔荀子〕榮辱』篇(十七背)【編者按:『荀子』榮辱に「越人安越、楚人安楚、君子安雅。是非知能材性然也、是注錯習俗之節異也」とある】

【補】『孟子』（滕文公下）、『荀子』（勸學篇）亦有此論。

［正文］此君人之大寶也［二三六、八～九］

［高注］『淮南記』曰「萬人之衆無廢功、千人之衆無絶良」。

梁【編者按：「良」字を訂す】

卷之五　仲夏紀

五月紀

［正文］其氣高以觕。養壯狡［二四四、五］

器【編者按：「氣」字を訂す】

「〔季夏紀〕音律」篇「甤賓之月、陽氣在上、安壯養俠」云云。

【補】「氣」當作器。

「狡」、『禮記』作佼、古字通。朱子曰「此三字當移入孟夏紀、與長大相屬」非。「音律」篇「甤賓之月、陽氣在土（土當作上）安壯養俠」可以見。

［正文］調竽笙壎箎［二四四、六］

［高注］箎、以竹、大二寸。

「大二寸」之「二」當作三。

『韻會』「『爾雅』曰、竹爲之。大者長尺四寸圍三寸、一孔上出、徑三分、名翹、横吹之。八孔。小者、尺二寸、七孔」。
[高注] 伏横吹聲音上和。
「伏」當作出。「上」當作相、音之誤。
【補】『禮記』作笆簧。○伏當作出。『爾雅』（釋樂）注「篪以竹爲之。長尺四寸、圍三寸、一孔上出、寸（『韻會』引『爾雅』作徑是）三分、名翹、横吹之（此下『韻會』有七孔二字）小者尺二寸、『廣雅』云八孔」。因按、大二寸未知何據。○「上和」當作相和、音誤。
[正文] 乃命百縣〔二四四、七〕
注出「六月紀」。【編者按：「百縣」に注す】
[正文] 雩祭祀百辟卿士有益於民者〔二四四、七～八〕
「百辟」猶言列侯・列辟。
[正文] 天子以雛嘗黍、羞以含桃〔二四四、九〕
『家語・子路初見』「孔子侍坐於哀公、賜之桃與黍焉」云云。
[高注] 雛、春鷚也。
『玉篇』「莫彪反。天鸙。又、今呼小鶏。鶏曰鷚」。
【編者按：「鷚」字に注す】
[正文] 關市無索〔二四四、一〇〕
「索」、「索客」之索。
「無索」、鄭玄曰「順陽敷縱、不難物」。【編者按：『禮記』月令「門閭毋閉、關市毋索」の鄭注】
[正文] 班馬正〔二四五、二〕
「正」、『（禮記）月令』作政。
【補】「班」、賦也。「正」、『禮記』作政、是、注非。
【編者按：高注に「班、告也。馬正、掌馬之官」とある】
[正文] 陰陽爭、死生分〔二四五、二〕
半也。【編者按：「分」字に注す】
[高注] 是月陰氣始起於覆下、盛陽蓋其上、故曰「爭」也。【編者按：朱筆で「於覆」を「覆於」にすべきことを示す】
[正文] 止聲色〔二四五、二～三〕
「色」、女色也。
[正文] 百官靜事無刑〔二四五、三〕
「百官靜事」、『（禮記）月令』鄭注「罪罰之事、不可以聞。今月令刑作徑」。『（淮南子）時則訓』「刑」作徑。
[正文] 半夏生、木堇榮〔二四五、三〕

［高注］『詩』云……
　鄭風・有女同車。
［正文］無用火南方〔二四五、五〕
［高注］火王南方、爲陽火氣。
　山子曰、「爲」疑無。
［正文］民殃於疫〔二四五、七〕
［高注］有覈曰果、無覈曰蓏。
　「覈」、與核同。

大樂

『（禮記）樂記』「大樂必易、大禮必簡」。
［正文］音樂之所由來者遠矣〔二五八、二〕
『莊子・天地』篇可幷見。
［正文］本於太一。太一出兩儀〔二五八、二〕
「大一《ママ》」、大極也。『（易）繫辭上』「易有大極、是生兩儀、兩儀生四象、四象生八卦、八卦定吉凶、吉凶生大業」。
［正文］是謂天常〔二五八、三〕
『荀子・天論』及『（荀子）不苟』篇可幷見。【編者按：『荀子』天論に「天行有常」「天有常道矣」とあり、不苟に「天不言而人推高焉、地不言而人推厚焉、四時不言而百姓期焉。夫此有常、以至其誠者也」とある】
［正文］天地車輪〔二五八、三～四〕
　言天地如車輪也。
［正文］造於太一、化於陰陽〔二五九、一～二〕
　山子曰、分拆「造化」二字。
【補】此分析「造化」字、「大一」義見上、注非。【編者按：高注に「造、始也。太一、道也。陰陽、化成萬物者也」とある】
［正文］凝溓以形〔二五九、二〕
「溓」當作寒。『字彙』無「溓」字。「凝寒」猶沍寒也。『（楚辭）屈原・大招』「天白顥顥、寒凝凝」。
【補】凝凝（當從冫、從水者、字書不載）、溓（『字典』引『字彙補』云「溓與寒同」）。『楚辭』（大招）「天白顥顥、寒凝凝」、只凝結沍寒以成形也。注意不足、故言及焉。
［正文］嗜慾不辟〔二五九、四～五〕

「辟」、「邪辟」之辟。（公遠）

【補】「辟」與癖通、注非。【編者按：高注に「辟、開也」とある】

〔正文〕溺者非不笑也〔二五九、六〕

〔高注〕『傳』曰、溺人不笑。

『左傳・哀二十年』（二十一面）

必【編者按：「不」字を訂す。「不」は版本の誤刻】

〔正文〕始生人者天也、人無事焉。天使人有欲、人弗得不求〔二五九、九～一〇〕

『〈禮記〉樂記』「人生而靜、天之性也。感於物而動、性之欲也」云云。

『荀子・禮論』。「欲求」、成十八年（三十六メン）【編者按：『荀子』禮論に「人生而有欲、欲而不得、則不能無求」とあり、『左傳』成公十八年に「欲求得人、必先勤之」とある】

【補】『〈禮記〉樂記』「人生而靜、天之性也。感於物而動、性之欲也。物至知知、然後好惡形焉」。

〔正文〕人弗得不辟〔二五九、一〇〕

〔高注〕辟、遠也。

「遠」當作違。

〔正文〕人不得興焉〔二五九、一〇〕

「興」當作與、音預。（公遠）

〔正文〕世之學者、有非樂者矣〔二五九、一一〕

「世之學者」指墨子。『墨子』有「非樂」篇。

〔正文〕大樂、君臣父子長少之所懽欣而說也〔二五九、一二〕

「大」、『〈禮記〉樂記』「大樂必易、大禮必簡」之大。

〔正文〕視之不見、聽之不聞〔二五九、一二～一三〕

『老子』十四章「視之不見、名曰夷。聽之不聞、名曰希。搏之不得、名曰微。此三者不可致詰、故混而爲一」云云。

〔正文〕不見之見、不聞之聞、無狀之狀〔二五九、一三〕

『家語〈論禮〉』「無聲之樂」。

〔正文〕彊爲之謂之太一〔二五九、一四〕

按『老子』、「爲」之下疑脫名字。『老子』二十五章「有物混成」云云「吾不知其名、字之曰道、強爲之名曰大」云云。

【補】「爲」之下當補名字。『老子』二十五章「……名曰大」是也。按此論道、卽『老子』（十四章）之意、學者宜參攷焉。

【正文】免於災〔二六〇、一〕

「災」、「〔季春紀〕盡數」篇「食能以時、身必無災」之災。

【正文】能以一治天下者、寒暑適、風雨時。〔二六〇、二〕

情欲（七背）【編者按：仲春紀・情欲に「故古之治身與天下者、必法天地也」とある】

【正文】故知一則明、明兩則狂〔二六〇、三〕

似多一「明」字。

『荀子・解蔽』「治則復經、兩則疑惑矣」。

【補】此衍一「明」字。「知」字管二句、茂卿注「兩則狂、言察察乎度數之末者、謂之狂」、非也。「〔審分覽〕執一」篇「一則治、兩則亂」、『荀子』（解蔽）「治則復經、兩則疑惑矣」、可以見。

侈樂

【正文】亂世之樂與此同～則可矣〔二六九、二～四〕

吾邦散樂、亦起室町氏亂爭之代、使聽者駭心氣、揚魂魄、可謂異域同談矣。

【正文】而民愈鬱、國愈亂〔二六九、四〕

子閏曰、「鬱」・怨蓋古音通用。（說別書）

【正文】夏桀殷紂作爲侈樂〔二六九、六〕

『〔國語〕周語下』景王二十三年、鑄大鐘、單穆公諫。齊宣王策「大王據千乘之地、而建千石鐘、萬石簴」云云。【編者按：『戰國策』齊策四・齊宣王見顏斶】

【正文】大鼓鐘〔二六九、六〕

「〔仲冬紀〕長見」篇（十面）。又「〔有始覽〕聽言」篇。

【正文】俶詭殊瑰〔二六九、七〕

「俶」・倜同。『〔文選〕子虛賦』「俶儻塊瑋」。

【正文】齊之衰也、作爲大呂〔二六九、八〕

『〔史記〕樂毅傳』「樂毅報遺燕惠王書、齊器設於寧臺、大呂陳於元英」、『索隱』曰「大呂、齊鐘名」。

【正文】楚之衰也、作爲巫音〔二六九、八～九〕

『〔尚書〕伊訓』「敢有恆舞于宮、酣歌于室、時謂巫風」。『離騷・九歌』序云云。

【正文】其生必傷〔二六九、一〇〕

「生」、『治要』作主、是。
【正文】其王之與樂也〔二六九、一〇〕
「王」當作主。
於【編者按：「與」字に注す。朱筆】
【正文】其身固靜、感而後知〔二六九、一四〕
『〔禮記〕樂記』「人生而靜、天之性也。感於物而動、性之欲也」云云。
【正文】遂而不返〔二六九、一四〕
「遂」猶進也。
【補】謂進而不返、其生靜之初也、注非。【編者按：高注に「返、遂」とある】
【正文】貪鄙浮亂之心〔二六九、一五〕
「浮」疑當作涬。
【補】「浮」當作悖、字之誤。

適音

【正文】心不樂、五音在前弗聽〔二七五、二〕
『大學』「心不在焉」云云、與此議論同、而主意小異。

（引）
【正文】樂之弗樂者心也〔二七五、四〕
「樂之」之下、疑當補「者與」二字。
「之」・與通用。
【補】「之」猶與也、『孟子』〈萬章上〉「得之不得曰有命」亦此例。
【正文】夫樂之有適、心非有適〔二七五、六〕
亦（『治要』）【編者按：「非」字に注す】
【正文】人之情、欲壽而惡夭、欲安而惡危、欲榮而惡辱、欲逸而惡勞〔二七五、六〜七〕
『荀子・非相』【編者按：『荀子』非相に「好利而惡害、是人之所生而有也」とある】
「〔仲秋紀〕論威」篇。
【正文】太小則志嫌、以嫌聽小則耳不充〔二七六、三〕
【高注】嫌聽譬自嫌之嫌。
「譬」疑當作讀。
『大學』曰「如惡惡臭、如好好色、此之謂自謙」。
『〔左傳〕昭二十一年』「鑄無射」云云。
【補】「嫌」讀爲歉、不足也、注非。

【正文】不充則不詹〔二七六、三〕
「詹」・瞻蓋古通用。
【補】「詹」讀爲贍、注讀爲澹非。【編者按：高注に「詹、足也。詹讀如「澹然無爲」之澹」とある】
【正文】不詹則窕〔二七六、三〕
『〔左傳〕襄二十六年』（九背）「楚師輕窕」。【編者按：「窕」字に注す。『左傳』成公十六年の欒書のことばにも見える】
【正文】以危聽清則耳谿極〔二七六、四〕
「〔季春紀〕盡數」篇「鬱處耳則爲挶爲聾」。蓋與此極同。
【正文】不收則不特〔二七六、五〕
持【編者按：「特」字を訂す。朱筆】
【補】「特」字不穩。
【正文】大不出鈞、重不過石〔二七六、六〕
『國語』【編者按：『國語』周語下に見える】
【正文】樂無太、平和者是也〔二七六、七～八〕
「樂」、音洛。「太」當作大。
【補】「太」當作大、言平莫大焉。
【正文】亡國之音悲以哀〔二七六、八～九〕
『毛詩』大序作「亡國之音哀以思、其民困」。
『〔禮記〕樂記』
【正文】凡音樂通乎政、而移風平俗者也。俗定而音樂化之矣〔二七六、九〕
『孝經・廣要道』、『孔傳』「風化也、俗常也」。
『説苑・脩文』（二十一面）
【正文】觀其音而知其俗矣、觀其政而知其主矣〔二七六、一〇〕
「音初」篇。引『孟子』『左傳』。可幷看。【編者按：季夏紀・音初に「聞其聲而知其風、察其風而知其志、觀其志而知其德」とある】
【補】『孟子』（公孫丑上）「見其禮而知其政、聞其樂而知其德」、又『左傳』（襄二十九年）「季札觀樂之事」、及「音初」篇可幷看。
【正文】清廟之瑟、朱弦而疏越〔二七六、一一〕
『〔禮記〕樂記』
【正文】有進乎音者矣〔二七六、一一〕
『莊子・養生主』「臣之所好者道也、進乎技矣」。

【補】「進」當作遺（下同）、字之誤、『（禮記）樂記』可證。

[正文] 上玄尊 [二七六、一二]

[高注] 玄尊、酒水也。

「酒水」當易地。

古樂

[正文] 三人摻牛尾 [二八八、二]

「摻」、本「操」字。魏氏避諱、喿皆作參。故後世多誤用者。參古蓋有喿、如吾邦梶原平三及双六一六四三等、蓋有所由也。

『漢・司馬相如傳』「上林賦」注引此、「摻」作持。

『史記』注作操。

【補】『史記』注（司馬相如傳）「摻」作操。按「摻」本操字、魏代避諱、喿皆作參。

[正文] 一曰載民 [二八八、一]

『史記』注「載」作戴。

[正文] 昔陶唐氏之始 [二八八、四]

「陶唐」當作陰康。『漢・司馬相如傳』上林賦「奏陶唐氏之舞、聽葛天氏之歌」。

秦策下（四十五面）注幷可考。【編者按：『戰國策』秦策五・四國爲一將以攻秦の鮑彪注】

【補】「陶唐」當作陰康、本作陰康、高誘改爲陶唐、『漢書』注（司馬相如傳）師古辨之詳矣。

[正文] 昔黃帝令伶倫作爲律 [二八八、六]

『說苑・脩文』

[正文] 取竹於崅綌之谷 [二八八、六～七]【編者按：日刊本の「崅」字は『洛陽伽藍記』に引く「宋雲行記」（徐阮高『重刊洛陽伽藍記』四十一丁ウ）にのみ見える奇字で「磧」の意。刻工の手抜きであろう】

「嶰谿」、『易知錄・五帝紀』。

「解谷」、『（漢書）律曆志上』（三面）注應劭曰「生者、治也」、晉灼曰「取谷中之竹、生而孔外肉厚薄自然均者、截以爲筩、不復加削刮也」。

「嶰谷」（『文選』張協「七命」）。【編者按：「崅綌」に注す】

[正文] 次日舍少次 [二八八、七～八]【編者按：「次日」の次

は、「吹」の誤刻】
蓋地名。【編者按：「少次」に注す】
[正文] 黄帝又命伶倫 〔二八八、一〇〕
「命」當作令。（士憲）
『說苑・脩文』
[正文] 惟天之合、正風乃行 〔二八八、一二〕
「〔季夏紀〕音律」（四背）「天地之風氣正、則十二律定矣」。
[正文] 其音若熙熙凄凄鏘鏘 〔二八八、一二～一三〕
「若」、助字。「〔孟夏紀〕誣徒」篇「若晏隱《ママ》喜怒無處」。
【編者按：「隱」は「陰」字の誤記】
「〔季夏紀〕音初」篇。
[正文] 乃令飛龍作效八風之音 〔二八八、一三〕
『左氏・隱五年』「夫舞所以節八音、而行八風」、杜注「八風、八方之風也」。『正義』詳焉。
[正文] 乃令鱓先爲樂倡 〔二八八、一三～一四〕
「鱓」、與鼉通。『〔國語〕晉語九』（十面）注。「鼉」、大多切、又徒單切。『史記・自序』（作越世家傳《ママ》）「鼉鱓與處」、『索隱』曰「鱓、音鼉」。『韓詩』卷八（初面）「魭鱣魚鼊」。
【補】「鱓」與鼉通。『史記』（自叙傳）「鼉鱓與處」是也。「浸」當作寢、『〔詩經〕大雅』（靈臺）「鼉鼓逢逢」卽此義。
[正文] 鱓乃偃浸 〔二八八、一四〕
「浸」當作寢。
[正文] 有倕作爲鼙鼓鐘磬吹苓管壎箎鞀椎鍾 〔二八八、一五～二八九、一〕
命【編者按：「有」字を訂す】
竿【編者按：「苓」字を訂す】
[正文] 帝堯立、乃命質爲樂 〔二八九、三〕
[舊校] 質、一作部。
疑部。【編者按：「部」字に注す】
[正文] 乃以麋輅置缶而鼓之 〔二八九、三〕
「輅」、『玉篇』「力各切、生革縷也」。
角【編者按：「置」字を訂す】
【補】 輅字可疑。
[正文] 拌五弦之瑟 〔二八九、四〕
『〔史記〕龜策傳』（十背）【編者按：『史記』龜策列傳に

「拌蚌」とあり、『索隱』に「拌、音判。判、割也」とある】
八月紀・論威（五面）「今以木擊木則拌」、與此不同。
【正文】作以爲十五絃之瑟 〔二八九、四～五〕
「作以」當易地。
【正文】仰延乃拌瞽叟之所爲瑟 〔二八九、六〕
「仰延」蓋人名。
【正文】帝舜乃令 〔二八九、六〕
「令」當作命。
【正文】降通漻水以導河 〔二八九、八〕
「漻」蓋水名。或疑浲字誤。「降」、下也。
【正文】以招其功 〔二八九、九〕
昭【編者按：「招」字を訂す。「招」は版本の誤刻】
「招」、揭。
【正文】湯乃命伊尹作爲大護 〔二八九、一一〕
濩【編者按：「護」字を訂す】
【正文】諸侯去殷三淫 〔二八九、一三〕
【高注】斷材士之股。
「〈貴直論〉過理」篇。
『新序・雜事四』「部傴者之背、鍥朝涉之脛」云云。
『淮南・淑眞訓』「部賢人之心、折才士之脛」。
【正文】以繩文王之德 〔二八九、一四〕
「繩」、譽也。『左傳』（莊十四年十四ウ）「繩息媯以語楚子」。
再按、「繩」讀爲頌。（『左傳』同）
【補】「繩」讀爲頌。『〈詩經〉大雅』（下武）「繩其祖武」、『〈禮記〉樂記』「廣其節奏、省其文采、以繩德厚」、皆同。
【正文】武王即位、以六師伐殷、六師未至以銳兵克之於牧野 〔二八九、一五〕
『荀子・儒効』篇「武王之誅紂也、行之目《ママ》以兵忌」云云「遂選馬而進、朝食於戚、暮宿於百泉、厭旦於牧之野。鼓之而紂卒易鄉」云云。
【補】謂六軍未合之先、以輕銳三千、晨壓牧野、以擊破紂億兆也、注非。【編者按：高注に「未至殷都、而勝紂於牧野」とある】
【正文】乃命周公爲作大武 〔二九〇、一〕
「爲作」當作作爲。
【正文】王命周公踐伐之、商人服象爲虐於東夷 〔二九〇、

二]

「踐」、與剪同。『〔禮記〕文王世子』「公族無宮刑、不剪其類也」。『周禮・甸師』注引之作踐。陳注『禮記』作剪。【編者按：「陳注」とは、陳澔『禮記集説』のこと】『〔左傳〕定四年』、楚「王使執燧象以奔吳師」、注「燒火燧繫象尾、使赴吳師、驚却之」。『正義』可考。『尚書』小序「成王東伐淮夷、遂踐奄」云云、『孔傳』訓滅、亦不穩。

【補】『〔禮記〕文王世子』「公族無宮刑、不剪其類也」、『周禮・甸師』注引之作踐、是也、〔『詩經』魯頌〕〔閟宮〕「實始翦商」是也、注非。【編者按：高注に「踐、往」とある】

【正文】非獨爲一世之所造也〔二九〇、四〕【編者按：朱で「爲」字を圍む】

巻之六　季夏紀

六月紀

[正文] 涼風始至。蟋蟀居宇〔三一四、三～四〕

「涼」、『〈禮記〉月令』作温。「宇」、『〈禮記〉月令』作壁、『〈淮南子〉時則訓』作奥。

[正文] 腐草化爲螢蚈〔三一四、四〕

『〈禮記〉月令』無「蚈」字。『〈淮南子〉時則訓』無「螢」（蛍）字。疑此衍一字。作注亦然。

[正文] 天子居明堂右个〔三一四、四〕

[高注] 明堂、向南堂。

「向南」當易地。

[正文] 令漁師伐蛟取鼉、升龜取黿〔三一四、六〕

「令」當作命。『〈禮記〉月令』『〈淮南子〉時則』共作命。

[高注] 漁師、掌魚官也。……傳曰、楚人獻黿於鄭靈公、靈公不與公子家黿羹。

漁【編者按：「魚」字を訂す。朱筆】

『左・宣四年』作公子宋。【編者按：『左傳』宣公四年に「楚人獻黿于鄭靈公。公子宋與子家將見」とある】

[正文] 乃命虞人、入材葦〔三一四、六〕

「虞」、『〈禮記〉月令』作澤、『〈淮南子〉時則訓』作滂。依「入材葦」、作澤爲是。

[正文] 令四監大夫、合百縣之秩芻、以養犧牲〔三一四、七〕

「秩」疑當作銍。『〈尚書〉禹貢』云「百里賦納總、二百里納銍、三百里納秸服」、『傳』「銍、刈、謂禾穗」。

[高注] 周制、天子畿内千里、分爲百縣、縣有四郡、郡有鄙。……常所當芻、故聚之以養犧牲。

『禮記・王制』「天子之縣内諸侯、祿也。外諸侯、嗣也」、又「天子〔之〕縣内、方千里者爲方百里者百」云云、又「天子之大夫爲三監、監於諸侯之國者、其祿視諸侯之卿、其爵視次國之君、其祿取之於方伯之地。方伯爲朝天子、皆有湯沐之邑於天子之縣内、視元士」云云。

『左傳・哀二年』「上大夫受縣、下大夫受郡」、杜注『周書・作雒』篇「千里百縣、縣有四郡」。

依『〔淮南子〕時則訓』（十面）注、「當」下脱出字。

[正文] 無或差忒 〔三一四、九〕

[高注] 〔差〕一作遷。

「遷」當作僭。

[正文] 乃命虞人入山行木、無或斬伐 〔三一五、一〕

[高注] 視山川、禁民不得斬伐。

「川」當作林。（松春）

[正文] 不可以興土功、不可以合諸侯、不可以起兵動衆。毋擧大事、以搖蕩於氣 〔三一五、一～二〕

[高注] 土工、築臺穿池。合諸侯、造盟會也。擧動兵衆、息封疆也。大事、征伐也。

功【編者按：「工」字を訂す】

「擧」上當補不字。

鄭玄云「大事、興傜役以有爲」。【編者按：『禮記』月令「毋擧大事、以揺養氣」の鄭玄注】

[正文] 命神農 〔三一五、三〕

『〔禮記〕月令』無「命」字。可從。

「神農」猶言農神也。

[正文] 燒薙行水、利以殺草、如以熱湯、可以糞田疇、可以美土疆 〔三一五、四～五〕

「如」猶或也。或燒薙行水以殺草、或灌熱湯以殺草也。

[高注] 潤溽而潔重、又有時雨。燒薙行水、灌之如以熱湯、可以成糞田疇、美土疆。疆、界畔。

『〔淮南子〕時則訓』「潔」上有疆字。或云、疆潔當作疆潦。疆潦見『左傳』。『字彙』〔巳集・水部〕「潔本作濕」云云。【編者按：『淮南子』時則訓に「疆潔」という語はない。『左傳』襄公二十五年に「楚蔿掩爲司馬……數疆潦」とある】

『〔淮南子〕時則訓』下「疆」作之、是。【編者按：時則訓の高誘注は「又有時、可以殺草爲糞、美土疆。疆土分畔者也」に作る】

【補】「潔」當作溼、字之誤。

[正文] 行之是令、是月甘雨三至、三旬二日 〔三一五、六〕

季春紀「行之是令而甘雨至三旬」、孟夏紀「行之是令而甘雨至三旬」。因按此「是月」及「三至」之「三」字、「一日」字、竝五字可删。【編者按：正文を「行之是令甘雨至三旬」のように改訂するということ】

【正文】則穀實解落、國多風欬、人乃遷徙〔三一五、六～七〕

「解」、『〔禮記〕月令』作鮮。音仙。

「人」音民。（月令・時則訓共作民）

【正文】鷹隼早鷙〔三一五、七～八〕

「鷙」、『〔淮南子〕時則訓』作摯。

【正文】其蟲倮〔三一五、九〕

【高注】陽發散越、而屬倮蟲。倮蟲、麒麟爲之長。

『家語・執轡』「羽蟲三百有六十、而鳳爲之長。毛蟲三百有六十、而鱗爲之長。甲蟲三百有六十、而龜爲之長。鱗蟲三百有六十、而龍爲之長。倮蟲三百有六十、而人爲之長」。

「觀表」篇注可幷見。【編者按：「倮蟲、麒麟爲之長」に注す。恃君覽・觀表に「地爲大矣、而水泉草木毛羽裸鱗未嘗息也」とあり、高誘注に「裸蟲、麒麟麋鹿牛羊之屬也。蹄角裸見、皆爲裸蟲」とある】

【補】『家語』（鷙輿）「倮蟲三百六十、而人爲之長」是也。此及「觀表」篇注以麒麟解、非。

【正文】其器圜以揜〔三一五、一一～一二〕

『〔禮記〕月令』作「圜以閎」。

『禮記〔月令〕』「揜」作閎。

音律

【正文】大聖至理之世〔三一八、六〕

「理」音治。

【正文】日至則月鐘其風〔三一八、六〕

「鐘」當作鍾。

【正文】無或作事、以害群生〔三一八、一二〕

【高注】事、兵戎事也。故曰「以害群生」。

「作事」不必兵車《ママ》。謂凡百興作事。「群生」、仲春紀所謂「安萌芽、養幼少」、及「無竭川澤、無竭《ママ》陂池」、又「毋作大事、以妨農功」等之事。皆是也。【編者按：「竭」は「漉」字の誤記】

【正文】無聚大衆、巡勸農事〔三二八、一三～三二九、一〕
【高注】大衆、謂軍旅工役也。順陽長養、無役大衆、妨廢農工、故戒之曰「無」也。
功（下同）【編者按：「工」字を訂す】
【正文】陽氣在土、安壯養俠〔三二九、一〕
「土」宜作上。
「俠」當作狡。仲夏紀「養壯狡」云云。
『（左傳）莊十一年』「得儁曰克」、杜注「進不成爲外寇強敵、退復狡壯」云云。
「（孟秋紀）禁塞」篇「壯佼老幼」。
【補】依『（禮記）月令』當作佼。
【正文】夷則之月〔三二九、二～三〕
『（史記）律書』「夷則言陰氣之賊萬物也」、徐廣曰「賊、一作則」、『正義』曰「『白虎通』云、夷、傷也。則、法也。言萬物始傷、被刑法也」。
【正文】以亟以故〔三二九、四～五〕
下「以」當作爲。（子闓）

音初

【正文】夏后氏孔甲〔三三七、一〕
【高注】孔甲、禹後十四世皐之父、發之祖、桀之宗。
皐【編者按：「皐」字を訂す】
山子曰、「宗」當作曾祖。
『（史記）夏本紀』「孔甲崩、子帝皐立。帝皐崩、子帝發立。帝發崩、子帝履癸立、是爲桀」。
【正文】幕動拆撩〔三三八、一〕
『字彙』（卯集・手部）「撩、挑弄也」。
【補】「拆」疑衍。
【正文】塗山氏之女乃令其妾待禹于塗山之陽〔三三八、三～四〕
【高注】塗山在九江、近當塗也。
哀七年辨誤。【編者按：『左傳』哀公七年に「禹合諸侯於塗山」とあり、杜預注に「塗山、在壽春東北」とある】
【正文】歌曰「候人兮猗」〔三三八、四〕
『文選（賦乙・卷四・京都中・張平子作）南都賦』注

「兮猗」易地。可從。【編者按：李善注に引く『呂氏春秋』は「禹行水見塗山之女、禹未之遇、而省南土、塗山之女乃令其妾往候禹于塗山之陽、女乃作歌曰、候人猗兮。實始爲南音。周公・召公取風焉」に作る】

【正文】實始作爲南音。周公及召公取風焉、以爲「周南」・「召南」〔三三八、四〕

『小雅・節南山』詩「節彼南山、有實其猗」、『毛傳』「實、滿。猗、長也」。

【正文】王及蔡公抎於漢中〔三三八、六～七〕

『字彙』〔卯集・手部〕「抎、音允。與隕同。『史記・東越傳』不戰而抎」。【編者按：『史記』東越傳の原文は「不戰而耘」に作る。『說文』卷十二・手部「抎」字の段玉裁注に「『史記・東粤列傳』不戰而耘。利莫大焉。謂閩粤不戰而失其王頭。此叚耘爲抎也」という】

齊世家〔十背〕注作隕。齊宣王策〔十六面〕【編者按：「抎」字に注す。『史記』齊太公世家「昭王南征不復、是以來問」について、『索隱』は「宋衷云、昭王南伐楚、辛由靡爲右、涉漢中流而隕、由靡逐王、遂卒不復、周乃侯其後于西翟」という。『戰國策』齊策四・先生王斗造門而欲見齊宣王に「寡人愚陋、守齊國、唯恐失抎之、焉能有四焉」とある】

【高注】抎、墜、音曰顚隕之隕。

山子曰、「曰」當作如。

【正文】辛餘靡振王北濟、又反振蔡公〔三三八、七〕

「振」、振淂《ママ》屍也。『〔史記〕周本紀』注引『帝王世紀』云「昭王德衰、南征濟于漢、船人惡之、以膠船進王、王御船至中流、膠液船解、王及祭公俱沒于水中而崩。其右卒游靡長臂且多力、游振得王、周人諱之」。按、「卒」當作辛。

『〔史記〕齊世家』注作由。【編者按：「餘」字に注す】

【高注】『左傳』曰、齊桓公伐楚……。

『〔左傳〕僖四年』〔五六之交〕【編者按：那波師曾點本の卷五、五～六丁に「四年、春、齊侯以諸侯之師、侵蔡、蔡潰、遂伐楚」とある】

【補】注非○没字衍。

【高注】没而不復。

【正文】周公乃侯之于西翟、實爲長公〔三三八、七～八〕

子誠曰、「周公」疑當作周王。卽上「周昭王」也。

『〔文選・賦乙・巻四・京都中・左太沖作〕蜀都賦』注作「周乃侯其子于西翟、實爲長公。楚徙宅西河、長公思故處」云云。可從。

[正文] 殷整甲徙宅西河 〔三三八、八〕

「整甲」當作盤庚、或武丁。『〔尚書〕盤庚上』「不常厥邑、于今五邦」、『孔傳』云云。同中「盤庚作、惟涉河以民遷」。『〔尚書〕說命下』「王曰、來。汝說。台小子舊學于甘盤、既乃遯于荒野、入宅于河。自〔河〕徂亳、暨厥終罔顯」。『〔史記〕殷本紀』「帝盤庚之時、殷已都河北、盤庚〔渡〕河南、復居成湯之故居、迺五遷、無定處」、『正義』曰「湯自南亳遷西亳、仲丁遷隞、河亶甲居相、祖乙居耿、盤庚渡河、南居西亳、是〔五〕遷也」。【編者按：『尚書』盤庚上の「不常厥邑、于今五邦」について、『僞孔傳』は「湯遷亳、仲丁遷囂、河亶甲居相、祖乙居耿、我往居亳、凡五徙國都」という】

【補】「整甲」當作盤庚、幷字之誤。『史記』〔殷本紀〕「帝盤庚之時……復居成湯之故居」、『正義』曰「盤庚渡河、南居西亳」是也。

[正文] 有娀氏有二佚女、爲之九成之臺 〔三三八、一〇〕

『〔楚辭〕離騷』「望瑤臺之偃蹇兮、見有娀之佚女」。『〔史記〕殷本紀』【編者按：「娀氏」に注す】

[正文] 嗚若謚隘 〔三三八、一一〕

「〔仲夏紀〕古樂」篇。

【補】「謚謚」與嗌嗌通。『韓詩』〔九巻〕「疾笑嗌嗌」。

[正文] 燕遺二卵、北飛、遂不反 〔三三八、一一～一二〕

[高注] 天令燕降卵於有娀氏女、呑之生契、『詩』云「天命玄鳥、降而生商」、又曰「有娀氏女方將、帝立子生商」。

「詩曰」、『〔詩經〕商頌・玄鳥』。「又曰」、『〔詩經・商頌〕長發』篇。「將」、『毛傳』「大也」。「氏女」衍。

[正文] 是故聞其聲而知其風、察其風而知其志、觀其志而知其德 〔三三八、一三～一四〕

『〔左傳〕襄二十九年〔經〕』「吳子使札來聘」。『〔孟子〕公孫丑上』「子貢曰、見其禮而知其政、聞其樂而知其德。由百世之後、等百世之王、莫之能違也」。因此觀之、『左氏』載「季札觀樂」云云、不可謂誣矣。

[高注] 風、俗。

「俗」、當作化。「〔仲夏紀〕適音」篇注「風猶化也」。

[正文] 土弊則草木不長、水煩則魚鱉不大、世濁則禮煩

而樂淫〔三三八、一五～三三九、一〕

樂記（十五面）【編者按：『禮記』樂記に「土敝則草木不長、水煩則魚鼈不大、氣衰則生物不遂、世亂則禮慝而樂淫」とある】

『〔尚書〕說命中』「禮煩則亂、事神則難」。

【正文】鄭衛之聲、桑間之音、此亂國之所好、衰德之所說〔三三九、一〕

樂書（七面）、樂記（七背）【編者按：『史記』樂書・『禮記』樂記に「鄭衛之音、亂世之音也」とある】

【正文】流辟誂越慆濫之音出、則滔蕩之氣・邪慢之心感矣〔三三九、二〕

樂書（二十三面）、樂記（十四面）【編者按：『史記』樂書・『禮記』樂記に「流辟邪散狄成滌濫之音作、而民淫亂」とある】

「誂」・佻・恌、蓋通用。『〔詩經〕小雅・鹿鳴』「視民不恌」、『毛傳』「恌、愉也」。『字彙』〔子集・人部〕「輕薄不耐勞苦之貌。『詩・小雅〔大東〕』「佻佻公子」。又、音挑。偸薄也」。

【補】「誂」與恌通。偸薄也。『〔詩經〕小雅』〔鹿鳴〕「視民不恌」。

制樂

【正文】今窒閉戶牖、動天地、一室也〔三五〇、三〕

「窒閉」、一作室閉。

『老子』四十七章【編者按：「戶牖」に注す。『老子』四十七章に「不出戶、知天下。不闚牖、見天道」、十一章に「鑿戶牖以爲室」とある】

「天地」下足天地二字通。「窒閉戶牖」（讀）、「動天地」（句）、「天地一室也」（句）。此卽『〔易〕繫辭上』所云「君子居其室出其言、善則千里之外應之、況其邇者乎。言出乎身加乎民、行發乎邇見乎遠。言行君子之樞機、樞機之發、榮辱之主也。言行君子之〔所〕以動天地也、可不愼乎」之意。

【補】此文前輩難讀。竊按、「一室」上足天地二字則義通。『〔易〕繫辭上』云「君子居其室出其言、善則千里之外應之、況其邇者乎。言出乎身加乎民、行發乎邇見乎遠。言行君子之樞機、樞機之發、榮辱之主也。言行君子之〔所〕以動天地也、可不愼乎」。『家語』（王言解）「其不出戸牖而化天下」卽此意。

【正文】故成湯之時、有穀生於庭、昏而生、比旦其大拱〔三五〇、三～四〕

『〔孔子〕家語・五儀解』『說苑・君道』二所載（十二背）。封禪書（三面）【編者按：『孔子家語』五儀解に「又其先世殷王太戊之時、道缺法圮、以致妖蘖、穀于朝、七日大拱」とあり、『說苑』君道に「殷太戊時、有桑穀生於庭、昏而生、比旦而拱」とあり、『史記』封禪書に「後八世、至帝太戊、有桑谷生於廷、一暮大拱」とある】

【高注】『書叙』云「伊陟相太戊、亳有桑穀祥共生于朝」。

庚【編者按：「康」字を訂す】

「祥」當移「桑」上。【編者按：『尚書』咸有一德に「伊陟相大戊、亳有祥桑谷共生于朝。伊陟贊于巫咸、作咸乂四篇」とあり、『史記』殷本紀に「帝太戊立伊陟爲相。亳有祥桑谷共生於朝」とあり、『漢書』五行志中之下に「書序曰、伊涉相太戊、亳有祥桑穀共生」とある】

【補】高注、亳有桑穀不祥共生於朝〇太康〇明畏不韋之勢耳故。「祥」當移「有」下〇「康」當作庚、下皆同〇「耳故」當易地。

【正文】其吏請卜其故。湯退卜者曰……〔三五〇、四〕

『說苑・君道』

【正文】三日而穀止〔三五〇、六〕

死【編者按：「止」字を訂す】

【補】「止」當作亡、字之誤。

【正文】故禍兮福之所倚、福兮禍之所伏、聖人所獨見、衆人焉知其極〔三五〇、六〕

『老子』五十八章「禍兮福之所倚、福兮禍之所伏。孰知其極。其無正。正復爲奇、善復爲妖」。

【正文】夫天之見妖也、以罰有罪也。我必有罪、故天以此罰我也〔三五〇、一〇～一一〕

「咎徵」（洪範）【編者按：『尚書』洪範に「咎徵、曰狂恆雨若。曰僭恆暘若。曰豫恆燠若。曰急恆寒若。曰蒙恆風若」とある】

【正文】文王曰、昌也〔三五〇、一二〕

「文王曰」衍。

【正文】以賞群臣〔三五〇、一三〕

【舊校】「賞」一作賓。

「賓」當作賓。

[正文] 疾乃止 〔三五一、二〕

「止」猶已也。「〔仲秋紀〕愛士」篇「得白騾之肝、病則止」。

【補】「止」與已通、「愛士」篇「得愛《ママ》騾之肝、病則止」、『〔禮記〕曲禮（上）』「疾止復故」。

[正文] 宋景公之時、熒惑在心…… 〔三五一、三〕

『新序・雜事四』、『〔淮南子〕道應訓』、『〔史記〕宋徵《ママ》子世家』。

[正文] 子韋還走、北面載拜 〔三五一、八〕

『新序』作再。【編者按：「載」字に注す】

「載」・再音通用。

「〔仲冬紀〕當務」篇「一父而載取名焉」。

明理

[正文] 夫有天賞得爲主 〔三六二、二～三〕

「天賞」猶天爵也。

[正文] 是正坐於夕室也 〔三六二、三〕

「夕室」猶言仄室。

『周禮・司徒』「日東則景夕多風」。

『〔左傳〕莊十九年』「鬻拳葬諸夕室」、杜預云「夕室、地名」。

『晏子春秋・雜下』（三面）【編者按：『晏子春秋』雜下に「景公新成柏寢之臺、使師開鼓琴、師開左撫宮、右彈商、曰、室夕」とある】

[正文] 人民淫爍不固 〔三六二、六〕

「爍」疑樂。

[正文] 其名曰雲旍 〔三六二、一一〕

「旍」・旌同。（『字彙〔卯集・方部〕』）

[正文] 黃上白下、其名蚩尤之旍 〔三六二、一二〕

「名」下當補曰字。

『〔史記〕天官書』「蚩尤之旗」注、晉灼曰「『呂氏春秋』曰、其色黃上下白」。【編者按：『史記集解』の原文は「晉灼曰、『呂氏春秋』曰、其色黃上白下」に作る】

[正文] 有倍僪、有暈珥 〔三六二、一二～三六三、一〕

[高注] 倍僪・暈珥、皆日旁之危氣也。……在上内向爲冠、兩傍内向爲珥。暈讀爲君。

「冠」、一本作暈。

軍【編者按：「君」字を訂す】

[正文] 有不光 〔三六三、二〕

『莊七年・經』「夏、四月辛卯〔夜〕、恆星不見、夜中、星隕如雨」、『左傳』曰「夏、恆星不見、夜明也」。

[正文] 其日有薄蝕 〔三六三、一～二〕

「日」當作月。

[正文] 有若水之波、有若山之楫 〔三六三、五〕

助語。【編者按：「水之波」の「之」字に注す】

「楫」疑樹。

[正文] 有鬼投其陴 〔三六三、六〕

「陴」、城上女牆也。（『字彙〔戌集・阜部〕』）

[正文] 國有游虵西東 〔三六三、七〕

蛇同。（『字彙〔申集・虫部〕』）【編者按：「虵」字に注す】

[正文] 有狼入於國 〔三六三、七〕

[高注] 『河圖』曰「野鳥入、主人亡也」。

賈誼「服《ママ》鳥賦」「發書占之兮、策《ママ》言其度。曰、野鳥入處兮、主人將去」、『索隱』曰「『漢書』策作讖」。【編者按：「策」は「筴」字の誤記。賈誼「鵩鳥賦」（『文選』賦庚・巻十三・鳥獸上）は「發書占之兮、讖言其度。曰、野鳥入室兮、主人將去」に作り、『史記』屈原賈生列傳は「發書占之兮、筴言其度。曰、野鳥入處兮、主人將去」に作る。なお、『漢書』賈誼傳は「發書占之、讖言其度。曰、野鳥入室、主人將去」に作る】

[正文] 市有舞鴟、國有行飛 〔三六三、八〕

今吾邦東都三緑山斷尾鴟翔舞。俗云有火災。【編者按：三緑山とは增上寺のこと。ここにいう火災とは、一七五二年（寶暦二年）あるいは一七六二年（寶暦十二年）の增上寺の火災のことであろう】

「飛」與蜚同。『莊公二十九年・經』「秋、有蜚」、『左傳』曰「秋、有蜚、爲災也」。又『史記・周本紀』「麋鹿在牡、蜚鴻在野」、『索隱』云。【編者按：『史記』周本紀の原文は「麋鹿在牧、蜚鴻滿野」に作り、『索隱』に「高誘曰、蜚鴻、蠛蠓也」とある】

[正文] 鷄卵多假 〔三六三、九〕

「假」當作瘕。音加。腸病也。【編者按：『康熙字典』巻二十四・未集下・肉部に「瘕、腸病也」とある】

「假」當作瘕。『淮南・原道訓』（二面）「獸胎不䞁、鳥卵不鰕」、注「胎不成獸曰殰、卵不成鳥曰鰕」。殰、音瀆。鰕、音叚。【編者按：『淮南子』原道訓の原文は「獸胎不殰、鳥卵不鰕」に作る】

『〔禮記〕樂記』「胎生者不殰、而卵生者不殈、則樂之道歸焉耳」。

【正文】國有此物、其主不知驚惶亟革、上帝降禍、凶災必亟〔三六三、九〕

『〔荀子〕禮論』（廿五面）【編者按：『荀子』禮論に該當する箇所は見えない。「禮論」は「禮運」の誤記であろう。次項參照】

【正文】流散循饑無日矣〔三六三、一〇〕

「循」當作殉。

『〔禮記〕禮運』有「民無凶饑妖孽之疾」之文。或云、「循」當作殉。

【正文】夫亂世之民、長短頡訐、百疾〔三六三、一一～一二〕

『字典』「音不詳」。【編者按：「訐」字に注す】

蓋謂生奇怪人物也。

「遇合」篇末節可幷見。【編者按：孝行覽・遇合に「陳有惡人焉、曰敦洽讎糜、雄顙廣顏、色如浹頳、垂眼臨鼻、長肘而盭」とある】

「頡滑」、『莊子・胠篋』。

【高注】訐猶大。訐、迎也。

上「訐」當作頡。

【正文】道多褓繈、盲禿傴尪〔三六三、一二〕

「〔貴直論〕直諫」篇【編者按：「多褓繈」に注す】

「傴尪」注、「盡數」篇可幷見。【編者按：季春紀・盡數に「苦水所多尪與傴人」とあり、高誘注に「尪、突胷仰向疾。傴、傴脊疾」とある】

『字彙』〔寅集・尢部〕「尪、僂也、短小也」。

『韓詩外傳』卷三（五背）「傳曰、太平之時、無瘖・癃・跛・眇・尪蹇・侏儒・折短、父不哭子、兄不哭弟、道無襁負之遺育、然各以其序終者、賢醫之用也。故安止平正除疾之道無他焉、用賢而已矣。詩曰、有瞽有瞽、在周之庭。紂之餘民也」。

【高注】繈、褸裕上繩也。言民繈負其子走道、跛而散去。

袼【編者按：「裕」字を訂す】

被【編者按：「跛」字を訂す】

巻之七　孟秋紀

七月紀

【正文】長日至四旬六日、日在翼、昏斗中、旦畢中、則立秋【編者按：『新校釋』三八一頁の注一を参照】

「長日至四旬六日」、疑注文誤錯。下「則立秋」同、「則立秋」三字疑當移上「六日」下。

【正文】則立秋【編者按：『新校釋』三八一頁の注三を参照】

「則立秋」三字疑當移上「六日」下。

【補】『〈禮記〉月令』無此句、按三字當移上「六日」下、幷十字注文誤入正文。

【正文】其帝少皞〔三八〇、二〕

『〈左傳〉昭十七年』「郯子曰、我高祖少皞、摯之立也、鳳鳥適至」、杜云「少皞、金天氏。黃帝之子。己姓之祖也」云云。『〈史記〉正義』可考。又『家語・辨物《ママ》』及『〈孔子家語〉五帝』篇、杜預『左傳序』云「麟鳳五靈、王者之嘉瑞也」、『疏』云「麟・鳳與龜・龍・白虎五者、神靈之鳥獸、王者之嘉瑞也」。『詩序』曰「麟趾・關雎之應」「騶虞・鵲巢之應」、騶虞卽白虎也。是龜・龍・白虎竝爲瑞應。五靈之文出『尚書緯』也」。【編者按：『正義』は『索隱』の誤記か。『史記』五帝本紀に「黃帝二十五子、其得姓者十四人」とあり、『索隱』に「其『國語』上文青陽、卽是少昊金天氏爲己姓者耳」とある】

【高注】少皞、帝嚳之子摯兄也。

「摯兄也」、可疑。『〈史記〉五帝本紀』「帝嚳娶陳鋒氏女生放勛。〈娶〉娵訾氏女生摯。帝嚳崩而摯代立。帝摯立不善崩、而弟放勛立、是爲帝堯」。

【補】〈『史記』以下「帝堯」まで『呂氏一適』に同じ〉本注所據是也。蓋摯本二人、高誘合爲一人、可謂牽彊也。且堯摯兄立不善、是非金德王天下之人明矣〇摯兄間當補堯字。

【正文】其音商〔三八〇、三〕

【高注】金氣寒、裸者衣。

依『淮南子』注、「衣」下當補毛字。【編者按：『淮南

子』時則訓の高誘注に「裸者衣毛」とある】
〖正文〗乘戎路〔三八〇、五〕
『〈禮記〉月令』鄭注「戎路、兵車也。制如周之革路而飾之以白」。
〖正文〗其器廉以深〔三八〇、五～六〕
「廉」、器之有稜角也。
〖正文〗巡彼遠方〔三八〇、一〇〕
「巡」當作順、『〈禮記〉月令』作順、『〈淮南子〉時則訓』作「順彼四方」。
〖正文〗愼罪邪〔三八一、一〕
「愼」當作審。
【補】「愼」當作審、謂審察邪惡之人、罪之、注非。【編者按：高注に「愼、戒也。有姦罪者搏執之也」とある】
〖正文〗天地始肅、不可以贏〔三八一、二～三〕
〖高注〗肅、殺。素氣始行、不可以驕贏。
「素」當作殺。音之誤也。
【補】「贏」緩也◯「素」當作殺、『淮南』注作殺。
〖正文〗坿牆垣、補城郭〔三八一、五〕
仲冬紀「蟄蟲俯戶」。
「坿」、『〈禮記〉月令』作坏、爲是。
或云、〈坿・坏〉古音通用。
孟冬紀「坿城郭」。
【補】『〈禮記〉月令』作坏、仲冬紀「蟄蟲俯戶」、按坿坏俯通用。

蕩兵

此篇爲宋研・尹文之徒而設。『莊子・天下』篇「宋研・尹文、見侮不辱、救民之鬪。禁攻寢兵、救世之戰」、是也。
〖正文〗古聖王有義兵而無有偃兵〔三八八、二〕
依下文脫之字。〈春卿〉【編者按：「古」字の下に注す】
〖正文〗兵之所自來者上矣〔三八八、二〕
尚【編者按：「上」字に注す】
〖正文〗與始有民俱〔三八八、二〕
分坼「與俱」二字。
〖正文〗兵所自來者久矣〔三八八、四〕
依上下例、「兵」下脫之字。

[正文] 黄・炎故用水火矣 〔三八八、四〕

「水火」當作火災。字之誤也。『史・律書』可考。

（子閏）【編者按：『史記』律書に「昔黄帝有涿鹿之戰、以定火災」とある】

固同。【編者按：「故」字に注す】

[正文] 共工氏固次作難矣 〔三八八、四〜五〕

以【編者按：「次」字を訂す】

[高注] 共工之治九州、有異高辛氏爭爲帝而亡、故曰次作難也。

「有異」當作者輿《ママ》。事見『淮南子・原道訓』及『〔淮南子〕天文訓』。【編者按：『淮南子』原道訓に「昔、共工……與高辛爭爲帝」とあり、天文訓に「昔者共工與顓頊爭爲帝」とある。また、兵略訓にも「黄帝嘗與炎帝戰矣、顓頊嘗與共工爭矣」とある】

者與【編者按：「有異」を訂す】

[正文] 遞興廢、勝者用事 〔三八八、五〕

「廢」上有遞。（『史・律書』）【編者按：『史記』律書に「遞興遞廢」とある】

[正文] 又曰、蚩尤作兵 〔三八八、五〕

呂刑【編者按：「蚩尤」に注す。『尚書』呂刑に「蚩尤惟始作亂」とある】

[正文] 勝者爲長。長則猶不足治之、故立君。君又不足以治之、故立天子。天子之立也出於君、君之立也出於長、長之立也出於爭 〔三八八、六〜八〕

柳宗元『封建論』本于此。

[正文] 爭鬭之所自來者久矣、不可禁、不可止 〔三八八、八〕

[高注] 天生五材、民竝用之、廢一不可、誰能去兵。〔兵之來久矣、聖人以治、亂人以亡、廢興・存亡・昏明之術也。故曰「不可禁、不可止」。〕

襄二十七年。【編者按：『左傳』襄公二十七年に、宋の子罕のことばとして「天生五材、民竝用之、廢一不可、誰能去兵、兵之設久矣、所以威不軌而昭文德也、聖人以興、亂人以廢、廢興・存亡・昏明之術、皆兵之由也」とある。高注の「兵之來久矣」以下は、版本の誤脱】

[正文] 故古之賢王有義兵而無有偃兵 〔三八八、八〜九〕

依上下文、「賢」當作聖。

[正文] 家無怒笞、則豎子嬰兒之有過也立見 〔三八八、一

○」

『〔史記〕李斯傳』李斯對二世、引『韓子』曰「慈母有敗子而嚴家無格虜者、何也。則能罰之加焉必也」。

【正文】故怒笞不可偃於家、刑罰不可偃於國、誅伐不可偃於天下、有巧有拙而已矣〔三八八、一一～一二〕

『〔史記〕律書』「教笞不可廢於家、刑罰不可捐於國、誅伐不可偃於天下、用之有巧拙、行之有逆順耳」。

【正文】夫有以饐死者〔三八八、一三〕

「鐿《ママ》」與噎同。

『東萊博議』楚滅弦・黄。〔末段〕【編者按：呂祖謙撰『東萊左氏博議』巻十「楚滅弦」】

一結切。飯窒也。【編者按：「饐」字に注す。『康熙字典』食部・十二に「饐、『集韻』一結切、音噎。『說文』飯窒也」とある】

【正文】譬之若水火然〔三八九、一〕

【高注】水以療湯。

「療」當作沸。〔一考本〕

【補】「療」字未詳。〔『治要』本「湯」〔作〕渴、是〕【編者按：『羣書治要』の引く高誘注は「水以療渴」に作る】

【正文】若用藥者然〔三八九、二〕

兵鹽連言。見「〔開春論〕察見《ママ》」篇。【編者按：『新校釋』一四五一～一四五二頁を參照。「見」は「賢」の誤記】

【正文】貴賤長少賢者不肖相與同、有巨有微而已矣〔三八九、四～五〕

「者」疑衍。

「巨」「微」猶言大・小也。

【正文】察兵之微、在心而未發兵也。〔三八九、五〕

『荀子・榮辱』〔十二面〕【編者按：「十二」は「二十二」の誤記。『荀子全書』榮辱篇二十二丁に「反鈆鈆察之而愈可好」とある】

【正文】連反、兵也〔三八九、六〕

及【編者按：「反」字を訂す】

【正文】侈鬬、兵也〔三八九、六〕

修【編者按：「侈」字を訂す】

【正文】故說雖彊、談雖辨、文學雖博、猶不見聽〔三八九、七～八〕

「悔過」篇。「決勝」〔八面〕。【編者按：先識覽・悔過に「說者雖辯、爲道雖精、不能見矣」とあり、仲秋紀・決勝に

「軍雖大、卒雖多、無益於勝」とある】

［正文］以誅暴君而振若民〔三八九、八〕

『字彙』（申集・艸部）「若」字注篛・箬同。【編者按：「若」は「苦」字の誤刻】

號中村新藏　有德院殿擢爲博士藤原明遠、『學山錄』曰「皇朝自古以若字爲稺弱之義。『古事記』『萬葉集』等古書往往有之。蓋以弱若音同假借耳。中華古書唯賈誼『新書・匈奴』篇有「猶若子之遻慈母也」之語。又『小補韻會』若字下云「馬韻、爾者切。一曰、今人謂弱爲若」。此等可以證。『正字通』『〈康熙〉字典』等不之言也。意者皇朝以弱字有劣弱之義。惡而辟之。換以若字與。今行『賈子』作弱子。【編者按：藤原明遠は、中村蘭林ともいう。元祿十（一六九七）年～寶曆十一（一七六一）年。通稱は玄春・深藏。『小補韻會』とは、方日升『古今韻會擧要小補』のこと】

［正文］若積大水而失其壅隄也〔三八九、九～一〇〕

「失」當作決。

振亂

［正文］世有賢主秀士、宜察此論也、則其兵爲義矣〔三九八、三〕

「秀士」出『禮記・王制』。鄭玄以爲「有德行道藝者」。【編者按：『禮記』王制に「命鄉、論秀士、升之司徒、曰選士」とある】

『〈孟子〉滕文公下』「志曰、枉尺而直尋。宜若可爲也」。與此「宜察」之「宜」同。

【補】「秀士」見『〈禮記〉王制』、此謂才德秀於衆者也、注非。【編者按：高注に「秀士、治士也」とある】

［正文］且死者也而生〔三九九、二〕

ハタ【編者按：「且」字に注す】

［正文］凡爲天下之民長也、慮莫如長有道而息無道、賞有義而罰不義〔三九九、四〕

下文作「長民」。【編者按：「民長」に注す】

『荀子・議兵』（四背）【編者按：『荀子』議兵篇に「孝成王臨武君曰、善、請問王者之兵、設何道何行而可。孫卿子

曰、凡大王將率末事也。臣請遂道王者諸侯、彊弱存亡之效、安危之勢」とある】

［正文］天下之長民 〔三九九、六〕

「長民」、上文作「民長」。

［正文］攻伐之與救守一實也 〔三九九、六～七〕

「一實」疑當作一貫。「〔貴直論〕知化」篇「雖知之與勿知一貫也」、「〔貴直論〕過理」篇「亡國之主一貫」。（春卿）

【補】『淮南』（精神訓）「有天下無天下一實也、又與守其篇芼其井有一實也」。

［正文］若說爲深 〔三九九、九〕

燕策「秦王聞若說也、必心」（二十一背）【編者按：『戰國策』燕策一・齊伐宋宋急に「秦王聞若說也、必如刺心然」とある】

［正文］是窮湯・武之事而遂桀・紂之過也 〔三九九、一二～一三〕

「窮」猶退也。

［高注］遂猶長也。

「遂」、進也。

［正文］今無道不義存、存者賞之也 〔三九九、一四〕

［高注］雖存幸耳、賞之非也。

［正文］而有道行義窮、窮者罰之也 〔三九九、一四〕

［高注］雖窮不幸耳、罰之非也。

山子曰、「雖存」云云八字、「雖窮」云云九字、蓋正文誤入注。

禁塞

［正文］爲天下之民害莫深焉 〔四〇六、二～三〕

依下文、「爲」當作害、「害」當作者。【編者按：下文とは「害天下之民者莫甚焉」をいう】

【補】「害」字屬上爲句、與上文不同。

［正文］事心任精 〔四〇六、四～五〕

「事」猶役也。「〔開春論〕察賢」篇「弊生事精」。【編者按：『新校釋』一四五五頁の注一八を參照】

［正文］自今單脣乾肺 〔四〇六、五〕

「自今」之自衍。或云、「自」當作而。音之誤也。

「單」疑當作焦。「〔季秋紀〕順民」篇「越王」云云

「苦身勞力、焦唇《ママ》乾肺」云云。【編者按：「唇」は「脣」字の誤記】

【補】「自今」二字疑衍、「單」當作焦。「順民」篇「苦身勞力、焦唇乾肺」、可以證。

【正文】則必鬬爭之情、必且殺人〔四〇六、七～八〕

上「必」疑當作生。

【正文】而止天下之利〔四〇六、八～九〕

【高注】晉獻公曰「物不兩施」。

「晉獻公」三字、可疑。蓋寫者因下注誤書。【編者按：後文の「雖欲幸而勝、禍且始長」の高誘注に「晉獻公伐麗戎。史蘇曰勝而不吉」とある】

【正文】雖欲幸而勝、禍且始長〔四〇六、九〕

「欲」疑衍。

【正文】攻伐不可取〔四〇六、一二〕

【高注】於義不可攻不可伐、故不可取、惟義所作。

「作」當作在。音近而誤。

【正文】使夏桀・殷紂無道至於此者、幸也〔四〇六、一三〕

吉子曰、不速亡、極其無道者幸也。【編者按：「幸」字に注す】

【正文】吾未知其厲爲無道之至於此也〔四〇七、二〕

依下例、「厲」字衍。【編者按：後文に「吾未知其爲不善無道侵奪之至於此也」、「吾未知其爲不善之至於此也」とある】

【正文】宋康知必死於溫、吾未知其爲不善之至於此也〔四〇七、四〕

【高注】宋康王……以韋囊盛血、懸而射之、號曰射天。

『〔史記〕宋世家』作「盛血以韋囊」。

「過理」篇【編者按：貴直論・過理に「宋王築爲糵帝、鴟夷血、高懸之、射著甲冑、從下、血墜流地」とある】

【正文】壯佼老幼胎贕之死者、大實平原〔四〇七、五〕

「贕」（『管子・五行』）【編者按：『管子』五行に「毛胎者不贕」、「毛胎者贕」とある】

贕・殰、同。

「音律」篇【編者按：『新校釋』三三四頁の注三〇を參照】

原道訓【編者按：『淮南子』原道訓に「獸胎不贕」「鳥獸卵胎」とある】

『字彙』〔未集・肉部〕「音讀傷胎也」。【編者按：「贕」字に注す】

[正文] 爲京丘若山陵〔四〇七、七〕

[高注] 戰鬬殺人、合土築之、以爲京觀、故謂之京丘、若山陵高大也。

「合」疑當作封。『字彙』〔酉集・見部〕「觀」字注「積尸封土。其上謂之京觀」。

『〔左傳〕宣十二年』「潘黨曰、君盍築武軍、而收晉尸以爲京觀、臣聞克敵、必示子孫、以無忘武功。楚子曰」云云「古者明王、伐不敬、取其鯨鯢而封之、以爲大戮、於是乎有京觀、以懲淫慝、今罪無所、而民皆盡忠、以死君命、又何以爲京觀乎」、注「築軍營以彰武功。積尸封土其上、謂之京觀」。

[正文] 察此其所自生、生於有道者之廢、而無道者之恣行〔四〇七、八～九〕

「〔愼行論〕無義」篇「又況乎無此其功而有行乎」、又『荀子・儒效』篇「詩言是其志也、書言是其事也」云云。

[正文] 賢者益疑矣〔四〇七、一〇〕

「疑」、賢者爲其主所疑也。

【補】「疑」讀爲礙、注非。【編者按：高注に「疑怪其何以益幸也」とある】

懷寵

[正文] 凡君子之說也、非苟辨也〔四一七、二〕

「〔孟夏紀〕尊師」及「〔審應覽〕不屈」篇可幷考。又『荀子・不苟』篇【編者按：『荀子』不苟に「君子行不貴苟難、說不貴苟察、名不貴苟傳、唯其當之爲貴」とある】

[正文] 至於國邑之郊、不虐五穀、不掘墳墓、不伐樹木、不燒積聚、不焚室屋、不取六畜〔四一七、六～七〕

『司馬法・仁本』篇【編者按：『司馬法』仁本に「冢宰與百官布令於軍曰、入罪人之地、無暴神祇、無行田獵、無毀土功、無燔牆屋、無伐林木、無取六畜・禾黍・器械。見其老幼、奉歸勿傷。雖遇壯者、不校勿敵。敵若傷之、醫藥歸之」とある】

[正文] 以彰好惡〔四一七、七〕

[高注] 好其顓民、惡其惡君也。

「顓」、女媧補天。

[正文] 辟遠聖制〔四一七、一〇〕

「遠」疑當作違。「辟違」見『荀子・修身』篇、及『〔左傳〕昭二十年』「晏子曰」云云。【編者按：『荀子』修身に「辟違而不愨」とあり、『左傳』昭公十二年に「動作辟違」とある】

【正文】排訾舊典〔四一七、一〇〕

「排」當作誹、或抵。

【補】或云「排」當誹。

【正文】將以誅不當爲君者也、以除民之讎而順天之道也〔四一七、一二〕

『史記・高祖本紀』「願從諸侯王擊楚之殺義帝者」與此同意。蓋古之辭命。

『〔史記〕齊悼惠王世家』「齊哀王遺諸侯王書曰、今寡人率兵入誅不當爲王者」、又出『〔史記〕呂后本紀』。

【編者按：『史記』呂太后本紀に「齊王乃遺諸侯王書曰、寡人率兵入誅不當爲王者」とある】

【正文】民有逆天之道、衛人之讎者、身死家戮不救〔四一七、一二〜一三〕

「民有」之「民」・「衛人」之「衛」、當易地。

【補】依上文、「民」「人」當易地。

【正文】有能以家聽者、祿之以家〔四一七、一三〕

『〔左傳〕哀二年』可并看。又『史記・吳王濞傳』。【編者按：『左傳』哀公二年に、晉の趙簡子の誓言として「克敵者、上大夫受縣、下大夫受郡、士田十萬、庶人・工・商遂、人臣・隸圉免」とある】

【正文】以里聽者、祿之以里〔四一七、一三〜四一八、一〕

【高注】『周禮』「五家爲比、五比爲閭」。

「里」、閭也。【編者按：『周禮』の上に補う。版本の誤脱】

『〔周禮〕地官・遂人』「五家爲鄰、五鄰爲里、四里爲酇、五酇爲鄙、五鄙爲縣、五縣爲遂」。又大司徒職、又族師。〔大司徒之職〕「令五家爲比、使之相保。五比爲閭、使之相受。五族爲黨」云云「五黨爲州」云云「五州爲鄉」云云。【編者按：『周禮』地官司徒・族師に「五家爲比、十家爲聯。五人爲伍、十人爲聯。四閭爲族、八閭爲聯」とある】

『荀子・彊國』（四背）【編者按：『荀子』彊國に「士大夫益爵、官人益、庶人益」、議兵に「秦人……五甲首而隷五家」とある】

【正文】以邑聽者、祿之以邑〔四一八、一〕

【高注】『周禮』「八家爲井、四井爲邑」。四十二家也。『〔周禮〕小司徒職』「九夫爲井、四井爲邑、四邑爲丘」云云。「四十」當作三十。

【正文】擧其秀士而封侯之〔四一八、二～三〕

【高注】秀士、儁士。

「秀士、儁士」、一本作「秀儁之士」。

【正文】問其叢社大祠〔四一八、五〕

『〔史記〕陳渉世家』「間令呉廣之次近《ママ》所旁叢祠中、夜篝火、狐鳴呼曰」云云、張晏曰「叢、鬼所憑焉」。『索隱』「『墨子』云、建國必擇木之修茂者以爲叢位。高誘注『戰國策』云、叢祠、神祠〔也〕。叢、樹也」。

【正文】今有人於此、能生死一人、則天下必爭事之矣〔四一八、七〕

察賢〔四面〕【編者按：開春論・察賢に「今有良醫於此、治十人而起九人、所以求之萬也」とある】

【正文】義兵之生一人亦多矣〔四一八、七～八〕

「義兵之生」云云、與『〔禮記〕檀弓下』「斯其爲子卯也大矣」、句法意義同。

【正文】鄰國之民歸之若流水〔四一八、八〕

『〔左傳〕昭三年』晏子語叔向。【編者按：『左傳』昭公三年に「公棄其民、而歸於陳氏」とある】

【正文】誅國之民、望之若父母、行地滋遠、得民滋衆、兵不接刃、而民服其化〔四一八、八～九〕

「〔有始覽〕諭大」篇「其爲竈突近也」。

「〔離俗覽〕用民」篇「萬乘之國、其爲三萬五萬尚多」。

『〔左傳〕襄三十一年』「其爲美錦、不亦多乎」。

【編者按：右の「其爲～」という構文はすべて「其の～爲《た》る」と訓讀する。仲秋紀・決勝にも「其爲禍也亦大」「其爲害也亦大」とある】

巻之八　仲秋紀

八月紀

[正文] 律中南呂〔四二六、三〕

『〔史記〕律書』「南呂者、言陽氣之旅入藏也」、『正義』曰「『白虎通』云、南、任也。言陽氣尚任包、大生薺麥也」。『〔淮南子〕時則訓』注「言陽氣呂旅而志助陰、陰任成萬物也」。

[正文] 涼風生〔四二六、三～四〕

當作至。『〔禮記〕月令』『〔淮南子〕時則訓』共作至。但『〔禮記〕月令』「涼」作盲。【編者按：「生」字に注す】

[正文] 群鳥養羞〔四二六、四〕

依『〔淮南子〕時則訓』「養羞」作翔。「養羞」疑是鳥習飛形容之字。此注及『〔禮記〕月令』鄭注不透。暫書此俟後者。【編者按：『淮南子』時則訓に「仲秋之月、……群鳥翔」とある。『禮記』月令「群鳥養羞」の鄭玄注に「羞謂所食也」とある】

[高注] 寒氣將至、羣鳥養進其毛羽御寒也、故曰羣鳥養羞。

【補】「養羞」義未詳、注覺牽強。『淮南子』作翔。『〔大戴禮記〕夏小正』「八月丹鳥羞白鳥」、丹鳥者謂丹良。白鳥者謂蚊蚋也。其謂之鳥重其養者也。有翼者爲鳥、羞也者進也。不盡食也。

[正文] 行麋粥飲食〔四二六、六〕

[高注] 賦行飲食糜粥之惸。……『周禮』、大羅氏掌獻鳩杖以養老。

「惸」當作惠。

『〔周禮〕夏官』「羅氏、中春羅春鳥獻鳩以〔養〕國老」。

[正文] 乃命司服、具飭衣裳、文繡有常、制有小大、度有短長、衣服有量、必循其故、冠帶有常〔四二六、七〕

『禮記・王制』「作淫聲・異服・奇技・奇器以疑衆疑《ママ》殺」、又云「布帛精麤不中數、〔幅〕廣狹不中量、不粥於市。姦色亂正色、不粥於市」、又云「關執禁以譏、

禁異服、識異言」。先王之制如此。所以司服正長短小大而使有常也。【編者按：「疑」は衍字】

〔高注〕司服、主衣服之官、將飾正服、故命之也。上曰衣、下曰裳、青與赤、五色備謂之繡。『禮』「司服掌王之吉服。……祭社五岳則絺冕……凡兵事弁服、視朝則皮弁服」。

社稷五祀【編者按：「社五岳」を訂す】

「赤」下當補謂之文三字。「禮」上當補周字。

「事」下脫韋。

〔正文〕乃命宰祝、巡行犧牲、視全具、案芻豢〔四二六、九〕

〔高注〕「宰」、於『周禮』爲充人、掌養祭祀之犧牲。……案其芻豢之薄厚。

「充人」、大司徒職。

牲牷【編者按：「犧牲」を訂す。『周禮』地官司徒に「充人、掌系祭祀之牲牷」とある】

「薄厚」當作簿書。『〔淮南子〕時則訓』注「按《ママ》其簿書閲視之」。

【補】「薄厚」當作簿書。『〔淮南子〕時則訓』注「案其簿書閲租之」（「租」疑視字之誤）

〔正文〕天子乃儺、禦佐疾〔四二六、一〇〕

「佐」字必誤。「佐疾」、癘役之疾。

【補】『〔禮記〕月令』及『〔淮南子〕時則訓』無此三字。

〔正文〕先祭寢廟〔四二七、一〕

「祭」當作薦。『〔禮記〕月令』『〔淮南子〕時則訓』亦作薦。

〔正文〕穿竇窌、脩囷倉〔四二七、二〕

〔高注〕穿水通竇、不欲地〔泥〕濕也。

「水」「竇」當易地。

〔正文〕乃命有司趣民收斂、務蓄菜、多積聚〔四二七、二〜三〕

〔高注〕「有司」、於『周禮』爲場人。場、協入也。……『詩』云「亦有旨蓄、以御冬」也。

除地【編者按：「協入」を訂す】

『字彙』〔丑集・土部〕「除地爲場。一曰收禾圃」。

「亦」字當移「以」上。【編者按：『詩經』邶風・谷風に「我有旨蓄、亦以御冬」とある】

【補】○亦有旨蓄以禦冬四字衍○當作我有旨蓄亦以

禦冬。

[正文] 蟄蟲俯戶〔四二七、四〕

「俯」、『〔禮記〕月令』作坏、『〔淮南子〕時則訓』作培。共是。

再按、七月紀「修宮室、坿牆垣」。『〔禮記〕月令』亦作坏。因按、坏・坿古音通用。但此「俯」字當作坿。

[正文] 平權衡、正鈞石、齊升甬〔四二七、五〕

[高注] 權秤衡也。……升・甬皆量器也。

「權」、稱錘也。

斗（注同）【編者按：「升」字を訂す】

【補】「升」當作斗○衡當作錘。

[正文] 易關市〔四二七、六〕

「易」、『〔淮南子〕時則訓』作理、是。「理關市」者因秋氣閉藏。整理其政也。

「易墓」之易。【編者按：「易」字に注す。『禮記』檀弓上に「易墓、非古也」とあり、鄭玄注に「易謂芟治草木」とある】

音語輕關易道通商寛農。【編者按：「易」字に注す】

[正文] 四方來雜〔四二七、六〕

「雜」當作集。『〔禮記〕月令』『〔淮南子〕時則訓』作集。蓋「集」譌爲襍、轉爲雜。

[正文] 上無乏用、百事乃遂〔四二七、七〕

[高注] 事非一、故百事。

「故」下脫言字。

[正文] 仲秋行春令、則秋雨不降、草木生榮、國乃有大恐〔四二七、八〕

[高注] 天陽炕熮、而行溫仁之令、故雨不降。

「天」當作春。「炕」與抗同。「熮」卽燥字。七月紀注「春陽亢燥、而行其令」云云。

[正文] 收雷先行〔四二七、九〕

「先行」之行、『〔易〕上彖傳』「雲行雨施」之行。

論威

諭【編者按：「論」字を訂す】

篇中有「故善諭威者」之句、諭誤爲論可以證。

「〔離俗覽〕用民」篇「愛利之心諭、威乃可行」云云。

[正文] 治亂安危過勝之所在也〔四三五、二〕

決【編者按：「過」字を訂す】
【正文】過勝之、勿求於他、必反於己〔四三五、二～三〕
【補】「過」疑當作敗。
「過勝之」、因上文誤、衍。
【正文】人情欲生而惡死、欲榮而惡辱〔四三五、四〕
『荀子・不苟』（十面）可幷考。【編者按：『荀子』不苟に「人之所惡者、吾亦惡之。夫富貴者、則類傲之。夫貧賤者、則求柔之。是非仁人之情也」とある】
「〈仲夏紀〉適音」（七面）。
『荀子・榮辱』【編者按：『荀子』榮辱に「人之情、食欲有芻豢、衣欲有文繡、行欲有輿馬、又欲夫餘財蓄積之富也。然而窮年累世不知不足、是人之情也」とある】
【正文】則三軍之士可使一心矣〔四三五、四〕
【高注】一於紀。
作【編者按：「於」字を訂す】
【正文】凡軍欲其衆也、心欲其一也〔四三五、五〕
下文有「一諸武而已矣」之語。
【正文】三軍一心則令可使無敵矣〔四三五、五〕
「令」、依下文誤衍。

【補】「令」、號令之令、下同。
【正文】捷於肌膚也、深痛執固〔四三五、六～七〕
「捷」與接同。古字通用。『淮南・本經訓』「接徑歷遠、眞《ママ》道夷險」、注「接、疾」。
【補】「捷」與接同、注非、「痛」當作通。【編者按：高注に「捷、養也」とある】
【正文】先勝之於此、則必勝之於彼矣〔四三五、八〕
齊威王策「所謂戰勝於朝廷」。【編者按：『戰國策』齊策一・鄒忌脩八尺有餘】
【正文】凡兵、天下之凶器也〔四三五、九〕
『老子』三十一章「夫佳兵者、不祥之器、物或惡之、故有道者不處。君子居則貴左、用兵則貴右。兵者不祥之器、非君子之器、不得已而用之、恬淡爲上。勝而不美、而美之者、是樂殺人。夫樂殺人者、則不可以得志於天下矣。吉事尚左、凶事尚右。偏將軍居左、上將軍居右、言以喪禮處之。殺人之衆、以哀悲泣之、戰勝以喪禮處之」。
【正文】擧凶器、行凶德、猶不得已也〔四三五、九〕
「猶」・由同。

［正文］故古之至兵、才民未合〔四三五、一二〕

「才民」當作士民。下「簡選」篇有「統率士民、欲其教也」之文。

【補】「才」當作士、或曰「才民」乃干戈之誤。

［正文］此之謂至威之誠〔四三六、一～二〕

論【編者按：「誠」字を訂す】

［正文］在於知緩徐遲後而急疾捷先之分也〔四三六、三〕

「而」、與也。

［正文］則知所兔起鳧擧死殙之地矣〔四三六、四～五〕

『〔史記〕田單傳』贊【編者按：『史記』田單列傳に「太史公曰、兵以正合、以奇勝。善之者、出奇無窮。奇正還相生、如環之無端。夫始如處女、適人開戶。後如脫兔、適不及距、其田單之謂邪」とある】

「老惛」、『新序・雜二』【編者按：『新序』雜事二に「莊辛諫楚襄王曰、君王左州侯、右夏侯、從新安君與壽陵君同軒、淫衍侈靡而忘國政、郢其危矣。王曰、先生老惛惛歟。妄爲楚國妖歟」とある】

［高注］「殙」音悶、謂絕氣之悶。

「謂」當作讀。

［正文］幷氣專精、心無有慮〔四三六、五～六〕

「幷」當作迸、與屛同。

［正文］豫讓必死於襄子〔四三六、七〕

趙襄子策「晉畢陽之孫豫讓」云云、注可考。【編者按：『戰國策』趙策一・晉畢陽之孫豫讓の鮑彪注に「畢陽、畢萬之後」とあり、吳師道注に「無明據。晉語「伯宗索士庇州犁、得畢陽。及欒弗忌之難、諸大夫害伯宗、畢陽實送州犁于荊」。讓乃其孫、義烈有自來矣」とある】

［正文］刃未接而欲已得矣〔四三六、八〕

永親按、「欲」、「將以求吾所大欲也」之欲。（『〔孟子〕梁惠王上』）

「欲」猶願也。

［正文］敵人之悼懼憚恐〔四三六、八～九〕

「悼」當作掉。掉、掉栗也。

【補】『揚子方言』「陳楚謂懼曰悼」。

［正文］咸若狂魄〔四三六、九〕

『荀子・君道』「危削滅亡之情、擧積此矣、而求安樂、是狂生者也。狂生者、不胥時而落」、又『〔荀子〕臣道』篇「偷合苟容、迷亂狂生」云云。

【正文】今以木擊木則拌〔四三六、一〇〜一一〕

山子曰、「拌」當作折。或云、當作碎。

再按、下「〈仲秋紀〉決勝」篇「搏攫則殪、中木則碎」。『莊子・外物』〈初葉之交〉【編者按：『莊子』外物に「木與木相摩則然」とある】

【正文】知謀物之不謀之不禁也〔四三六、一二〕

『淮南・主術』〈六面〉「木擊折轊、水戾破舟」云云。

三字衍。【編者按：「不謀之」に注す】

【補】此句不讀。或曰、下之字爲衍則通。

【正文】吳王壹成〔四三六、一三〕

「壹成」下有脫文。蓋謂一刺而吳王僚殪也。

「〈孝行覽〉長攻」篇「及《ママ》斗而擊之、一成腦塗地」。

【補】此下疑有脫文、蓋謂一刺而吳王殪也。「長攻」篇「反斗而擊之、一成腦塗地」。

簡選

【正文】驅市人而戰之〔四四五、二〕

『漢書・韓信傳』稱「經所謂」。『荀子・議兵』篇「是其出《ママ》賃市傭而戰之幾矣」。【編者按：「出」は「去」字の誤記】

【補】『漢書・韓信傳』「經所謂敺市人而戰之也」。

【正文】離散係系〔四四五、三〕

「系」當作累。『〈孟子〉公孫丑下』「殺其父兄、係累其子弟」。【編者按：引用文は、『孟子』梁惠王下に見える】

【正文】遂禽移・大犧〔四四五、八〕

【高注】桀多力、能推大犧。

『夏本紀〈史記〉評林』曰「按、大紀〈云〉桀能申鉤索鐵」云云。

壽按、「移」上脫椎字。椎移・大犧、桀二臣名。『晏子・諫上』「昔夏之衰也、有推侈・大戲。殷之衰也、有費仲・惡來、足走千里、手裂兕虎」。

「推」當作椎。

『〈史記〉殷本紀』「帝紂、材力過人、手格猛獸」、『正義』曰「『帝王世紀』云、紂倒曳九牛、撫梁易柱也」。『評林』「『論衡』云、紂力能索鐵伸鉤、撫梁易柱。言其多力也。光緒曰、按、『墨子』云、桀、生捕兕虎、指畫殺人」云云。

『〈史記〉律書』「夏桀・殷紂手搏豺狼、足追四馬、勇非微也。百戰百《ママ》勝、諸侯懾服、權非輕也」。【編者按：「百」は「克」字の誤記】

『〈淮南子〉主術訓』「桀之力、別觡伸鉤、索鐵歙金、椎移大犧、水殺黿鼉、陸捕熊羆」云云。

【編者按：『呂子考』には『墨子〈明鬼下〉』の「湯以車九兩、鳥陳雁行、禽椎哆・大犧」も引く】

【正文】於是行大仁慈〔四四六、一〕

「行大」當易地。

【正文】遂其賢良〔四四六、二〕

『〈尚書〉仲虺之誥』「顯忠遂良」、『孔傳』「忠則顯之、良則進之」。

【正文】以爲兵首〔四四六、六〕

『〈禮記〉檀弓下』「穆公問於子思曰、爲舊君反服、古與」云云「今之君子、進人若將加諸膝、退人若將隊諸淵、毋爲戎首、不亦善乎。又〈何〉反服之禮之有」、鄭注「爲兵主來、攻伐曰戎首」。

「首」、魁首也。『〈禮記〉檀弓上』「居從父昆弟之仇、如之何。曰、不爲魁、主人能、則執兵而陪其後」、鄭注「魁猶首也」。

【正文】西至酆郭〔四四六、七〕

「郭」、或云、正文「郭」當作都。或云、當作鄗。

【正文】狄人滅衞〔四四六、七〕

【高注】狄殺衞懿公於榮澤、故曰滅也。

熒【編者按：「榮」字を訂す。『左傳』閔公二年に「冬、十二月、狄人伐衞。衞懿公……及狄人戰于熒澤。衞師敗績。遂滅衞」とある】

【正文】晉文公造五兩之士五乘〔四四六、九〕

『説苑・立節』「齊莊公且伐莒、爲車五乘之賓、而杞梁華舟獨不與焉、故歸而不食、其母曰『汝生而無義、死而無名、則雖非五乘、孰不汝笑也。汝生而有義、死而有名、則五乘之賓盡汝下也』。趣食乃行、杞梁華舟同車侍〈於〉莊公而行至莒」云云。

伎倆【編者按：「兩」字に注す】

【補】「五乘」二字疑古注文誤入正文。『説苑』〈立節〉「齊莊公且伐莒、爲車五乘之賓」。

【正文】諸侯莫之能難〔四四六、九〕

「難」、沮難也。

[正文] 反鄭之埤 〔四四六、九〕

『〔國語〕晉語四』（二十五背）「文公誅觀狀以伐鄭、反其埤《ママ》」、注「反、撥也。埤《ママ》、城上女垣」。

『韓子・外儲說右上』「文公見民之可戰也、於是遂興兵伐原、克之。伐衞、東其畒、取五鹿。攻陽、勝虢、伐曹。南圍鄭、反之埤《ママ》。罷宋圍、還與荊人戰城漢《ママ》、大敗荊人、返爲踐土之盟、遂成衡雍之義。一擧而八有功」云云。

[高注] 反、覆。覆鄭城埤而取之。

山子云、「反覆」之反、或云、反當作及。

[正文] 利趾者三千人 〔四四六、一二〕

「利趾」、利足也。『荀子・勸學』篇「假輿馬者、非利足也」、『〔荀子〕非十二子』篇「利足而迷」。

[正文] 選練角材 〔四四六、一三〕

「角」、「角力」之角。【編者按：孟冬紀・十月紀に「天子乃命將率講武、肄射御・角力」とあり、『呂氏一適』は「角、競也、校也」という】

決勝

[正文] 敵孤獨則上下虛、民解落 〔四五七、二～三〕

『荀子・君道』「狂生者不胥時而落」。

[舊校] 〔虛〕一作乘。

【補】「解落」猶解散也〇「乘」當作垂。

[正文] 能若崩山破潰 〔四五七、四〕

「破潰」當作決塘。以字形而誤。『淮南子・兵略訓』「威之所加、若崩山決塘、敵孰敢當」。

[正文] 有氣則實、實則勇 〔四五七、六〕

曹劌、『左・莊十年』（九面）【編者按：曹劌は、『左傳』莊公十年・二十三年に見える】

[正文] 以益民氣與奪民氣、以能鬥衆與不能鬭衆 〔四五七、九～一〇〕

二「與」。昭元年（四背）・晉語九（一背）。【編者按：『左傳』昭公元年に「夫弗及而憂、與可憂而樂、與憂而弗害、皆取憂之道也」とあり、『國語』晉語九に「夫以回鬻國之中、與絕親以買直、與非司寇而擅殺、其罪一也」とある】

【正文】軍雖大、卒雖多、無益於勝 〔四五七、一〇〕
「雖」、「〔孟秋紀〕蕩兵」（四背）。
【正文】幸也者、審於戰期而有以羈誘之也 〔四五七、一二～一三〕
「幸」疑當作執。
「羈」、羈縻也。
【正文】凡兵貴其因也 〔四五八、一〕
巻十五有「貴因」篇。
【正文】因敵之險以爲己固、因敵之謀以爲己事。能審因而加勝則不可窮矣 〔四五八、一～二〕
決【編者按：「加」字を訂す】
『孫子・軍形』篇「孫子曰、昔之善戰者、先爲不可勝、以待敵之可勝、不可勝在己、可勝在敵。故善戰者、能爲不可勝、不能使敵之必可勝。故曰、勝可知、而不可爲。不可勝者、守也。可勝者、攻也。守則不足、攻則有餘。善守者、藏于九地之下。善攻者、動于九天之上、故能自保而全勝也」。
【正文】不可勝在己、可勝在彼。聖人必在己者、不必在彼者 〔四五八、三〕
『荀子・天論』「若夫心《ママ》意修、德行厚、知慮明、生於今而志乎古、則是其在我者也。故君子敬其在己者、而不慕其在天者」云云。【編者按：「心」は「志」字の誤記】
【正文】必隱必微、必積必搏 〔四五八、四〕
『〔左傳〕襄二十三年』「踰隱而待之」、又『〔左傳〕二十三《ママ》年』「牛臣隱於短牆以射之」。【編者按：後者は襄公二十五年の誤り】
「搏」當作摶、與團同。
【補】「摶」當作專、字之誤。下「摶」則同。
【正文】諸搏攫抵噬之獸 〔四五八、五〕
「抵」讀爲觝。
【正文】其用齒角爪牙也、必託於卑微隱蔽、此所以成勝 〔四五八、五～六〕
【高注】若狐之搏雉、俯伏弭毛以喜說之、雉見而信之、不驚憚遠飛、故得禽之。軍賊亦皆如此、故曰所以成勝。
「毛」當作尾。
「賊」當作誠。

愛士

【正文】人之困窮、甚如饑寒〔四六四、二～三〕

於同。【編者按：「如」字に注す】

【補】「甚」疑莫之誤。

【正文】昔者秦繆公乘馬而車爲敗……〔四六四、四〕

「馬」「車」當易地。

『說苑・復恩』、『韓詩』卷十。

【正文】右服失而埜人取之〔四六四、四〕

「失」讀爲佚。

【補】「失」讀爲逸。

【正文】不還飲酒〔四六四、五〕

「還」讀爲旋。

【補】「還」與遄通。『金匱要略』（雜療）「食駿馬肉不飲酒則殺人」。

【正文】處一年、爲韓原之戰〔四六四、六〕

『（左傳）僖十五年』

【正文】晉梁由靡已扣繆公之左驂矣〔四六四、六～七〕

「扣」與控同。

【正文】晉惠公之右路石奮投而擊繆公之甲〔四六四、七〕

「投」、投擲也。

「投」、「窮猿投林」（『蒙求』）、「投蓋」之投（『左傳』）。

【編者按：『左傳』莊公二十二年に「能投蓋于稷門」とある】

【正文】埜人之嘗食馬肉於岐山之陽者三百有餘人、畢力爲繆公疾鬭於車下〔四六四、七～八〕

『世說・假譎』「遠紹《ママ》遑迫自擲出、遂以俱免」。【編者按：「遠」は「袁」字の誤記。なお、『世說新語』假譎に「袁」字はない】

【正文】此詩之所謂曰「君君子則正以行其德。君賤人則寬以盡其力」者也〔四六四、九〕

「曰君」二字及下「君賤」之君、衍。

【正文】陽城胥渠處〔四六五、一〕

考詳「（侍君覽）遠鬱《ママ》」篇。【編者按：「遠」は「達」字の誤記】

「處」猶病也。蓋涉下文誤。【編者按：後文に「取肝以與陽城胥渠。處無幾何、趙興兵而攻翟」とある】

『史・趙世家』層注、引此處作有疾二字。【編者按：

層注とは、『史記評林』の頭注のこと。下も同じ】
［高注］陽城、姓、胥渠、名。處、病也。……廣門、邑名也。官、小臣也。
【補】「處」字屬下句、言胥渠主廣門衞士也、此及下注非。
［正文］得白騾之肝病則止［四六五、二］
「止」猶已也。「〔季夏紀〕制樂」篇（八背）。
『〔禮記〕曲禮上』「疾止復故」。
【補】考見「制樂」篇。
［正文］期吾君騾［四六五、三］
『〔論語〕子路』篇「言不可以若是其幾也」、朱注「幾、期也」。
［正文］廣門之官、左七百人、右七百人、皆先登而獲甲者［四六五、五］
門蓋必有衞卒屯營。故『〔禮記〕檀弓下』「陽門之介夫死」云云、鄭注「陽門、宋國門名。介夫、甲冑《ママ》衞士」。【編者按：「冑」は衍字】
「者」、『史』層注作首。【編者按：ここの「者」字は、版本の誤刻】

［正文］且以走爲利［四六五、七］
［高注］『傳』曰「見可而進、知難而退、武之善經也」、故以走爲利。
宣十二年【編者按：「傳」に注す】
『左傳』作「軍之善政也」。【編者按：『左傳』宣公十二年に「見可而進、知難而退、軍之善政也、兼弱攻昧、武之善經也」とある】

卷之九　季秋紀

九月紀

【正文】候鴈來賓爵入大水爲蛤〔四七三、三〜四〕

「候」、『〔禮記〕月令』作鴻、「來賓」絕句。

「大水」、蓋四瀆及海之稱。【編者按：四瀆とは、長江・淮河・黄河・濟水の總稱】

孟冬紀「雉入大水爲蜃」亦同。『〔禮記〕月令』鄭注亦誤。【編者按：『禮記』月令の鄭玄注は「大水、海也」という】

【正文】豺則祭獸戮禽〔四七三、四〕

「則」、『〔禮記〕月令』『〔淮南子〕時則訓』共作乃。

【正文】駕白駱〔四七三、四〜五〕

『史・呂后紀』「高帝刑白馬盟」云云。

【正文】是月也、霜始降〔四七三、八〕

【高注】秋分後十五日寒露、寒露後十五日霜降。

『〔禮記〕月令』鄭注「寒而膠漆之作、不堅好也」。『〔淮南子〕時則訓』注「霜降天寒、朱漆難成。故百工休止。不復作器」。

【正文】嘗犧牲〔四七三、一〇〕

「嘗」、句。

【高注】大饗上帝、嘗犧牲一日、先殺毛以告全、故告備于天子也。

【補】鄭玄曰「嘗謂嘗羣神也。天子親嘗帝、使有司祭于羣神、禮畢而告」。蔡邕曰「展其犧牲而告備具」。『義疏』云「展牲不可以嘗名、羣神不可言嘗祭」、高注亦不通、要之不可強解。

【正文】制百縣〔四七三、一〇〕

【高注】「百縣」、畿内之縣也。五家爲鄰、五鄰爲里、四里爲攢、五攢爲鄙、五鄙爲縣、然則謂縣者二千五百家也。

鄼【編者按：「攢」字を訂す】

【正文】爲來歲受朔日〔四七三、一〇〕

「受」當授。

［高注］秦以十月爲正。故於是月受明年暦日也。由此言之、月令爲秦制也。

月令、先王之制、非秦制也。但『呂子』損益之。此乃是也。

再按、『詩・豳風・七月』「九月」云云。曰爲改歳入此室處。然則以十月爲改歳周代已爾。但不爲正月已、考別出。【編者按：『詩經』豳風・七月に「九月築場圃、十月納禾稼。黍稷重穋、禾麻菽麥。嗟我農夫、我稼既同、上入執宮功。晝爾于茅、宵爾索綯。亟其乘屋、其始播百穀」とある】

［正文］以給郊廟之事、無有所私〔四七四、一～二〕

［高注］郊祀天、廟祀祖、取其事而已。無有所私、多少不如法制也。

注「不」上脫無字。不然衍「無有」二字。

［正文］狻馬〔四七四、三〕

『〔淮南子〕時則訓』無「狻馬」二字。『〔禮記〕月令』「狻馬」作「班馬政」三字。

［高注］一作夋。

夋、明。

【補】狻通蒐。『〔淮南子〕時則訓』無此二字、『〔禮記〕月令』作「班馬政」三字。

［正文］命僕及七騶咸駕、載旍旐〔四七四、三〕

『左氏〔僖公十年・襄公二十三年〕』「七輿大夫」。【編者按：「七騶」に注す】

『〔禮記〕月令』鄭注引「司馬職曰、仲秋敎治兵、如振旅之陳、辨旗物之用、王載大常、諸侯載旂、軍吏載旗、師都載旜、鄉遂《ママ》載物、郊野載旐、百官載旟」、是也。

【補】『〔禮記〕司馬職』云「郊野載」。『〔周禮〕』司常職「斿車載旌」是也。

［正文］輿受車以級〔四七四、三～四〕

「輿」、主輿者。如『左氏・僖十年』「七輿大夫」之輿也。「受」當作授。『〔禮記〕月令』作「授車以級」、無輿字、可以見。

［正文］天子乃厲服厲飭〔四七四、四〕

『〔禮記〕月令』無「厲服」二字、「飭」作飾。依『〔淮南子〕時則訓』注、「厲」下脫「之服厲」三字。

［高注］『周禮』司服章「凡田、冠弁服」。

『周禮・春官・司服』「凡兵事、韋弁服。眡朝、則皮弁服。凡甸、冠弁服。凡凶事、服弁服。凡弔事、弁絰服」。

［正文］祭禽於四方〔四七四、五〕

［高注］祭始設禽獸者於四方、報其功也。

「設」、如「設宴」「設宰會」之設。

『〔禮記〕月令』鄭注「以所得禽《ママ》、祀四方之神也。『〔周禮〕司馬職』曰、羅幣《ママ》、致禽以祀祊」。【編者按：「得」は「獲」字の、「幣」は「弊」字の誤記】

【補】『〔禮記〕月令』鄭注「以所得禽、祀四方之神」是、注非。

［正文］草木黄落、乃伐薪爲炭〔四七四、六〕

［高注］草木節解、斧入山林、故伐林作炭。

「伐林」當伐木。

［正文］蟄蟲咸俯在穴、皆墐其戶〔四七四、六〕

「俯」當作坿。

『豳・七月』詩「七月在野、八月在宇、九月在戶。十月蟋蟀入我牀下。穹窒熏鼠。塞向墐戶」、『毛傳』云「穹、窮。窒、塞也。向、北出牖也。墐、塗也」。

［正文］行冬令、則國多盜賊、邊境不寧、土地分裂〔四七四、九～一〇〕

［高注］冬令純陰、姦謀所生之象、故多盜賊、使邊境之人不寧也、則土地見侵削、爲鄰國所分裂。

注「令」、『〔淮南子〕時則訓』注作水、爲是。

『〔淮南子〕時則訓』注無「之象」二字、「人」作民。

［正文］師旅必興〔四七四、一〇〕

山子曰、「必」當作竝、音之誤也。依注又然。『〔淮南子〕時則訓』作「竝興」。『〔禮記〕月令』作「師興不居」。

［高注］水干金、故師旅竝興。

【補】依注及『〔淮南子〕時則訓』、「必」當作竝○水、『〔淮南子〕時則訓』注作木是也。

順民

［正文］先王先順民心、故功名成〔四八四、二〕
民之歸也。『〔左傳〕襄二十九年』「叔向曰、鄭之罕・

宋之樂」云云「二者其皆得國乎」。可幷攷。

【正文】未之曾有也〔四八五、二〕

「〔孟夏紀〕勸學」篇「未之嘗有也」同。

【正文】得民必有道〔四八五、二〕

公遠云、「必」當作心。

【正文】此取民之要也〔四八五、二〕

『說苑・君道』（十二面）【編者按：『說苑』君道に「邾文公卜徙於繹、史曰、利於民不利於君。君曰、苟利於民、寡人之利也、天生烝民而樹之君、以利之也、民既利矣、孤必與焉。侍者曰、命可長也、君胡不爲。君曰、命在牧民、死之短長、時也。民苟利矣、吉孰大焉。遂徙於繹」とある】

【高注】要、約置也。

山子曰、「置」當作契。

【正文】昔者湯克夏而正天下〔四八五、三〕

王【編者按：「正」字を訂す】

【正文】湯……曰「余一人有罪、無及萬夫。萬夫有罪、在余一人。無以一人之不敏、……」〔四八五、三～四〕

『〔尚書〕湯誥』「爾有善、朕弗敢蔽。罪當朕躬、弗敢自赦、惟簡在上帝之心。其爾萬方有罪、在予一人。予一人有罪、無以爾萬方」。

【正文】使上帝鬼神傷民之命〔四八五、四～五〕

『老子』六十章引。【編者按：『老子』六十章に「治大國若烹小鮮。以道莅天下、其鬼不神。非其鬼不神、其神不傷人。非其神不傷人、聖人亦不傷人。夫兩不相傷、故德交歸焉」とある】

【正文】於是剪其髪、鄽其手〔四八五、五〕

「剪」、斷。「髪」、古髮。「鄽」、揃。

『文選・應休璉・與岑文瑜書』李注引「鄽、音酈」。

「〔季秋紀〕精通」篇有「刃若新磨研」之語。

『〔史記〕樂毅傳』「故鼎反于磨室《ママ》」、徐廣曰「磨、歷也」、『索隱』曰「『戰國策』作歷室也」、『正義』曰「『括地志』云、歷室、燕宮名也」。『評林』「光縉曰、磨音歷。『周官・遂師』抱磨。亦音歷」。『〔史記〕魯世家』「初、成王少時病、周公乃自揃其發《ママ》沈之河、以祀《ママ》於神曰」云云。【編者按：「發」は「蚤」字の誤記】

『文選』卷五十四〔劉孝標〕「辯命論」（三十八面）注引此「鄽」作磨。

【補】「鄽其手」與磨通、「精通」篇「刃如新鄽研」。

「手」當作爪、蓋謂揃爪也。
【正文】人事之傳也〔四八五、六〕
「傳」猶說也。考見「〈孝行覽〉必己」篇。
【正文】文王處岐事紂、冤侮雅遜、朝夕必時〔四八五、七〕
山子曰、「夕」字必誤。或云、聘字、又云當作覲。或云、「夕」、夕拜也。非。豈處岐得夕乎。
【正文】願爲民請炮烙之刑〔四八五、八〕
【高注】紂常熨爛人手、因作銅烙、布火其下、令人走其上、人墮火而死、觀之以爲娛樂、故名爲炮烙之刑。
山子曰、「常」讀爲嘗。「常」下當補見字。『〈史記〉殷本紀・索隱』曰「鄒誕生〈云、烙〉一音閣」。又曰「見蟻布銅弁《ママ》、足廢而死、於是爲銅烙《ママ》、炊炭其下、使罪人步其上」。
『左氏・襄十五年』「納之《ママ》以請死也」、杜注「請免死」也。『〈史記〉殷本紀』「請」下有除字。
【補】『史記』〈殷本紀〉「請」下有除字〇「常」讀爲嘗、「常」下當補見字。【編者按：以下、『呂氏一適』に同じ】
【正文】越王苦會稽之耻〔四八五、一一〕
「〈愼行論〉愼行」篇。
【正文】口不厚甘味〔四八五、一一～一二〕
山子曰、「原《ママ》甘」當易地。【編者按：「原」は「厚」字の誤記】
【正文】内親群臣、下養百姓〔四八五、一二～一三〕
山子曰、「下」疑當作外。
【正文】有酒流之江、與民同之〔四八五、一三〕
『古列女傳』卷上【編者按：『列女傳』母儀・楚子發母に「子不聞越王句踐之伐吳耶。客有獻醇酒一器者、王使人注江之上流、使士卒飲其下流、味不及加美、而士卒戰自五也」とある】
【高注】投醪同味。
『蒙求』【編者按：「投醪」に注す。『蒙求』に「句踐投醪」とある】
【正文】以視孤寡老弱之漬病〔四八五、一五〕
「〈孟春紀〉貴公」篇「仲父之病矣、漬甚」。
考詳「〈孟春紀〉貴公」篇。
【正文】困窮顏色愁悴不贍者〔四八五、一五〕
或云、「困窮」二字、當移下「不贍」上。

【正文】士大夫履肝肺〔四八六、一～二〕

「〔開春論〕期賢」篇「扶傷輿死、履腸涉血」云云。

【正文】外事之諸侯不能害之〔四八六、三〕

山子曰、「事之」之之疑衍。

【正文】四枝布裂〔四八六、五〕

山子曰、「布」當作分。

【正文】孤之志必將出焉〔四八六、五〕

山子曰、「出」、『荀子・富國』篇「出死斷亡」之出。

【正文】殘吳二年而霸〔四八六、六〕

「二年」、言越師報吳二年也。若夫順說民心二十餘年也。故『〔史記〕越世家』「范蠡曰、君王蚤朝晏罷、非爲吳邪。謀之二十二年、一旦而棄之、可乎」、又云「范蠡事越王句踐、既苦身戮力、與句踐深謀二十餘年、竟滅吳」。

【高注】越王先順說民心、二年故能滅吳立霸功也。

【補】謂亡吳之後二年而覇業成、注非。

知士

【正文】相得則然後成〔四九六、二〕

山子曰、「則」猶而也。

【正文】能使士待千里者、其惟賢者也〔四九六、三～四〕

山子曰、「待」疑當作得。『易・下繫辭』「以待暴客」。

【高注】猶賢者能之也。

一作由、是。【編者按：「猶」字に注す】

【補】「待」字必誤。或云、當作得。

【正文】靜郭君善劑貌辨、劑貌辨之爲人也、多訾〔四九六、五〕

『國策』「靜」作靖、下同。「劑」作齊、下皆同。「訾」作疵。

『戰國・齊閔王策』（二十背）【編者按：齊策一・靖郭君善齊貌辨】

【正文】士尉以證靜郭君〔四九六、五〕

「父攘羊而子證之」之證。【編者按：「證」字に注す。『論語』子路に「葉公語孔子曰、吾黨有直躬者、其父攘羊而子證之」とある】

考出「〔孟夏紀〕誣徒」篇・「〔不苟論〕貴當」篇。

【正文】剡而類〔四九六、六〕

【高注】剗、滅。
『國策』注「滅」作翦。【編者按：『戰國策』鮑彪注に「『集韻』剗、翦也」とある】
【正文】揆吾家、苟可以傔劑貌辨者、吾無辭爲也〔四九六、六～七〕
「揆」、『國策』作破、「傔」作慊、「也」作之。
【正文】於是舍之上舍〔四九六、七〕
【高注】上舍、甲第也。
「舍」與「第」不同。「第」、第宅也。『字彙』〔未集・竹部〕引『初學記』曰「出不由里。門面大道者、名曰第。爵雖列侯、食邑不滿萬戶、不得作第」。「舍」訓屋。亦訓房。「上舍」、上房也。
【正文】數年、威王薨、宣王立〔四九六、八〕
『國策』「威」作宣、「宣」作閔。
【正文】宣王聞之、藏怒以待之〔四九六、一〇～一一〕
懷也。脱注。【編者按：「藏」字に注す。畢校本高注に「藏、懷也」とある】
【正文】太子之不仁、過⿰冊頁涿視〔四九六、一二〕
齊閔王策作「太子相不仁、過頤豕視」、是。
「⿰冊頁涿」當作頤豚。
相【編者按：「之」の下に補う】
頤豕【編者按：「⿰冊頁涿」を訂す】
『〔康熙〕字典』「音册」、引此。【編者按：「⿰冊頁」字に注す】
【補】『國策』作「過頤豕視」、此誤。劉辰翁云「過頤卽俗所謂耳後見腮。豕視卽相法所謂下邪偷視」。
【正文】不若革太子、更立衞姬嬰兒校師〔四九七、一〕
『國策』「革」作廢、「校」作郊。
【正文】靜郭君泫泣而曰〔四九七、一〕
「泫」下當補然字。『〔禮記〕檀弓上』似「孔子泫然流涕曰」之文。
『國策』無「泫」字、是。【編者按：「泫」字に注す】
【舊校】〔泫〕一作汴。
「汴」、『正字通』作汳、「汴」一作汒、益非也。
【正文】且靜郭君聽辨而爲之也〔四九七、二〕
『國策』「且」作若。
【正文】客肯爲寡人少來靜郭君乎〔四九七、五～六〕
山子曰、『國策』無「少」字。依上文誤。

【高注】言猶可也。

「言」當作肯。

【正文】十日、謝病〔四九七、八〕

『國策』「十」作七。

【正文】故非之弗爲阻〔四九七、九〕

『國策』「阻」作沮。

【正文】此劑貌辨之所以外生樂趨患難故也〔四九七、九〕

『國策』作「所以外生樂患趣難者也」。

審己

【正文】故子路揜雉而復釋之〔五〇四、四〕

「山梁雌雉」云云可考。【編者按：『論語』鄉黨に「色斯擧矣、翔而後集。曰、山梁雌雉、時哉。時哉。子路共之、三嗅而作」とある】

【正文】齊攻魯、求岑鼎。……柳下季以爲是〔五〇四、一〇〕

『新序・節士』（八葉）

『韓子・說林下』「岑」作讒。「柳下季」作樂正子春。

【正文】君之賂以欲岑鼎也〔五〇四、一一～一二〕

山子曰、「欲」字似衍。

【正文】且柳下季可謂此能說矣〔五〇四、一三〕

『新序』「且柳」云云十字作「柳下季《ママ》可謂守信矣」。

「且」當宜若音之誤也。上「〈季秋紀〉知士」篇「且靜郭君」可以見。『毛詩』助字「且」亦然。

【補】「且」當作若、此字衍。

【正文】又能存魯君之國〔五〇四、一三～五〇五、一〕

【高注】『論語』云「非信不立」。

「顏淵」篇。

【正文】齊湣王亡居於衞、晝日步足、謂公玉丹曰……〔五〇五、二〕

「〈貴直論〉過理」又「〈季秋紀〉審己」。

『新序』「足」作走、是。

『新序・雜事五』（十一面）玉。下同。

【補】「步足」、『新序』作步走、是。『史記』（封禪書）「濟南人公玉帶」、『索隱』曰「玉音或肅」、『字典』引「正音、點在下畫傍者、寶玉字也、點在中畫傍者、須玉・許救・息六三切、人姓。俗書王玉不辨」。

【正文】我當已〔五〇五、三〕

『新序』「我當已」三字無。

【正文】王故尚未之知邪〔五〇五、三～四〕

「故」猶由也。

「故」疑衍。

【正文】天下之王皆不肖〔五〇五、四〕

「天下」上有以、「王」作主。（『新序』）【編者按：『新序』雜事五は「以天下之主皆不肖」に作る】

【正文】此公玉丹之所以過也〔五〇五、六〕

「過」、過誤也。

「〔先識覽〕正名」及「〔貴直論〕過理」篇。

精通

【正文】兎絲非無根也、其根不屬也、伏苓是〔五一三、二〕

『古詩十九首』〔第八首〕曰「兎絲附女羅」。

山子曰、由此觀之「兎絲」非女羅。

『〔史記〕龜策傳』【編者按：「伏苓」に注す。『史記』龜策列傳に「聞古五帝・三王發動擧事、必先決蓍龜。傳曰、下有伏靈、上有兎絲。上有擣蓍、下有神龜。所謂伏靈者、在兎絲之下、狀似飛鳥之形」とある】

【正文】樹相近而靡、或軵之也〔五一三、三〕

『字彙』〔酉集・車部〕「軵、而隴切。戎上聲、推也」。

『說文』〔卷十四・車部〕「反推車。令有所付也」。『淮南子〔覽冥訓〕』「軵車而餉」。

「靡」、靡切也。

【正文】夫賊害於人、人亦然〔五一三、四〕

疑多一「人」字。

【正文】非或聞之也、神者先告也〔五一三、五～六〕

曾母嚙指。【編者按：『二十四孝』嚙指心痛】

【正文】精或往來也〔五一三、六〕

【高注】『淮南記』曰「慈母在於燕、適子念於荊」。

『〔淮南子〕說林訓』（十四背）「慈母吟於巷、適子懷於荊」云云。

【正文】月望則蚌蛤實、群陰盈〔五一三、七〕

『家語・執轡』（十背）【編者按：『孔子家語』執轡に「蚌蛤龜珠與日月而盛虛」とある】

【正文】養由基射先、中石〔五一四、二〕

『新序・雜事四』爲楚熊渠子事。又『〈史記〉李廣傳』。
【編者按：『史記』李將軍列傳に「〈李〉廣出獵、見草中石、以爲虎而射之、中石沒鏃、視之石也」とある】

【正文】伯樂學相馬、所見無非馬者、誠乎馬也〔五一四、二～三〕

【高注】伯樂善相馬、秦穆公之臣也。所見無非馬者、親之也。

山子曰、「親」當作誠。音之誤也。

【正文】用刀十九年、刃若新磨硎〔五一四、三～四〕

『莊子・養生〈主〉』篇作「刀刃若新發於硎」、郭注「硎、砥石也」。

【正文】鍾子期夜聞擊磬者而悲。……〔五一四、四〕

『新序・雜四』

「而」猶之也。

【正文】昔爲舍氏覩臣之母、量所以贖之則無有、而身固公家之財也〔五一四、六～七〕

者【編者按：「爲」字を訂す】

「舍」當作適。舍・適共有釋之音故誤。

「氏」當作市。『新序』作市。【編者按：『新序』雜事四に「昨日爲舍市而睹之」とある】

「有」「財」當易地。『新序』亦然。【編者按：『新序』雜事四は「意欲贖之而無財、身又公家之有也」に作る】

【正文】故君子誠乎此而諭乎彼〔五一四、八〕

猶則也。【編者按：「而」字に注す】

【正文】隱志相及〔五一四、一二〕

四隱〈論人〉【編者按：季春紀・論人に「論人者、又必以六戚四隱。何謂六戚。父・母・兄・弟・妻・子。何謂四隱。交友・故舊・邑里・門郭」とある】

卷之十　孟冬紀

十月紀

[正文] 其帝顓頊。其神玄冥 [五二二、二～三]

[高注] 顓頊、黄帝之孫、昌意之子。以水德王天下、號湯氏、死祀爲北方水德之帝。玄冥、官也。少皥氏之子曰循、爲玄冥師、死祀爲水神。

山子曰、「湯氏」當作高陽氏。『〈史記〉五帝本紀』「帝顓頊高陽者、黄帝之孫」云云。

脩【編者按：「循」字を訂す】

【補】高注、號湯氏◯曰循爲玄冥師。「號湯」當作高陽◯「循」當作脩◯「師」當作氏。

[正文] 其味鹹 [五二二、三]

鹹同。【編者按：「鹹」字に注す。「鹹」は版本の誤刻】

[正文] 其祀行。祭先腎 [五二二、三～四]

[高注] 行、門内地也、冬守在内、故祀之。「行」或作「井」、水給人、冬水王、故祀之也。祭祀之肉先進腎、屬水、自用其藏也。

山子曰、「水」上當足井字。「腎」下當足腎字。

[正文] 天子居玄堂左个 [五二二、四]

[高注] 玄堂、西北堂也。

北向【編者按：「西北」を訂す】

【補】「西北」當作北向。

[正文] 禱祠龜策、占兆、審卦吉凶 [五二二、九]

[高注] 一曰連山、二曰龜藏、三曰周易。……故曰太卜禱祠龜策凶兆、審卦以知吉凶。

歸【編者按：「龜」字を訂す】

占【編者按：「凶兆」の「凶」字を訂す】

【補】「龜」當作歸◯「凶」當作占。

[正文] 於是察阿上亂法者則罪之、無有揜蔽 [五二二、九～一〇]

[高注] 阿意曲從、取容於上、以亂法度、必察知之、則行其罪罰、無敢彊匿者。

山子曰、「彊」疑當作隱。

【正文】營丘壟之小大高卑厚薄之度〔五二三、四〕
「營」、『〈禮記〉月令』作塋、是。
【正文】必功致爲上〔五二三、五〜六〕
山子曰、「致」讀爲緻。下注「功致」同。【編者按：後文の「工有不當」の高誘注に「不當、不功致也」とある】
【正文】大割牲、祠于公社及門閭、饗禱祖五祀〔五二三、七〜八〕
『〈禮記〉月令』作「大割祠于公社及門閭。臘先祖五祀」、『〈淮南子〉時則訓』作「大禱祭于公社、畢饗先祖」。
【正文】角力〔五二三、八〕
【高注】角猶試。
「角」、競也、校也。
【正文】乃命水虞漁師、收水泉池澤之賦〔五二三、九〕
『〈淮南子〉時則訓』注作「虞、掌水官」、六月紀注云「虞人、掌山澤之官」。
【正文】行夏令、則國多暴風、方冬不寒、蟄蟲復出〔五二三、一一〜一二〕
【高注】冬法當閉藏、反行夏盛陽之令、故多暴疾之風。陽氣炎温、故盛冬不寒、蟄伏之虫復出也、於洪範五行豫恒煖若之徵也。
『〈淮南子〉時則訓』注無「法」字、是。
燠【編者按：「煖」字を訂す】
【補】「煖」、燠之誤。
【正文】行秋令、則雪霜不時、小兵時起、土地侵削〔五二三、一二〕
【高注】秋金氣干水、不當霜而霜、不當雪而雪、故曰不時。小兵數起、鄰國來伐侵削土地、於『洪範五行』急恆寒若之徵也。
時【編者按：「數」字を訂す】

節喪

『荀子・正論』（十七面）可幷攷。【編者按：『荀子』正論に「世俗之爲說曰、大古薄葬、棺厚三寸、衣衾三領、葬田不妨田、故不掘也、亂今厚葬人飾棺、故掘也、是不及知治道、而察於抇不抇者所言也」とある】
【正文】葬也者、藏也〔五三一、六〕

『〔禮記〕檀弓上』「國子高曰、葬也者、藏也。藏也者、欲人之弗得見也。是故、衣足以飾身、棺周於衣、椁周於棺、土周於椁。反壤樹之哉」。

［正文］古之人有藏於廣野深山而安者矣〔五三二、八〕

『〔易〕下繫辭』「古之葬者、厚衣之以薪、葬之中野、不封不樹、喪期无數。後世聖人易之以棺槨、蓋取諸大過」、『〔孟子〕滕文公下《ママ》』「蓋上世嘗〔有〕不葬其親者」云云。【編者按：『孟子』の引用は滕文公上の誤り】

［正文］葬淺則狐狸抇之〔五三二、八〜九〕

［高注］抇讀曰屈。

山子曰、「屈」當作掘。『後漢・禮儀志下』（十二面）「抇」作掘。【編者按：高注の「屈」字は誤刻。「掘」が正しい。なお、『羣書治要』に引く『呂氏春秋』は「葬淺則狐狸掘之」とあるように「抇」を「掘」に作る】

［正文］以避狐狸之險・水泉之隰〔五三二、九〕

「險」作患（『治要』）。「隰」當作濕。【編者按：說は正しいが、「險」「隰」はいずれも誤刻であろう。『羣書治要』巻三十九・呂氏春秋に「葬不可不藏也。葬淺則狐狸掘之、深則及於水泉、故凡葬必於高陵之上、以避狐狸之患、水泉之濕、此則善矣。而忘奸邪盜賊寇亂之難、豈不惑哉。慈親孝子備之者、得葬之情矣。今世俗大亂、人主愈侈、非葬之心也。非爲死者慮也。生者以相矜也。侈靡者以爲榮、儉節者以爲辱、不以便死爲故、而徒以生者之誹譽爲務、此非慈親孝子之心也。父雖死、孝子之重之不怠、子雖死、慈親之愛之不懈、夫葬所愛重、而以生者之所甚欲、其以安之、若之何哉」とある】

『孝經』喪親章『孔傳』「卜葬地者、孝子重愼、恐其下有伏石漏水、後爲市朝、遠防之也」。

［正文］狐狸水泉、姦邪盜賊寇亂之患〔五三二、一〇〜一一〕

避【編者按：「狐」字の上に補う】

忘【編者按：「姦」字の上に補う】

［正文］今世俗大亂、之主愈侈、其葬則心非爲乎死者慮也〔五三二、一二〕

『治要』作「今世俗大亂、人主愈侈、非葬之心也、非爲死者慮也」。

【補】『治要』無「乎」字○「葬」當作死。

［正文］民之於利也、犯流矢、蹈白刃、涉血盩肝以求之〔五三三、四〕

「蟄」字必誤。「〔季秋紀〕順民」篇「士大夫履肝肺」云云、「〔開春論〕期賢」篇「履腸涉血」云云。

『賈誼新書・連語』篇「紂之官衛、與紂之軀、棄之玉門之外。民之觀者、皆進蹴之、蹈其腹、蹶其腎、踐其肺、履其肝」。

『說苑・善說』「下車免劍、涉血履肝者固吾事也」。

【補】「蟄」當履。『說苑』〔善說〕「涉血履肝」。

〔正文〕忍親戚兄弟知交以求利 〔五三二、四～五〕

「交」猶友。考見「〔愼行論〕壹行」篇〔八面〕。

〔正文〕而況於亂 〔五三二、六〕

「亂」下疑有脫文。

〔正文〕國彌大、家彌富、葬彌厚、含珠鱗施、玩好貨寶、鍾鼎壺鑑、轝馬衣被戈劍、不可勝其數 〔五三二、六～七〕

『〔淮南子〕道應訓』〔二十六背〕「厚葬久喪以亶其家、含珠鱗施綸組以貧其財」云云。

珠襦玉柙〔『名物六帖』〔第三帖・器財箋三〕喪葬祭祀部〕。

【編者按：「含珠鱗施」についていう】

山子曰、「壺鑑」亦玩好之物、以冰取冷、屍在床未殯時之事。

【補】「壺鑑」亦玩好之物已。以冰取冷、尸在床、殯時之事、注非。【編者按：高注に「以冰置水漿於其中爲鑑、取其冷」とある】

〔正文〕不可勝其數 〔五三二、七〕

山子曰、「其」疑衍。

〔正文〕則守者彌怠 〔五三二、九〕

山子曰、「守者」、守冢者也。『〔史記〕陳涉世家』「高祖時、爲陳涉置守冢者三十家碭」、是也。

〔正文〕載之以大輴 〔五三二、一〇〕

「輴」音春、載柩車。『〔禮記〕檀弓上』「天子之殯也、菆塗龍輴以椁」。

〔正文〕羽旄旌旗・如雲僂翣以督之、珠玉以佩之、黼黻文章以飭之 〔五三二、一〇～一一〕

『〔禮記〕檀弓上』「飾棺・牆置翣」、鄭注「牆、柳衣。翣、以布衣木、如攝與」。又〔檀弓〕下「設蔞翣」、注「蔞翣、棺之牆飾。『周禮』蔞作柳」。『周禮』「後之喪持翣」注可考。【編者按：『周禮』天官〔冢宰・女御「後之喪、持翣」の鄭玄注に「翣、棺飾也。持而從柩車」とある】

山子曰、「飭」當作飾、或疑通用。

［高注］葬車有羽旄旌旗之飭、有雲氣之畫。僂、蓋也。翣、棺飾也。畫黼黻之狀如扇翣於僂邊、天子八、諸侯六、大夫四也。

『荀子・禮論』（十一背）有「皆有翣菨文章之等」之文、注可考。【編者按：『荀子』禮論に「皆有翣菨文章之等以敬飾之」とあり、楊倞注に「翣菨、當爲蔞翣。鄭康成云「蔞翣、棺之牆飾也」。翣、以木爲筐、以白布、畫爲雲氣、如今之攝也」とある】

［正文］若慈親孝子者之所不辭爲也〔五三一、一三〕

「若」疑當作爲。字相似而每誤。下「〔孟冬紀〕異寶」篇「爲我死」、「若」誤而爲「爲」。又「〔審應覽〕淫辭」篇「然不若此其宜也」亦「爲」之譌。或云、「若」助語。

【補】「若」字疑衍。

安死

［正文］其樹之若林〔五四二、一二〕

［高注］木聚生曰林也。

山子曰、「聚」當作藂、與叢同。【編者按：「聚」は「藂」字の誤刻】

［正文］以此爲死則不可也〔五四二、三〕

『治要』「死」下有者字。

［正文］夫死、其視萬歲猶一瞚也〔五四二、三〕

「瞚」輸閏切、音舜、闔開目數搖也。『史記・扁鵲傳』曰「目眩然而不瞚」。（『字彙』（午集・目部））【編者按：『說文』巻四・目部に「瞚、開闔目數搖也。从目寅聲。舒問切」とある】

［正文］人之壽、久之不過百、中壽不過六十〔五四二、三～五四三、一〕

『莊子・盜跖』篇「人上壽百歲、中壽八十、下壽六十」。

［正文］世世乘車食肉〔五四三、四〕

上「節喪」篇（五面）【編者按：孟冬紀・節喪に「乘車食肉」とある】

［正文］君之不令民〔五四三、八〕

不受號令之民。【編者按：「不令民」に注す】

〔正文〕皆鄕里之所釜亂者而逐之〔五四三、八〕

山子曰、「亂」當作甂、與鬲同。『家語・致思』篇「魯有儉嗇者、瓦鬲煮食食之」云云「子路曰、瓦甂・陋器也。煮食、薄膳也」云云。

【補】此三字不可讀。「亂」字、『字典』不收。

〔正文〕憚耕稼采薪之勞、不肯官人事〔五四三、八～九〕

山子曰、「官」疑管。

〔高注〕既憚耕稼、又不肯居官循治人事也。

『〔後漢書〕禮儀志〔下〕』注作「皆鄕邑之所遺而憚耕耒之勞者也」。

脩【編者按：「循」字を訂す】

【補】「官」字必誤。

〔正文〕此孝子忠臣親父交友之大事〔五四三、一二〕

患【編者按：「事」字を訂す】

〔高注〕『傳』曰「宋文公卒、始厚葬、用蜃炭、益車馬、始用殉、重器備。槨有四阿、棺有翰檜。君子謂華元・樂呂、於是乎不臣、臣、治煩去惑者也、是以伏死而爭、今二子者、君生則縱其惑、死也又益其侈、是棄君於惡也、何臣之爲」、此之謂也。

成二年【編者按：「傳」に注す】

擧【編者按：「呂」字を訂す】

【補】「事」疑當作患、字形相似。〇「呂」當作擧。

〔正文〕通樹之〔五四三、一二〕

「通」、通迴也。

〔正文〕『詩』曰「不敢暴虎、不敢馮河、人知其一、莫知其他」、此言不知鄰類也〔五四四、四～五〕

「暴」、音搏。「馮」、馮陵也。

『小雅・小旻』篇【編者按：「詩」に注す】

〔高注〕『詩・小雅・小旻』之卒章也。無兵搏虎曰暴。無舟渡河曰馮。喩小人而爲政、不可以不敬、不敬之則危、猶暴虎馮河之必死也。人知其一、莫知其他。一、非也。人皆知小人之爲非、不知不敬小人之危殆、故曰「不知鄰類也」。

山子曰、「類」當作倫。注同。

『列子・仲尼』篇「公孫龍」云云「白馬非馬。孤犢未嘗有母。其負類反倫、不可勝言也」。

【補】「鄰」當作倫。『荀子』〔勸學〕「倫類不通」。

〔正文〕故反以相非、反以相是。其所非方其所是也、其

所是方其所非也〔五四四、五〕
「〈愼行論〉察傳」（十二背）。
山子曰、「方」、正也。
【補】「方」、正也、注非。【編者按：高注に「方、比」とある】
【正文】吾不非鬥、不非爭、而非所以鬥、非所以爭〔五四四、六〕
『荀子・富國』篇「墨術誠行則天下尚儉而彌貧、非鬥而日爭」。
【補】「非」、是非之非、注非。【編者按：高注に「非猶罪也」とある】
【正文】今多不先定其是非而先疾鬥爭〔五四四、七〕
公遠云、祇也。【編者按：「多」字に注す】
【正文】魯季孫有喪〔五四四、八〕
定五年【編者按：『春秋經』定公五年に「六月、丙申、季孫意如卒」とある】
【正文】以寶玉收、譬之猶暴骸中原也〔五四四、九〕
【高注】孔子以平子逐昭公出之、其行惡、不當以斂、而反用之、肆行非度、人又利之、必見發掘、故猶暴骸中原也。
「故」下當補曰字。

異寶

【正文】孫叔敖疾、將死、戒其子曰……〔五五八、二〕
『史記』滑稽傳・優孟傳『正義』引此大有異同、可幷攷。
『列子・說符』篇（十三背）、『淮南・人間訓』。
【正文】爲我死、王則封汝〔五五八、三〕
山子曰、「爲」猶如也。「〈仲冬紀〉長見」篇云「爲不能聽、勿使出境」亦同。
再按、「爲」當作若。「長見」篇亦同。
【正文】楚・越之間有寢之丘者〔五五八、三〕
山子曰、寢丘、寢丘壟之意。故人諱惡也。又曰謂、寢丘爲寢之丘者、猶謂驪姬爲驪之姬也。「之」、助字。見『莊子・齊物論』。【編者按：『莊子』齊物論に「麗之姬、艾封人之子也」とある】
「狙之兵」（『莊子・徐無鬼』十八面）【編者按：「兵」は

「丘」の誤記であろう。『莊子』徐無鬼篇に「吳王浮於江、登乎狙之山。衆狙見之、恂然棄而走、逃於深蓁」とある】

『〔左傳〕襄十三《ママ》年』及『家語・辯物』「子服景伯」云云。【編者按：『孔子家語』辯物に「吳王夫差將與哀公見晉侯。子服景伯對使者曰「王合諸侯、則伯率侯牧以見於王。伯合諸侯、則侯率子男以見於伯、今諸侯會、而君與寡君見晉君、則晉成爲伯矣。且執事以伯召諸侯、而以侯終之、何利之有焉」。吳人乃止」とあり、『左傳』哀公十三年に「吳人將以公見晉侯、子服景伯對使者曰「王合諸侯、則伯帥侯牧以見於王、伯合諸侯、則侯帥子男以見於伯、自王以下、朝聘玉帛不同、故敝邑之職貢於吳、有豐於晉、無不及焉、以爲伯也、今諸侯會、而君將以寡君見晉君、則晉成爲伯矣、敝邑將改職貢、魯賦於吳八百乘、若爲子男、則將半邾、以屬於吳、而如邾以事晉、且執事以伯召諸侯、而以侯終之、何利之有焉」。吳人乃止」とある】

【補】此事見『列子』（說符）、『淮南』（人間訓）。

〔正文〕荊人畏鬼、而越人信機〔五五八、四〕

〔高注〕言荊人畏鬼神、越人信吉凶之機祥、此地名丘畏惡之名、終不利也。

禨（注同）【編者按：「機」字を訂す】

再按、「機」讀爲禨。

〔正文〕五員亡〔五五八、七〕

伍（下同）【編者按：「五」字を訂す】

〔正文〕五員過於吳〔五五八、一三〕

「過」疑適。

〔正文〕而無以爲爲矣。而無以爲之〔五五九、一〕

『〔論語〕爲政』、『〔左傳〕昭十三年』（十二面）【編者按：『論語』爲政に「或謂孔子曰、子奚不爲政。子曰、書云「孝乎惟孝、友于兄弟、施於有政」。是亦爲政、奚其爲爲政」とあり、『左傳』昭公十三年に「吾已、無爲爲善矣」とある】

〔高注〕江上丈人無以爲矣、無以爲、乃大有於五員也。

爲【編者按：「於」の上に補う】

〔正文〕宋之野人、耕而得玉、獻之司城子罕、子罕不受。……〔五五九、三〕

『〔左傳〕襄十五年』（二十九背）、『新序・節士』（八背）、『韓子・喩老』（五背）。

〔正文〕願相國爲之賜而受之也〔五五九、三〜四〕

下「忠廉」〈六背〉【編者按：仲冬紀・忠廉に「特王子慶忌爲之賜而不殺耳」とある】
［正文］今以百金與摶黍以示兒子〔五五九、六〕
團同。【編者按：「摶」字に注す】
［正文］以和氏之璧、道德之至言以示賢者、賢者必取至言矣〔五五九、七〕
依上例當補與字。【編者按：「璧」と「道」との間に朱丸をつける】
『新序』「璧」下有與。
［正文］其知彌精、其所取彌精。其知彌觕、其所取彌觕〔五五九、七〜八〕
「多《ママ》類」篇【編者按：「多」は「名」字の誤記。有始覽・名類〈應同〉に「其智彌觕者、其所同彌觕。其智彌精者、其所同彌精」とある】
「觕」倉胡切、音粗。『公羊傳〈莊公十年〉』曰「觕者曰侵、精者曰伐」。（一考本）【編者按：『康熙字典』酉集上・角部「觕」の引用】

異用

［正文］湯見祝網者、置四面、其祝曰……〔五六七、五〕
『〈史記〉殷本紀』、『新序・雜五』、『賈子・諭誠』。
［正文］昔蛛蝥作網罟、今之人學紓〔五六八、一〕
「蝥」、『新序』作蝥、似是。『文選・東都賦』注引此、亦作蝥。
山子曰、「紓」讀爲「機杼」之杼。『新序』作「今之人循序」。
『〈史記〉太史公自序』「維昔黄帝、法天則地、四聖遵序」云云。
［正文］周文王使人抇池、得死人之骸……〔五六八、四〕
『新序・雜五』、『賈子・諭誠』。
『孔叢子・抗志』篇「子思曰、文王葬枯《ママ》骨而天下知亡」〈「亡」當作仁〉。【編者按：「枯」は「朽」字の誤記】
［正文］故聖人於物也無不材〔五六八、七〕
「不材」猶言棄材也。『老子』二十七章「是以聖人常善救人、故無棄人。常善救物、故無棄物。是謂襲明」。

『淮南・主術訓』「有一形者處一位、有一能者服一事」
云云。
聖人兼而用之。故無棄材。
【正文】孔子之弟子從遠方來者、孔子荷杖而問之曰……
〔五六八、八〕
『賈子・容經』（六面）
【正文】杖歩而倍之〔五六八、九〕
『字彙』無「杖」字（『字典』『正字通』共無）。【編者按：「杖」は「杕」字の誤刻】
『賈子〔兵車之容〕』作「曳杖倍而行」。
『四聲補切』杖戈無疑作「杕」字。
杖【編者按：「杖」字を訂す】
【正文】以遏奪爲務也〔五六八、一三〕
上「安死」（七面）【編者按：孟冬紀・安死に「扑擊遏奪」とある】
【正文】以養疾侍老也〔五六八、一三〕
「侍」當作持。持、扶持也。「〔仲冬紀〕長見」篇有「善持養吾意」之文。
『荀子・正論』（十五面）【編者按：『荀子』正論に「持老養衰」とある】
【正文】跖與企足得飴〔五六八、一三～一四〕
【高注】跖、盜跖。企足、莊蹻也。皆大盜人名也。以飴取人楗牡、開人府藏、竊人財物者也。
『荀子・賦』篇知「君子以修、跖以穿室」。
「企足」別自一人。蓋古書中「跖」「蹻」多連言。故云爾。
【補】此二字疑作蹻字。

巻之十一　仲冬紀

十一月紀

［正文］地氣沮泄、是謂發天地之房〔五七四、六〕

且【編者按：「沮」字を訂す】

『〔淮南子〕時則訓』「房」作藏、是。

［正文］陶氣必良、火齊必得〔五七四、九～一〇〕

器〔注同〕【編者按：「氣」字を訂す。版本の「氣」字は誤刻】

『荀子・彊國』〔初葉〕【編者按：『荀子』彊國に「刑范正、金錫美、工冶巧、火齊得、剖刑而莫邪已」とある】

［正文］陰陽爭、諸生蕩〔五七五、四〕

『〔孔子〕家語・三恕』篇「孔子觀於東流之水」云云「且偏與諸生而不爲也。夫水似乎德」。又『孝經』事君章『孔傳』「夫人君生《ママ》萬物之源、而官諸生之職者也」。山子曰、皆謂萬物有生氣者也。【編者按：「生」は「坐」字の誤記。また『管子』君臣上に「是以爲人君者坐萬物之原、而官諸生之職者也」とある】

【補】鄭玄曰「蕩謂物動將萌芽也」。

［正文］荔挺出〔五七五、五〕

［高注］挺、生出也。

山子曰、「生出」當易地。或云、「生」當作直。

再按、『顏子《ママ》家訓〔書證〕』引高誘注『呂氏春秋』云「荔草挺出也」。「荔挺」義詳『顏子』下可考。

［正文］氣霧冥冥〔五七五、九〕

『禮記〔月令〕』「氣」作氛、可從。

［正文］行秋令、則天時雨汁〔五七五、九〕

『〔淮南子〕時則訓』「雨汁」作雨水。鄭玄云「雨汁者水雪雜下也」。

至忠

『家語・六本』「孔子曰、良藥苦於口而利於病。忠言逆於耳而利於行」云云。又『說苑・正諫』。【編者按：

『說苑』正諫に「孔子曰、良藥苦於口利於病。忠言逆於耳利於行」とある】

【正文】至忠逆於耳、倒於心〔五八四、二〕

『韓子・難言』【編者按：『韓非子』難言に「且至言忤於耳而倒於心」とある】

【正文】故賢主之所說、不肖主之所誅也〔五八四、二〜三〕

『荀子・臣道』篇云「明君之所賞、闇君之所伐《ママ》也。闇君之所賞、明君之所殺也」。（四葉背）【編者按：「伐」は「罰」字の誤記】

【正文】人主無不惡暴劫者、而日致之〔五八四、三〕

山子曰、「致」、致暴劫之人也。

【正文】荊莊哀王獵於雲夢、䠶随兕中之。申公子培刼王而奪之。王曰、何其暴而不敬也。命吏誅之。左右大夫皆進諫曰子培賢者也。又爲王百倍之臣、必有故、願察之也。〔五八四、五〜七〕

『說苑・立節』【編者按：『說苑』立節に「楚莊王獵於雲夢、射科雉、得之。申公子倍攻而奪之。王將殺之。大夫諫曰、子倍自好也、爭王雉、必有說、王姑察之」とある】

「〔審分覧〕勿窮」篇「夫自爲人官、自蔽之精者也」。

【高注】故刼奪王、代王受殃也。

之【編者按：「王」字を訂す】

【正文】而持千歳之壽也〔五八四、一〇〕

【高注】「持」猶得也。

山子曰、「持」、保持也。

【正文】是以臣之兕驚懼而爭之〔五八五、一〕

『列子・黄帝』篇「死生〔驚〕懼、不入乎其胸」。

【高注】驚懼王壽之不長、故與王爭隨兕而奪王也。

之【編者按：「奪王」の「王」字を訂す。朱筆】

【正文】王令人發平府而視之〔五八五、一〕

山子曰、「平」疑乎。『說苑』作乎。

【正文】申公子培、其忠也可謂穆行矣〔五八五、二〕

『字彙』〔午集・禾部〕「穆、默同。穆行猶隱行也。『羣書治要』引『文子・上德』篇云、有陰德者必有陽報、有隱行者必有照《ママ》名」。【編者按：「照」は「昭」字の誤記】

『〔史記〕孔子世家』「穆然深思」。

【正文】齊王疾痏〔五八五、四〕

「痏」與痍同。『世說〔新語〕・輕詆』注引『續晉陽秋』云云「所好生羽毛、所惡成瘡痏」。

『字彙』〔午集・疒部〕「痏」字注引『説文』云「痕痏也」云云。

【正文】使人之宋迎文摯〔五八五、四〕

「文摯」、『列子・仲尼』篇「龍叔謂文摯曰、子之術微矣。吾有疾、子能已乎」云云、張注「摯音至。文子、六國時人、嘗醫齊威王。或云、春秋時宋國良醫也、曾治齊閔王、使閔王怒而病愈」。

山子曰、「春秋時」三字衍。

【正文】非怒王則疾不可治〔五八五、五～六〕

『後漢・華佗傳〔方術列傳下〕』「有一郡守篤病久、佗以爲盛怒則差。乃多受其貨而不加功」云云「太守果大怒」云云「吐黑血數升而愈」。

【高注】怒、讀如彊弩之弩。

高誘以「怒」爲激怒之怒。故云「彊弩之弩」。「怒」字有激怒之意。『莊子・逍遙遊』「怒而飛、其翼若垂天之雲」、又『漢・王章傳〔趙尹韓張兩王傳〕』「妻〔呵〕怒之曰」云云、是也。

【補】『魏志』〔華佗傳〕「有一郡守病、佗以爲其人盛怒則差、乃多受其貨而不加治。無何棄去、留書罵之。郡主果大怒、令人追捉殺佗。郡主子知之、屬使勿逐。守瞋恚既甚、吐黑血數升而癒」。

【正文】太子頓首彊請曰……〔五八五、六〕

『顏子《ママ》家訓』

【正文】王必幸臣與臣之母〔五八五、七〕

「幸」猶賜也。

「〔仲冬紀〕忠廉」篇「幸汝以成而名」與此同義。

【正文】與太子期、而將往不當者三〔五八五、七～八〕

「〔愼大覽〕貴困《ママ》」篇「期而不當、言而不信、此殷之所以亡也」。【編者按：「貴困」は「貴因」の誤記】

『荀子・富國』篇注引『墨子〔貴義〕』「與我言而不當」。

『荀子・儒效』「不聞不見、則雖當、非仁也」。

【正文】太子與王后急爭之〔五八五、一〇〕

「急」猶疾也。

【正文】文摯非不知活王之疾〔五八五、一二〕

治【編者按：「活」字を訂す】

忠廉

【正文】士議之不可辱者大之也〔五九四、二〕

山子曰、「議」當作義、以與「利」字對知之。「士」字讀卽義、上篇「成其義」之義。【編者按：仲冬紀・至忠に「爲太子行難、以成其義也」とある】

【高注】議、平也。平之不可得汚辱者、士之大者也。

公遠云、「平」當作評。

【正文】利不足以虞其意矣〔五九四、二〕

「虞」與娯同。

【正文】不足以挺其心矣〔五九四、三〕

「挺」讀爲逞。

【正文】無敢辭違殺身出生以徇之〔五九四、四～五〕

維甫按、下注曰「出、去也」。

山子曰、當出此。

「出死斷亡」（『荀子・富國』）。

「〔季冬紀〕誠身《ママ》」篇有「皆出身棄生以立其意」之文。

【編者按：「身」は「廉」字の誤記】

【正文】其患雖得之有不智〔五九四、五～六〕

山子曰、「有」當作在、「智」當作知。知猶用也。『〔論語〕先進』篇「如或知爾、則何以哉」、孔安國曰「如有用汝者、則何以爲治哉」。「〔審應覽〕審應」篇「其在於民而君弗知、其不如在上也」。

【補】「有」當作在、「智」・知同。『墨子』（耕柱）「豈能智數百歲之後哉、而鬼神智之」。

【正文】吳王欲殺王子慶忌而莫之能殺〔五九四、七〕

【高注】「吳王」、闔廬光、簒庶父僚而卽其位。

『〔史記〕吳世家』「壽夢有子四人、長曰諸樊、次曰餘祭、次曰餘眛、次曰季札」云云「王餘眛卒、乃立王餘眛之子僚爲王」。公子光者、王諸樊之子也」云云「遂殺王僚。公子光竟〔代〕立爲王、是爲吳王闔廬」、然則光王僚之從兄也。「庶父」當作從兄。

【正文】摯執妻子〔五九四、一〇〕

山子曰、「摯」疑當作縶。

【正文】王子慶忌捽之、投之於江〔五九五、三〕

卽律切、音卒。持頭髮也。【編者按：「捽」字に注す。

『康熙字典』卯集中・手部「捽」からの抜粋】
【正文】汝天下之國士也、幸汝以成而名［五九五、三～四］
「國」疑衍。再按、『世說・方正』下「卞士尉曰、卿以一世勳門、而敖天下國士。拂衣遂去」。下「不侵」篇（九面）。【編者按：ここに引かれる『世說新語』は、『世說新語補』の系統のテクストによる。なお「卞士尉曰……」の文は『南史』巻七十二・文學傳の卞彬の條に見える。季冬紀・不侵に「夫國士畜我者、我亦國士事之」とある】
【高注】幸、活。
山子曰、「幸」猶賜也。
【正文】衛懿公有臣曰弘演、有所於使［五九五、一〇］
『新序・義勇』（五背）
「於」疑當作爲、音之誤也。
【正文】翟人至、及懿公於榮澤［五九五、一一～一二］
滎【編者按：「榮」字を訂す。『新序』は「滎」に作る】
【補】「榮」當作滎。
【正文】呼天而啼［五九五、一二］
『荀子・非相』篇「莫不呼天啼哭、苦傷其今、而後悔其始」、又『儀禮・既夕禮』「主人啼、兄弟哭」、『〔左傳〕莊七《ママ》年』「豕人立而啼」。【編者按：「七」は「八」の誤記】
【正文】臣請爲襮［五九五、一三］
『新序』作表字。【編者按：「襮」字に注す】
【正文】桓公聞之曰、衛之亡也、以爲無道也［五九五、一四］
山子曰、「桓」上當補齊字。
『新序』有齊字。
『新序』無爲字。

當務

【正文】辨而不當論、信而不當理、勇而不當義、法而不當務［六〇二、二］
『荀子・不苟』篇「君子行不貴苟難、說不貴苟察、名不貴苟傳、唯其當之爲貴」。
又『〔荀子〕非十二子』篇「知而儉《ママ》、賊而神、爲詐而巧、言無用而辨《ママ》、辨《ママ》不惠而察、治之大殃也」。

［正文］惑而乘驥也〔六〇二、三〕

「惑」、惑疾也。

瘨疾【編者按：「惑」字に注す】

［正文］跖之徒問於跖曰……〔六〇二、五〕

『莊子・胠篋』篇。

［正文］備說非六王・五霸〔六〇三、一〕

山子曰、「備說」當作俗說。『荀子・正論』篇「世俗之爲說者曰、堯舜不能教化。是何也。〔曰〕朱象不化。是不然」云云。

山子曰、此乃『莊子・胠篋』篇所謂「聖人生而大盜起。掊擊聖人、縱舍盜賊、而天下始治矣」之意、蓋當時諸子橫議有爲此等言者。

「〔離俗覽〕舉難」篇「人傷堯以不慈之名、舜以卑父之號、禹以貪位之意、湯・武以放殺《ママ》之謀、五霸《ママ》以侵奪之事」。【編者按：「殺」は「弑」字の誤記】

［正文］禹有淫湎之意〔六〇三、二〕

悳・惪、竝德古字。【編者按：「意」字に注す】

志意【編者按：「意」字に注す】

［正文］下見六王・五霸、將轂其頭〔六〇三、三〜四〕

「〔孝行覽〕必己」篇有「以楫虓其頭」之文。按『〔左傳〕定二年』「閽乞肉焉、夷射姑奪之杖以敲之」、杜注「奪閽杖以敲閽頭也」、蓋「轂」與敲通。如轂字可以見。

格【編者按：「轂」字を訂す】

［高注］轂、音㱿、擊也。

『字彙』〔辰集・殳部〕「㱿、音乞約切、音却」。

『字彙』增注「㱿、克角切」。

『說文』〔卷三・殳部〕「〔㱿〕从上擊下也」。

［正文］楚有直躬者……〔六〇三、五〕

『韓子・五蠹』〔六背〕、『論語・子路』。

［正文］一父而載取名焉〔六〇三、七〜八〕

「載」讀爲再。

［正文］尚胡革求肉而爲〔六〇三、一〇〕

『左・宣四年』「子公怒。染指於鼎、嘗之而出」。

「而」猶之也。

『荀子・榮辱』篇〔二十一背〕「今天《ママ》偷生淺知之屬、曾此而不知也」。又『〔荀子〕王霸』篇「既能當一人、則身有何勞而爲」〔十九葉背〕。

【正文】於是具染而已〔六〇三、一〇～一二〕
與揳同。『〔儀禮〕特牲饋食禮』「取菹揳于醢」、鄭注「揳醢者、染于醢」。【編者按：「染」字に注す】

【正文】勇若此、不若無勇〔六〇三、一二〕

【高注】『傳』曰「酒以成禮、弗繼以淫」。
『〔左傳〕莊二十二年』

【正文】其次曰中衍〔六〇三、一二〕
音看。【編者按：「衍」字に注す】

【正文】其次曰受德〔六〇三、一二〕
『尚書・立政』「嗚呼、其在受德、督惟羞刑暴德之人、同于厥邦」、『孔傳』「受德、紂字」。又『〔史記〕周本紀』「殷〔之〕末孫季紂」、『正義』曰「『周書』作末孫受德。受德、紂字也」。

長見

【正文】智所以相過、以其長見與短見也〔六一一、二〕
「長」、飛耳・長目之長。見『菅《ママ》子』。【編者按：『管子』九守に「一曰長目、二曰飛耳」とある】

【正文】故審知今則可知古、知古則可知後、古今前後一也〔六一一、三〕
『論語・爲政』「雖百世可知也」之意。

【正文】荊文王曰、莧譆數犯我以義……〔六一一、五〕
『新序・雜事一』「莧譆」作莞蘇。
『說苑・君道』（十五面）「莧譆」作筦饒。依『說苑』『新序』「莧」當作筦、字似而誤。

【正文】曠之則不穀得焉〔六一一、五〕
公遠云、「曠之」猶久之也。

【正文】中侯伯善持養吾意〔六一一、六〕
「持養」、『荀子』爾屢云。「勸學」篇（十一面）。【編者按：「十二」は「十」の誤記。『荀子』勸學に「除其害者以持養之」とあり、榮辱に「以相持養」とあり、議兵に「則高爵豐祿以持養之」とある】
「〔孟冬紀〕異用」篇「仁人之得飴、以養疾持老也」。

【正文】與處則安、曠之而不穀喪焉〔六一一、七〕

【高注】藏武仲曰「季孫之愛我、疾疹也。孟孫之惡我、藥石也。美疹不如惡石」。
『左・襄二十三年』（七面）

「疹」與疢同。
【正文】不以吾身遠之、後世有聖人、將以非不穀〔六一一、七〜八〕
「以」猶及也。「非」讀爲誹。
【正文】於是送而行之〔六一一、八〕
【高注】魯僖七年『傳』曰「初、申侯之出也、有寵於楚文王。文王將死、與之璧使行。曰、惟我知汝、汝專利而不厭、予取予求、不汝玼瑕也。後之人將求多於汝、汝必不免。我死、汝速行、毋適小國、將不汝容焉」。
申【編者按：「申侯之出也」の「之」字を訂す。『左傳』僖公七年に「初、申侯、申出也、有寵於楚文王」とある】
「玼」才資切、音慈。玉病。（『字彙』〔午集・玉部〕）
『左傳』「玼」作疵。
【正文】三年而知鄭國之政也〔六一一、八〜九〕
「知」、主也。後世知府・知縣亦此義。『易・上繫辭』「乾以易知」是。
考出「〔有始覽〕有始」篇。
【正文】晉平公鑄爲大鐘〔六一一、一〇〕
「〔仲夏紀〕侈樂」篇（五背）。

【正文】呂太公望封於齊〔六一二、二〕
『〔史記〕齊太公世家』「太公望呂尚者、東海上人也。其先祖嘗爲四嶽、佐禹平水土甚有功。虞夏之際封於呂、或封於申、姓姜氏。夏商之時、申・呂或封枝庶子孫、或爲庶人、尚其後苗裔也。本姓姜氏、從其封姓、故曰呂尚」云云「吾太公望子久矣。故號之曰太公望」。
【正文】周公旦封於魯〔六一二、二〕
『〔史記〕魯世家』與此所載有異同。
【正文】魯公以削、至於覲存〔六一二、五〕
山子曰、「公」疑當作日。「覲」・僅、蓋通用。又見「〔恃君覽〕觀表」篇。
【正文】吳起抿泣而應之曰、子不識〔六一二、八〕
「抿」音民、與搢同、撫也。
『字彙』〔卯集・手部〕「抆、武粉切。音刎」、揩拭也。
『楚辭・九章〔悲回風〕』「孤子唫而抆淚」、又摩也。【編者按：畢沅『呂氏春秋新校正』は「抿與抆同」という】
【正文】君知我而使我畢能西河可以王〔六一二、八〜九〕
「知」猶用也。考出於「〔仲冬紀〕忠廉」篇。下「不知我」同。
【正文】魏公叔痤疾、惠王往問之〔六一二、一一〕
魏惠王策【編者按：『戰國策』魏策一・魏公叔痤病】
『〈史記〉商君傳』
【正文】公叔之疾、嗟、疾甚矣〔六一二、一一〕
下「疾」當作漬、音近而誤。「〈孟春紀〉貴公」篇「仲父之病矣、漬甚矣」。
【正文】爲不能聽〔六一二、一二〕
山子曰、「爲」猶如也。「〈孟冬紀〉異寶」篇「爲我死」、同爲。『史記』作卽。再按、「爲」當作若。考見「異寶」篇。【編者按：『史記』商君傳に「王卽不聽用鞅、必殺之、無令出境」とある】
【正文】公叔死、公叔鞅西游秦〔六一二、一四〕
山子曰、下「公叔」當公孫。【編者按：「公叔鞅」の「叔」は版本の誤刻】

卷之十二　季冬紀

十二月紀

【正文】乳雉雊〔六一二、四〕
【高注】『詩』云「雉之朝雊、尚求其雌」。
『小雅・小弁』篇。
【正文】命有司大儺、旁磔、出土牛、以送寒氣〔六一二、五〕
【高注】旁磔犬羊於四方以攘、其畢冬之氣也。出土牛、令之鄉縣、得立春節、出勸耕土牛於東門外是也。
禳【編者按：「攘」字を訂す】
今【編者按：「令」字を訂す】
「得」當作待。
【正文】征鳥厲疾〔六一二、五〕
【高注】征鳥、鷹準之屬。【編者按：現行『呂氏春秋』高誘

注には見えない。『禮記』月令「征鳥厲疾」の『正義』に「征鳥、謂鷹隼之屬也」とある】

隼【編者按：「準」字を訂す】

【正文】及帝之大臣・天地之神祇〔六二二、六〕

「帝」「大臣」謂句芒祝融之屬。

【正文】命漁師始漁、天子親往〔六二二、七〕

『〈春秋〉隱五年』「矢魚于棠」。

【正文】水澤復堅〔六二二、七〕

『〈禮記〉月令』「復」作腹、鄭注云「腹、厚也。此月日在北陸、氷堅厚之時也」。

『小雅・蓼莪』詩「出入腹我」、『毛傳』「腹、厚也」。

【正文】乃命四監、收秩薪柴、以供寢廟及百祀之薪燎〔六二二、九〕

按『禮記・王制』「天子使其大夫爲三監、監於方伯之國」、則畿内亦有監可知也。「四監」蓋王畿四方之監也。

「四」、疑四方之四。四嶽之類、可以證。注疑杜撰矣。

『〈禮記〉月令』鄭注「薪施炊爨、柴以給燎」、『〈淮南子〉時則訓』注「薪燎炊爨乃夜燎之用也」。【編者按：宇野東山點本『淮南子』（巻五、二十丁ウ）の高誘注に「薪燎炊也爨及夜燎之用」とある】

【正文】日窮於次、月窮於紀、星迴於天、數將幾終、歲將更始〔六二二、一〇〕

『〈禮記〉月令』鄭注「言日月星辰運行、于此月皆周匝於故處也。次、舍也。紀、會也」。

【正文】以供皇天上帝社稷之饗〔六二三、二〕

【高注】稷、田官之神、謂列山氏子柱與周棄也。

烈【編者按：「列」字を訂す】

【正文】令宰歴卿大夫至于庶民土田之數〔六二三、三〕

命【編者按：「令」字を訂す】

『〈禮記〉月令』「令」作則。

【正文】季冬行秋令、則白露蚤降、介蟲爲妖、四鄰入保〔六二三、五～六〕

【高注】金氣白、故曰露蚤降、介甲之蟲爲妖災也。

維甫按、注「露」上疑脱「白」字、是。【編者按：版本の「曰」は「白」字の誤刻】

【正文】行春令、則胎夭多傷、國多固疾、命之曰逆〔六二三、六〕

『〔淮南子〕時則訓』「固」作痼。

【高注】季冬大寒、而行春温仁之令、氣不和調、故胎養夭傷。国多逆氣之由、故命曰逆。

山子曰、按『時則訓』注「多」下脱「篤疾」二字。

【正文】行夏令、則水潦敗國、時雪不降、冰凍消釋〔六二三、六～七〕

【高注】火氣炎陽、又多淋雨、故水潦敗國也。時雪當降而不降、冰凍不當消釋而消釋、火氣温、於時之徵也。

【編者按：「於時」の於は「干」の誤刻】

『時則訓』注「於」作于、無「火氣温」三字、疑此衍文。【編者按：「于」は「干」字の誤記】

士節

【正文】士之爲人、當理不避其難〔六二九、二〕
「理」猶義也。
【正文】賢主勞於求人、而佚於治事〔六二九、四〕
『荀子・王霸』（二十二面）【編者按：『荀子』王霸に「故君人勞於索之、而休於使之」とある。「之」は宰相のことをいう】
【正文】齊有北郭騷者、結罘罔、捆蒲葦、織屨履〔六三〇、二〕
『說苑・復恩』（十二面）、『晏子・雜上』。
捆【編者按：「捆」字を訂す】
『晏子』作果。【編者按：『晏子春秋』雜上・晏子乞北郭騷米以養母騷殺身以明晏子之賢に「果」字は見えない】
『晏子』「屨」字無。
「屨履」、「〔孟夏紀〕尊師」篇作「萉《ママ》屨」。【編者按：「萉」は「萉」字の誤記】
【正文】願乞所以養母〔六三〇、二〕
『晏子』『說苑』共「母」下有者字。
【正文】其養不臣乎天子〔六三〇、二〕
山子曰、「養」當作義。一本作義。「不侵」篇可證。
【編者按：季冬紀・不侵に「義不臣乎天子」とある】
【正文】晏子使人分倉粟分府金而遺之〔六三〇、三～四〕
『說苑』下之「分」字無。
【正文】北郭子召其友而告之曰、說晏子之義、而常乞所以養母焉〔六三〇、七～八〕

「曰」下有「吾子」二字。（『晏子』）
「焉」上有者字。
「常」讀爲嘗。
【正文】養及親者、身伉其難。今晏子見疑、吾將以身死白之〔六三〇、八～九〕
「伉」作更、無「死」。（『說苑』）
【正文】必見國之侵也、不若先死〔六三〇、一〇〕
「必」上有方字。（『說苑』）
【正文】請以頭託白晏子也。因謂其友曰、盛吾頭於笥中、奉以託。退而自刎也〔六三〇、一〇～一一〕
吉子曰、「頭託」之託疑當作矺、與磔同。『〈史記〉李斯傳』「矺死於杜」。
「託退」當易地。『晏子』作退託。
【正文】其友謂觀者曰〔六三〇、一一〕
「觀者」、『晏子』作復者。
【正文】晏嬰之亡豈不宜哉〔六三〇、一三～一四〕
山子曰、「晏嬰」之晏衍。『晏子』無晏。

介立

【正文】以貴富有人易、以貧賤有人難〔六三四、二〕
『易・繫辭上』「富有謂《ママ》之大業」、『〈論語〉子路』篇「孔子謂衞公子荊」云云。
山子曰、「有」、保有也。
『荀子・大略』篇「君人者不可以不愼取臣、匹夫者不可以不愼取友。友者、所以相有也」。『詩・王風・葛藟』「謂他人母、亦莫我有」、『箋』云云「有、有識也」。公遠云、『〈左傳〉昭二十年』「若不獲扞外役、是不有寡君也」、杜注「有、相親有」。
【正文】今晉文公出亡〔六三四、二〕
山子曰、「今」疑當作昔。
【正文】晉文公反國……〔六三四、四〕
『說苑・復恩』（四葉）、『新序・節士』（十四葉）。
【正文】介子推不肯受賞、自爲賦詩曰、有龍於飛……〔六三四、四〕
猶直躬之直乎。【編者按：『論語』子路に「葉公語孔子曰、

吾黨有直躳者、其父攘羊、而子證之。孔子曰、吾黨之直者異於是。父爲子隱、子爲父隱。直在其中矣」とある】

「於」一作于、是。

【正文】一蛇羞之、橋死於中野。懸書公門、而伏於山下〔六三四、五〜六〕

山子曰、「橋」當作槁。

「下」疑當作中。

【正文】負釜蓋簦〔六三四、七〜八〕

「蓋」疑當作羸。『字彙』〔卯集・手部〕「擔負曰羸」、『漢・刑法志』「羸三日〔之〕糧」。簦・簦、古蓋同。『史記・虞卿傳〔平原君虞卿列傳〕』「躡蹻擔簦」、徐廣曰「簦、長柄笠、音登。笠有柄者謂之簦」。『〔戰國策〕秦惠文君策』蘇秦云「羸滕履蹻、負書擔囊、形容枯槁、面目黧黑、狀有愧色」。滕・簦・簦、蓋古字通用。【編者按：引用は鮑本に基づく。姚本〔秦策一・蘇秦始將連横〕は「羸滕履蹻、負書擔橐、形容枯槁、面目犂黑、狀有歸色」に作る】

【正文】遂背而行〔六三四、九〕

山子曰、「背」、分背也。

【正文】焦脣乾嗌〔六三五、一〕

「嗌」、伊昔・於革二反。

【正文】東方有士焉曰爰旌目……〔六三五、二〕

『新序・節士』（十五背）、『列子・節符』。

【正文】我狐父之人丘也〔六三五、三〕

「人」上有盜。（『新序』。『列子』無）

【正文】兩手據地而吐之、不出、喀喀然遂伏地而死〔六三五、四〜五〕

【高注】昔者齊饑、黔敖爲食於路。有人戢其履、瞢瞢而求。黔敖呼之曰「嗟、來食」。揚其目而應之曰「吾惟不食嗟來之食、以至於此」。黔敖隨而謝之。遂去、不食而死。君子以爲其嗟也可去、其謝也可食。一介相似、旌目其類也。

來【編者按：「求」字を訂す。版本の誤刻】

『〔禮記〕檀弓下』

「一」當作其。

【正文】莊蹻之暴郢也〔六三五、五〕

【高注】莊蹻、楚成王之大盜。

「王」下當補時字。

『荀子・議兵』篇「莊蹻起、楚分〔而〕爲三四」。

【正文】如爰旌目已食而不死矣。惡其義而不肯不死〔六三五、七〜八〕

則通。【編者按：「而」字に注す】

「惡」疑思。

誠廉

【正文】其不可漫以汙也、亦猶此也〔六四〇、三〕

『荀子・榮辱《ママ》』篇「汙漫突盜」、『〔荀子〕彊國』篇「汙漫・爭奪・貪利」、又「汙漫突盜以爭地」。【編者按：引用の「榮辱」は「王霸」の誤り】

【正文】昔周之將興也、有士二人、處於孤竹、曰伯夷・叔齊。……〔六四〇、四〕

『莊子・讓王』

【正文】似將有道者〔六四〇、五〕。

『莊子』無「將」字。

【正文】則王使叔旦就膠鬲於次四內〔六四〇、六〕

「次」疑衍。

【正文】加富三等〔六四〇、六〕

『莊子』「三」作二、似是。

【正文】又使保召公就微子開於共頭之下〔六四〇、七〕

『荀子・儒效』篇「武王之誅紂也」云云「至共頭而山隧」、楊注云「共、河內縣名。共頭、蓋共縣之山名。隧、謂山石崩摧也」。

【正文】世爲長侯〔六四〇、八〕

三恪之義。【編者按：「長侯」に注す】

【正文】宜私孟諸〔六四〇、八〕

「〔有始覽〕有始」篇「梁之圃田、宋之孟諸」云云。

【正文】樂正與爲正〔六四〇、一〇〜六四一、一〕

山子曰、「正」當作政。下「爲正」之正皆同。

【正文】阻丘而保威也〔六四一、二〕

「丘」疑當作兵。『莊子』作兵。

【正文】揚夢以說衆〔六四一、三〕

『〔尚書〕泰誓中』「朕夢協朕卜、襲于休祥、戎商必克」。

【正文】不爲苟在〔六四一、四〕

山子曰、「在」疑任。

再按、「在」、存在也。不在謂死也。

［正文］與其並乎周以漫吾身也〔六四一、四～五〕
『莊子』「漫」作塗。
［正文］有所重則欲全之、有所輕則以養所重〔六四一、六〕
［高注］養所重、不汙於武王、爲以全其忠也。
公遠云、「忠」當作志。
［正文］皆出身棄生以立其意、輕重先定也〔六四一、七〕
山子曰、「意」當作志。

不侵

［正文］豫讓之友謂豫讓曰〔六四七、二〕
下「序意」篇、又「〈恃君覽〉恃君」篇可幷見。
［正文］衆人廣朝〔六四七、五〕
山子曰、「衆人廣朝」猶言稠人廣坐也。
［正文］孟嘗君爲從、公孫弘謂孟嘗君曰……〔六四七、八〕
『戰國策・齊襄王』引。【編者按：齊策四・孟嘗君爲從】
［正文］公孫弘敬諾、以車十乘之秦。秦昭王聞之、而欲醜之以辭、以觀公孫弘〔六四七、一〇～一一〕
『國策』無下「秦」。「醜」作愧。
［正文］昭王曰「孟嘗君之好士何如」。公孫弘對曰「義不臣乎天子、不友乎諸侯、得意則不慚爲人君、不得意則不肖爲人臣、如此者三人。能治可爲管・商之師、說義聽行、其能致主霸王、如此者五人。萬乘之嚴主、辱其使者、退而自刎也、必以其血汙其衣、有如臣者七人」〔六四七、一三～六四八、二〕
『韓子・姦劫弑臣』（十六背）
［正文］得意則不慙爲人君、不得意則不肖爲人臣〔六四七、一四～一五〕
『國策』作「得志不慚爲人主、不得志不肯爲人臣」、可從。「〈離俗覽〉用民」篇「管・商亦因齊・秦之民也、得所以用之也」。
「慙」作暫。「肖」作肯。（『治要』）
志意【編者按：「得意」の「意」に注す。朱筆】
志【編者按：「不得意」の「意」に注す。朱筆】
［正文］其能致主霸王〔六四七、一五～六四八、一〕
『國策』「其」字在「致」字下、是。
［正文］萬乘之嚴主〔六四八、二〕
「嚴」猶尊也。嚴父（『孝經』）。

【正文】有如臣者七人〔六四八、一～二〕

『國策』無「有」字、是。

【正文】昭王、大王也〔六四八、三〕

山子曰、「大」當作帝、音之誤也。（上九面）文云「秦王帝王之主也」。

序意

【正文】維秦八年、歲在涒灘〔六五四、二〕

【高注】八年、秦始王即位八年也。歲在申名涒灘。涒、大也。灘、循也。萬物皆大循其情性也。涒灘、誇人短舌不能言爲涒灘也。

山子曰、「王」當作皇、音之誤也。『淮南・天文訓』「太陰在申、歲名曰涒灘」、又曰「涒灘之歲」云云、注云「涒、大。灘、修也。言萬物皆修其精氣也」。【編者按：「王」字は版本の誤刻】

修【編者按：「循」字を訂す】

胡【編者按：「誇」字を訂すか】

【正文】行數、循其理、平其私〔六五四、五～六五五、一〕。

「數」猶術也。『荀子・仲尼』篇「天下之行術」云云。

【正文】夫私視使目盲、私聽使耳聾、私慮使心狂〔六五五、二〕

『老子』十二章【編者按：『老子』十二章に「五色令人目盲。五音令人耳聾。五味令人口爽。馳騁田獵、令人心發狂。難得之貨、令人行妨。是以聖人爲腹不爲目、故去彼取此」とある】

【正文】以日倪而西望知之〔六五五、二〕

『莊子・天下』篇（二十四面）「日方中方睨、物方生方死」。

山子曰、「西望知之」下疑脫簡。

【正文】趙襄子游於囿中……〔六五五、三〕

（山子曰）「趙襄子」云云、疑他篇之語跳入此。再按、疑「（季冬紀）不侵」篇錯簡。

陳眉公猶譚『史記』、豫讓漆身爲癩、吞炭爲啞、其妻不識、其友識之、不言何人。初學皆不識。按『呂覽』、襄子馬却不前時、事則青荓也。【編者按：眉公とは、明の陳繼儒の號】

王世貞載『史記・刺客傳』標考。【編者按：『史記評林』

のこと】

〔正文〕豫讓却寢〔六五五、四〕

『荀子・非相』篇「足以〔爲〕奇偉偃却之屬」、楊注云「偃却猶偃仰」。因按「却寢」仰臥也。「覆却」之却、覆手却手。『莊子・達生』（四面）【編者按：「却」に注す。『莊子』達生に「覆却萬方」とある】

仰【編者按：「却」字に注す】

〔正文〕青荓・豫讓可謂之友也〔六五五、七〕

「之友」疑當作死友。

死友、見『世說・傷逝』。「范巨卿與張元伯爲友」則。【編者按：現行『世說新語』傷逝に「死友」の語は見えない。『世說新語補』によった秦鼎の『世說箋本』（文政九年刊）傷逝の「范巨卿與張元伯爲友」に「元伯臨盡嘆曰、恨不見吾死友」（卷十四、一丁ウ）とあり、上記の注はこれに基づくであろう。『後漢書』獨行列傳に「式（范巨卿）仕爲郡功曹。後元伯寢疾篤、同郡郅君章・殷子徵晨夜省視之。元伯臨盡歎曰、恨不見吾死友」とある】

『呂氏一適』第三冊（巻之十三～巻之十六）

巻之十三　有始覽

有始

[正文] 生之大經也［六六二、二］

[高注] 經、道也。

「經」、經緯之經。

[正文] 以寒以暑日月晝夜知之［六六二、二～三］

『易・上繫辭』「乾知大始、坤作成物、乾以易知、坤以簡能」。『本義』云「知猶主也」。後世知府・知州亦此義。考見「〈仲冬紀〉長見」篇。（懌）【編者按：「懌」は人名と思われるが未詳】

[正文] 西南曰朱天［六六二、八］

[高注] 西南火之季、九爲少陽。

維甫按、注「少」疑老。

[正文] 何謂九塞、大汾、冥阨、荊阮、方城、殽、井陘、疵處、句注、居庸［六六三、四］

[高注] 魯定公四年、吳伐楚。楚左司馬請直轅、冥阨以擊吳人者也。

『淮南・地形《ママ》訓』注「大汾在晉」、又「冥」作澠、是。注云「澠阨、今弘農之澠池是也」。「左司馬」云云、當作「左司馬戌謂子常曰、我悉方城外、以毀其舟、還塞大隧、直轅、冥阨。子濟漢而伐之、我自後擊之、必大敗之」、杜注云「大隧、直轅、冥阨三者、漢東之隘道」。

「疵處」、『淮南』作令疵、注「令疵」。

[高注]「令疵」、處則未聞。

作遼西。【編者按：『淮南子』墬形訓の注に「令疵在遼西」とある】

[正文] 吳之具區［六六三、五］

『淮南』作越。【編者按：「吳」字に注す】

[正文] 秦之陽華［六六三、五］

『淮南』作紆。【編者按：「華」字に注す】

【正文】晉之大陸〔六六三、五〕

『〔左傳〕定元年』「魏獻子屬役於韓簡子及原壽過而田於大陸焚焉、還卒於寧」、杜注可攷。

【高注】魏獻子所居、猶楚之華容也。

「居」當作焚。

【正文】梁之圃田〔六六三、五～六〕

「梁」、『淮南』作鄭、是。襄《ママ》三十三年【編者按：『左傳』僖公三十三年に「鄭之有原圃、猶有秦有具圃」とある】

【正文】燕之大昭〔六六三、六〕

『淮南』作昭餘。【編者按：「大昭」に注す】

【正文】東南曰熏風〔六六三、七〕

『淮南』作景。【編者按：「熏」字に注す】

【正文】西南曰淒風〔六六三、八〕

『淮南』作京。【編者按：「淒」字に注す】

【正文】西方曰飂風〔六六三、八〕

【高注】兌氣所生。曰閶闔風。

依前後例、「兌氣所生」之下脱一字。

【正文】西北厲風〔六六三、八〕

『淮南』作麗。【編者按：「厲」字に注す】

【正文】何謂六川〔六六三、九〕

『淮南』作水。【編者按：「川」字に注す】

【正文】遼水〔六六三、九〕

【高注】遼水出砥石山。

碣【編者按：「砥」を訂す】

【正文】陸注三千〔六六三、一一〕

山子曰、「陸注」蓋本邦攝津國武庫川・湊川之類。『淮南』「陸徑三千里」注。見「〔愼大覽〕貴因」篇。

【正文】白民之南、建木之下、日中無影、呼而無響、蓋天地之中也〔六六三、一五〕

【高注】白民之國、在海外極内。建木在廣都南方、衆帝所從上下也、復在白民之南。建木狀如牛、豕之有皮、黃葉若羅也。日正中將下、日直人下、皆無影。大相叫呼、又無音響人聲。故謂蓋天地中也。

注脱語、不可讀。『淮南・地形《ママ》訓』「建木在都廣、衆帝所自上下、日中無景、呼而無響、蓋天地之中也」、注「建木其狀如牛。引之有皮若瓔黃蛇、葉若羅。都廣南方山名」。

『〔淮南子〕地形訓《ママ》』注「衆帝之從都廣山上天還下、故曰上下。日中時日直人上《ママ》無有晷、故曰蓋天地之中」。

都廣【編者按：「廣都南方」の「廣都」を訂す】

時【編者按：「日正中將下」の「將」字を訂すか。朱筆】

上【編者按：「日直人下」の「下」字を訂す】

〔正文〕天地萬物、一人之身也。此之謂大同〔六六四、二〕

『荀子・不苟』篇「千人萬人之情、一人之情是也。天地之始者、今日是也。百王之道、後王是也」。

〔正文〕天斟萬物〔六六四、二〕

「斟」當作生。生之音轉爲尠、尠字譌爲斟。

〔正文〕陰陽材物之精〔六六四、三〕

「材」讀爲財。

〔高注〕陰陽皆由天地、陰陽例萬物也。

材【編者按：「例」字を訂す】

〔正文〕人民禽獸之所安平〔六六四、三〕

〔高注〕故曰之所安平也。

「曰之」間、疑脱「人民禽獸」四字。（永親）

名類

「名類」疑當作召類。卷二十亦有「召類」篇。蓋若「去尤」「去宥」有二篇、說別書。

〔正文〕黃帝之時、天先見大螾大螻。黃帝曰「土氣勝」。……及禹之時、天先見草木、秋冬不殺。禹曰「木氣勝」。……及湯之時、天先見金、刃生於水。湯曰「金氣勝」。……及文王之時、天先見火、赤鳥銜丹書集於周社。文王曰「火氣勝」。〔六八二、二～六八三、一〕

『竹書紀年』「黃帝」云云、沈約附注云「有大螻如羊、大螾如虹、帝以土氣勝、遂以土德王」、「帝禹」云云「夏道將興、草木暢茂、青龍止于效《ママ》」、「殷湯」云云「有神牽白狼銜鉤而入商朝。金德將盛、銀自山溢」、「周武王」云云「文王」云云「季秋之甲子、赤爵御書及豐、置于昌戶、昌拜稽首受其文。要曰、姬昌蒼帝子亡殷者」、「武王」云云「有火自天止於王屋、流爲赤鳥《ママ》、鳥銜《ママ》穀焉、穀者紀后稷之德、火者燔魚以告天、天火流下、應以告也」。

【付箋】
山子曰、再按『汲冢紀年』「帝辛〔三〕十二年、有赤鳥、集周社」、又『〔史記〕周本紀』「生昌有聖瑞」、『正義』曰「『尚書帝命驗』云、季秋之月甲子、赤爵御《ママ》丹書入于酆、止于昌戸。其書云、敬勝怠者吉」云云。
『史記・周本紀』注、赤鳥作赤爵、雀鳥古同用。猶朱雀言朱鳥也。不必改。「武王渡河」云云「有火自上復于下、至于王屋流爲鳥、其色赤、其聲魄云」、注鄭玄曰「『書說』云、鳥有孝名、武王卒父大業、故鳥瑞臻。赤者周之正色也」。『索隱』曰「按今文秦《ママ》誓「流爲鵰」、鵰、鷙也」。【編者按:『竹書紀年』の「效」、「鳥」は「郊」、「烏」の誤記。また『史記索隱』の「秦」は「泰」字の誤記。また、「鵰、鷙鳥也」に作る】
[高注] 蛄螻。
螻蛄【編者按:「蛄螻」を訂す。朱筆】
[正文] 天且先見。水氣勝〔六八三、一〕
「見」下疑脫水。
[正文] 天爲者時而不助農於下〔六八三、二~三〕
「者」疑衍。
「〔孝行覽〕長攻《ママ》」篇（十四面）。
[正文] 類固相召〔六八三、三〕
「固」當作同。「〔恃君覽〕君類《ママ》」篇作同。【編者按:「召類」の誤記】
[正文] 皷角而角動〔六八三、三〕
鼓【編者按:「皷」字を訂す。「皷」は版本の誤刻】
[正文] 平地注水、水流濕。均薪施火、火就燥〔六八三、四〕
『荀子・勸學』篇「施薪若一火就燥也。平地若一水就濕也」。又見『〔荀子〕大略』篇。
[正文] 水雲角䲖〔六八三、四〕
山子曰、「角䲖」疑當作「舟舩」、因字形而誤。『〔史記〕天官書』曰「雲氣各象其山川、人民所聚積」、又曰「南夷之氣、類舟船幡旗」。
山子曰、「角䲖」當作魚鱗、因字形而誤。『淮南・覽冥訓』亦作「水雲魚鱗」。
魚鱗【編者按:「角䲖」を訂す】
[正文] 師之所處、必生棘楚〔六八三、五~六〕

『老子』三十章「師之所處、必荊《ママ》棘生焉。大軍之後、必有凶年」。
〔高注〕棘是以戰人。
楚【編者按：「是」字を訂す。「是」は版本の誤刻】
〔正文〕夫巣覆毀卵則鳳凰不至〔六八三、七〕
山子曰、「巣覆」當易地。
〔正文〕刳獸食胎則麒麟不來〔六八三、七〕
山子曰、「刳獸食胎」當作「刳胎食夭」。『家語・困誓』篇「刳胎殺夭則麒麟不至其郊」。『〔史記〕孔子世家』亦同。『戰國・孝成王策』「秦攻魏取寧邑」章。
【編者按：姚本では趙策四】
〔正文〕子不遮乎親、臣不遮乎君〔六八三、八〕
〔高注〕遮楚遏也。【編者按：「楚」字を朱で圍む。他の版本は「遮後遏也」に作る】
〔正文〕勤者同居則薄矣〔六八三、一一～一二〕
音迫。【編者按：「薄」字に注す】
〔正文〕故堯爲善而衆善至、桀爲非而衆非來〔六八三、一四〕
『大學』「堯舜率天下以仁而民從之、桀紂率天下以暴而民從之」。
〔正文〕商箴云……〔六八三、一四〕
周箴（『〔有始覽〕謹聽』篇）
〔正文〕又必召寇〔六八三、一五〕
『〔恃君覽〕召類』篇、「又」作有。
〔正文〕攻亂則脆、脆則攻者利〔六八四、一〕
「召類」篇、二「脆」共作服。
〔正文〕凡人之攻伐也、非爲利則因爲名〔六八四、三〕
「召類」篇。『荀子・富國』篇「凡攻人者非以爲名則案以爲利也。不然則忿之也」云云。
〔正文〕解在乎史墨來而輟不襲衛〔六八四、四〕
「召類」篇「墨」作黙。

去尤

第十六卷有「去宥」篇。按文義與此「去尤」同、蓋古音通用、義猶「召類」有二篇。
〔正文〕所以尤者多故、其要必因人所喜〔六九三、二～三〕
事也。【編者按：「故」字に注す】

在【編者按：「要」字と「必」字との間に補う】

［正文］人有亡鈇〔六九三、四〕

『列子・説符』張注「鈇、鉞也」。

［正文］相其谷而得其鈇〔六九四、二〕

『列子・説符』「相」作抇、張注云「抇、胡没反、古掘字、又其月反、一本作相、非也」。

［正文］將何所以得組也〔六九四、五〕

「所以」之以、衍。

［正文］以組不便、公息忌雖無組、亦何益也〔六九四、九～十〕

「無」下有爲字。（『治要』）

［正文］故知美之惡、知惡之美、然後能知美惡矣〔六九四、一一～一二〕

『大學』「人莫知其子之惡、莫知其苗之碩」。

［正文］莊子曰、以瓦投者翔、以鉤投者戰、以黄金投者殆〔六九四、一二〕

「達生」篇。【編者按：「莊子」に注す。『莊子』達生に「以瓦注者巧、以鉤注者憚、以黄金注者殙」とある】

山子曰、投當作投。『列子〔黄帝〕』作摳、『莊子』作注、『淮南子〔説林訓〕』作鉒、皆投之轉音、後世作骰。

『〔山子〕垂統後編』下（三十二面）【編者按：「投」字に注す。『山子垂統』後編下にこの字についての詳細な考證がある。（『二宮學派・折衷學派』大日本文庫・儒教篇、春陽堂書店、一九三七・八、五一五～五一七頁）】

［正文］外有所重者、泄蓋内掘〔六九四、一三〕

『淮南・説林訓』、『列子・黄帝』篇。「泄蓋」二字必誤。『列子』作「凡重外者拙内」、『淮南子』作「是故所重者在外、則内爲之拙」。

「掘」讀爲汨（屈）。掘（拙）・汨・抇、蓋古音通用。

［正文］解在乎齊人之欲得金也〔六九四、一五〕

「〔愼大覽〕權勲」篇、又「〔先識覽〕去宥」篇。

［正文］及秦墨者之相妬也〔六九四、一五〕

「去宥」篇。

聽言

［正文］夭瞎壯狡汔盡窮屈〔七〇三、二〕【編者按：版本の

「⿰目脊」字は「膌」字の誤刻】
山子曰、「夭⿰目脊壯狡」疑當作「壯狡夭昏」。
「汔盡窮屈」亦宜爲「窮屈汔盡」。
「汔」・訖、蓋古音通用。
「⿰目脊」當作膌（『字彙』（未集・肉部）「膌、資昔切。庾《ママ》也」）。【編者按：「庾」は「瘐」字の誤記】

【正文】其室培濕［七〇三、四］
『淮南・齊俗訓』（十九背）「顏闔鑿培而遁之」、注「培、屋後牆」。【編者按：『淮南子』には「顏闔魯君欲相之而不肯使人以幣先焉、鑿培而遁之」とある】

【正文】賢明其世［七〇三、五］
「賢」當作顯。（「〔孝行覽〕必己」二十二背。『史記・張耳傳』「名由此而益賢」亦譌）

【正文】夫流於海者行之旬月、見似人者而喜矣。及其朞年也、見其所嘗見物於中國者而喜矣。夫去人滋久而思人滋深歟［七〇三、七〜八］
『莊子・徐無鬼』
『梁高僧傳・釋法顯傳』「顯到師子國、顯同旅十餘、或留或亡、顧景唯已、常懷悲慨、忽於玉像前、見商人以晉地一白團扇供養、不覺悽然下淚」。

【正文】故賢王秀士之欲憂黔首者［七〇三、九］
「〔孝行覽〕首時」篇、「賢王」作賢主。

【正文】蠭門始習於甘蠅［七〇三、一一］
『列子・湯問』「甘蠅古之善射者彀弓、而獸伏鳥下」云云。

【正文】所以除害禁暴也［七〇三、一二］
「不屈」篇。

【正文】解在乎白圭之非惠子也［七〇三、一四］
「不屈」篇【編者按：審應覽・不屈に「白圭新與惠子相見也……」とある】

【正文】公孫龍子之說燕昭王以偃兵［七〇三、一四］
「〔審應覽〕應言」篇。

【正文】及應空洛之遇也［七〇三、一四］
「〔審應覽〕淫辭」篇作空雄。

【正文】不可不獨論［七〇三、一五］
山子曰、「獨」讀爲特。

謹聽

【正文】昔者禹一沐而三捉髮、一食而三起〔七〇九、二〕

『史記・魯世家』爲周公之事。『羣書治要・鬻子』曰「禹嘗一饋而七起、日中而不暇飽食。曰、吾不恐四海士留於道路、吾恐其留門廷也。是以四海之士皆至」。又、『〔淮南子〕氾論訓』（十葉面）。

【正文】因然而然之、使夫自言之〔七〇九、三〜四〕

『荀子・修身』篇「禮然而然則是情安禮也」。

【正文】少人則說者持容而不極〔七〇九、四〕

「〔有始覽〕務本」篇「列近則持諫」。「極」、極言・極諫之極。

【正文】是乃冥之昭亂之定〔七〇九、五〕

「之」・於通用。【編者按：上の「之」字に注す】

【正文】故殷周以亡〔七〇九、五〕

「周」疑當作紂、音之誤也。

【正文】太上知之〔七一〇、三〕

「知之、聖人也」（『荀子・解蔽』）。

【正文】周箴曰〔七一〇、四〕

「〔有始覽〕名類」篇有「商箴」云云。『〔尚書〕商書・說命下』「惟斅學半、念終始典于學、厥德修罔覺」。或云、「周」疑當作商。

【正文】名不徒立、功不自成、國不虛存、必有賢者〔七一〇、五〕

『說苑・建本』（八背）

『〔論語〕八佾』「朝聞道、夕死可矣」。

【正文】賢者之道、牟而難知〔七一〇、六〕

『韓子・六反』「委曲牟知僞詐之民也」。

【正文】莫大於無天子〔七一〇、九〕

「莫」上脫亂字。按「〔先識覽〕觀世」篇脫亂字。

【正文】幸於得之矣〔七一〇、一一〕

「幸」猶庶幾也。「〔恃君覽〕特《ママ》君」篇「忠〔臣〕幸於得察」亦同。【編者按：「特」は「恃」字の誤記】

『字彙』〔寅集・干部〕「幸」字注「幸、冀望也」。

【正文】太公釣於滋泉、遭紂之世也〔七一〇、一二〕

『〔史記〕游俠傳』「傳說匿於傅險、呂尚困於棘津」注。

【正文】知之與不知也〔七一〇、一二〜一三〕

助語。【編者按：「之」字に注す】
【正文】解在乎勝書之説周公〔七一〇、一四〕
「精諭」篇【編者按：審應覽・精諭に「勝書説周公旦」とある】
【正文】齊桓公之見小臣稷〔七一〇、一四〕
「〈愼大覽〉下士《ママ》」篇【編者按：「士」は「賢」字の誤記】

務本

【正文】嘗試觀上古記、三王之佐、其名無不榮者、其實無不安者、功大也〔七一九、二〕
【正文】無公故也〔七一九、三〕
「〈士容論〉務大」篇。
「務大」篇、「公」作功。
再按、「公」是。
【正文】民之治亂在於有司〔七一九、六〕
『〈論語〉子路』篇「仲弓爲季氏宰問政。子曰、先有司、赦小過、擧賢才」。
『〈尚書〉説命中』「惟治亂有庶《ママ》官」云云。【編者按：「有」は「在」字の誤記】
【正文】今處官則荒亂、臨射則貪得、列近則持諫〔七一九、六〜七〕
山子曰、「持」卽「〈有始覽〉謹聽」篇「説者持容而不極」之持。
「得」亦名目、猶利也。『〈論語〉雍也』篇「仁者先難而後得」、孔安國曰「先勞苦而後得功」、『〈論語〉季氏』篇「及其老也、血氣既衰、戒之在得」、又云「見得思義」。
財【編者按：「射」字を訂す。朱筆】
【正文】臨財物資、盡則爲己〔七一九、九〕
【高注】盡猶略也。無不克伆以爲己有。
「盡」疑衍。
「伆」與物通、滿也。
充【編者按：「克」字を訂す。「克」は版本の誤刻】
【正文】用己者未必是也〔七一九、一一〜一二〕
「用」字、因下文誤。
修【編者按：「用」字を訂すか。「用」字に朱點がある】
【正文】而莫若其身自賢〔七一九、一二〕

患【編者按：「賢」字を訂す】

[正文] 古之事君者、必先服能〔七二〇、一〕

「服」、服習也。『荀子・性惡』篇「今使塗之人伏術爲學、專心一志、思索熟察」云云。

[正文] 解在鄭君之問被瞻之義也〔七二〇、二〕

山子曰、依上例「在」下疑脱乎字。

[高注] 流離出戶。

「〈離俗覽〉上德」篇。

蟲【編者按：「離」字を訂す】

[正文] 薄疑應衞嗣君以無重税〔七二〇、二～三〕

「〈審應覽〉審應」篇。

諭大

[正文] 昔舜欲旗古今而不成〔七二七、二〕

山子曰、「旗」讀爲綦、極也。『荀子』此文多。「〈士容論〉務大」篇可并見。

再按、『家語・辨《ママ》政』「司馬子祺」、『增注』「『春秋傳』作旗。『說苑』作綦。其音皆同」。【編者按：「辨」は「辯」字の誤記。『增注孔子家語』は太宰春臺の撰】、

[正文] 既足以正殊俗矣〔七二七、二〕

『山海經』

[正文] 武王欲及湯而不成、既足以王道矣〔七二七、三〕

「〈士容論〉務大」篇「湯・武欲繼禹而不成、既足以王道達矣」、因按「道」當作通、補達字。

[正文] 孔丘墨翟〔七二七、四〕

「〈士容論〉務大」作孔墨。

[正文] 既足以成顯名矣〔七二七、四～五〕

「顯名」、顯榮之名也。『中庸』「武王」云云「壹戎衣〈而〉有天下、身不失天下之顯名」。

再按、「務大」篇、「顯名」作顯榮。「〈離俗覽〉擧難」篇有「魏文侯」云云「名號顯榮者、三士羽之也」之文。

「務大」作顯榮。【編者按：「顯名」に注す】

[正文] 夏書曰、天子之德廣運、乃神、乃武乃文〔七二七、五～六〕

『古文尚書・虞書・大禹謨』「益曰、帝德廣運、乃聖乃神、乃武乃文、皇天眷命、奄有四海爲天下君」。

【正文】故務在事事在大〔七二七、六〕
「事」、事業之事。
【正文】地大則有常祥・不庭・岐母・羣抵・天翟・不周〔七二七、七〕
山子曰、「常祥」云云、蓋怪物、不必獸名也。「常祥」蓋商羊、見『家語・辨《ママ》政』。「不周」亦怪物之名、當屬上節讀。【編者按：「辨」は「辯」字の誤記】
蓋「夷羊」。夷・與常義同。『史記・武王紀』注引『周書』及『隨巣子』。【編者按：「常祥」に注す】
【正文】山大則有虎・豹・熊・螇・蛆〔七二七、七〕
又曰、「螇・蛆」蓋莽蛇・蜈蚣之類。『字彙』（申集・虫部）「蝍蛆卽蜈蚣。佃云、俗謂之曰百足。魯連子」云云。【編者按：引用の『字彙』の文は「魯連子曰、百足之蟲三斷不蹶、其所持者衆也」と續く。「佃」とは、陸佃『埤雅』のこと】
【正文】水大則蛟・龍・黿・鼉・鱣・鮪〔七二七、八〕
【高注】魚二千斤爲蛟、黿可作羔弄。傳曰、楚人獻黿於鄭靈公、公不與公子宋黿羹。
「〔恃君覽〕知分」篇注。
『家語・六本』（十一面）【編者按：「不與」に注す。『孔子家語』六本に「兼四子者之有以易吾、弗與也」とある】
〔七二七、八～九〕
【正文】商書曰、五世之廟可以觀恠、萬夫之長可以生謀
『古文尚書・咸有一德』「嗚呼七世之廟可以觀德、萬夫之長可以觀政」。
【正文】新林之無長木也〔七二七、一〇〕
『〔左傳〕襄二十九年』（二面）「松柏之下其草不殖」。
【正文】季子曰、燕雀爭善處於一屋之下、子母相哺也、姁姁焉相樂也〔七二七、一二〕
「〔士容論〕務大」篇「季子曰」作孔子曰。
山子曰、「善」、蓋棲字之轉譌。
『孔叢子・論勢』（十七背）。
「〔似順論〕有度」篇。
『〔左傳〕襄二十九年』（八背）季札謂孫文子。【編者按：『左傳』襄公二十九年に季札が孫文子に「夫子（孫文子のこと）獲罪於君、以在此、懼猶不足、而何樂、夫子之在此也、猶燕之巣于幕上」と語ったとあることを指す】
【正文】父子兄弟相與比周於一國〔七二七、一四〕

『〈禮記〉檀弓下』「斯其爲子卯也大矣」。
〔正文〕故曰、天下大亂、無有安國。……然後皆得其樂〔七二八、一～四〕
「〈孟秋紀〉懷寵」篇「義兵之生一人亦多矣」。
〔正文〕匡章之難惠子〔七二八、五〕
「〈開春論〉愛類」篇【編者按：「匡章」に注す】

卷之十四　孝行覽

孝行

〔正文〕則名章榮〔七三六、三〕
「章」讀爲彰。
〔正文〕人臣孝則事君忠〔七三六、四〕
〔高注〕『孝經』曰、以孝事君則忠。
『孝經・廣揚名章』孔傳「求忠臣必於孝子之門」。『後漢書・韋彪傳』注引『孝經緯』。【編者按：片山兼山『標註古文孝經孔氏傳』に「『後漢書・韋彪傳』注云、孝經緯之文」とある】
〔正文〕必先以所重而後及所輕〔七三六、七〕
厚（『大學』）【編者按：「重」字に注す。『大學』に「其所厚者薄而其所薄者厚、未之有也」とある】
〔正文〕故愛其親不敢惡人。……此天子之孝也〔七三六、

九～一〇〕
『孝經・天子章』
【正文】曾子曰、身者父母遺體也、行父母之遺體、不敢敬乎〔七三六、一〇〕
「曾子曰」云云『〔禮記〕祭義』及『大戴禮』、又『〔大戴禮記〕曾子大孝』篇。
「行己」之行。【編者按：「行」字に注す】
【正文】商書曰、刑三百、罪莫重於不孝〔七三七、三〕
『孝經・五刑章』、『〔禮記〕祭義』。
【正文】能全支體、以守宗廟、可謂孝矣〔七三七、八〕
【高注】爲逸没溺畏險之害。
山子曰、「逸」當作免。
【正文】樹五色〔七三七、九〕
設【編者按：「樹」字を訂す】
【正文】雜八音、養耳之道也〔七三七、一〇〕
【高注】八音、八卦音也。
『〔尚書〕舜典』「遏密八音」、『孔傳』「八音、金・石・絲・竹・匏・土・草・木」。
【正文】樂正子春〔七三七、一三〕
『〔禮記〕祭義』
【正文】故曰、身者非其私有也〔七三八、一〕
『〔禮記〕曲禮上』「父母存、不許友以死、不有私財」。
『家語・觀周』〔三面〕引『〔禮記〕坊記』。【編者按：『孔子家語』に該當箇所は見當たらない】
【正文】嚴親之遺窮也〔七三八、一〕
『易・下彖傳』「家人有嚴君焉、父母之謂也」。
【正文】民之本敎曰孝〔七三八、二〕
『家語・六本』篇「孔子曰、行己有六本焉、然後爲君子、立身有義矣、而孝爲本」云云。
『〔論語〕學而』篇「君子務本」。
『孝經〔開宗明義〕』「孝、德之本也」。
『〔左傳〕文二年』「孝、禮之始也」。
【正文】安爲難〔七三八、二〕
老者安之。【編者按：「安」字に注す】
【正文】禮者履此者也、義者宜此者也〔七三八、四〕
『漢・公孫弘傳』【編者按：『漢書』公孫弘傳に「義者宜也、禮者所履也」とある】
【正文】刑自逆此作也〔七三八、五〕

「逆」、『〈禮記〉祭義』作反。

本味

【正文】非賢其孰知乎事化［七四四、三］

『淮南・俶眞訓』（十七面）「歷陽之都、一夕反而爲湖」注。【編者按：この箇所は後文の「臼出水而東走」に適合する】

【正文】其君令烰人養之［七四四、四］

『列子・天瑞』篇「伊尹生乎空桑」、注「烰人」作庖人。

【高注】烰猶炮也。

「炮」一作庖、亦作庖人。

【正文】臼出水而東走毋顧［七四四、五］

山子曰、「而」猶則也。

【正文】湯聞伊尹［七四四、七］

山子曰、「湯聞伊尹」之「伊尹」、疑衍文。前後因有伊尹之文誤。

【正文】無不在以爲［七四四、九］

山子曰、「不在以爲」之「以爲」、疑衍。再按「〈愼行論〉無義」及「〈愼行論〉求人」篇語例、「在」字衍、「爲」當作也。

【正文】故黃帝立四面、堯・舜得伯陽・續耳、然後成［七四四、一一〜一二］

山子曰、「四面」蓋如文王之四輔也。見『大雅・緜』詩、又詳『孝經・諫爭《ママ》』章標注。【編者按：片山兼山『標注古文孝經孔氏傳』二十丁ウ】

『戰國・齊宣王策』「宣王見顏斶」云云「堯有九佐、舜有七友、禹有五丞、湯有三輔、自古及今而能虛成名於天下者、無有」、亦此意。【編者按：齊策四・齊宣王見顏斶】

「〈愼行論〉求人」篇、『韓子・說疑』（十一背）【編者按：「續耳」に注す】

【正文】伯牙鼓琴、鍾子期聽之。……以爲世無足復爲鼓琴者［七四四、一三］

『列子・湯問』（十九背）、『說苑・尊賢』（七背）、『韓詩』卷九（二背）。

【正文】湯湯乎若流水［七四五、一］

「湯湯」卽洋洋。
【正文】雖有賢者、而無禮以接之、賢奚由盡忠〔七四五、三〕
「〈不苟論〉贊能」篇「桓公禮管仲」。
【正文】湯得伊尹、祓之於廟、爝火爟火、釁以犧猳〔七四五、四〕
「〈仲春紀〉貴生」篇「王子搜」云云「越人薫之以艾、乘之以王輿」。
卷二十四「〈不苟論〉贊能」引。『〈史記〉龜策傳』可幷見。
【正文】說湯以至味〔七四五、四～五〕
山子曰、「至味」當作滋味。『〈史記〉殷本紀』「負鼎俎、以滋味說湯、致于王道」。下同。
【正文】湯曰、可對而爲乎〔七四五、五〕
彊【編者按：「對」字を訂す】
下文有「天子不可彊爲」之語。
【正文】臭惡猶美〔七四五、六〕
山子曰、「臭惡猶美」上所謂腥臊羶和調而爲美味。
【正文】甘而不噥〔七四五、一〇〕
「噥」、音農、甘甚也。
【正文】肥而不腠〔七四五、一一〕
「腠」、『字彙』不載。
【正文】貛貛之炙〔七四五、一一～一二〕
「貛」、『爾雅・釋獸』「狼、牡貛、牝狼、其子獥、絕有力迅」。
【正文】雋觾之翠〔七四五、一二〕
星名有觜觿。『〈禮記〉月令』仲秋、『〈文選〉曹植・名都』篇「膾鯉臇胎鰕」。
臇・觿。共『〈楚辭〉招魂』（二十一面）、又『〈文選〉七啓』（廿七面）。【編者按：「雋」字の注であろう】
『〈禮記〉內則』云「舒鴈翠、鵠鴞胖、舒鳧翠」、鄭注「翠、尾肉也」。
【正文】述蕩之掔〔七四五、一二〕
據『字彙』、「掔」當作擊、「俗作腕、捥」云云。
【正文】旄象之約〔七四五、一二〕
「約」疑謂鼻也。
【正文】流沙之西、丹山之南、有鳳之丸〔七四五、一二～一三〕

『列子・黃帝』「五六月纍垸二而不墜」、張注「垸、音丸」。彼疑亦「卵」字。

【正文】六足有珠百碧〔七四五、一三〜一四〕

「百」、疑當作若。

『山海・東山經』「又南三百八十里、曰葛山之首、澧水出焉、東流注于余澤、其中多珠蟞魚、其狀如肺而有目、六足有珠、其珠酸甘、食之無癘」。【編者按：引用には省略がある】

【正文】有赤木玄木之葉矣〔七四五、一五〜七四六、一〕

【高注】『淮南記』曰「軼題難於姑餘是也」。

『淮南・覽冥訓』「題難」作鶤鷄。

【正文】陽華之芸〔七四六、一〜二〕

「〔有始覽〕有而《ママ》」篇「何謂九藪、吳之具區、楚之雲夢、秦之陽華」云云。【編者按：「而」は「始」字の誤記】

【正文】具區之菁〔七四六、二〕

『史記・司馬相如傳』上林賦「唼喋菁藻」、郭璞曰「菁、水草。『呂氏春秋』曰、大湖《ママ》之菁」。

【正文】越駱之菌〔七四六、三〕

【高注】菌、竹筍也。

『字彙』〔申集・艸部〕「菌、地蕈之小者、又香木之根曰菌、葉曰蕙。『離騷』「申椒與菌柱《ママ》」」。【編者按：「柱」は「桂」字の誤記】

【正文】長澤之卵〔七四六、三〜四〕

【高注】長澤、大澤、在西方。大鳥之卵、卵大如甕也。

『史記・大宛傳』「條枝在安息西數千里」云云「田稻。有大鳥、卵如甕」、『正義』曰云云。

【正文】陽山之穄〔七四六、四〕

【高注】穄關西謂之穈。

「穈」、『字彙』〔午集・禾部〕「音門、與虋同、赤粱粟也。『詩・大雅』維縻《ママ》維芑」。【編者按：「縻」は「穈」字の誤記】

【正文】沮江之兵、名曰揺水〔七四六、五〕

【高注】沮漸如江旁之泉水。

山子曰、「如」當作洳。

【正文】羣帝所食〔七四六、七〕

【高注】羣帝、衆帝、先升遐者。

『淮南・地形《ママ》訓』「建木在都廣、衆帝所自上下、日中無景」云云。

【正文】青島之所、有甘櫨焉〔七四六、七〕

「櫨」當作樝。『莊子・天運』。『史記・司馬相如傳』上林賦注『索隱』曰「應劭曰、『伊尹書』曰、果之美者、箕山之東、青島之所《ママ》、有盧橘、夏孰」云云。【編者按：「島」は「鳥」字の誤記】

北【編者按：「所」字を訂す】

【正文】道者止彼在已、已成而天子成、天子成則至味具。故審近所以知遠也、成已所以成人也〔七四六、九～一〇〕

德、得也。合外内之道。『〔論語〕雍也』篇「仁者已欲立而立人、已欲達而達人、能近取譬、可謂仁之方也已」。『中庸』「誠者、非自成已而已也。所以成物也。成已仁也、成物知也。性之德也、合外内之道也」。「審近」語恕也。「成已」語仁。【編者按：『釋名』釋言語に「德、得也。得事宜也」とある】

【正文】豈越越多業哉〔七四六、一〇～一一〕

「越越」猶屑屑也。

首時

『〔禮記〕曾子問』「今之祭〔者〕不首其義、故誣於祭也」。

【正文】王季歷困而死〔七七二、二〕

「困」當作囚。『史・龜策傳』「紂」云云「殺周大《ママ》子歷、囚文王昌投之石室」云云。

『竹書紀年』「文丁十一年、周公季歷伐翳徙之戎、獲其三大夫、來獻捿《ママ》。王殺季歷。王喜季歷之功、錫之圭瓚・秬鬯、九命爲伯、既而執諸塞庫。季歷囚而死、因謂文丁殺季歷」。【編者按：「大」は「文」字の、「捿」は「捷」字の誤記】

【正文】文王苦之〔七七二、二〕

「苦」疑當作沓。『〔恃君覽〕行論』篇「紂〔爲〕無道、殺梅伯」云云「文王流涕而沓」。

再按、『〔愼大覽〕權勳』篇有「觸子苦之」文。『〔季秋紀〕順民』篇「越王苦會稽之耻」。『莊子・達生』（六背）、又『釋文』。

【正文】亦不忘王門之辱〔七七二、三〕

山子曰、「王門」當作玉門。『汲冢紀年』文丁十一年、注「執王季於塞庫、羈文王於玉歷門、鬱尼之情、辭以作歌、其傳久矣」。又、帝辛九年「作瓊室、立玉門」。
『賈誼新序《ママ》・連語』篇「紂之宮衞與紂之軀、棄之玉門之外、民之觀者皆進蹴之」。
『韓王《ママ》・喩老』（五面）。趙孝成王策（三十四面）【編者按：「王門」に注す。『戰國策』趙策三・希寫見建信君に「武王羈於玉門」とある】
【高注】相女童鐘鼓、示不與紂同也。
『淮南子〔道應訓〕』、「童」下有「撃」。
【正文】太公望東之夷之士也〔七七二、四〕
『〔孟子〕離婁上』「大公辟紂居東海之濱」云云、『〔史記〕齊大公望世家』「大公望呂尚者東海上人」。
【正文】伍子胥欲見吳王而不得〔七七二、六〕
【高注】吳王、王僚也。王夷昧之庶長子。
「庶長子」可疑。
【正文】客有言之於子光者、見之而惡其貌〔七七二、六〕
「子光」上脱王字。
『初學記・長人部』「『吳越春秋』曰、伍子胥長一丈、眉目一尺」。
【正文】客以聞伍子胥〔七七二、七〕
『說苑・辨物』（五背）「以聞晏子」云云。
【正文】搏其手而與之坐〔七七二、九〕
「搏」當作摶。
【正文】鞭荊平之墳三百〔七七三、三〕
【高注】聽質無忌之讒。
費【編者按：「質」字を訂す】
【正文】時亦然〔七七三、七〕
「〔孝行覽〕長攻」（十三背）
【正文】有從布衣而爲天子者〔七七三、九〕
「〔離俗覽〕用民」篇（十一背）【編者按：「布衣」に注す】
舜【編者注：「布衣」に注す】
【正文】有從匹夫而報萬乘者〔七七三、一〇〕
【高注】豫讓是也。
趙襄子、晉大夫、不可稱萬乘也。伍子胥耕野而鞭荊平也、可以當之。
長攻【編者按：孝行覽・長攻に趙襄子のことが見える】
【正文】水凍方固〔七七三、一二〕
「水」當作氷。
【正文】后稷不種〔七七三、一二〕

『韓子・喩老』（六面）【編者按：「后稷」に注す】

【正文】鄭子陽之難、猘狗潰之［七七三、一四］

依「〔先識覽〕觀世」篇及『列子・說符』篇「客有言之鄭子陽者曰、列禦寇蓋有道之士也。居君之國而窮」、鄭君爲是。

『淮南・氾論訓』

【正文】衆因之以殺子陽・高國［七七三、一四］

【高注】衆因之以殺二子。逐失牛之亂、如逐猘狗之亂也、故禍同。

「子陽」二字疑衍。或云、謂猘狗潰之、佚牛潰之而曰、衆依之以殺子陽・高國。乃結二事之詞也。非衍文也。

【正文】饑狗盈窖［七七四、一］

「〔離俗覽〕爲欲」篇（十六葉面）。

【正文】見賢人則往不可止［七七四、二］

「往」謂歸往也。

『荀子・宥坐』（四面）

【正文】齊以東帝困於天下［七七四、二～三］

『〔史記〕田齊世家』湣王三十六年「王爲東帝、秦昭王爲西帝」云云。

【正文】邯鄲以壽陵困於萬民［七七四、三］

「壽陵」、壽基也。『〔史記〕趙世家』「肅侯十五年、起壽陵」。

【正文】故賢主秀士之欲憂首者［七七四、四］

「〔有始覽〕聽言」篇作王。【編者按：「主」字に注す】

【正文】亂世當之矣［七七四、四］

「當」猶「時中」之中。

【正文】天不再與、時不久留［七七四、四～五］

『〔史記〕越世家』「范蠡曰、會稽之事、天以越賜吳、吳不取。今天以吳賜越、越其可逆天乎」云云「且夫天與不取、反受其咎」云云。

義賞

【正文】戎夷胡貉巴越之民、是以雖有厚賞嚴罰弗能禁［七八六、七］

「是以」二字、移「戎夷」上通。古文多此例。『左氏・僖二十二年』「是以諸侯知其不遂霸也」。又、『〔左傳〕僖二十八年』「晉侯聞之而後喜可知也」亦同句法。

【正文】賞罰易而民安樂〔七八六、八〕
山子曰、「易」、簡易也。
【正文】氐羌之民、其虜也、不憂其係纍、而憂其死不焚也〔七八六、八～九〕
『荀子・大略』篇「氐羌之虜也、不憂其係壘也、而憂其不焚也」（十四背）。
『列子・湯問』「秦之西有儀渠之國者、其親戚死。聚柴《ママ》積而焚之。燻則煙上、謂之登遐、然後成爲孝子。此上以爲政、下以爲俗。而未足爲異也」（十四背）、張注云「此事亦見『墨子』」。【編者按：「柴」は「祡」字の誤記】
之【編者按：「氐羌之民其虜」の「其」字を訂す】
【正文】昔晉文公將與楚人戰於城濮〔七八六、一〇〕
『淮南・人間訓』、『韓子・難一』。
【正文】召咎犯而問曰〔七八六、一〇〕
『荀子・臣道』篇注「咎與舅同、晉文公之舅孤偃咎。犯、其字也」。
【正文】高赦爲首〔七八七、一〇〕
『〈史記〉趙世家』「高共」、徐廣曰「一作赫」。
【高注】智伯求地于襄子……。
『淮南・人間訓』、『韓子・難一』。
【正文】張孟談曰……賞一人而天下之爲人臣、莫敢失禮〔七八七、一〇～一三〕
『荀子・子道』（十面）
『韓子・難一』（六面）、又『説苑・復恩』。
「人臣」下疑脱者字。
【正文】北取代東迫齊〔七八七、一三〕
見下「長攻」篇。

長攻

【正文】凡治亂存亡、安危彊弱、必有其遇〔七九七、二〕
『韓子・亡徴』「兩堯不能相王」云云。
【正文】各一則不設〔七九七、二〕
成【編者按：「設」字を訂す】
【正文】非桀・紂之不肖也、湯・武雖賢其王遇桀・紂也〔七九七、三〕
「〈孝行覽〉首時」篇（九背）。

【正文】顯未全於此［七九七、五］
「顯」、顯名也。
【正文】譬之若良農辯土地之宜、謹耕耨之事、未必收也［七九八、一］
「〔有始覧〕名類」篇（五面）。
【正文】天地也［七九八、二］
「地」疑衍。
【正文】夫吳之與越、接土鄰境道易人通、仇讎敵戰之國也。非吳喪越、越必喪吳［七九八、六～七］
夷通。【編者按：「易」字に注す】
『〔左傳〕哀二十七年』「趙襄子由是惎知伯、遂喪之。知伯貪而愎、故韓・魏反而喪之」。
【正文】且夫饑、代事也、猶淵之與阪、誰國無有［七九八、一一～一二］
『〔史記〕秦本紀』穆公十二年「晉旱、來請粟。丕豹說穆公、勿與。因其饑而伐之。繆公問公孫支。支曰、饑穰更事耳、不可不與」云云。
誰、何也。『家語・大婚解』「人道誰爲大」、『增注』「誰、何也」。【編者按：太宰春臺『增注孔子家語』に「誰、何也」とある】
『〔左傳〕文十一年《ママ》』「百濮離居將各走其邑、誰暇謀人」。
【編者按：「十一年」は「十六年」の誤記】
【正文】楚王欲取息與蔡……［七九八、一五］
『左氏・莊十年』
【正文】吾妻之姨也［七九九、一］
『爾雅・釋親』「妻之姊妹同出爲姨」。杜注「妻之姊妹爲《ママ》姨」（『左氏・莊十年』）。【編者按：「爲」は「曰」字の誤記】
【正文】施舍於蔡又取蔡［七九九、二］
「施」讀爲還。
【正文】襄子上於夏屋以望代俗……［七九九、五］
『〔史記〕趙世家』趙襄子元年、又『〔史記〕張儀傳』。
【正文】請以其弟姊妻之［七九九、七］
「姊」當作妹。
【正文】弟姊已往［七九九、七］
『趙世家・〔史記〕評林』引此「弟姊」作女弟。
妹【編者按：「姊」字を訂す】
【正文】所以善代者乃萬故［七九九、七～八］

「故」、「巧故」之故。

【正文】代君以善馬奉襄子、襄子謁於代君而請觴之、馬郡盡〔七九九、八〕

山子曰、「馬群盡」三字、當移上「奉襄子」下。

【正文】一成〔七九九、九～一〇〕

「〔仲秋紀〕論威」篇（五葉面）。

【正文】其妻道聞之狀、磨笄以自刺。故趙氏至今有刺笄之證〔七九九、一〇〕

『〔史記〕趙世家』標注《ママ》引此作「有磨笄之山」。【編者按：『史記評林』に引く『呂氏春秋』に「故趙氏至今有摩笄山」とある。なお、『史記正義』に引く『括地志』に「摩笄山、一名磨笄山」とある】

【正文】不備遵理〔七九九、一二〕

「備」疑須。（公遠）

慎人

【正文】其賢不肖與天子同〔八〇九、六〕

【高注】同、辭也。

「辭」當作義。

【正文】振振殷殷〔八〇九、八〕

【高注】振振殷殷、衆友之盛。

山子曰、注「振振殷殷、衆友之盛」當作「振振殷殷、衆多而盛」。

「友」疑多。

【正文】亡虢而虜晉〔八一〇、一〕

「虢」當作虞。

【正文】孔子窮於陳蔡之間……〔八一〇、七〕

『莊子・讓王』、『家語・在厄』。

【正文】宰予備矣〔八一〇、七〕

「宰予備矣」、『莊子〔讓王〕』作「顏色甚憊」。

【正文】藉夫子者不禁〔八一〇、九〕

「藉」、「〔先識覽〕樂成」篇「投之無戾」之考、引『荀子』。又「条《ママ》成」篇「大者死、其次乃藉臣」。又『文選・東方朔畫贊』「籠罩靡前、跆藉貴勢」、注〔李〕善曰「『漢書』曰、張楚竝興、兵相跆藉。鄧展曰、躡也。〔張〕銑曰、跆藉猶殘暴也」。【編者按：「条」は「樂」字の誤記】

【正文】今丘也拘仁義之道、以遭亂世之患、其所也、何窮之謂〔八一〇、一二〕

山子曰、「拘」當作抱。

「謂」當作爲。

【正文】孔子烈然返瑟而絃〔八一〇、一五〕

「瑟」當作琴。上文云「慨然推琴」。『莊子〈讓王〉』作「削然反琴而弦歌」。

『〈莊子〉釋文』曰「削〈然〉如字。李云、反琴聲、亦作稍、音消」。

【正文】子路抗然執干而舞〔八一〇、一五〕

「抗」當作扢。

【正文】爲寒暑風雨之序矣〔八一一、二〕

「爲」當作若。考出「〈孟冬紀〉異寶」篇。

【正文】而共伯得乎共首〔八一一、二〜三〕

「共伯」、見『〈史記〉周本紀』「號曰共和」注。

遇合

【正文】故比翼之鳥死乎木、比目之魚死乎海〔八一二、二〕

「比翼」「比目」（『爾雅・釋地』）。

『韓詩』卷之五（十三背）、『〈史記〉封禅書』。【編者按：「十三」は誤記であろう。鳥山宗成點、淺野彌兵衞等刊本では十一丁ウ、前川莊兵衞等刊本では十二丁ウ】

【正文】人有爲人妻者〔八一三、二〕

『韓子・說林上』（十七面）。依『韓子』「人有」上脫衞字。

【正文】嫁不必生也〔八一三、二〕

『〈國風・邶風〉谷風』詩「既生既育、比予于毒」、『箋』云「生謂財業也。育謂長老也」。

【正文】姑妐知之〔八一三、三〕

妐、音鐘、關中呼夫之父爲妐。【編者按：『康熙字典』の引用】

山子曰、「妐」、之容反、夫之兄也。又『〈康熙〉字典』。

【正文】以謂爲己謀者以爲忠、終身善之〔八一三、四〕

「己」讀爲其。『曹〈風〉・侯人《ママ》』詩「彼其之子」、『左傳・僖二十四年』（二十一背）「其」作己、可以見矣。又『〈國語〉晉語四』引「三章」作「彼己之子不遂其媾」。又、『〈詩經〉王風・揚之水』「彼其之子、不我

戌甫」。『箋』云「其或作記、或作己、讀聲相似」。【編者按：「侯人」は「候人」の誤記】

【正文】無不知說美者〔八二三、六〕

依下例、似多「知」字。

【正文】故嫫母執乎黃帝〔八二三、六〕

「執」當作幸。

【正文】屬女德而弗忘〔八二三、七〕

「屬」亦猶與也。「徒與・徒屬」「屬國・與國」之類、可以見矣。

【正文】若人之於滋味、無不說甘脆〔八二三、七〕

『左・僖三十年』「王使周公閱來聘。亨、有昌歜」。

【正文】文王嗜菖蒲俎〔八二三、八〕

「俎」讀爲葅。

【正文】縮頞而食之〔八二三、八〕

「縮」與蹙同。『〔孟子〕梁惠王下』「疾首蹙頞而相告曰」云云。

【正文】陳有惡人焉、曰敦洽讎糜〔八二三、一二〕

維甫曰、「惡」亦醜也。

『說苑・奉使』（十二、十三之交）『莊子・德充符』（二十三面）「哀駘」事可幷見。

【正文】雄顙廣顏色如浹赬〔八二三、一二〕

「浹赬」、猶『詩〔邶風・簡兮〕』言「渥赭」也。

【正文】長肘而盭〔八二三、一二〕

「盭」與戾同。

【正文】客有進狀有惡其名言有惡狀〔八二三、一三〕

「有惡」之「有」疑者。

【正文】至於亡而友不衰〔八二四、一〕

『詩・周南・關雎』「窈窕淑女、琴瑟友之」。或云、「友」、愛字之闕畫。

【正文】太上以志〔八二四、三〕

「志」當作悳、古之德字。

『〔左傳〕襄二十四年』叔孫豹曰「大上有立德、其次〔有〕立功、其次有立言、雖久不廢、此之謂〔不〕朽」。

【正文】其次以功〔八二四、三〕

『〔尚書〕益稷』「敷納以言、明庶以功、車服以庸」。

【正文】羣孽大至〔八二四、三〜四〕

「孽」、妖孽也。『中庸』「國家將亡、必有妖孽」。

「明理」篇末節可并見。【編者按：季夏紀・明理に「其妖孽有生如帶……」とある】

【正文】聖賢之後、反而孽民［八二四、四］

「聖賢之後」謂桀紂之徒也。

猶禍也。【編者按：「孽」字に注す】

必己

【正文】萇弘死、臧其血三年而爲碧、……故孝已疑、曾子悲［八三五、三〜四］

『〈左傳〉定元年』「晉魏舒合諸侯之大夫于狄泉、將以城成周。魏子涖政。衞彪傒曰、將建天子、而易位以令、非義也。大事奸義、必有大咎。晉不失諸侯、魏子其不免乎。是行也魏獻子屬役於韓簡子及原壽過、而田於大陸、焚焉。還卒於寧」云云。「孟慤《ママ》子會城成周」云云。「晉女叔寬曰、周萇弘・齊高張皆將不免。萇弘違天、高子違人。天之所壞不可支、衆之所爲不可奸也」。又、『〈左傳〉哀三年』「劉氏・氾氏世爲婚姻、萇弘事劉文公、故周與氾氏。趙鞅以爲討。六月癸卯、周人殺萇弘」。【編者按：「慤」は「懿」の誤記】

『〈左傳〉昭三十二年』、彪傒之言可并見。

『莊子〈外物〉釋文』引此、「碧」下有玉字。

【正文】故孝已疑、曾子悲［八三五、四］

【高注】曾參其至孝。

「其」猶之也。

【正文】莊子行於山中、見木甚美長大［八三五、五］

『〈莊子〉山木』篇。

【正文】無訝無訾［八三五、一〇〜一一］

「訝」、『莊子』作譽、是。

【正文】以禾爲量［八三五、一二］

「禾」、『莊子』作和、可從。

【正文】人倫之傳則不然［八三六、二］

「〈恃君覽〉觀表」篇「凡論人心、觀事傳、不可不熟」云云。【編者按：「傳」字に注す】

「傳」猶說也。『家語・五帝德』篇「宰我曰、上世之傳、隱微之說、卒采之辨《ママ》、闇忽之意」云云。【編者按：「辨」は「辯」の誤記】

【正文】成則毀、大則衰、廉則剉、尊則虧、直則骫［八

三六、二

『莊子〔山木〕』作「合則離、成則毀、廉則挫、尊則議、有爲則虧、賢則謀、不肖則欺」。

山子曰、「觖」、音委、觖骫、屈曲也。『漢・枚乘傳』「其文觖骫」云云。【編者按：『漢書』枚乘傳〔賈鄒枚路傳〕の顔師古注に「觖、古委字也。骫音被。觖骫、猶言屈曲也」とある】

『荀子・不苟』篇「君子寛而不僈、廉而不劌」、注引『說文』曰「劌、利傷也」。「廉」、稜也。

【高注】故曰則虧。

尊【編者按：「則」字の上に補う】

【正文】愛則隳〔八三六、三〕

「隳」讀爲毀。

【正文】牛缺居上地大儒也。下之邯鄲遇盜於耦沙之中〔八三六、四〕

『淮南・人間訓』〔二十面〕、『列子・節符』。

『荀子・議兵』篇「韓之上地、方數百里、完全富具而趨趙、趙不能凝也。故秦奪之」、注「上地、上黨之地」。

「上地」、蓋上黨之地也。『〔史記〕趙世家』「裂上國之地」、『正義』曰云云。

再按、「上黨」蓋在趙之西北之上地、故云「上黨」。

『〔國語〕越語上』「子胥曰、夫上黨之國、我政《ママ》而勝之、吾不能居其地」、注「黨、所也。上所之國、謂中國也」。亦以中國在吳之西北上地也。【編者按：「政」は「攻」字の誤記】

「〔愼大覽〕報更」篇「趙宣孟將上之絳」云云。

「〔似順論〕似順」篇「尹鐸爲晉陽下、有請於趙簡子」云云。

【正文】此天下之顯人也〔八三六、五〕

「顯」當作賢。顯人・顯者、『呂子』中多用之。然此爲「顯」義不當。『淮南〔人間訓〕』作「世之聖人也」、『列子〔節符〕』作「賢矣夫」、亦可證。

【正文】先其五〔八三六、八〕

「五」當作伍。

【正文】以楫虓其頭〔八三六、八〕

「〔仲冬紀〕當務」篇有「轂其頭矣」之文。

【正文】抵罪出亡〔八三六、一一〜一二〕

山子曰、「抵」、抵觸也。

【正文】王使人問珠之所在〔八三六、一二〕

「王」疑當作公。

【高注】春秋魯哀十四年傳曰「宋桓魋之有寵、欲害公。公知之、攻桓魋。魋出奔衞」。

『左氏・哀十四年』「向魋奔衞」云云「〔公〕文子《ママ》攻之、求夏后氏之璠《ママ》焉。與之他玉而奔齊」云云。【編者按：「子」は「氏」字の、「璠」は「璜」字の誤記】

【正文】和調何益〔八三六、一三〕

「和調」謂紂時賢者、善和調者也。故曰「何益」。卽上「池魚死」是也。『書・胤征』所謂「火炎崑岡玉石俱焚」之意。

【正文】張毅好恭、問閭帷薄聚居衆無不趨〔八三六、一四〕

『淮南・人間訓』〔二十四背〕、『莊子・達生』〔四背〕。

【正文】輿隷姻媾小童無不敬、以定其身〔八三六、一四〕

【高注】身、安也。

「身」當作定。【編者按：注の「身」字は版本の誤刻】

【正文】不衣芮温〔八三六、一五〕

『正字通』〔申集・艸部〕「芮」字注、讀爲毳。

【正文】身處山林巖堀〔八三六、一五～八三七、一〕

山子曰、「堀」讀爲窟。

【正文】而虎食之〔八三七、一〕

【高注】幽通記曰……

「記」當作賦。

【正文】孔子行道而息……〔八三七、一〕

『淮南・人間訓』〔二十二背〕

【正文】畢辭野人不聽〔八三七、二〕

『〔淮南子〕人間訓』「畢」作卑。

【正文】因爲野人曰〔八三七、二～三〕

「爲」當作謂。

【正文】獨如嚮之人〔八三七、四〕

「之人」之下疑脫文字。

センヤ【編者按：「如」字に付す。「さきのひとのごとくせんや」と訓ずるのであろう】

【正文】君子之自行也、……見敬愛者人也〔八三七、六～七〕

離婁下【編者按：『孟子』離婁下に「孟子曰、君子所以異於人者、以其存心也。君子以仁存心、以禮存心。仁者愛人、有禮者敬人。愛人者人恆愛之、敬人者人恆敬之」とある】

卷之十五　愼大覽

愼大

【正文】天下顫恐而患之〔八五〇、五〕

「顫」、音戰、『玉篇』「頭不正也」、又『廣韻』「四支寒動也」（『字典』）。【編者按：『玉篇』『廣韻』の引用は、『康熙字典』からの孫引き】

【正文】干辛任威凌轢諸侯〔八五〇、六〕

「〈審分覽〉知度」篇「桀用羊辛。紂用惡來」云云。「〈仲春紀〉當染」篇「夏桀染於羊《ママ》辛・岐膧《ママママ》戎」云云。『說苑・尊賢』作「子辛」、『〈漢書〉古今人表』「桀紂、龍逢・比干欲與之爲善則誅、干辛《ママママ》・崇侯與之爲惡則行」、師古曰「干辛《ママママ》、桀之勇人也」。【編者按：當染の原文は「夏桀染於干辛・岐踵戎」に作る。『漢書』の原文は「于莘」に作る。なお王先謙の『漢書補注』には「官本作「干」是」とある】

【正文】弗周而畔〔八五〇、七〕

「弗」當作比、音之誤也。若「麻沸散」之沸・「狒狒」之狒、可見。

『字彙』〔巳集・水部〕「沸、芳末切、音費。『詩・大雅』如沸如羹」。

鄭玄『中庸』註、讀費爲拂、可見。【編者按：『中庸』に「君子之道費而隱」とあり、鄭玄は「言可隱之節也。費猶佹也。道不費則仕」という。『釋文』に「費本又作拂、同。扶弗反、徐音弗、注同」とある】

【高注】不周於義、而將背畔也。

助字。【編者按：「而」字に注す】

【正文】矜過善非〔八五〇、七～八〕

遂【編者按：「善」字を訂す】

【正文】伊尹奔夏、三年反報於亳曰、桀迷惑於末嬉、……不恤其衆、衆志不堪、上下相疾、民心積怨、皆曰、上天弗恤、夏命其卒。湯謂伊尹曰、若告、我曠夏、盡如詩〔八五〇、九～八五一、二〕

【高注】詩、志也。

【付箋】『新序・刺奢』「桀作瑤臺、罷民力、殫民財、爲酒池糟隄、縱靡靡之樂、一鼓而牛飲者三千人。群臣相持歌曰、江水沛沛兮、舟楫敗兮、我王廢兮、趣歸薄兮、薄亦大兮。又曰、樂兮樂兮、四牡蹻兮、六轡沃兮、去不善而從善、何不樂兮。伊尹知天命之至、擧觴而告桀曰、君王不聽臣之言、亡無日矣。桀拍然而作、啞然而笑曰、子何妖言、吾有天下、如天之有日也、日有亡乎、日亡吾亦亡矣。於是接履而趣、遂適湯、湯立爲相。故伊尹去官入殷、殷王而夏亡」云云。「盡如」蓋指此也。注非。再按、「上天弗恤、夏命其卒」、「恤」「卒」押韻、「盡如詩」卽指此。

[正文] 好彼琬・琰 〔八五〇、九～一〇〕

『邶風・新臺』詩「燕婉之求」、『毛傳』「燕安婉順也」。

[高注] 或作「琬琰」、美玉也。

「作」當作云。

[正文] 若告我曠夏 〔八五一、一〕

チ【編者按：「若」字に送る。「なんぢ」と訓じる】

[正文] 今昔天子夢西方有日 〔八五一、二〕

山子曰、「今昔」猶疇昔也。昔與夕同。『穀梁・莊七年經』「夏四月辛卯昔、恆星不見」、『傳』云「日入至於星出、謂之昔」。

[正文] 湯猶發師、以信伊尹之盟 〔八五一、三〕

『尚書・湯誓』小序「伊尹相湯、伐桀、升自陑」、『孔傳』「桀都安邑、湯升道從陑、出其不意。陑在阿曲之南」。

「猶」與由同。

[正文] 不可正諫、雖後悔之、將可奈何 〔八五一、四～五〕

「正」當作証、考出「〔孟夏紀〕誣徒」篇。

[正文] 湯立爲天子、夏民大說、如得慈親、朝不易位、農不去疇、商不變肆 〔八五一、五～六〕

『〔孟子〕梁惠王下』「湯一征」云云「歸市者不止、耕者不變」云云。

[正文] 親郼如夏 〔八五一、六〕

[高注] 郼讀如衣。

『中庸』「壹戎衣而有天下」、鄭注「衣讀如殷、聲之誤也」。

[正文] 祖伊尹世世饗商 〔八五一、七〕

山子曰、「祖」當作祀。

【正文】武王勝殷、入殷、未下轝、命封黄帝之後於鑄。……立成湯之後於宋、以奉桑林〔八五一、八～九〕

『〔尚書〕盤庚上』「茲予大享于先王、爾祖其從、與享之」、『孔傳』「古者天子錄功臣、配食於廟、大享烝嘗也」。

「鑄」、『〔史記〕周本紀』作祝。

【高注】桑山之林、湯所禱也。

山子曰、「桑林」蓋湯廟之所在。湯禱旱於桑林、蓋又以湯之祖廟之所在也。

【正文】封帝堯之後於黎〔八五一、八〕

『〔詩經〕邶風・式微』小序「黎侯寓于〔衞〕其臣勸以歸之也」。【編者按：「黎」字に注す】

「黎」、『〔史記〕周本紀』作薊。

【正文】武王於是復盤庚之政〔八五一、一二〕

『〔史記〕殷本紀』武王「封紂子武庚・祿父、以續殷祀、令修行盤庚之政。殷民大説」。

『家語・辨《ママ》樂解』可幷見。

【正文】出拘救罪、分財棄責、以振困窮〔八五一、一二〕

山子曰、「救」當作赦、「責」讀爲債、「振」讀爲賑。

『〔尚書〕武成』孔傳「施舍已債、救乏賙無、所謂周有大賚」。

『〔史記〕周本紀』「命南宮括散塵《ママ》臺之財、發鉅橋之粟、以振貧弱萌隷」。【編者按：「塵」は「鹿」字の誤記】

【正文】靖箕子之宮〔八五一、一二～一三〕

【高注】箕子佯狂、故清淨其宮以異之也。

『史記〔周本紀〕』作「釋箕子之囚」、徐廣曰「釋、一作原」。

山子曰、依注「靖」當作清。

【正文】表商容之閭〔八五一、一三〕

【高注】商容、殷之賢人、老子師也。

『家語・六本』「孔子讀易」云云「如在輿遇三人則下之、遇二人則式之、調其盈虚、不令自滿、所以能久也」。

【正文】庶士施政去賦〔八五一、一四〕

「施」宜爲弛。

「施」・弛、古字通。

【正文】然後於濟河〔八五一、一四〕

山子曰、「於濟」當易地。

『〔禮記〕樂記』作「濟河而西、馬散之華山之陽」云云。

【正文】牛弗復釁鼓旗甲兵〔八五一、一五〕

「牛弗復」下脫文。或云、「復」下脫服字。「釁」字屬下句讀。再按、『〔禮記〕樂記』作「馬散之華山之陽、而弗復乘。牛散之桃林之野、而弗復服、車甲衅而藏之府庫、而弗復用」、鄭注「衅、釁字也」。

『家語〔辯樂解〕』「衅」作釁。

【正文】唯不藏也可以守至藏〔八五二、一～二〕

『老子』四十四章「甚愛必大費、多藏必厚亡」。

【正文】武王勝殷、得二虜而問焉〔八五二、二〕

『新序・雜事二』

【正文】晝見星而天雨血、此吾國之妖也〔八五二、三〕

『新序・雜五』「東益宅不祥」可并見。又『淮南・人間訓』。

【正文】此則妖也〔八五二、三〕

「則」猶亦也。

【正文】趙襄子攻翟、勝老人・中人〔八五二、六〕

『淮南子・道應訓』

『列子〔說符〕』作「趙襄子使新稺穆子攻翟」、注「穆子、襄子家臣新稺狗也」。『〔國語〕晉語』注亦同。

【高注】襄子、趙簡子之子無恤也。

『列子・說符』【編者按：「趙簡子」に注す】

【正文】襄子方食搏飯、有憂色〔八五二、六〕

『〔禮記〕曲禮上』「毋搏飯、毋放飯」。

【正文】飄風暴雨日中不須臾〔八五二、八〕

『老子』二十三章「飄風不終朝、驟雨不終日」。

依『列子〔說符〕』「雨」下脫「不終朝」三字。

【正文】孔子之勁、擧國門之關、而不肯以力聞〔八五二、一一～一二〕

『列子・說符』

叔梁紇、抉縣門。【編者按：『左傳』襄公十年に「縣門發。郰人紇抉之以出門者」とあり、杜預注に「紇、仲尼父叔梁紇也。言紇多力、抉擧縣門、出在内者」とある】

【正文】而不肯以兵加〔八五二、一二〕

「加」合爲知。『列子』作知。

【高注】臣請爲宋守之備。

「宋守」合易地。

權勳

【正文】不去小利則大利不得〔八七二、二〕

『〔論語〕子路』篇「子夏爲莒父宰、問政。子曰、無欲速、無見小利。欲速、則不達。見小利、則大事不成」。

【正文】昔荊龔王與晉厲公戰於鄢陵、荊師敗、龔王傷〔八七二、四〕

『〔左傳〕成十六年』、『説苑・敬愼』、『淮南・人間訓』、『韓非・十過』。

【正文】豎陽穀操黍酒而進之〔八七二、四～八七三、一〕

『字彙』〔亥集・黍部〕「『詩輯』黍有二種、黏者爲秫、以可《ママ》釀酒」。【編者按：「以可」は「可以」の誤記】

【正文】子犯叱曰、訾退酒也〔八七三、二〕

「〔愼大覽〕報更」篇（十二面）注「訾、猶歎也」。

【正文】昔者晉獻公使荀息假道於虞以伐虢……〔八七二、八〕

『淮南・人間訓』、『新序・善謀上』、『穀梁傳・僖二年』、『左氏』『公羊』亦同。『韓非・十過』。

【正文】不吾假道〔八七三、一〇〕

『〔左傳〕昭元年』「余不女忍殺」、與此同法。

「吾假」合易地。『穀梁』作「不借吾道」、『新序』同、

『韓非』作「不假之道」。

【正文】彼若不吾假道、必不吾受〔八七三、一〇〕

『韓非』作「不假我道、必不敢受我幣。若受我幣而假我道」。

【正文】而著之外皁〔八七三、一一〕

【高注】皁、櫪也。

皀【編者按：「皁」字を訂す。朱筆】

厩【編者按：「櫪」字に注す】

【正文】若車之有輔也〔八七三、一三～一四〕

【高注】車牙也、輔頬也。

『〔左傳〕僖五年』「補車《ママ》」解、杜注亦誤、説別書。【編者按：『左傳』僖公五年に「輔車相依、脣亡齒寒」とあり、杜預注に「輔、頬輔。車、牙車」とある】

【正文】先人有言曰〔八七三、一四〕

「人」合爲民。（公遠）

【正文】馬齒亦薄長矣〔八七四、二〕
『〔詩經〕周南・葛覃』「薄汙我私、薄澣我衣」。
『韓子〔十過〕』「薄」作益。

【正文】中山之國有夙繇者〔八七四、三〕
『韓非・說林下』「夙繇」作仇由、又『〔韓非子〕喩老』篇（三面）。

【正文】我胡則以得是於智伯〔八七四、四～五〕
「則」疑衍。

【正文】齊王欲戰、使人赴觸子、恥而訾之曰〔八七四、一○～一一〕
「赴」合爲趨、讀爲促。
「〔先識覽〕先識」篇「窮其父兄、恥其功臣」。
辱也。【編者按：「恥」字に注す】

【正文】必剗若類〔八七四、一一〕
「知士」篇【編者按：「剗」字に注す。季秋紀・知士に「剗而類」とある】

【正文】觸子苦之、欲齊軍之敗〔八七四、一一～一二〕
「〔孝行覽〕首時」篇有「文王苦之」之文。
辱也。「順民」「首時」「行論」「愼行」「疑似」『韓子・存韓』等可幷見。【編者按：「苦」字に注す】

【正文】於是以天下兵戰〔八七四、一二〕
「以」・與通用。

【正文】若殘豎子之類〔八七四、一四〕
「若殘」合易地。或云、「若」助字、「殘」・剗蓋通。卽上文「剗若類」之剗。

【正文】惡能給若金〔八七四、一四〕
チ【編者按：「若」字に送る。朱筆】

下賢

【正文】賢主則不然、士雖驕之而己愈禮之〔八八六、二〕
『荀子・修身』篇「志意修則驕富貴、道義重則輕王公矣。内省則外物輕矣。傳曰、君子役物、小人役於物。此之謂也」。

【正文】帝也者、天下之適也〔八八六、三〕
「適」、卽帝字之解、去聲、入聲之異已。『詩・鄘風・君子偕老』「象之揥也」、『毛傳』「揥、所以摘髮」是也。

吉子曰、按「適從」之適。【編者按：「適」字に注す。『左傳』僖公五年に「吾誰適從」とある】
【正文】王也者、天下之往也。得道之人、貴爲天子而不驕倨〔八八六、三～四〕
『〔尚書〕洪範』「天子作民之《ママ》父母、以爲天下王」、『孔傳』云「言天下布德惠之義《ママ》、爲兆民之父母、是爲天下所歸往、不可不務」。【編者按：「之」は衍字。「義」は「敎」字の誤記】
【正文】富有天下而不聘夸〔八八六、四〕
「聘」、一作騁。
【正文】狼乎其誠自有也〔八八六、四～五〕
「狼」、一作懇。
【正文】桀乎其必不渝移也〔八八六、五〕
【高注】桀、持也。
「持」合爲特。
【正文】忽忽乎其心之堅固也、空空乎其不爲巧故也〔八八六、五～六〕
『荀子・儒効』篇「井井兮有其條《ママ》理也」云云。與此同句法。【編者按：「有其條理也」は「其有理也」の誤記。楊倞注に「理、有條理」とある】
【正文】就就乎其不肯自是〔八八六、七〕
【高注】就就、讀如「由與」之與。
『通雅』九卷、義亦不明。【編者按：『通雅』卷九・釋詁・重言に「呂下賢篇曰『就就乎其不肯自是』、注『就讀如由與之由』。今本或作『由與之由』、就从尤、轉平爲近、若「與」則遠矣」とある】
依注、「就」疑當作犹、猶略字。古注疏中犹・就善誤。
【正文】鵠乎其羞用智慮也〔八八六、七～八〕
【高注】鵠、讀如「浩浩昊天」之浩也。
注「昊」疑合爲其。『中庸』「浩浩其天」。
【正文】假乎其輕俗誹譽也〔八八六、八〕
『荀子・正名』篇「不動乎衆人之非譽」。
【正文】此之謂至貴〔八八六、一〇〕
「〔季春紀〕圜道」篇「一也齊至貴」云云、可幷考。
【正文】堯不以帝見善綣、……其孰能禮賢〔八八六、一二～一四〕
『荀子・堯問』
【正文】文王造之而未遂〔八八七、一〕

『〔左傳〕成二年』「周書曰、明德愼罰、文王所以造周也」云云。【編者按：『尚書』康誥に「惟乃丕顯考文王克明德愼罰」とある】

【正文】武王遂之而未成〔八八七、一〕

『荀子・仲尼』篇。

【正文】故曰成王不唯以身下士邪〔八八七、一～二〕

「故曰成王」絶句。「邪」與也同。

【正文】齊桓公見小臣稷、一日三至、弗得見〔八八七、三〕

『新序・雜事五』、『韓子・難一』。

【正文】士驁祿爵者固輕其主〔八八七、四〕

「驁」讀爲傲。『新序〔雜事五〕』作傲、下同。

【正文】世多擧桓公之内行〔八八七、五～六〕

『荀子・仲尼』篇「仲尼之門人、五尺之豎子、言羞稱乎五伯、是何也。曰然、彼誠可羞稱也。齊桓、五伯之盛者也。前車《ママ》則殺兄而爭國、内行則姑姊妹之不嫁者七人、閨門之内、般樂奢汰、以齊之分奉之而不足。外事則詐邾襲莒、幷國三十五。其行事《ママ》也若是、其險汙淫汰也、彼固曷足稱乎大君子之門哉」。【編者按：「車」は「事」字の誤記。また『荀子全書』は「行事」に作る】

【正文】誠行之此論而内行修〔八八七、六〕

季春紀「行之是令而甘雨至」。

【正文】是倚其相於門也。夫相萬乘之國而能遺之〔八八七、七～八〕

「倚」、合爲遺。遺、忘也。卽下「遺之」遺。

【正文】而以心與人相索〔八八七、八〕

「索」、求也。

【正文】桃李之垂於行者、莫之援〔八八七、九〕

『〔韓非子〕外儲說左上』（十六面）

【正文】反見翟黃〔八八七、一一〕

山子曰、「行」、道也。

『史記・汲黯傳』「大將軍青侍中、上踞厠而見之。丞相弘燕見、上或時不冠。至如黯見、上不冠不見也」、亦此意。

「反」疑合爲及、『〔史記〕魏世家』注作及。

【正文】故賢主之畜人也、不肯受實者其禮之〔八八七、一三〕

『〔左傳〕襄二十五年』「君民者、豈以陵民、社稷是主、臣君者豈爲口實、社稷是養」、杜注「言君不徒居民上、臣不徒求祿、皆爲社稷」。
『〔左傳〕文十八年』「聚斂積實、不知紀極」、杜注「實、財也」。

【正文】文侯可謂好禮士矣。好禮士、故南勝荊於連隄〔八八七、一四〕

「好」如字、猶善也。

【正文】天子賞文侯以上卿〔八八七、一五〕

『〔史記〕周本紀』威烈王二十三年「命韓・趙・魏爲諸侯」。又、『〔史記〕魏世家』「文侯元年、秦靈侯《ママ》之元年也。與韓武子・趙桓子・周威王同時」云云「二十二年、魏・趙〔・韓〕列爲諸侯」。【編者按:「侯」は「公」字の誤記】

報更

「更」・庚、同償也。『〔禮記〕檀弓下』〔十五面〕「請庚之」、鄭注「庚、償也」。
『史・貨殖傳』〔十背〕「不足以更費」、注「更、償也」。

【正文】堪士不可以驕恣屈也〔九〇一、五〕

【高注】堪、樂也。

「堪」字可疑。下文有「材士」之語。依注「堪、樂也」、當爲湛。
疑衍。【編者按:「堪」字に注す】

【正文】昔趙宣孟將上之絳、見骫桑之下〔九〇一、六〕

『左・宣公二年』、「〔孝行覽〕必己」篇「牛缺居上地、大儒也下之邯鄲」。
『說苑・復恩』
「必己」篇【編者按:「上」字に注す】
山子曰、「骫桑」則翳桑也。「骫」、音委、故轉譌。再按、『淮南・人間訓』「趙宣孟活饑人於委桑之下、而天下稱仁焉」。

【正文】爲之下食、蠲而餔之〔九〇一、六～七〕

「蠲」、潔也。『詩・小雅〔天保〕』「吉蠲爲饎」、『〔孟子〕滕文公下』「陳仲子居於陵、三日不食、耳無聞、目無見也」云云「三咽然後耳有聞目有見」。

【正文】斯食之、吾更與汝〔九〇一、九〕

「斯」讀爲第、音之轉也。「斯須」之斯、此義也。『韻會』「第」字注「第、大計反、音與地同」。

『正字通』〔卯集・斤部〕「斯」字注「『說文』折《ママ》也。『詩・陳風・墓門』有棘斧以斯之。又『呂覽・報更』篇云云、注斯與折《ママ》同。今俗凡裂物曰斯」。【編者按：「折」は「析」字の誤記】

【正文】因發酒於宣孟〔九〇一、一〇～一一〕
『〔禮記〕檀弓下』「晉獻文子成室、晉大夫發焉」云云。卽此「發酒」之發、「發酒」猶開宴也。

【正文】一人追疾、先及宣孟、之面曰、嘻、君轝〔九〇一、一一～一二〕
「及」、『說苑』作向。
公遠云、「轝」疑與。『說苑』作邪。【編者按：『說苑』復恩に「一人追疾、既及宣孟、向宣孟之面曰、今固是君邪」とある】

【正文】此書之所謂德幾無小者也〔九〇一、一三～九〇二、一〕
『〔尚書〕伊訓』「爾惟德罔小、萬邦惟慶、爾惟不德罔大、墜厥宗」。

【正文】人主胡可以不務哀士〔九〇二、二〕
「哀」、「哀憐」之哀也。卽『〔史記〕淮陰侯傳』「哀王孫」之哀。

【正文】博則無所遁矣〔九〇二、二～三〕
「遁」猶遺漏也。

【正文】張儀、魏氏之餘子也〔九〇二、四〕
「〔先識覽〕樂成」篇「魏氏之行田也」云云。【編者按：「魏氏」に注す】

【高注】大夫庶子爲餘、受氏爲長。
山子曰、注「餘」下脫子。
「長」當作張。

【正文】魏氏人張儀〔九〇二、四～五〕
「氏」疑衍。

【正文】雖遊然豈必遇哉〔九〇二、六〕
「然」猶焉也、屬讀。

【正文】孟嘗君前在於薛〔九〇二、一一〕
齊閔王策〔三十三背〕【編者按：『戰國策』齊策三・孟嘗君在薛】

【正文】孟嘗君令人禮貌而親郊送之〔九〇二、一一～一二〕
「送」當作迎。

【正文】荊甚固〔九〇二、一三〕

【高注】固、護、以侵兼人。

「固護」合爲固獲。『〈禮記〉曲禮上』「毋固獲」、又曰「將適舍求毋固」。

【正文】齊王知顏色〔九〇二、一五〕

「知」合爲和。再按、「〈不苟論〉自知」篇「文侯不說、知於顏色」、注「知猶見也」。「齊王」下似有脫文。

【正文】顚蹶之請〔九〇三、一〕

「顚蹶」猶顚沛也。『〈論語〉里仁』篇「造次必於是、顚沛必於是」。「沛」讀爲踣。

順說

【正文】因其來而與來、因其往而與往〔九一三、一〕

【高注】與猶助也。

「與」、五。（「晉語三」八面）【編者按：ここの「五」は「伍」のことであろう。『國語』晉語三に「誰與（誰か與《くみ》せん）」とある】

【正文】而言之與響〔九一三、二〕

「而」、如也。

【正文】順風而呼、聲不加疾也。際高而望、目不加明也〔九一三、三〕

『荀子・勸學』篇「登高而招、臂非加長也、而見者遠。順風而呼、聲非加疾也、而聞者彰」。

至也。【編者按：「際」字に注す】

【正文】惠盎見宋康公而謂足聲速疾言曰〔九一三、三〕

『列子・黃帝』、『淮南・道應訓』。

王【編者按：「公」字を訂す】

『列子〈黃帝〉』、「而」作「康王」二字。

山子曰、因『列子』、「謂」當作蹀、「聲速」當作聲欬、『淮南』同。

【正文】寡人之所說者勇有力〔九一三、四〕

「勇有力」猶『禮記〈聘義〉』「強勇力」也。『說苑・君道』（十三面）「勁有力」。

【正文】此寡人所欲聞也〔九一三、六〕

依例、「人」下脫之字。【編者按：後文に「此寡人之所欲知也」「此寡人之所願也」とある】

【正文】居四累之上〔九一三、一一〕

「四累」、謂「勇有力」一、「使人雖勇刺之不入」二、「使人雖有勇弗敢刺」三、「使人本無其志也」四。

【正文】田贊衣補衣而見荊王〔九一四、二〕
「補衣」、補綴之衣也。

【正文】臣弗得也〔九一四、五〕
『新序・雜五』
「臣弗得也」、『新序』作「臣竊爲大王不取也」。

【正文】刈人之頸、刳人之腹〔九一四、五～六〕
「〔開春論〕審爲」篇。

【正文】意者爲其實邪〔九一四、六〕
「實」、『新序』作貴。

【正文】其實人則甚不安之〔九一四、七〕
『新序』作「其貴人甚不安之」。

【正文】若夫偃息之義、則未之識也〔九一四、八～九〕

【高注】叚干木偃息以安魏。田贊辯說以服荊、此《ママ》之偃息、故曰未知誰賢之也。

「叚干木安魏」、「〔開春論〕期賢」篇、『新序・雜五』。
「〔恃君覽〕召類」篇、「工尹他」事可幷見。
『〔文選〕左太仲《ママ》・詠史詩〔之三〕』「吾希段干木偃息藩魏君」、李注「呂氏春秋曰、田贊說荊王曰、若夫偃息之義、則未之識也。高誘曰」云云。「幽通賦曰」云云。
【編者按：ここに引く「李注」は班固「幽通詩」の李善注。「詠史詩」の李善注に「幽通賦曰、干木偃息以藩魏」とある。「仲」は「沖」字の誤記】
『小雅・北山』詩「或燕燕居息、或盡瘁事國、或息偃在牀、或不已于行」。
『〔文選・班孟堅〕幽通賦』「木偃息以藩魏兮、申重繭以存荊」、李注引此云「田贊說荊王曰、若夫偃息之義、則未之識也」。

【正文】其謳歌而引〔九一四、一〇〕
共【編者按：「其」字を訂す】

【正文】桓公則難與往也〔九一四、一三〕
「往」當作王、音之誤也。
「〔愼大覽〕下賢」篇「〔齊〕桓公内行雖不修、霸亦可矣。誠行之此論而内行修、王猶少」。又「〔審分覽〕愼勢」篇「賢士制之以遇亂世、王尚少」。

不廣

【正文】其人事則不廣〔九二五、二〕

「不廣」上疑脱「不可」二字。

【正文】北方有獸、名曰蹶〔九二五、四〕

『韓詩外傳』五（十二背）、『説苑・復恩』。

『韓詩』、「蹶」作蟨。『説苑』同。【編者按：『韓詩外傳』は「北方有獸、名曰婁」「西方有獸、名曰蟨」に作る】

【正文】常爲蛩蛩距虚〔九二五、四〕

『字彙』「蛩蛩青獸似馬」、「距距似贏而小」。【編者按：引用は『字彙』に見えない。『文選』司馬長卿（相如）・子虚賦に「蹴蛩蛩、轔距虚」とあり、張揖注に「蛩蛩、青獸、狀如馬。距虚、似贏而小」とある】

【正文】鮑叔・管仲・召忽三人相善〔九二五、六〕

『韓子・説林下』、『管子・大匡』（初背）。

【正文】齊攻廩丘、趙使孔青將死士而救之、與齊人戰、大敗之〔九二五、一二〕

『孔叢・論勢』（十七背）

【正文】得尸三萬以爲二京〔九二五、一二～一三〕

「二京」、考出「〔孟秋紀〕禁塞」篇。

【高注】古者軍伐克敗、於其所獲尸、合土葬之。

以【編者按：「於」字を訂す。朱筆】

【正文】莎隨賁服〔九二六、一〕

奔北【編者按：「賁服」を訂す】

【正文】敵齊不尸則如何〔九二六、二〕

吉子曰、「敵」讀爲適。【編者按：正文の「適」字に「モシ」とルビをふる】

【正文】晉文公欲合諸侯。咎犯曰不可〔九二六、六〕

『〔左傳〕僖二十七年』、『新序・善謀上』。

【正文】繼文之業〔九二六、八〕

『〔左傳〕僖二十五年』

【正文】勤天子之難〔九二六、九〕

「勤」、「勤王」之勤。

【正文】遂與草中之戎〔九二六、一〇〕

「與」作興爲是。『〔左傳〕僖三十三年』「先軫曰」云云「遂發命、遽興善《ママ》戎」。【編者按：「善」は「姜」字の誤記】

【正文】齊之東鄙人、有常致苦者〔九二六、一三〕

『〔戰國策〕楚宣王策』「是其爲人也近苦矣」、注「苦猶惡也」。【編者按：楚策一・魏氏惡昭奚恤於楚王】

【正文】知大禮、知大禮雖不知國可也〔九二六、一四〕

二「禮」字、宜爲體。

貴因

【正文】決伊闕、溝廻陸、注之東海〔九三三、二〕

「〔有始覽〕有始」篇「陸注三千、小水萬數」。

再按、「廻」當作大。『〔史記〕河渠書』「禹」云云「乃廝二渠以引其河。北載之高地、過降水、至于大陸、播爲九河」云云。又『〔淮南・本經訓〕』「舜乃使禹疏三江五湖、闢伊闕、導廛澗、平通溝陸、流注東海、鴻水漏、九州乾」云云。

【正文】如秦者立而至、有車也〔九三三、四〕

「立」、立乘也。

【正文】竫立安坐而至者〔九三四、一〕

「竫」讀爲靜。

【正文】賢者出走矣〔九三四、四〕

『〔史記〕殷本紀』「紂愈淫亂不止。微子數諫不聽。乃與大師・少師謀遂去」云云「箕子懼乃詳狂爲奴、紂又囚之。殷之大師・少師乃持其祭樂器奔周」云云。

『〔史記〕周本紀』「紂昏亂暴虐滋甚、殺王子比干、囚箕子、大師庇・小師彊抱其樂器而奔周。於是武王」云云。

「〔似順論〕處市《ママ》」篇「向摯處乎〔商而〕商滅、處乎周而周王」是也。【編者按：「市」は「方」の誤記】

「〔先識覽〕先識」篇、「夏大史令」「殷內史向摯」事。

【正文】命曰戮〔九三四、六〕

【高注】戮、暴也。

「暴」合爲辱。

【正文】命曰刑勝〔九三四、六〕

【高注】傳曰、厲王虐、國人謗王。

見「〔恃君覽〕達鬱」篇。不須引傳。

【正文】不可以駕矣〔九三四、七〕

「駕」當作加、卽上「其亂加矣」之加。「〔貴直論〕過理」篇「賢不可以加矣」。

營按、「駕」・加古字通。昭元年『左氏』「子木之信、稱於諸侯、獨《ママ》詐晉而駕焉」。【編者按：「營」は人名であろう。未詳。「獨」は「猶」字の誤記】

【正文】武王至鮪水。……〔九三四、九〕

『〔尚書〕』武成『疏』引『帝王世紀』有異同。
【正文】膠鬲曰、西伯將何之、無欺我也〔九三四、九～一〇〕
『竹書紀年』「帝辛四十一年、西伯昌薨。四十二年、西伯發受丹書于呂商」。
按『世紀』、此脱「王曰、將攻薛也。膠鬲曰、然願西伯」十三字。【編者按：「西伯將何之」の下に注す】
【正文】膠鬲曰、朅至〔九三四、一〇〕
「朅」・曷、古字通用。『王風・君子于役』詩「君子于役、不知其期、曷至哉」、『箋』云「曷、何也」。因按、朅・害・何・胡、皆一音之轉。
「朅」、『世紀』作「何曰」二字。
【正文】天雨日夜不休〔九三四、一二〕
『〔尚書〕武成』篇「癸亥陳于商郊、俟天休命」、『孔傳』「待天休命、謂夜雨止畢陳」。『〔詩經〕大雅・大明』「肆伐大商、會朝清明」、蓋亦謂雨止也。『毛傳』「肆、疾也」。
洗兵雨事、『説苑・權謀』、『韓詩外傳』卷三（六背）。
【正文】軍師皆諫曰、卒病、請休之〔九三四、一一～一二〕
「師」當作帥、『世紀』作卒、卽率之譌。『後漢・郅惲傳』注作吏。
【正文】取不能其主、有以其惡告王、不忍爲也〔九三五、三〕
「能」猶善也。『〔左傳〕襄二十一年』「范鞅與欒盈爲公族大夫、而不相能」、『〔左傳〕昭元年』「子産曰、昔高辛氏有二子、伯曰閼伯、季曰實沈、居于曠林、不相能也」。
『〔左傳〕昭十一年』「蔡侯獲罪於其君、而不能其民」。
「取」疑當作彼。
【正文】若夫期而不當〔九三五、三〕
「〔愼行論〕求人」篇、「〔仲冬紀〕至忠」篇。
【正文】已以此告王矣〔九三五、四〕
【舊注】一本「此」字下有「動作因日光而治萬事因也」十一字。
「光」當作行。
【正文】禹之裸國、裸入衣出〔九三五、五～六〕
『戰國・趙〔武靈王〕策』「夫論至德者、不和於俗。成大功者、不謀於衆。昔舜舞有苗、而禹袒《ママ》入裸國、非以養欲而樂志也、欲以論德而要功也」。【編者按：趙策

二・武靈王平晝閒居】
「〔愼行論〕求人」篇「禹南至交趾」云云「羽人裸民之處、不死之鄉」。
「裸國」謂吳越也。『〔左傳〕哀七年』「子貢曰、大伯端委以治周禮、仲雍嗣之、斷髮文身羸以爲飾、豈禮也哉、有由然」。
【正文】孔子道彌子瑕見釐夫人〔九三五、六〕
「道、由也。『山海經』風道北來」(『字彙』〔酉集・辵部〕)。
「釐」宜爲衛。
「釐」・衛、音近而譌。『韓子・内儲說下』「使齊韓約而攻衛」、「衛」一本作魏、又「衛君、荊將也」、一本亦作魏君、可以證。【編者按：顧廣圻『韓非子識誤』は「今本『魏』作『衛』、誤」という。また『韓非子』内儲說下「宋石、魏將也」についても、『韓非子識誤』は「今本『魏』作『衛』、誤」という。すなわち「衛將」を「魏將」とするのが正しいというのであって、ここにいうように「衛君」を「魏君」と作るとするのは誤り】
【高注】野人歌之曰……。

『左・定十四年』(廿一面)
【正文】專則拙〔九三五、七〕
『尚書・周官』「作德、心逸日休。作僞、心勞日拙」、「拙」義與此同。

察今

【正文】上胡不法先王法〔九四四、二〕
『荀子』「後王」之論(引)。【編者注：『荀子』非相に「欲觀聖王之跡、則於其粲然者矣、後王是也。彼後王者、天下之君也」とある】
「上」、或人指秦辭。
上古【編者按：「上胡」を訂す。朱筆】
【正文】東夏之命〔九四四、三〕
秦處西、故謂中國爲「東夏」。
「東夏」、指中國。呂不韋者秦人、秦西方國也。故曰「東夏之命」也。
「命」卽『左傳・桓二年』「古之命也」、及『論語〔子路〕』「名不正、言不順」之名。

【正文】口惛之命不愉〔九四四、五〕
「惛」及「愉」當作唔諭。「〔審應覧〕精諭」篇「口唔不言、以精相告」。
【正文】天下之學者多辯、言利辭倒、不求其實〔九四四、六〕
「〔開春論〕愛類」篇「匡章謂惠子曰、公之學去尊、今又王齊王、何其到也」。
【正文】故擇先王之成法〔九四四、八〕
【舊校】擇、一作釋。
「擇、一作釋」爲是。再按、「擇」作棄也。
「擇」、擇棄也。
【正文】嘗一脟肉、而知一鑊之味〔九四四、一二〕
熟也。【編者按：「脟」字に注す】
『〔淮南子〕說山訓』「嘗一臠肉、知一鑊之味」。
【正文】瀸水暴益〔九四四、一三〕
「益」當作溢、下同。
【正文】軍驚而壞都舍〔九四五、一〕
却車【編者按：「舍」字に注す】
【正文】夫不敢議法者衆庶也。以死守者有司也。因時變法者賢主也〔九四五、七〕
『〔論語〕季氏』篇「天下有道、則政不在大夫、天下有道則庶人不議」。
『荀子・非相』篇「禮莫大於聖王。聖王有百、吾執法焉。故曰、文久而息《ママ》、節奏《ママ》久而絕、守法數之有司、極禮而褫」。【編者按：「息」は「滅」の、「奏」は「族」の誤記。『荀子』楊倞注に「文、禮文。節、制度也。言禮文久則制度滅息、節奏久則廢也」とある】
守法也。『孟子〔萬章下〕』齊景公招虞人「以皮冠」云云。【編者按：「守」字に注す】
【正文】是故有天下七十一聖〔九四五、七〜八〕
『〔史記〕封禪書』「管仲曰、古者封泰山禪梁父者七十二家、而夷吾所記者十有二焉」云云、『索隱』曰「今『管子』書封禪篇」、是也。『〔史記〕孝武紀』「公孫卿曰」云云「封禪七十二王、唯黃帝得上泰山封」。
【正文】故曰長劍期乎斷〔九四五、八〕
「長」合爲良字之譌也。
【正文】不期乎驥驁〔九四五、九〕
『字彙』〔亥集・馬部〕「驁、音熬、駿馬名、以壬申日

死、故乘馬忌此日」。「〔愼大覽〕下賢」篇「士驁祿爵者、因《ママ》輕其主」。『新序』作傲。【編者按：「因」は「固」字の誤記】

【正文】其劍自舟中墜於水〔九四五、一〇〕

『淮南・說林訓』（初面）

【正文】遽契其舟曰〔九四五、一〇〕

「契」讀爲鍥。

【正文】此任物亦不必悖矣〔九四五、一三～一四〕

「不」字誤、不然衍文。

再按、「亦不必」三字、必有一誤。「悖矣」二字爲句。「任物亦不必」、卽上「〔愼大覽〕不廣」篇「外物則固難必」之意。「〔孝行覽〕必己」篇亦云「外物不可必」。

卷之十六　先識覽

先識

【正文】凡國亡也、有道者必先去、古今一也〔九五五、二〕

『〔左傳〕哀七年』子服景伯曰「民保城、城保於德」云云。（『〔孟子〕公孫丑下』首章）

『〔論語〕微子』篇「大師摯適齊」（引）。

【正文】恥其功臣〔九五五、六〕

「〔愼大覽〕權勳」篇。

【正文】沈于酒德、辟遠箕子、爰近姑與息〔九五五、九〕

『〔禮記〕檀弓上』「君子之愛人也以德、細人之愛人也以姑息」、鄭注「息猶安也。言苟容取安也」。

『升庵文集』四十四。『通雅』十九。【編者按：「姑」字に注す。『升庵文集』は明の楊愼の撰。八十一巻存六十八巻】

【正文】殺三不辜〔九五五、一〇〕
【高注】折材士之肝。刳孕婦而觀其胞。
「折」合爲析。
春臺云、「肝」當作骭。骭、脛也。
作股。【編者按：「肝」に注す】
「〈貴直論〉過理」及「〈仲夏紀〉古樂」篇、又『淮南・俶眞』。【編者按：「刳孕婦」に注す】
【正文】晉太史屠黍見晉之亂也、見晉公之驕而無德義也〔九五六、二〕
『說苑・權謀』「屠黍」作屠餘、「晉公」作晉平公、是。
【正文】康樂、歌謠好悲〔九五六、八〕
『〈禮記〉樂記』「亡國之音哀、以思其民困」。
『淮南』【編者按：「悲」字に注す】
【正文】得義蒔・田邑而禮之、得史驎・趙駢以爲諫臣〔九五六、一〇～一一〕
『說苑〈權謀〉』「義蒔」作錡疇、「史驎趙駢」作史理趙巽。
【正文】其尚終君子之身乎〔九五六、一一～一二〕
山子曰、「子」疑衍、『說苑〈權謀〉』無。

【正文】威公薨、肂、九月不得葬〔九五六、一三〕
『〈儀禮〉士喪禮』「掘肂見衽」、鄭注「肂、埋棺之坎者也、掘之於西階上」。
思利切。【編者按：「肂」字に注す】
【正文】以言報更也〔九五六、一五〕
第十五篇名。【編者按：「報更」に注す】
【正文】之二國者、皆將亡〔九五七、二〕
「之」、是也。
【正文】行者無糧、居者無食則財盡矣〔九五七、三〕
『〈孟子〉梁惠王下』「昔者公劉好貨」云云「居者積倉、行者有裹精也、然後可以爰方啓行」。
【正文】無辜必亡〔九五七、四〕
「辜」當作幸。
【正文】則必不亡矣。其患不聞〔九五七、五〕
下「不」字上疑脫在字。
【正文】悉起而距軍乎濟上〔九五七、六〕
「軍」疑當移上「起」下。
「距乎濟上」、見「權勳」篇。

観世

【正文】天下雖有有道之士、國猶少〔九六七、一〕

「國」、『治』作固。【編者按：「治」とは『羣書治要』のこと】

【正文】千里而有一士、比肩也〔九六七、一〕

『戰國策・齊宣王策』【編者按：齊策三・淳於髡一日而見七人於宣に「千里而一士、是比肩而立」とある】

『韓子・難勢』〔四面〕【編者按：「千里」に注す】

【正文】此治世之所以短、而亂世之所以長也〔九六七、四〕

〔『詩經』〕小雅・苕之華『毛傳』「治日少而亂日多」。

【正文】此周之所封四百餘、服國八百餘〔九六七、五〜六〕

『〔史記〕漢興以來諸侯〔王〕年表』「武王・成・康所封數百、而同性《ママ》五十五、地上不過百里、下三十里、以輔衛王室」。『荀子・儒效』周公「兼制天下、立七十一國、姬姓獨居五十三人、而天下不稱偏焉」注引『〔左傳〕昭二十八年』「成鱄對魏獻子」。【編者按：「性」は「姓」字の誤記】

『〔史記〕周本紀』武王「東観兵、至于盟津」、「是〔時〕諸侯不期而會〔盟津〕者八百諸侯。〔諸侯〕皆曰、紂可伐矣」。

「所封四百餘」、未考。

【正文】故曰愼一日以終其世〔九六七、一二〕

「曰」當作日、考出「〔似順論〕愼小」篇。『淮南・人間』「堯戒曰『戰戰慄慄、日愼一日』。人莫蹪於山、而蹪於蛭」。

『韓子・初見秦』〔五面〕【編者按：「日愼一日」に注す】

【正文】處已高矣、……行已高矣〔九六七、一三〜一四〕

「處已」「行已」、共音以。

【正文】主賢世治、則賢者在上。……〔九六八、二〕

「主賢世治」以下、已見「〔有始覽〕謹聽」篇。

【正文】天下既廢〔九六八、三〕

「下」當作子。

【正文】以兵相剗〔九六八、三〕

「剗」・殘・剪・踐、古字通用。此讀爲殘。

「〔季秋紀〕知士」篇【編者按：「剗」字に注す】

【正文】若此則幸於得之矣〔九六八、五〕

庶幾也。【編者按：「幸」字に注す】

【正文】晏子之晉、見反裘負芻息於塗者、以爲君子也。……〔九六八、八〕

『晏子・雜上』（十二背）

『新序・雜二』「魏文侯出遊、見路人反裘而負芻」云云。

『史記・晏嬰傳』「越石父賢在縲紲中。晏子出遭之塗」云云、『正義』引『晏子春秋』可幷見。

『新序・節士』（十面）

【正文】齊人累之〔九六八、九〕

『新序』作纍。【編者按：「累」字に注す】

【正文】嬰未嘗得交也〔九六八、一〇〕

『晏子』「交」下有「夫子」二字。

【正文】吾聞、君子屈乎不已知者、而伸乎已知者〔九六八、一一〕

山子曰、下「已知」當易地。『史記〔管晏列傳〕』作「君子詘於不知已、而信於知已者」。『晏子』同。

【正文】嬰聞察實者不留聲〔九六八、一二～一三〕

「留」猶拘也。「聲」猶名也。

【正文】觀行者不譏辭〔九六八、一三〕

山子曰、「譏」譏察也。『新序〔節士〕』作幾。

昭十五年（九面）【編者按：「譏」字に注す。「春秋三傳」の昭公十五年の條に「譏」字は見えない】

期【編者按：「譏」字を訂す。『公羊傳』桓公十年に「秋、公會衛侯于桃丘、弗遇。會者何。期辭也」とある】

『晏子』作「省行者不引其過、察實者不譏其辭」。

【正文】今晏子功免人於阨矣〔九六八、一四〕

『晏子』「功」上有「有」字。

【正文】此令功之道也〔九六八、一五〕

山子曰、「令」當作全。『新序』作全、『晏子』同。

【正文】客有言之於鄭子陽曰、子列禦寇、蓋有道之士也、居君之國而窮、君無乃爲不好士乎〔九六九、一～二〕

『列子・說符』（四背）、『新序・節士』（十背）。「居君之國而窮」、稱「君」鄭君明矣。

『韓詩《ママ》・說林上』「魯丹」事幷攷。【編者按：「詩」は「子」字の誤記】

『莊子・讓王』

『列子』無子字。【編者按：「子列禦寇」に注す】

『〔左傳〕哀七《ママ》年』「仲尼私於冉子曰」云云「子季孫若欲行而法、則周公之典在」云云。【編者按：「七」は「十一」の誤記】

【正文】爲有道者妻子、皆得逸樂〔九六九、三～四〕

『〔韓非子〕外儲說左上』（十二面）

【正文】君過而遺先生食〔九六九、四〕

「過」、『列子』作遇、注「一本作過、或作適」。

【正文】至已而罪我也。有罪且以人言〔九六九、五～六〕

「至已」至「人言」十二字、『新序』作「其罪我也、又將以人之言」十字。

「已」讀爲其、考出「〔孝行覽〕遇合」篇。

『列子』「已」作其、無「而」字及「有罪」二字。

助語【編者按：「而」字に注す】

【正文】其卒民果作難、殺子陽〔九六九、六〕

【高注】子陽嚴猛、刑無所赦。家人有折弓者、畏誅。

「折弓」事、見「適威」篇。【編者按：離俗覽・適威に「子陽極也好嚴、有過而折弓者、恐必死」とある】

【正文】先見其化而已動、遠乎性命之情也〔九六九、八〕

山子曰、「已」與以同。

「遠」當作達。

后（一考本）【編者按：「已」字に注す】

知接

【正文】人之目以照見之也〔九七八、二〕

山子曰、「照」當作昭。（下同）

「〔審分覽〕任數」（七背）

【正文】其所以爲照、所以爲瞑異、瞑士未嘗照、故未嘗見〔九七八、二～三〕

山子曰、「〔審應覽〕離謂」篇「惑惑之中有曉焉、冥冥之中有照焉」。

【正文】無由接而言見詤〔九七八、三〕

山子曰、「詤」（『字彙』無）或疑「疏」字譌。

「〔審分覽〕知度」篇有「不好淫學流說」之文。

『王《ママ》篇』「詤」與誣同。（一考本）

【高注】詤、讀「誣妄」之誣、億不詳審也。

謂（一考本）【編者按：「億」字に注す】

【正文】戎人見暴布者而問之曰、何以爲之莽莽也〔九七八、

五～六〕

『〈淮南子〉齊俗訓』（二面）

【正文】管仲有疾、桓公往問之曰……〔九七八、一〇〕

『韓子・十過』及『〈韓非子〉難一』篇。

『〈史記〉齊世家』（九面）注引。

【正文】公曰、易牙烹其子以慊寡人、猶尚可疑耶〔九七八、一二～九七九、二〕

『〈左傳〉僖十七年』「雍巫有寵於衞共姫、因寺人貂以薦羞於公」、注「雍巫、雍人。名巫。卽易牙」、亦稱巫。

「慊」與嗛同。

【正文】豎刁自宮以近寡人〔九七九、二〕

【高注】宮、害陰爲奄人。

山子曰、「害」當作割。

【正文】常之巫審於死生、能去苛病〔九七九、三～四〕

「常之巫」、蓋巫而兼醫者、所謂「巫醫」是也。「〈審分覽〉勿窮」篇「巫鼓《ママ》作醫」可以見。【編者按：「鼓」は「彭」字の誤記】

『管子』有「棠巫」（『〈史記〉齊世家』十四面）。【編者按：『史記索隱・齊世家』に「按、『管子』有棠巫、恐與雍是一人也」とあるが、現行『管子』に「棠巫」は見えない。『管子』小稱に「管仲攝衣冠起對曰、臣願君之遠易牙・豎刁・堂巫・公子開方」とある】

「苛」、蓋苛虐之病也。「〈士容論〉審時」篇「殃氣不入、身無苛殃」、注「苛病殃咎」。

「〈審分覽〉審分」篇「姦僞邪辟之塗可以息、惡氣苛疾無自至」。

【正文】死生命也、苛病失也〔九七九、四〕

『〈論語〉顏淵』篇「子夏曰、死生有命、富貴有天」。

『素問・四氣調神大論』「身無苛病、萬物不失、生氣不竭」。

「失」當作天。

【正文】蒙衣袂而絶乎壽宮〔九七九、一四〕

『〈史記〉封禪書』武帝「幸甘泉、病良已、大赦、置酒壽宮。神君壽宮神君、最貴者太一、其佐曰大禁」云云、注「服虔曰、立此便宮也」。『楚辭・九歌・雲中君』曰「蹇將憺兮壽宮」、王注曰「憺、安也。壽宮、供神之處也。祠祀皆欲得壽、故名〔爲〕壽宮也」。

考出「〔貴直論〕知化」篇。

【正文】蟲流出於戸上、蓋以楊門之扇〔九七九、一四〕

『韓子・二柄』、「〔孟春紀〕貴公」篇。山子曰、「上」疑外。『漢・東方朔傳』注、無「上」字、「扇」作扉。『韵會』「扇」字注「『說文』扇扉也。一曰、竹葦曰扇、木曰闔。『禮記』月令、乃修闔扇」。

【正文】三月不葬、此不卒聽管仲之言〔九七九、一五〕

『〔史記〕齊世家』「桓公尸在牀上六十七日、尸蟲出于戸」、又『〔史記・齊〕世家』「以亂故、八月乃葬齊桓公」。

悔過

【正文】智亦有所不至。所不至、說者雖辨、爲道雖精、不能見矣〔九八九、一～二〕

『荀子・非相』「凡說之難、以至高遇至界《ママ》、以至治接至亂、未可直至也」云云。【編者按：「界」は「卑」字の誤記】

【正文】故箕子窮于商、范蠡流乎江〔九八九、二〕

「〔審應覽〕離謂」篇「比干・萇公以此死、箕子・商容以此窮、周公・召公以此疑、范蠡・子胥以此流」。「離謂」篇【編者按：「范蠡」に注す】

【正文】昔秦穆公興師以襲鄭〔九八九、三〕

『〔左傳〕僖三十二年』、『〔國語〕周語中』（十背）。

【正文】臣聞之、襲國邑、以車不過百里、以人不過三十里〔九八九、三〕

『說苑・君道』（十六背）、『〔韓非子〕外儲說左上』【編者按：「邑」字に注す。ただし、兩書に該當する箇所は見えない】

【正文】蹇叔送師於門外而哭曰〔九八九、五～六〕

『〔史記〕秦本紀』（十背）「使百里奚子孟明視、蹇叔子西乞術及白乙丙將」云云。

【正文】蹇叔有子、曰申與視〔九八九、六〕

【高注】申、白乙丙也。

『左傳〔僖公三十二年〕』「召孟明・西乞・白乙出師於東門之外」、杜注「孟明、百里孟明視。西乞、西乞術。白乙、白乙丙」、『正義』曰「『世族譜』以百里孟明視爲百里奚之子、則姓百里、名視、字孟明也。古人之言名字者、皆先字後名、而連言之。其「術」「丙」必是名、「西乞」「白乙」或字或氏、不可明也。『譜』曰、或以爲西乞術・白乙丙爲蹇叔子。案『傳』稱「蹇叔之子與師」、言其在師中而已。若是西乞・白乙、則爲將師中《ママ》、不得云「與」也。或說必妄記異聞耳」。【編者按：「中」は衍字】

［正文］晉若遏師必於殽 ［九八九、七］

『〔孟子〕梁惠王下』引『大雅・皇矣』詩云「爰整其旅、以遏徂莒」。「遏」、『詩』作按。

［正文］爲吾尸女之易 ［九八九、七～八］

「爲」猶使也。『大學』「其爲父子兄弟足法、而後民法之也」。『〔國語〕魯語上』「其爲後世昭前之令聞也」、注「爲猶使也」。

『左・宣十二年』（十背）「尸女於是」、杜注「取其尸」。

【編者按：「尸」字に注す】

［正文］今初服同建、左不軾而右之 ［九八九、一二］

［高注］初、同也。

「初」當作袀、注同。『左氏・僖五年』「均服振振、取虢之旂」、杜注「戎事、上下同服」、『釋文』「均、同也。『字書《ママ》』作袀」。【編者按：『字書』は『字林』の誤記】

或云、此有脫誤。按『〔漢書〕韓延壽傳』「駕四馬傅總、建幡啓《ママ》」云云。『〔禮記〕樂記』「命《ママ》之曰建櫜」、『家語』「命之曰《ママ》鞬櫜」（見「辨《ママ》樂解」十一背）。【編者按：「啓」は「棨」字の、「命」は「名」字の誤記。「曰」は衍字】

『〔左傳〕僖二十三年』「左報《ママ》鞭弭、右屬櫜鞬」、杜注「櫜以受箭、鞬以受弓」。【編者按：「報」は「執」字の誤記】

［正文］日無所與焉 ［九八九、一五］

「與」・以同。以、用也。

［正文］使人臣犒勞以璧 ［九九〇、二］

『文選』注、無。（弦高）【編者按：「人」字に注す】

［正文］寡君之無使也 ［九九〇、一～二］

「無」猶乏也。

［正文］使其三臣丙也・林也・視也於東邊候晉之道 ［九九〇、二］

［舊注］晉、一作瞷、注亦同。

「林」當作術。（『文選』引此作「術」。見下）
山子曰、「聉」當爲晤。『文選・謝靈運・述祖德詩』「弦高犒晉師、仲連却秦軍」、李注引此云「寡君使丙也・術也・視也於邊候晤之道也」云云「高誘云、晤、國名也。音晉、今爲晉。字之誤也」。
【正文】智至則不信、言之不信［九九〇、九～一〇］
山子曰、「不信」之「不」衍、涉下「不信」而誤。

樂成

『〔史記〕商君傳』衞鞅曰「有商《ママ》人之行者、固見非於世。有獨知之慮者、必見敖於民。愚者闇於成事、知者見於未萌。民不可與慮始而可與樂成。論至德者不和於俗、成大功者不謀於衆。是以聖人苟可以彊國、不法其故。苟可以利民、不循其禮」。【編者按：「商」は「高」字の誤記。この箇所『史記』と『商君書』の文が混在している】
【正文】大智不形［九九八、二］
『老子』四十一章、「智」作象。
【正文】禹之決江水也［九九八、三］
『韓子・顯學』（十九面）
【正文】故民不可與慮化擧始［九九九、一］
「化」字義、「〔貴直論〕知化」篇可考。
【正文】魯人鷖誦之曰……［九九九、二］
『孔叢子・陳士義』（十四背）
「鷖」疑當作與、音之誤也。
【正文】麛裘而韠、投之無戾［九九九、二］
山子曰、「投」、投藉也。『荀子・王霸』篇（廿三面）「百姓賤之如偃、惡之如鬼、日欲司間而相與投籍之、去逐之」。「〔孝行覽〕愼人」篇「籍」字考可幷。
『字彙』〔戌集・革部〕「韠、音丙、佩刀之鞘、『詩・小雅〔瞻彼洛矣〕』鞞琫有珌」。
【正文】用三年、男子行乎塗右［九九九、三］
『家語・相魯』
【正文】大智之用固難踰也［九九九、三～四］
覦（一考本）。喩（一考本）【編者按：「踰」字に注す】
【正文】子產始治鄭、使田有封洫、都鄙有服［九九九、四］
『〔左傳〕襄三十年』

【正文】我有衣冠、而子產貯之〔九九九、五〕
「貯」、『左・襄三十年』（十七ウ）作褚、杜注「褚、畜也。奢侈者畏法、故畜臧」。屬辭、褚衣之橐、奢侈者畏法、橐而臧之。
山子曰、今按、「褚之」云者、言子產收取士大夫之奢侈踰制者衣冠、而褚臧之也。不然、「取」字不解。且與伍之、語意自協、故改解。
【正文】鄭簡・魯哀〔九九九、七〕
「哀」當作定、下同。【編者按：後文に「今世皆稱簡公・哀公爲賢」とある】
【正文】非徒不能也〔九九九、八〕
「不」當作無。
【正文】魏攻中山、樂羊將、……〔九九九、一二〕
『〔史記〕甘茂傳』、又『新序・雜二』、『說苑・復恩』。
【正文】有貴功之色〔九九九、一一～一二〕
「貴」、『說苑』作喜、是。「喜」卽「沾沾自喜」之喜。
【編者按：『史記』魏其武安侯列傳に「魏其者、沾沾自喜耳、多易」とある】
【正文】君臣賓客所獻書者〔九九九、一二〕
『說苑』無「者」。
【正文】書盡難攻中山之事也〔九九九、一三〕
「難」、沮難也。
【正文】凡擧無易之事〔一〇〇〇、一〕
【舊校】〔易〕、一作爲。
注作爲、爲是。
【正文】人臣且孰敢以非是邪疑爲哉〔一〇〇〇、二〕
山子曰、「邪」當作者、音之誤也。
フコトヲ【編者按：「疑」字に送る】
ン【編者按：「爲」字に送る。「疑ふことを爲さんや」と訓じているのであろう】
【正文】魏襄王與群臣飲、……〔一〇〇〇、四〕
『漢・溝洫志』、『史記・滑稽傳・西門豹傳』注。
【正文】王曰、皆如西門豹之爲人臣也〔一〇〇〇、五～六〕
『史記・滑稽傳』「西門豹爲鄴令」云云「發民鑿十二渠、引河水灌民田」。『正義』引「溝洫志」可考。又『〔史記〕河渠書』「西門豹引漳水漑鄴」云云、『評林』「縉曰」可攷。【編者按：『史記評林』に「光譜曰、攷「溝洫志」、西門豹特引河水而漑鄴耳。引漳水者史起也。……」

とある】

［正文］魏氏之行田也以百畝〔一〇〇〇、六〕

「〔愼大覽〕報更」篇。

［正文］大者死、其次乃藉臣〔一〇〇〇、一〇〕

山子曰、「藉」、「投藉」之藉。

「〔孝行覽〕愼人」篇【編者按：「藉」字に注す】

［正文］時爲史公〔一〇〇〇、一三〕

「時」、是也。

［正文］終古斥鹵〔一〇〇〇、一三〕

『〔周禮〕考工記』「輪已庳則於馬、終古登阤也」。『莊子・大宗師』「維斗得之終古不忒、日月得之終古不息」。又『世說・排調上』「志大宇宙、勇邁終古」、注「終古、往古也」。『楚辭〔離騷〕』曰「吾不能忍此終古也」。【編者按：「離騷」に「余焉能忍與此終古」とある】

［正文］史起非不知化也〔一〇〇〇、一四～一五〕

下十五面。【編者按：「化」字に注す。次の察微に「孔子見之以細、觀化遠也」とある】

察微

［正文］若高山之與深谿〔一〇一二、二〕

『字彙』〔酉集・谷部〕「水注川曰谿。杜預曰、澗也。宋均曰、無水曰谷、有水曰鷄《ママ》」云云「俗作溪」。【編者按：「鷄」は「谿」字の誤記】

［正文］猶尚有管叔・蔡叔之事、與東夷八國不聽之謀〔一〇一二、四〕

［高注］東夷八國附從二叔、不聽王命。周公居攝三年、伐奄。八國之中最大、著作『尚書』。

『尚書〔蔡仲之命〕』小序「成王東伐淮夷、遂踐奄、作成王政。成王旣踐奄、將遷其君於蒲姑、周公告召公作將蒲姑」。〔『尚書・多方』小序〕「成王歸自奄、在宗周、誥庶邦」。

［正文］魯國之法、魯人爲人臣妾於諸侯〔一〇一二、六三〕

『家語・致思』、又『淮南・齊俗』及『〔淮南子〕道應訓』、『說苑・政理』。

使也。【編者按：「爲」字に注す】

【正文】孔子見之以細、觀化遠也〔一〇一三、二〕
山子曰、「見之」當作之見。『淮南子〈齊俗訓〉』作「孔子之明、以小知大、以近知遠、通於論者也」。
再按、「之」疑當作大。
【正文】楚之邊邑曰卑梁、其處女與吳之邊邑處女桑於境上〔一〇一三、三〕
『〈史記〉吳〈世家〉』及『〈史記〉楚世家』。
『〈史記〉伍子胥傳』〈四面〉
【正文】克夷而後去之〔一〇一三、六〕
【高注】夷、平。
「夷」、誤地名。『〈左傳〉昭三十一年』【編者按：『左傳』昭公三十一年に「吳人侵楚、伐夷、侵潛六」とあり、杜預注に「皆楚邑」という】
【正文】實爲雞父之戰〔一〇一三、八〕
「實」、寔同。
『〈左傳〉昭二十三年』
【正文】『孝經』曰、……楚不能之也〔一〇一三、九～一〇〕
「孝經曰」至「楚不能之也」、疑注文誤入正文。余有說、別書。

【正文】鄭公子歸生率師伐宋〔一〇一三、一一〕
『說苑・貴德』
【高注】魯宣二年傳曰……
二【編者按：「二」字を訂す】
【正文】宋華元率師應之大棘〔一〇一三、一一〕
【高注】應、擊也。
「應」、應當也。
【正文】羊斟不與焉〔一〇一三、一二〕
內儲說下〈五面〉【編者按：『韓非子』內儲說下に「其說在狐突之稱二好、與鄭昭之對未生也」とある】
【正文】昨日之事、子爲制。今日之事、我爲制〔一〇一二、一二～一三〕
二「制」、宣二年『左傳』共作政。
【正文】夫弩機差以米則不發〔一〇一三、一三〕
「米」、黍米也。
【正文】故凡戰必悉熟偏備、知彼知己、然後可也〔一〇一三、一四〕
【高注】華元羊肉不及羊斟而身見虜、故曰凡戰必悉熟偏備、知彼知己。

「偏」當作偏。（注同）
『左・宣二年』
【正文】魯季氏與郈氏鬭雞〔一〇一四、一〕
『〔左傳〕昭公二十五年』
【正文】季氏爲之金距〔一〇一四、一〕
【高注】以利鐵作鍜。
吉子曰、「鍜」疑假。
【正文】因歸郈氏之宮而益其宅〔一〇一四、二〕
「歸」當作毀。
【正文】傷之於昭公〔一〇一四、二〕
『荀子・修身』「傷良曰讒」。
【正文】禘於襄公之廟也、舞者二人而已、其餘盡舞於季氏〔一〇一四、二～三〕
『淮南・人門《ママ》訓』【編者按：「門」は「間」字の誤記】
【正文】季氏之舞道〔一〇一四、三〕
「舞」當作無（『淮南子』作無）。
【正文】仲孫氏・叔孫氏相與謀曰〔一〇一四、四〕
『〔韓非子〕内儲說下』（五面）
【正文】魯昭聽傷而不辨其義〔一〇一四、六〕
「傷」猶毀也。「〔審應覽〕離謂」篇「夫傷忠臣者」云云、又「〔離俗覽〕擧難」篇初行。
【正文】況於三季同惡〔一〇一四、八〕
「三季」疑當作「三家」或「三子」。「惡」如字。
【正文】其得至乾侯而卒猶遠〔一〇一四、九〕
「遠」當作幸、字頗似。

去宥

【正文】將奮於說以取少主也〔一〇二三、三〕
「奮」、矜奮也。『家語・三恕』「子曰、奮於言者華、奮於行伐、夫色智而有能者小《ママ》人也」。
猶若殿也。【編者按：「少」字に注す】
【高注】少主、惠王也。
「小《ママ》主」謂出公也。
【正文】王因藏怒以待之〔一〇二三、三～四〕
「藏」、含藏也。
『〔史記〕始皇本紀』附『秦譜』云「簡公生惠公、享國十三年、生出公、享國二年自殺」。『索隱』曰「『世本』出公謂小主」。又『評』云「按秦兩惠公、出前紀云出子、則有兩出子」。「〔不苟論〕當賞」篇可按。【編者按：『史記評林』に「按秦有兩惠公、出公前紀云出子、出子則有兩出子」とある】

［正文］此史定所以得行其邪也、此史定所以得飾鬼以人〔一〇二三、七〕

古者、史・巫所掌相通。「飾鬼以人」卽「〔先識覽〕知接」篇「常之巫審於死生、能去苛病」、及「公將以某日薨」之類。

或云、下「此史定所以得」六字、疑衍文。

［正文］人之老也、形益衰、而知益盛。今惠王之老也、形與智皆衰耶〔一〇二三、八〕

『荀子・正論』（十二背）

『左傳・昭元年』「老將知《ママ》而耄及之者、其趙子《ママ》之謂乎」。【編者按：「知」は「智」字の、「子」は「孟」字の誤記】

［正文］威王好制、有中謝佐制者〔一〇二三、九〕

政【編者按：上の「制」字を訂す】

下「制者」下、疑當有爲字。（一考本）

上「察微」篇「昨日之事、子爲制」云云。

『韓子・十過』「楚靈王」云云「中射士諫曰」云云、注「中射士、官有上中下」。

［正文］姦路以除而惡壅却、豈不難哉〔一〇二三、一二〕

蔽【編者按：「却」字を訂す】

［正文］夫激矢則遠、激水則旱〔一〇二三、一二～一三〕

『淮南子〔兵略訓〕』

「旱」讀爲悍。

『說苑・說叢《ママ》』（七背）【編者按：『說苑』談叢に「水激則悍、矢激則遠」とある。なお、寛文八年刊本は「說」に作る】

［正文］鄰父有與人鄰者、有枯梧樹。……此不可以疑枯梧樹之善與不善也〔一〇二四、一～三〕

『列子・說符』（廿一面）

［正文］其鄰之父言梧樹之不善也〔一〇二四、二〕

山子曰、「不善」、不祥也。『列子』「不善」作不祥。

［正文］此有所宥也〔一〇二四、二～三〕

山子曰、「宥」讀爲尤。卷十三「〔有始覽〕去尤」篇可幷考。

【正文】齊人有欲得金者……〔一〇二四、三～四〕

『〔列子〕說符』

正名

【正文】說淫則可不可而然不然、是不是而非不非〔一〇二九、二～三〕

『莊子・天地』（六背）

【正文】是刑名異充而聲實異謂也〔一〇二九、六～七〕

「〔先識覽〕觀世」篇「晏子曰、嬰聞察實者不留聲、觀行者不譏辭。嬰可以辭而無棄乎」。

「謂」、「〔審應覽〕精諭」篇「唯知言之謂〔者〕爲可耳」之謂、又有「〔審應覽〕離謂」籍《ママ》。【編者按：「籍」は「篇」字の誤記】

【正文】此公玉丹生之所以見信〔一〇二九、八〕

「〔貴直論〕過理」篇、「〔士容論〕審時」篇。

【正文】信《ママ》卓齒而信公玉丹、豈非以自讎邪〔一〇三〇、一〕

【編者按：「信」は「任」字の誤刻】

「卓」、『〔史記〕田敬世家』作淖、『索隱』曰「淖、女教反」。

【高注】湣王無道、齒殺之而擢其筋、懸之東廟終日。

『新序・雜五』「淖齒擢閔王之筋、而懸之廣《ママ》梁、宿昔而殺之」。【編者按：「廣」は「廟」字の誤記】

「東廟」、見『淮南・氾論』（九面）。

【正文】尹文見齊王〔一〇三〇、二〕

【高注】尹文、齊人、作名書一篇、在公孫龍前。

『〔漢書〕藝文志』名家者流「尹文子一篇。說齊王。先公孫龍」、師古曰「劉向云與宋鈃〔俱〕游稷下」。

【正文】深見侮而不鬭〔一〇三〇、五〕

ハナハタ【編者按：「深」字にルビをふる】

『荀子・正論』（二十面）【編者按：「見侮」に注す。『荀子』正論（十九丁）に「子宋子曰、明見侮之不辱、使人不鬥。人皆以見侮爲辱、故鬥也。知見侮之爲不辱、則不鬥矣」とある】

酷。「深刻」之深、有嚴酷字意。【編者按：「深」字に注す】

【正文】大夫見侮而不鬭〔一〇三一、六〕

山子曰、「大」當作丈、不然「夫」字衍。

【正文】以爲臣不以爲臣者〔一〇三一、一四〕

上「爲臣」之「爲」當爲謂。【編者按：「以て臣にして以て臣たらざる者をいへるを」と訓じているようである】

【正文】齊湣王、周室之孟侯也〔一〇三一、一五～一〇三二、二〕

『〔尚書〕康誥』「王若曰、孟侯朕其弟小子」、『孔傳』「周公稱成王命、順康叔之德、命爲孟侯。孟、長也。五侯之長也、謂方伯、使康叔爲之」。

表紙裏

「縞素出總」（審應）【編者按：審應覽・審應に「而王縞素布總」とある】

「一穴」、一孔（「〔審分覽〕不二」篇）

呿・吟（重言）。『素問・寶命全形論』「能達虚實之數者獨出獨入、呿吟至微、秋毫在目」、（王冰）注「呿謂欠呿。吟謂吟嘆」。○楊上善云「呿、謂露齒出氣」。○又（『素問』寶命全形論）曰「虚實呿吟、敢問其方」云云。【編者按：審應覽・重言に「君呿而不吟」とある】

巻之十七　審分覽

審分

【正文】凡人主必審分、然後治可以至〔一〇三九、二〕

『荀子・非相』（六面）【編者按：『荀子』非相に「故人道莫不有辨、辨莫大於分、分莫大於禮、禮莫大於聖王」とある】

「分」謂君臣上下之分也。

下文所云「正名審分」是也。

再按、「〔似順論〕處方」篇「凡爲治必先定分。君臣父子夫婦君臣父子夫婦六者當位、則下不踰節而上不苟爲矣」。

【正文】惡氣苛疾無自至〔一〇三九、二〕

「〔先識覽〕知接」篇【編者按：「疾」字に注す】

【正文】公作則遲〔一〇三九、三〕

「公」疑同。含共字意。『荀子』「公患」。【編者按：「公」字に注す。『荀子』榮辱ならびに富國に「天下之公患」とあり、解蔽に「此心術之公患也」とある】

【正文】無所匿遲也〔一〇三九、四〕

力【編者按：「遲」字を訂す。朱筆】

【正文】人與驥俱走、則人不勝驥矣。居於車上而任驥、則驥不勝人矣〔一〇三九～五～六〕

『荀子・堯問』「君子力如牛」云云。「〔孟夏紀〕勸學」篇「登高而招」云云「假輿馬者、非利足〔也〕、而致千里」云云。

【正文】人主好治人官之事、則是與驥俱走也〔一〇三九、六〕

【舊校】〔官〕一作臣。【編者按：畢沅校本に「舊校云、人官、一作人臣」とある】

「官一作臣」是。（下「〔審分覽〕勿躬」篇「人官」亦同）

【正文】諂諛詖賊巧佞之人無所竄其姦矣〔一〇三九、七〕

『荀子・儒效』「惠施・鄧析不敢竄其察」、楊注「竄、隱匿也」。

【正文】堅窮廉直忠敦之士畢競勸騁騖矣〔一〇三九、八〕

彊【編者按：「窮」字を訂す】

【正文】人主之車、所以乘物也〔一〇三九、八〕

「乘物」猶『荀子』「假物」也。（勸學篇）【編者按：『荀子』勸學に「假輿馬者、非利足也、而致千里。假舟楫者、非能水也、而絕江河。君子生非異也、善假於物也」とある】

又云『孝經・三才章』、『孔傳』「因高・因馬之因」。亦此乘之義。【編者按：『孝經』三才章の『孔傳』に「登山而呼、音達五十里。因高之響也。造父執御、千里不疲、因馬之勢也」とある】

「分職」篇「夫馬者」云云節、可幷考。【編者按：「乘」字に注す。似順論・分職に「夫馬者、伯樂相之、造父御之、賢主乘之、一日千里、無御相之勞而有其功、則知所乘矣」とある】

【正文】奪其智能〔一〇三九、八〕

「奪」當作奮。

【正文】若此則百官恫擾〔一〇三九、一〇〕

「恫」疑煩。

【高注】恫、動。擾、亂。

「君臣擾亂」（「〔審分覽〕任數」八面）。

[正文] 萬邪竝起 [一〇三九、一〇]

方【編者按：「竝」字を訂す】

[正文] 不可以卒 [一〇三九、一〇]

「卒」讀爲率。

[正文] 王良之所以使馬者、約審之以控其轡 [一〇四〇、二]

『鄭〔風〕・大叔于田』詩「抑磬控忌、抑縱送忌」、『毛傳』「騁馬曰磬、止馬曰控」。

[高注] 王良、晉大夫。孫無正・郵良也。

「似順」篇注、又「晉語九」（六面）。【編者按：似順論・似順「孫明進諫曰……」の高誘注に「孫明、簡子臣。孫無政、郵良也」とあり、『國語』晉語九に「郵無正」とある】

[正文] 有道之主、其所以使群臣者亦有轡。其轡何如。正名審分、是治之轡已 [一〇四〇、二～三]

『家語・執轡』篇可幷考。【編者按：『孔子家語』執轡に「閔子騫爲費宰、問政於孔子。子曰、以德以法。夫德法者、御民之具、猶御馬之有銜勒也。君者、人也。吏者、轡也。刑者、策也。夫人君之政、執其轡策而已」とある】

[正文] 湯・禹之臣不獨忠、得其數也 [一〇四〇、六]

「禹」當作武。音似而誤。

[正文] 桀・紂之臣不獨鄙、幽・厲之臣不獨辟、失其理也 [一〇四〇、六～七]

跛【編者按：「鄙」字を訂す】

[高注] 殺戮不辜曰厲、壅過不達曰幽。

「過」當作遏。『〔逸周書〕謚法解』「壅遏不通曰幽」。

[正文] 夫說以智通、而實以過悗 [一〇四〇、一〇]

「過」當作愚。（蓋愚誤轉遇。遇轉過）

「悗」莫本反、廢忘也。『莊子・大宗師』「悗乎忘其言也」。

「〔孟春紀〕重己」篇「胃充則中大鞔」。【編者按：「悗」字に注す】

「悗」音瞞、惑也。

『〔黃帝内經〕靈樞・本神』篇「至其淫泆離藏則精失、魂魄飛揚、志意〔恍〕悗亂、智慮去身者、何因而然乎」、『音釋』曰「悗、悶」。

『韓子・忠孝』篇「古者黔首悗密惷愚、故可以虛名取也。今民儇詗智慧、欲自用、不聽上」、注「悗、忘情貌」。

［正文］問而不詔〔一〇四〇、一四～一五〕

『荀子・解蔽』篇「昔者舜之治天下也、不以事詔而萬物成」云云。又『〔荀子〕大略』篇。【編者按：『荀子』大略に「主道知人、臣道知事。故舜之治天下、不以事詔而萬物成。農精於田、而不可以爲田師、工賈亦然」とある】

［正文］夫其非道也〔一〇四一、三〕

［高注］得道澹然無所思慮、故忘人也。而人慕之、此乃所以大得人也。夫其非道也、亦在其人也。不能使人人得之也、故曰「夫其非道也」。

「夫非其道也」、『老子』〔第一章〕「道可道、非常道」之意。以下以此意推之、道自明。注皆誤。

［正文］夫其非德也〔一〇四一、三〕

「其非」當易地。（下「其不」同）【編者按：後文に「夫其不假也」とある】

［正文］至知不幾、靜乃明幾也、夫其不明也〔一〇四一、三〕

『荀子・榮辱』篇（二十二面）「知不幾者不可與及聖人之言」、又『〔荀子〕解蔽』篇「嚮是而務、士也。類是而幾、君子也。知之、聖人也」。『〔易〕上繫辭』「夫易、聖人之所以極深而研幾也。唯深也、故能通天下之志。唯幾也、故能成天下之務」。唯老氏之徒、欲勝而上之。故云爾。

吉子曰、「烹小鮮」之意。【編者按：『老子』第六十章に「治大國若烹小鮮」とある】

機【編者按：「至知不幾」の「幾」字を訂す】

［正文］澤被天下而莫知其所自姓〔一〇四一、六～七〕

「姓」讀爲生。古字通用。如子姓百姓。可以見。

君守

［正文］可以爲天下正〔一〇五九、四〕

「天下正」、『老子』三十九章。下「〔審分覧〕執一」篇詳引、可幷攷。已見「〔孟夏紀〕尊師」篇。【編者按：『老子』第三十九章に「侯王得一以爲天下貞」とあり、四十五章に「清靜爲天下正」とある】

［正文］身以盛心、心以盛智〔一〇五九、四〕

『荀子・正名』篇有「饗《ママ》萬物之美而盛憂、兼萬物之利

而盛害」之文。【編者按：「饗」は「嚮」字の誤記】

【正文】故曰不出於戸而知天下、不窺於牖而知天道。其出彌遠者、其知彌少〔一〇五九、五～一〇六〇、一〕

『老子』四十七章【編者按：『老子』第四十七章に「不出戸知天下。不闚牖見天道。其出彌遠、其知彌少。是以聖人不行而知、不見而名、不爲而成」とある】

「(季春紀)先己」(八面)。

【高注】不知人而恃以明、不能察偏遠、故彌少也。

偏【編者按：「偏」字を訂す】

【正文】故博聞之人・彊識之士闕矣〔一〇六〇、一〕

「士」當作事。音之譌也。(公遠)

【正文】事耳目・深思慮之務敗矣〔一〇六〇、一～二〕

下「任數」篇有「耳目心智、其所以知識甚闕、其所以聞見甚淺」之文。

【正文】堅白之察・無厚之辯外矣〔一〇六〇、二〕

『荀子・修身』、『韓子・問辨《ママ》』末節。【編者按：『荀子』脩身に「夫堅白・同異・有厚無厚之察、非不察也」とあり、『韓非子』問辯に「堅白無厚之詞章、而憲令之法息」とある】

『莊子・天下』【編者按：『莊子』天下に「無厚不可積也、其大千里」とある】

【正文】此乃謂不教之教、無言之詔〔一〇六〇、五〕

「乃」當作之。不然「謂」字衍。

「(士容論)士容」篇「言豈足以諭之哉。此謂不言之言也」。

【正文】故有以知君之狂也、以其言之當也〔一〇六〇、五〕

『荀子・堯問』及『新序・雜一』「魏武侯謀事而當」云云、可引正。

【正文】故善爲君者無識〔一〇六〇、七〕

「識」當作職。下同。【編者按：後文に「有識則有不備矣」とある】

【正文】數官然後成〔一〇六〇、八～九〕

「數官」、『(周禮)考工記』所云輪人・輿人・輈《ママ》人・車人也。【編者按：「輈」は「輈」字の誤記】

【正文】魯鄙人遺宋元王閉〔一〇六〇、一〇〕

【高注】閉、結不解者也。

『古詩十九首』「著以長相思、縁以結不解」。

【正文】兒說之弟子請往解之〔一〇六〇、一一〕

說山訓（五面）【編者按：『淮南子』說山訓に「皃說之爲宋王解閉結也」とある】

【正文】非可解而我不能解也〔一〇六〇、一二〕

讀古書妙訣。

【正文】鄭大師文〔一〇六〇、一四〕

『列子・湯問』【編者按：『列子』湯問に「匏巴鼓琴、而鳥舞魚躍、鄭師文聞之、棄家從師襄游。……」とある】

【正文】我效於子、效於不窮也〔一〇六〇、一五〕

學【編者按：「效」字を訂す。朱筆】

【正文】故思慮自心傷也〔一〇六一、一〕

「心」疑衍。

【正文】智差自亡也〔一〇六一、二〕

慧【編者按：「差」字を訂す】

【正文】君民孤寡〔一〇六一、三〕

此上疑脫若字。（公遠）【編者按：「此」とは「民」字のことをいう】

【正文】險陂讒慝〔一〇六一、三〕

詖（下同）【編者按：「陂」字を訂す】

【正文】奚仲作車、蒼頡作書、后稷作稼、皋陶作刑、昆吾作陶、夏鯀作城、此六人者所作當〔一〇六一、八〜九〕

下「勿躬」篇、修務訓（十面）【編者按：「奚仲作車」に注す。『淮南子』脩務訓に「昔者、蒼頡作書、容成造暦、胡曹爲衣、後稷耕稼、儀狄作酒、奚仲爲車、此六人者、皆有神明之道、聖智之跡」とある】

『韓子・難勢』（四背）【編者按：「奚仲作車」に注す。『韓非子』難勢に「夫棄隱栝之法、去度量之數、使奚仲爲車、不能成一輪」とある】

原道訓（五面）【編者按：「夏鯀作城」に注す。『淮南子』原道訓に「昔者夏鯀作三仞之城」とある】

【正文】惟彼君道、得命之情〔一〇六〇、九〜一〇〕

「勿躬」篇「故善爲君者、矜服性命之情、而百官已治矣」云云。

任數

【正文】人主以好暴示能〔一〇七五、二〕

【舊校】〔暴〕、一作爲。

「一作爲」是。上篇〔君守〕云「何因哉。因主之爲。

人主好以己爲」、是也。

【正文】是君代有司爲有司也〔一〇七五、三〕

【高注】此聽從取容、無有正君者、君當自正耳、是爲代有司爲有司。

「是爲」之爲、當作謂。

【正文】勢使之也〔一〇七五、五〕

【高注】言其人不忠不正、苟取容說、志意傾邪、故曰「勢使之也」。

「說」、音閲。

【正文】目之見也藉於昭〔一〇七五、五〕

「〔先識覽〕知接」（六面）。

【正文】君臣易操、則上之三官者廢矣〔一〇七五、六〕

【高注】「三官」、耳・目・心。

「耳目之官」（『〔孟子〕告子上』十七面）。

【正文】不至則不知、不知則不信〔一〇七五、八〕

【高注】言不知其君、不信備仁義、無欲爲可以致治安國之本。

此注不可讀。

【正文】無骨者不可令知冰〔一〇七五、八〜九〕

『莊子・秋水』篇「井鼃不可以語於海者、拘於虛也。夏蟲不可以語於冰者篤於時也。曲士不可以語於道者、束於敎也」。

【正文】韓昭釐侯視所以祠廟之牲、其豕小〔一〇七五、一〇〜一一〕

『〔史記〕韓世家』「宣子卒、子貞子代立。徙居平陽。貞子卒、子簡子代。簡子卒、子莊子代。莊子卒、子康子代。康子卒、子武子代。武子卒、子景侯立。景侯卒、子烈侯取《ママ》立。烈《ママ》侯卒、子文侯立。文侯卒、子哀侯立。韓嚴弒〔其君〕哀侯而子懿侯立。懿侯卒、子昭侯立。昭侯卒、子宣惠王立」云云。【編者按：「烈」は「列」字の誤記】

「以」字衍。

【高注】生景侯處、徙陽翟。

「處」當作虔。『韓世家・索隱』曰「紀年及世本、皆作景子名虔《ママ》」。【編者按：現行本は「世」を「系」字に、「虔」を「處」字に作る。『史記』韓世家に「景侯虔元年、伐鄭、取雍丘」とある】

【正文】官以是豕來也〔一〇七五、一一〕

前【編者按：「是」字を訂す】
【正文】從者曰「君王何以知之」〔一〇七五、一二〕
「從者」疑當作侍者。
【正文】以此言耳目心智之不足恃也〔一〇七六、三〕
「以此」當易地。
【正文】十里之間而耳不能聞〔一〇七六、四～五〕
「而」猶則也。
【正文】帷牆之外而目不能見〔一〇七六、五〕
『荀子・君道』「牆之外、目不見也。里之前、耳不聞也。而人主之守司、遠者天下、近者境內、不可不略知也」。
【正文】其以東至開梧〔一〇七六、五〕
瘖生【編者按：「開梧」に注す】
【正文】南撫多顋〔一〇七六、五～六〕
「顋」、音影。『博物志』「山居之人多顋疾」。【編者按：『博物志』卷二（士禮居黃氏叢書本）は「山居之民多癭腫疾」に作る】
因按、南方五嶺之民、多居山谷、故云多顋。
【正文】焉此治紀〔一〇七六、八〕
「紀」下脫文。「〈似順論〉處方」篇「同異之分」云云「此先王之所慎、而治亂之紀也」。
也【編者按：「紀」字の下に補い、「而正始卒焉、此治紀也」と斷句する。朱筆】
【正文】無唱有和〔一〇七六、八～九〕
「〈審應覽〉審應」篇（初面）。
【正文】因者、君術也〔一〇七六、九〕
『史・自序傳』「聖人不朽、時變是守。處《ママ》者道之常也、因者君之綱也」云云。【編者按：「處」は「虛」字の誤記】
【正文】有司請事於齊桓公……〔一〇七六、一二〕
『新序・雜四』、『韓子・難二』。
【正文】習者曰「一則仲父、二則仲父、易哉爲君」〔一〇七六、一三〕
「習者」、『新序』作在側者、可從。習・側音近而誤。亦脫在字。
【正文】孔子窮乎陳・蔡之間……〔一〇七六、一五〕
『家語・在厄』
【正文】藜羹不斟〔一〇七六、一五〕
「斟」當作糂。『家語・在厄』「黎羹不充」、『增注』

『荀子〔宥坐〕』「充作糂」。糂與糝同。『韓詩外傳』〔卷七〕作糝。『說苑〔雜言〕』同。【編者按：太宰春臺『孔子家語增註』の在厄に「荀子充作糂」とある】
『莊子・讓王』作糝。【編者按：「斟」字に注す】
【正文】晝寢〔一〇七六、一五〕
公冶長【編者按：『論語』公冶長に「宰予晝寢」とある】
【正文】食潔而後饋〔一〇七七、二〕
「〔愼大覽〕報更」篇「餟而餔」。
【正文】煤室入甑中〔一〇七七、二〕
『文選・樂府・君子行』注引此作「炱煤入甑中」〔六臣本卷二十八〕。
墨【編者按：「室」字を訂す。朱筆】

勿躬

「〔季春紀〕先己」篇「君曰勿身、勿身督聽」云云。
【正文】故李子曰〔一〇八八、二〕
「〔有始覽〕諭大」及「〔似順論〕有度」有季子。
【正文】兔化而狗、則不爲兔〔一〇八八、二〕
「〔審應覽〕不屈」篇（十五背）「使工女化而爲絲、不能治絲。使大匠化而爲木、不能治木。使聖人化而爲農夫、不能治農夫」。
【正文】人君而好爲人官〔一〇八八、三〕
此「人官」亦當作人臣。（「〔審分覽〕審分」篇下同）
【正文】自蔽之精者也〔一〇八八、四〕
【高注】精、甚。
「精」、「至忠」篇。按、精・甚音近。故古借用乎。「精」非有甚之義也。【編者按：仲冬紀・至忠に「乃自伐之精者也」とある】
【正文】祓篲日用〔一〇八八、四〕
孛同佛勃。【編者按：「祓」字に注するか】
【正文】大橈作甲子、……此二十官者、聖人之所以治天下也〔一〇八八、六〜九〕
上「君守」篇。
【正文】巫彭作醫〔一〇八八、九〕
「〔先識覽〕知接」篇有「常之巫」。
【正文】養其神、脩其德而化矣〔一〇八八、一一〕
『老子』六章「谷神不死、是謂玄牝」。

【正文】豈必勞形愁弊耳目哉〔一〇八八、一一〕

仲和云、「形愁」當作形性。下文「形性彌羸而耳目愈精」是也。

態【編者按：「愁」字を訂す】

【正文】極燭六合〔一〇八八、一二〕

按「極」讀爲谷。古音通用。『大雅・桑柔』詩「人亦有言、進退是谷」。

「極」字屬下是。【編者按：版本は「融乎若月之始出極、燭六合」と斷句する】

東極西極。暘谷同。【編者按：「極」字に注す】

【正文】神合乎太一〔一〇八九、一〕

「太」、「太古」「太極」之太。『荀子・禮論』「貴本之謂文、親用之謂理、兩者合而成文、以歸太一、夫是之謂太隆」。

【正文】今日南面、百邪自正、而天下皆反其情〔一〇八九、二〕

【高注】南面、當陽而治、謂之天子也。

『〔左傳〕文四年』「昔諸侯朝正於王、王宴樂之、於是乎賦湛露、則天子當陽、諸侯用命也」云云。

【正文】黔首畢樂其志〔一〇八九、二～三〕

「畢」疑當作佚。音之誤也。

筆・聿、通。（蒙恬製筆）

逸【編者按：「畢」字を訂す】

【正文】矜服性命之情〔一〇八九、三〕

〔卷十七〕十三葉面。【編者按：審分覽・知度に「君服性命之情」とある】

務【編者按：「矜」字を訂す】

【正文】管子復於桓公曰、墾田大邑、……〔一〇八九、五〕

『新序・雜四』、『〔韓非子〕外儲說左下』（十背）。

【正文】臣不若甯遬、請置以爲大田〔一〇八九、五〕

【高注】甯遬、甯成。

『新序』「甯遬」作甯戚。注「成」當作戚。【編者按：版本の「成」は誤刻】

『管子・小匡』（二十四背）【編者按：『管子』小匡に「臣不如寧戚、請立爲大司田」とある】

【正文】請置以爲大諫臣〔一〇八九、七〕

『新序』無「大」字。『韓子』同。依前後例、似衍「臣」字。

「大諫之官」（『管子』）。【編者按：『管子』小匡に「請立以爲大諫之官」とある】

【正文】臣不若王子城父〔一〇八九、八〜九〕

『新序』「城父」作成甫。

【正文】臣不若弦章〔一〇八九、九〕

『新序』「弦章」作弦寧。

【正文】則幽詭愚險之言無不職矣〔一〇八九、一三〕

「職」當作識。

【正文】五帝三皇之君民也〔一〇八九、一四〕

「皇」當作王。音之誤也。

【正文】知無恃其能勇力誠信〔一〇八九、一四〜一五〕

「勇力」、彊勇有力也。

【正文】形性彌羸〔一〇八九、一五〕

「羸」當作贏。與盈同。『荀子・子道』篇「汝〔衣〕服既盛、顏色充盈」云云。

【正文】百官慎職〔一〇八九、一五〜一〇九〇、一〕

【舊校】〔慎〕、一作順。

「慎一作順」、是。

【正文】而莫敢愉綎〔一〇九〇、一〕

「綎」疑當作逸。或云、縱之譌。

知度

【正文】非一自行之也〔一一〇二、二〕

「一」猶一一也。

「一」猶皆也。

【正文】姦止則說者不來〔一一〇二、三〜四〕

「來」疑當作妄。

「〔審應覽〕審應」篇有「取其實以責其名、則說者不敢妄言、而人主之所執其要矣」之文。

【正文】不好淫學流說〔一一〇二、五〕

「〔先識覽〕知接」篇〔六背〕。

【正文】蒙厚純樸、以事其上〔一一〇三、一〕

「蒙」讀爲厖、厚也。『荀子・榮辱』篇引『詩』、「駿厖」作駿蒙。『家語・弟子行』作厖。

【正文】若此則工拙愚智勇懼可得以故易官〔一一〇三、一〕

「故」、事也。

「懼」猶怯也。「〔審分覽〕不二」篇「勇者不得先、懼者不得後、所以一力也」。

【正文】 以驗其辭〔一一〇三、二〕

「驗」、徵也、效也。

【正文】 凡朝也者、相與召理義也〔一一〇三、四〕

「朝」「召」古音同。故云「召理義也」。『字彙』（辰集・月部）云「朝、之遙切。音昭」。雖譌音、可以見通音也。

再按、『〔孟子〕滕文公下』引『書・武成』「紹我周王見休」、紹亦朝之轉音。

【正文】 子華子曰……〔一一〇三、七〕

「子華子曰」云云、『家語・五儀解』「孔子曰」云云「知不務多、必審其所謂。行不務多、必審其所由」云云。

【正文】 群衆不周〔一一〇三、七〕

「周」、比周也。

【正文】 此神農之所以長、而堯・舜之所以章也〔一一〇三、八～九〕

「〔審分覽〕愼勢」（十六背）

【正文】 故有道之主、因而不爲、責而不詔、去想去意、靜虛以待、不伐之言、不奪之事、督名審實、官使自司、以不知爲道、以奈何爲實〔一一〇三、一三～一五〕

『淮南子・主術』（二十一面）【編者按：『淮南子』主術訓に「故有道之主、滅想去意、清虛以待、不伐之言、不奪之事、循名責實、使有司、任而弗詔、責而弗教、以不知爲道、以奈何爲寶」とある】

『荀子・君子』篇「足能行、待相者然後進。口能言、待官人然後詔」云云。

『家語・辨《ママ》政』（二十五面）「以賢代賢、是謂之奪。以不肖代賢、是謂之伐」。【編者按：「辨」は「辯」字の誤記】

「官使」疑倒。

『家語・好生』（二十一面）【編者按：『孔子家語』好生に「子以爲奚若、某以爲何若」とある】

【正文】 堯曰、若何而爲及日月之所燭〔一一〇三、一五〕

即上奈何。【編者按：「若何」に注す】

衍。【編者按：「爲」字に注す】

施【編者按：「爲」字を訂す】

【正文】 化九陽・奇怪之所際〔一一〇四、一〕

「求人」篇（九背）、山名。【編者按：「九陽」に注す。愼行論・求人に「九陽之山」とある】

「際」、邊也、畔也、極也。『列子・湯問』「夸父不量力、欲追日影、逐之於隅谷之際」云云。

［正文］趙襄子之時、以任登爲中牟令［一一〇四、二］

『韓子・外儲說左上』【編者按：『韓非子』外儲說左上に「王登爲中牟令」とあり、顧廣圻『韓非子識語』に「王、當作壬」とある】

［正文］爲中大夫若此其見也［一一〇四、三～四］

「見」疑當作易。

［正文］吾擧登也、已耳而目之矣。登所擧、吾又耳而目之［一一〇四、四～五］

『〔論語〕子路』篇「擧爾所知。爾所不知、人其舍諸」、亦此意。

［高注］謂耳任登之名、目任登之實、登之所擧、豈復假耳目哉。

須【編者按：「假」字を訂す。朱筆】

［正文］襄子何爲任人、則賢者畢力［一一〇四、五］

「則」猶而也。

［正文］人主之患、必在任人而不能用之、用之而與不知者議之也［一一〇四、七］

「〔似順論〕分職」篇、『荀子・君道』（九面）、『新序・雜二』（二面）、『韓子・孤憤』。

［正文］絕江者託於船［一一〇四、七］

「勸學」篇（二面）【編者按：『荀子』勸學に「假舟楫者、非能水也、而絕江河」とある】

［正文］釋父兄與子弟、非疏之也［一一〇四、八～九］

『〔孟子〕梁惠王下』「國君進賢、如不得已、將使卑踰尊、疏踰戚、可不愼與」。

［正文］訾功丈而知人數矣［一一〇四、一〇］

「訾」讀爲揣。

「訾」、『字彙』（酉集・言部）「訾之言量也。不訾之身、謂貴重無量可比也」。

［正文］天下知殷・周之王也［一一〇四、一一］

［高注］殷之盡、周之興。

仲和云、「盡」當作盛。

［正文］豈特驥遠哉［一一〇四、一二］

「遠」疑當作舩。

【正文】桀用羊辛〔二一〇四、一三〕
「〔愼大覽〕愼大」篇「桀爲無道」云云「干辛任威、凌轢諸侯」、注「干辛、桀之諛臣」。「當染」篇已引「愼大」篇。【編者按：仲春紀・當染に「夏桀染於干辛・歧踵戎」とある】
【正文】而天下甚亡〔二一〇四、一四〕
倶【編者按：「甚」字を訂す】
【正文】射魚指天而欲發之當也〔二一〇四、一四～一五〕
「發之」猶發而。

愼勢

【正文】不用象譯狄鞮〔二一一九、五〕
『周禮・秋官』（三十卷・七面）「象胥。掌蠻夷、閩貉、戎狄之國使、掌傳王之言而諭說焉、以和親之。若以時入賓、則協其禮與其辭、言傳之。凡其出入送逆之禮節、幣帛、辭令而賓相之。凡國之大喪、詔相國客之禮儀而正其位。凡軍旅、會同、受國客幣而賓禮之。凡作事、王之大事、諸侯。次事、卿。次事、大夫。次事、上士。下事、庶子」。
『禮記・王制』「五方之民、言語不通、嗜欲不同。達其志、通其欲。東方曰寄、南方曰象、西方曰狄鞮、北方曰譯」。
『淮南・齊俗訓』（五面）【編者按：「象譯狄鞮」に注す。『淮南子』齊俗訓に「羌・氐・翟、嬰兒生皆同聲、及其長也、雖重象狄鞮、不能通其言、教俗殊也」とある】
【正文】古之王者、擇天下之中而立國、擇國之中而立宮、擇宮之中而立廟。〔二一一九、五～六〕
『荀子・王制』篇「理道之遠近而致貢」。又『〔荀子〕大略』篇「欲近四旁、莫如中英《ママ》、故王者必居天下之中、禮也」。又、劉敬傳。【編者按：『史記』劉敬傳（劉敬叔孫通列傳）に「婁敬曰、成王即位、周公之屬傅相焉、乃營成周洛邑、以此爲天下之中也、諸侯四方納貢職、道里均矣」とある】
【正文】天下之地方千里以爲國〔二一一九、六〕
「下」當作子。
【正文】其大不若小、其多不若少〔二一一九、七〕
【高注】傳曰……

『〔左傳〕宣三年』

[正文] 義博利則無敵〔一一一九、八〕

「利」疑衍。

[正文] 其福長、其名彰〔一一一九、八〕

上十三背。【編者按：審分覽・知度に「此神農之所以長、而堯舜之所以章也」とある】

[正文] 海上有十里之諸侯〔一一一九、一〇〕

『荀子・議兵』〔三面〕【編者按：『荀子』議兵に「且仁人之用十里之國、則將有百里之聽」とある】

『〔史記〕越世家』「楚威王大敗越、殺王無彊」云云「而越以此散、諸族子爭立、或爲王、或爲君、濱〔於〕江南海上、服朝於楚」云云。

[正文] 此王者之所以家以完也〔一一一九、一二〕

「家」宜爲衆字之誤也。卽上「衆封建」之衆。

[正文] 湯其無郼〔一一二〇、一〕

「郼」義詳「〔愼大覽〕愼大」篇。

[正文] 賢雖十全、不能成功〔一一二〇、一〕

「十全」謂無缺行也、謂無間然也。

[正文] 銘篆著乎壺鑑〔一一二〇、三〕

「節喪」篇【編者按：「壺鑑」に注す。孟冬紀・節喪に「鍾鼎壺濫」とある】

[正文] 多實尊勢、賢士制之、以遇亂世、王猶尚少。天下之民、窮矣苦矣。民之窮苦彌甚、王者之彌易〔一一二〇、四～五〕

『〔孟子〕公孫丑上』「且王者之不作、未有疏於此時者也。民之憔悴於虐政、未有甚於此時者也。飢者易爲食、渴者易爲飲」云云。

「順說」篇【編者按：「王猶尚少」に注す。愼大覽・順說に「其霸猶少」とある】

[高注] 苦紂之民紂之乱。【編者按：「苦」字を「民」の下に移す。朱筆】

[正文] 水用舟、陸用車、塗用輴、沙用鳩、山用樏〔一一二〇、五～六〕

『〔史記〕夏本紀』「禹」云云「陸行乘車、水行乘船、泥行乘橇、山行乘檋」、徐廣曰「橇、或作蕝。檋、一作橋、音丘遙反」。

『〔尚書〕益稷』「予乘四載」、『孔傳』謂「水乘舟、陸乘車、泥乘輴、山乘樏《ママ》」。『釋文』「輴」、『漢書』作橇、

如淳音蕝。『尸子』云「澤行乘蕝」。「樏」、『史記』作橋、『漢書』作梮。【編者按：宇野東山『古文尚書標註』には「樏」に作る】

『益稷・正義』【編者按：「塗」字に注す。『尚書』益稷に「娶于塗山」とある】

「輴」、『〈禮記〉檀弓上』「涂龍輴」之輴。

『淮南・修務訓』（四面）【編者按：「鳩」に注す。『淮南子』修務訓に「若夫水之用舟、沙之用鳩、泥之用輴、山之用蔂」とある】

『〈史記〉河渠書』「禹」云云「陸行乘《ママ》車、水行載舟、泥行蹈毳、山行即橋」、徐廣曰、橋、近遙反。一作橇。『尸子』曰「山行乘樏」。又曰「行塗以楯、行險以撮《ママ》、行沙以軌」。又曰「乘風車」。『索隱』曰「毳字亦作橇」。

【正文】嘗識及此〔一二〇、八〕

「識及」疑當作誠反。

【正文】其勢不便〔一二〇、九〕

王者【編者按：「其」字に注す】

【正文】王也者勢無敵也〔一二〇、一〇〕

『荀子・君子』篇「天子無妻、告人無匹也。四海之内無客禮、告無適也」。

『荀子・君子』引。

【正文】知無敵則似類嫌疑之道遠矣〔一二〇、一一〕

卷二十二有「疑似」篇。【編者按：「似類」に注す】

【正文】故先王之法、立天子不使諸侯疑焉、立諸侯不使大夫疑焉、立適子不使庶孽疑焉〔一二〇、一一～一二〕

『〈禮記〉檀弓上』「曾子怒曰、商、汝《ママ》何無罪也。吾與女事夫子於洙泗之間、退而老於西河之上、使西河之民疑女於夫子、爾罪一也」。

『韓子・說疑』【編者按：「疑焉」に注す】

【正文】是故諸侯失位則天下亂、大夫無等則朝庭亂、妻妾不分則家室亂、適孽無別則宗族亂〔一二〇、一二～一三〕

『〈左傳〉桓十八年』「竝后匹嫡、兩政耦國亂之本也」。

【正文】愼子曰、今一兔走、百人逐之。……〔一二〇、一三〕

『說苑・建本』（十一背）。

【正文】以宋攻楚、奚時止矣〔一二一、三〕

『〈孟子〉公孫丑下』「今以燕伐燕、何爲勸之哉」同句法。

【正文】齊簡公有臣曰諸御鞅〔一一二二、四〕
『〔左傳〕哀十四年』、『說苑・正諫』。
『〔史記〕齊世家』「諸禦鞅」作御鞅、無「諸」字。
【高注】簡公、悼公陽生之子王子也。
注「子也」之子、衍。『〔史記〕齊世家』「齊人共立悼公之子壬、是爲簡公」。
壬【編者按：「王」字を訂す】
【正文】陳成常〔一一二二、四〕
『〔韓非子〕外儲説右下』「田成恆設慈愛、明寛厚」云云。
【正文】相攻唯固則危上矣〔一一二二、五〕
「〔愼大覽〕報更」篇（十二背）。
【正文】卽簡公於廟〔一一二二、六〕
「卽」當作執。音之誤也。『〔史記〕齊太公世家』「田常執簡公于徐州」。
『說苑・正諫』作賊。【編者按：「卽」字に注す。『說苑』正諫に「田常果攻宰予於庭、賊簡公於朝」とある】
【正文】恃不恃也〔一一二二、八〕
「恃不」下疑脱可字。
【正文】周鼎著象〔一一二二、八〕
「〔審應覽〕離謂」篇「周鼎著倕而齕其指、先王有以見大巧之不可爲也」。

不二

【正文】老耽貴柔〔一一三四、二〕
聃【編者按：「耽」字を訂す】
再按、耽・聃、古字通用。『列子・楊朱』篇「方其聃於色也、屛親昵、絶交游」云云、又云「若觸情而動、聃於嗜欲《ママ》、則性命危矣」。
【正文】關尹貴清〔一一三四、三〕
【高注】關尹、關正也。名喜、作『道書』九篇。能相風角、知將有神人、而老子到、喜說之、請著『上至經』五千言、而從之游也。
「至」當作下。『史記・老子傳』「老子迺著書上下篇、言道德之意五千餘言而去」。
【正文】子列子貴虛〔一一三四、三〕
『列子・天瑞』「或謂子列子曰、子奚貴虛。列子曰、虛者無貴也」。
【正文】陳駢貴齊〔一一三四、三〕
「陳駢」、卽田駢也。陳・田古字通用。田駢見『〔史記〕孟子傳』。
【正文】陽生貴己〔一一三四、三〕
【高注】輕天下而貴己。『孟子』曰、陽子拔體一毛以利天下弗爲也。
依注「陽生」當作楊朱。
【正文】孫臏貴勢〔一一三四、三〕
『〔漢書〕藝文志・權謀』「齊孫子八十九篇。圖四卷」、顏師古曰「孫臏」。
【正文】王廖貴先〔一一三四、二〜三〕
〔賈誼〕『過秦論』。（『史・秦始皇本紀』注）【編者按：『史記』秦始皇本紀の『索隱』に「『呂氏春秋』曰、王廖貴先、兒良貴後。二人皆天下之豪士」とある】
【正文】兒良貴後〔一一三四、四〕
按、「貴後」之下疑有脫落。（常興）
【正文】懼者不得後〔一一三五、一〕
「懼」猶怯也。
【正文】如出乎一穴者〔一一三五、二〜三〕
【畢沅】舊校云「穴」一作空。
『漢・張騫傳』（五面）「樓蘭・姑師小國、當空道、攻劫漢使王恢等尤甚」、師古曰「空卽孔也」。
『〔淮南子〕原道訓』「萬物之總、皆閱一孔。百事之根、皆出一門」。

執一

「執一」見「爲欲」篇。【編者按：離俗覽・爲欲に「聖王執一、四夷皆至者、其此之謂也。執一者至貴也。至貴者無敵。聖王託於無敵、故民命敵焉」とある】
『荀子・堯問』【編者按：『荀子・堯問』に「堯問於舜曰、我欲致天下、爲之奈何。對曰、執一無失、行微無怠、忠信無倦、而天下自來。執一如天地、行微如日月、忠誠盛於內、賁於外、形於四海、天下其在一隅邪。夫有何足致也」とある】
【正文】王者執一、而爲萬物正〔一一四三、三〕
『老子』三十九章「昔之得一」云云「侯王得一以爲天

下貞」、河上公本「貞」作「王」、注「言侯王得一、故能爲天下平生也」。已出「〔孟夏紀〕尊師」及「〔審分覽〕君守」篇。

【正文】天子必執一、所以摶之也〔一一四三、四〕

「摶」・專同。『左傳〔昭公二十年〕』「如琴瑟之摶壹」、『史記〔秦始皇本紀〕』秦始皇瑯邪其至頌「普天之下、摶心壹《ママ》志」、『管子・內業』篇「一意摶心、耳目不淫」。

【正文】一則治、兩則亂〔一一四三、四〕

『荀子・解蔽』〔初面〕【編者按：『荀子』解蔽に「天下無二道、聖人無兩心」とある】

【正文】今御驪馬者〔一一四三、四〜五〕

冲和云、『漢・王莽傳』「驪馬二駟」、師古曰「驪馬、併駕」。又按、『秦〔風〕・駟驖』詩「駟驖孔阜」、『毛傳』「鐵《ママ》、驪」。書以備并攻。【編者按：「鐵」は「驖」字の誤記】

葛子曰、「驪」當作驅。

【正文】楚王問爲國於詹子〔一一四四、一〕

『列子・說符』、『淮南・詮言』。【編者按：兩書は「詹子」を「詹何」に作る】

【正文】聞爲身、不聞爲國〔一一四四、一〕

『荀子・君道』〔四背〕【編者按：『荀子』君道に「其爲身也、謹修飾而不危」とある】

【正文】無材而可以得材〔一一四四、六〕

【高注】材從林生。

注「林」「材」當易地。

【正文】變化應來〔一一四四、七〕

「應」疑往。不然「來」疑當作理。

【正文】莫不宜當〔一一四四、七〜八〕

「宜」、義。

【正文】吳起謂商文曰、事君果有命矣夫。〔一一四四、九〕

【高注】吳起、衞人、爲楚將、又相魏、爲西河太守。商文、蓋魏臣也。

『史記・吳起傳』「商」作田。『索隱』曰「『呂氏春秋』商文」。

【正文】其主安重〔一一四四、一一〕

「安」、語助。考出『荀子・勸學』篇〔八面〕。【編者按：『荀子』勸學に「安特將學雜識志」とあり、楊倞注に「安、語助、猶言抑也、或作安、或作案、『荀子』多用此字。『禮記・

三年問』作「焉」。『戰國策』「謂趙王曰、秦與韓爲上交、秦禍案移於梁矣。秦與梁爲上交、秦禍案攘於趙矣」。『呂氏春秋』「吳起謂商文曰、今置質爲臣、其主安重。釋璽辭官、其主安輕」。蓋當時人通以「安」爲語助、或方言耳」とある】

〔正文〕少選曰、與子〔一一四四、一五〕

「與子」、『史記』作「屬之子矣」。

〔正文〕傾造大難〔一一四五、一〕

「傾」當作構。音頗近。「構造」（『韓詩』卷四、七葉背）

【編者按：『韓詩外傳』卷四に「使構造怨仇」とある】

〔正文〕身不得死焉〔一一四五、一〕

「焉」與然同。『〈論語〉先進』篇「若由也、不得其死然」。

〔正文〕夫吳勝於齊〔一一四五、二～三〕

見「〈開春論〉貴卒」篇。【編者按：「死」字に注す】

〔高注〕吳王夫差破齊于陵。

一本「齊于」下有艾字。

〔正文〕其唯知長短羸絀之化耶〔一一四五、三～四〕

「絀」讀爲屈。（『荀子・非相』九背）【編者按：『荀子』非相に「緩急羸絀」とあり、楊倞注に「羸絀、猶言伸屈也」とある】

人間訓（二十四背）【編者按：「羸」字に注す。『淮南子』人間訓に「外能詘伸羸縮卷舒、與物推移」とある】

「耶」、也同。

卷之十八　審應覽

審應

【正文】凡主有識、言不欲先〔一一五一、二〕
「識」疑宜爲職。「〈審分覽〉勿躬」（十二背）可幷考。
執【編者按：「識」字を訂す】
【正文】人唱我和、人先我隨〔一一五一、二〕
「〈審分覽〉任數」篇（九面）。
【正文】孔思請行。……〔一一五一、五〕
『新序・雜五』所載「田饒事魯哀公」事可幷案。
【正文】孔思對曰、蓋聞君子猶鳥也、駭則擧〔一一五一、五～六〕
『孔叢子』（抗志篇）「駭」作「疑之」二字。
山梁之雌雉亦此意。【編者按：「鳥」字に注す。『論語』鄕黨に「色斯擧矣、翔而後集。曰、山梁雌雉、時哉。時哉。子路共之、三嗅而作」とある】
【正文】過不肖〔一一五一、六〕
「過」疑當作適。（公遠）
【正文】昭王曰、然則先生聖于〔一一五二、六〕
「于」當作乎。字之譌也。下文可幷見。（田子）【編者按：後文に「問曰、先生其聖乎」とある】
【正文】趙惠王謂公孫龍曰〔一一五二、一〇〕
「〈審應覽〉應言」篇「公孫龍說燕昭王以偃兵」云云。
【正文】寡人事偃兵十餘年矣而不成〔一一五二、一〇〕
『莊子・天下』（十九背）【編者按：「偃兵」に注す。『莊子』天下に「禁攻寢兵」とある】
【正文】王縞素出總《ママ》〔一一五二、一二〕
「〈審應覽〉不屈」篇有「惠王布冠而拘於鄄」之文。
「〈恃君覽〉行論」篇有「王縞素辟舍於郊」之文。
作「布總」者非。「布總」、婦人之喪服也。
『〈儀禮〉喪服傳』曰「女子〔子〕《ママ》有室爲父、布總、箭笄、髽、衰、三年」、傳曰「總六升、長六寸」、鄭注「總、束髮。謂之總者、既束其本、又總其末」。【編者按：舊校に、「出」字に注して「一作布」とある】

【正文】東攻齊得城、而王加膳置酒〔二一五二、一二〕
似脱而字。【編者按：「東」字の上に注す】
【高注】得國之樂也。
次【編者按：「之」字を訂す】
【正文】秦得地而王出總〔二一五二、一二〕
則【編者按：「而」字を訂す。朱筆】
【正文】所非兼愛之心也〔二一五二、一三〕
「所非」當易地。
【正文】衞嗣君〔二一五二、一五〕
『荀子・王制』篇「成公《ママ》嗣公聚斂計數之君也」、注引『韓子』。又『韓詩』卷三。【編者按：『韓非子』内儲說上に「衞嗣君重如耳、愛世姫、……」とあり、『韓詩外傳』卷三に「成侯嗣公聚斂計數之君也」とある】
【高注】嗣君、蒯聵後八世平侯之子也、秦貶其號爲君。薄疑其臣也。
『（史記）衞世家』「莊公蒯聵者、出公父也。莊子《ママ》出奔」云云。
【正文】其在於民而君弗知〔二一五三、一〕
「而」猶則也。
「知」猶用也。考見「（仲冬紀）忠廉」篇。
【正文】使人戰者、嚴駔也〔二一五三、六〕
「（孟夏紀）尊師」（篇）「段干木、晉國之大駔也」。
怚・莊【編者按：「駔」字を訂す。朱筆】
【正文】意者恭節而人猶戰〔二一五三、六～七〕
之【編者按：「而」字を訂す。朱筆】
【正文】以嚴駔則可〔二一五三、七～八〕
而【編者按：「則」字を訂す。朱筆】
「可」上脱不字。

重言

【正文】成王與唐叔虞燕居、……〔二一六六、一〕
『說苑・君道』
【正文】援梧葉以爲珪、而授唐叔虞曰、余以此封女〔二一六六、二〕
「梧葉」、『史記（晉世家）』作桐葉、『說苑』作梧桐葉。此疑脱桐字。桐・唐、音通。故云「以此封女」、可以見。

[正文] 周公以請曰、天子其封虞邪〔一一六六、二〕

『〈史記〉晉世家』「周公」爲史佚。【編者按：『史記』晉世家に「史佚因請擇日立叔虞」とある】

[正文] 天子言、則史書之〔一一六六、三〕

『〈禮記〉玉藻』云「動則左史書之、言則右〈史〉書之、御瞽幾聲之上下」云云。

[正文] 於是遂封叔虞于晉〔一一六六、三〕

『〈史記〉晉世家』「成王與叔虞戲、削桐葉爲珪以與叔虞、曰」云云「於是遂封叔虞於唐。唐在河・汾之東、方百里、故曰唐叔虞。唐叔子燮、是爲晉侯」、『正義』曰「國都城記曰、唐叔虞之子燮父、徙居晉水傍。今幷治《ママ》故唐城。唐者、卽燮父所徙之處。毛詩譜曰、叔虞子燮父以堯墟南有晉水、改曰晉侯」。

『史記』「梧葉」作桐葉、「晉」作唐、是也。余別有說。

[正文] 荊莊王立三年、不聽而好讔〔一一六六、五〕

『新序・雜二』、『〈史記〉楚世家』。

「讔」、音隱、訓言。又廋語。

[正文] 成公賈入諫〔一一六六、五〕

「成公賈」、『〈史記〉楚世家』作伍擧、『新序』作士慶。

[正文] 王射之曰〔一一六六、七〕

『漢・東方朔傳』「上嘗使諸數家躬《ママ》覆、置守宮盂下、躬《ママ》之、皆不能中」。

[正文] 故詩曰〔一一六六、一〇〕

邶風・旄丘【編者按：「詩」に注す】

[正文] 齊桓公與管仲謀伐莒〔一一六六、一三〕

『管子・小問』、『韓詩』卷四。

[正文] 有執蹠痡而上視者、意者其是邪〔一一六六、一四～一五〕

『管子・小問』篇作「執席食以視上者、必彼是邪」、注「桓公與管仲謀時、役人於前乃有執席而食。私目視上、所以察君也」。

『莊子・天下』篇「禹親自操槀耜而九雜天下之作《ママ》」、『釋文』云「槀、舊古考反、崔郭音訛《ママ》、字則應作橐。崔云、囊也。司馬云、盛土器也。耜、音似。『釋名』耜、似也、似齒斷物。三蒼云、耒頭鐵也。崔云、棰也。司馬云、盛水器也」。【編者按：「作」は「川」字の、「訛」は「託」字の誤記】

『說苑・權謀』「蹠痡」作柘杵。「柘」疑砧。依『莊子』作槀耜、『說苑』爲是。砧卽槀砧、杵卽耜也。『釋文』說皆強解可删。

【正文】乃令實者延之而上、分級而立〔二一六七、二〕

「實」當作賓、讀爲儐。『說苑』作儐。『管子』同。【編者按：「實」は版本の誤刻】

【正文】顯然善樂〔二一六七、三〕

分庭之分。【編者按：「分」字に注す】

「善」當作喜。『說苑』作喜。

【正文】湫然清淨〔二一六七、四〕

「湫」、『說苑』作愀、「淨」作靜。

【正文】艴然充盈〔二一六七、四〕

『家語・三恕』（十八背）（引）。【編者按：「充盈」に注す。『孔子家語』三恕に「顏色充盈」とある】

【正文】君呿而不唫、所言者莒也〔二一六七、五〕

『韓詩』作「口張而不掩、舌擧而不下」。

『說苑』作「吁而不吟」。

『管子』作「口開而不闔、是言莒也」、注「莒字兩口、故二君開口相對、卽知其言莒」。

『莊子・秋水』「口呿而不合」、又『〔莊子〕天運』「予口張而不能嗋」。

「唫」疑當作唫。蓋吟者撮口。故以不合爲不吟。

『〔淮南子〕泰族訓』「高宗諒闇三年不言、四海之內、寂然無聲。一言聲然、大動天下。是以天心呿唫者也」。

【編者按：「唫」字に注す】

『素問・全形論』「呿吟至微、秋毫在目」。

『淮南・泰族訓』（初背）

【正文】詹何・田子方・老耽是也〔二一六七、八〕

考出「〔審分覽〕不二」篇。【編者按：「耽」字に注す】

【高注】田子方學於子貢、尚賢仁而貴禮儀、魏文侯友之。

「貢」當作夏。

精諭

【正文】海上之人有好蜻者〔二一七六、二〕

『列子・黃帝』篇「蜻」作「漚鳥」二字。

「蜻」、鳥名。古人取音、不拘字。故不可以偏傍論義也。『詩・鄘風・載馳』謂貝母爲蝱「陟彼阿丘、言采其蝱」、是也。又、『〔詩經〕王風・中谷』有蓷、『毛傳』「攉、離也」、是也。
【正文】勝書說周公旦曰［二一七七、三］
『說苑・指武』「勝書」作王滿生。『韓詩』卷四（末則）。
【正文】廷小人衆［二一七七、三］
「小」猶迫小也。
【正文】而精言之而不明［二一七七、四］
「精」、微小。
「而」猶則。
【正文】勿言之而不成［二一七七、四］
「勿」、密勿。
「而」猶則。
【正文】口㖧不言［二一七七、六］
「（愼大覽）察今」篇「口惛之命不愉」。
吻同。【編者按：「㖧」字に注す】
【正文】雖爲天子、弗能離矣［二一七七、八］
「離」猶免也。
【正文】孔子見溫伯雪子［二一七七、九］
『莊子・田子方』【編者按：『莊子』田子方に「溫伯雪子適齊、舍於魯。……」とある】
【正文】夫子之欲見溫伯雪子好矣［二一七七、九］
「好」、『莊子』作久。
【正文】白公問於孔子曰［二一七七、一二］
『列子・說符』（八面）、『淮南・道應訓』（二十一背）。
【正文】唯知言之謂者爲可耳。白公弗得也。知謂則不以言矣。言者、謂之屬也。［二一七七、一五～二一七八、二］
「唯知言」以下二十七字、『列子』作「唯知言之謂者乎。夫知言之謂者、不以言言也」十八字。
【正文】白公弗得也［二一七七、一五］
【高注】弗得、不得知言之言。
謂【編者按：「之言」の「言」字を訂す】
下文云「言不足以斷小事、唯知言之謂者可爲」。
【正文】求魚者濡、爭獸者趨［二一七八、一］
「（離俗覽）擧難」篇「救溺者濡、追逃者奔《ママ》」。【編者按：「奔」は「趨」字の誤記】
【正文】此白公之所以死於法室［二一七八、二］
「法室」、『列子』作浴室。（『淮南』同）
【正文】退朝而入、衞姬望見君、……［二一七八、三］

『列女傳・齊桓衛姬傳』

［正文］晉襄公使人於周曰「弊邑寡君寢疾、卜以守龜曰「三塗爲祟」。弊邑寡君使下臣願藉途而祈福焉」。［二一七八、九～一〇］

［高注］魯昭十七年傳曰「晉侯使屠蒯如周、請事於洛與。萇弘謂劉子「容猛、非祥也、其伐戎乎。陸渾二于楚、必是故也。君其備之』。乃儆戎。九月丁卯、晉畧帥師涉自棘津、使祭吏先用牲于洛、陸渾人不知師從之。庚午、遂滅陸渾、數之以自一于楚也」。

『〔左傳〕昭十七年』「事於」上有「有」字。「洛與」下有「三塗」二字。「劉子」下有「曰客」二字。「非祥」作非祭。「陸渾二」之三字作「陸渾氏甚睦」之五字。「儆戎」下有備字。「晉畧」作晉荀吳。「祭吏」作祭史。「自一于」作其貳於。此大謌。

二十八背【編者按：「魯昭十七年傳」に注す】

［正文］此柔嘉之事也［二一七八、一二］

『大雅・烝民』詩「仲山甫之德、柔嘉維則」。

「柔」、文事。「剛」、武事。如「柔日」・「剛日」、是也。「嘉」、嘉禮之嘉。

［正文］萇弘謂劉康公曰、夫祈福於三塗、而受禮於天子、此柔嘉之事也、而客武色、殆有他事、願公備之也。［二一七八、一二］

［高注］以世推之、當爲晉頃公、其不得爲襄王明矣。

「王」當作公。

［正文］晉果使祭事先［二一七八、一三］

依『左氏』「事」當作史。

［正文］唯知言之謂者可爲［二一七八、一四］

據上文（七背）「可爲」宜易地。（子誠）【編者按：上文に「唯知言之謂者爲可耳」とある】

離謂

［正文］故惑惑之中有曉焉［二一八七、四］

『說苑・敬愼』（十三背）【編者按：『說苑』敬愼に「衆人惑惑、我獨不」とある】

［正文］故與桀・紂・幽・厲皆也［二一八七、五］

「皆」音偕。

［正文］然有亡者國、無二道矣［二一八七、五］

「有」疑當作存。
存【編者按：「有」字を訂す。朱筆】
【正文】人得其死者〔二一八七、一〇〕
「死」當作屍。（下同）
【正文】安之。人必莫之賣矣〔二一八七、一二〕
「安」、徐也。『孝經・諫争《ママ》』篇『孔傳』「父有過、則子必安幾諫」。
買【編者按：「賣」字を訂す。朱筆】
【正文】此必無所更買矣〔二一八七、一三〕
「更」、償也。『〈史記〉平準書』「悉巴蜀租賦不足以更之」。（『字彙』）
【正文】傷忠臣者〔二一八七、一三〕
「〈先識覧〉察微」（十七面）。
【正文】范蠡・子胥以此流〔二一八八、一〜二〕
「〈先識覧〉悔過」篇。
【正文】鄧析務難之、與民之有獄者約〔二一八八、三〕
與鄧析約。
【正文】大獄一衣、小獄襦袴〔二一八八、三〕
『荀子・正名』篇注引『新序』作「大獄袍衣小獄鶉袴」。今『新序』無之。
【舊注】〔袴〕、一作䘹、下同。
「䘹」、七内切。副衣也。又將遂切。襌衣也。
【正文】民之獻衣襦袴而學訟者〔二一八八、三〜四〕
「學」當作獄。音之譌也。〔『詩經』〕召南・行露『毛傳』「獄、埆也」。
子閩云、「學」、就鄧析而學訟也。不必改爲獄。
『字彙』〔巳集・犬部〕「獄、叶逆角切。音岳。『釋名』獄、确也。确實人之情僞也」。
【正文】莫之誅鄧析之類〔二一八八、六〕
「莫之」、衍之字。
【正文】凡事人以爲利也〔二一八八、八〕
『左傳』「利」（昭二十年「宗魯」、哀十五年「子路」）【編者按：『左傳』の昭公二十年に宗魯の言葉として「抑以利故不能去、是吾過也」とあり、哀公十五年に子路の言葉として「是公孫也。求利焉而逃其難。由不然。利其祿、必救其患」とある】
【正文】其與橋言無擇〔二一八八、一二〕
「橋」讀爲矯。『荀子・臣道』篇「相與彊君撟君」、楊注「撟與矯同」。
無【編者按：「橋」字を訂す。朱筆】
【正文】周鼎著倕而齕其指〔一一八八、一四〕
「周鼎」卽夏鼎。不可言周家鑄鼎也。
卷十九「〈離俗覽〉適威」、卷二十「〈恃君覽〉達鬱」。
【編者按：「周鼎」に注す】

淫辭

【正文】空雄之遇〔一一九五、五〕
「〈有始覽〉聽言」（九背）。
【正文】至於藏三牙〔一一九五、一〇〕
『孔叢子・公孫龍』篇作「臧三耳」。
「牙」當作耳。『孔叢子・公孫龍』篇作「臧三耳」。
【編者按：「牙」字に注す】
【正文】公孫龍言藏之三牙甚辯〔一一九五、一〇〕
李石『續博物志』卷九「公孫龍以書有四目四聰。遂以聽天地人爲臧之三耳臧善也。以白馬非白馬敎也其意若改其說。無以敎人」。
今按、李石說、亦不可通。
『史』平原君傳『評林』可幷考。
【高注】若乘白馬禁不得度關、因言馬白非白馬、此之類也、故曰「甚辯」也。
外儲左上【編者按：「乘白馬」に注す。『韓非子』外儲說左上に「兒說、宋人、善辯者也。持白馬非馬也服齊稷下之辯者、乘白馬而過關、則顧白馬之賦。故籍之虛辭則能勝一國、考實按形不能謾於一人」とある】
【正文】謂藏兩牙甚易而實是也、不知君將從易而是也者乎〔一一九六、三〕
下「也」字疑衍。（『孔叢子』無）
【正文】荊柱國莊伯令其父視曰日在天〔一一九六、五〕
「曰日」宜易地。（一考本）
【正文】莊伯決之、任者無罪〔一一九六、八〕
【高注】斷之便無罪、析言破律之刑。
「析言破律」、『禮記・王制』。【編者按：『禮記』王制に「析言破律、亂名改作、執左道以亂政、殺」とある】
【正文】宋王謂其相唐鞅曰、寡人所殺戮者衆矣……〔一一九六、一二～一四〕

『荀子・解蔽』注引『論衡』。【編者按：『論衡』雷虚の異文で、「宋王問唐鞅曰、吾殺戮甚衆、而群臣愈不畏、何也。對曰、王之所罪、盡不善者也。罰不善者、善者胡爲畏。王欲群臣之畏也、不若無辨其善與不善、一時罪之、則群臣畏矣。宋王從之」とある】

【正文】善者故爲不畏〔一一九六、一三〕

「故」作胡、無「不畏」不字。【編者按：上引の『荀子』解蔽注引『論衡』の文を參照】

【正文】惠子爲魏惠王爲法……〔一一九七、一～四〕

『淮南・道應訓』（二背）【編者按：『淮南子』道應訓に「惠子爲惠王爲國法。……」とある】

【正文】前呼輿謣、後亦應之〔一一九七、三〕

『〔莊子〕齊物論』「前者唱于而隨者唱喁」。

『字彙』（酉集・言部）「謣、音于」。

『淮南・道應訓』（二背）作「邪許」。【編者按：「輿謣」に注す】

【正文】然不若此其宜也。夫國亦木之大者也〔一一九七、四〕

「若」當作爲。（考見「〔孟冬紀〕節喪」篇）

『淮南子〔道應訓〕』作「然而不用者、不若此其宜也。治國有禮、不有《ママ》文辨《ママ》」。【編者按：『淮南子』の原文は「不在文辯」に作る】

不屈

【正文】察士以爲得道則未也〔一二〇五、二〕

『荀子・不苟』篇「君子行不貴苟難、說不貴苟傳《ママ》、唯其當之爲貴」。【編者按：『荀子』不苟の原文は「君子行不貴苟難、說不貴苟察、名不貴苟傳、唯其當之爲貴」に作る】

【正文】以逐暴禁邪也〔一二〇五、四〕

「〔有始覽〕聽言」篇「造父」云云「蠭門」云云「不徙之、所〔以〕致遠追急也、所以除害禁暴也」。

【正文】則施不可而聽矣〔一二〇六、一〕

以【編者按：「而」字に注す。朱筆】

【正文】惠王布冠而拘於鄄〔一二〇六、六〕

『〔戰國策〕秦武王策』梁惠王「布冠而拘於秦」。【編者按：秦策五・謂秦王】

【正文】惠王易衣變冠〔一二〇六、六〕

「王」、一作施。
【正文】匡章謂惠子於魏王之前曰〔一二〇六、八〕
【高注】匡章、孟子弟子也。
『〔孟子〕離婁下』「公都子曰、匡章、通國皆稱不孝焉。夫子與之遊、又從而禮貌之、敢問何也」云云。非孟子弟子也。
【正文】蝗螟、農夫得而殺之〔一二〇六、八〕
則【編者按：「而」字に注す。朱筆】
【正文】惠子施也〔一二〇六、一〇〕
「惠子」二字衍。匡章、齊人。客尊之故惠王稱公。惠子、魏臣也。故稱其名所以尊匡章也。
【正文】或操表掇以善睎望〔一二〇六、一一〕
「掇」・綴、古字蓋通。『〔禮記〕樂記』「綴兆舒疾、樂之文也」。又按、『字彙』〔卯集・手部〕「掇、叶。音、隊」。然則綴兆隊列兆域之義與。
【正文】使工女化而爲絲、不能治絲〔一二〇六、一二〕
「〔審分覽〕勿躬」篇初節可幷考。
兵略訓（十九背）【編者按：『淮南子』兵略訓に「工女化而爲絲、則不能織文錦」とある】
【正文】施而治農夫者也〔一二〇六、一三〕
「施而」猶施則也。
則【編者按：「而」字に注す】
【正文】大將・愛子有禽者也〔一二〇六、一四〕
龐涓【編者按：「大將」に注す】
太子中【編者按：「愛子」に注す】
【高注】言惠王用惠子之謀、爲土地之故、麋爛其民、又驅其所愛子弟以殉之、故曰、大將・愛子有禽者矣。【編者按：版本の高誘注は拔粹で、もともとは「言惠王用惠子之謀、爲土地之故、麋爛其民而戰之、大敗、又將復之、恐不勝、用乃驅其所愛子弟以殉之、此謂以其所不愛及其所愛、故曰大將・愛子有禽者矣」に作る】
盡心下【編者按：『孟子』盡心下に「梁惠王以土地之故、麋爛其民而戰之、大敗、將復之、恐不能勝、故驅其所愛子弟以殉之、是之謂以其所不愛及其所愛也」とある】
【正文】大術之愚〔一二〇六、一五〕
「愚」疑當作遇。「〔審應覽〕淫辭」篇「空雄之遇」、可以證。（公遠）
下有「讓國大實也」之文。

【正文】得擧其諱〔一二〇六、一五〕
惡【編者按：「得」字を訂す。朱筆】
【正文】乃請令周太史更著其名〔一二〇六、一五〕
「名」、惠王功名也。
【正文】士民罷潞〔一二〇七、一〕
『荀子・議兵』篇「彼可詐者、怠慢者也、路亶者也」、注「路、暴露也。亶讀爲袒」。
『新序』作蕗單。
「潞」當作路。『字彙』〔酉集・足部〕「路」字注「羸也」。再按、『韓子・亡徵』篇「好罷露百姓、煎靡貨財者、可亡也」。
露〔秦昭襄王策〕。【編者按：「路」字に注す。『戰國策』秦策三・范睢至秦に「諸侯見齊之罷露」とある】
【正文】諸侯不譽〔一二〇七、一〕
「譽」當作與。
【正文】謝於翟翦而更聽其謀、社稷乃存〔一二〇七、二〕
請【編者按：「謝」字を訂す】
不【編者按：「更」字を訂す。朱筆】
危【編者按：「存」字を訂す。朱筆】
【正文】仲父、大名也〔一二〇七、二〜三〕
「仲父」、惠王蓋尊惠子爲仲父。不必比管仲也。始皇尊呂不韋爲仲父、項羽尊范增爲亞父。春秋戰國時、蓋有斯禮矣。又按、下「應言」篇有魏王以惠子爲仲父之文。【編者按：審應覽・應言に「以惠子之言蝺焉美無所可用、是魏王以言無所可用者爲仲父也」とある】
【正文】惠子說之以彊〔一二〇七、六〕
「彊」謂富國強兵也。
【正文】人有新取婦者〔一二〇七、六〜七〕
衞嗣君策【編者按：『戰國策』宋衞策・嗣君に「衞人迎新婦」とある】
【正文】宜安矜煙視媚行〔一二〇七、七〕
宋玉『神女賦』「望予余帷而延視兮、若流波之將闌《ママ》」。
【正文】豎子操蕉火而鉅〔一二〇七、七〕
之【編者按：「而」字を訂す】
【正文】門中有歛陷〔一二〇七、八〕
「歛」疑坎。
【正文】『詩』曰「愷悌君子、民之父母」〔一二〇七、九〜一〇〕

『詩・大雅・泂酌』
『〔禮記〕表記』云「凱弟君子、民之父母。凱以強教之。弟以説安之」云云、『毛傳』云「樂以強教之。易以説安之」。

應言

【正文】市丘之鼎以烹雞〔一二二〇、二〕

「市丘」當作函牛。『史記・孟軻傳』引此作涵牛。【編者按：『史記』孟子荀卿列傳に「騶衍其言雖不軌、儻亦有牛鼎之意乎」とあり、『索隱』の引く『呂氏春秋』に「涵牛之鼎不可以烹雞」とある】
『〔淮南子〕詮言訓』「函牛之鼎沸、而蠅蚋弗敢入」、注「函牛、受一牛之鼎也」。
『世説・品藻』（十四背注）
『莊子・庚桑楚』（二面）

【正文】多洎之則淡而不可食〔一二二〇、二〕

『字彙』〔巳集・水部〕「洎、音記」。
『周禮・士師』之職「及王盥、洎鑊水」、鄭注「洎謂增其沃汁」。

【正文】惠子聞之曰、……〔一二二〇、三〕

惠子之言與『莊子・逍遙遊』「魏王大瓠」同議論。

【正文】莫宜之此鼎矣〔一二二〇、四〕

「宜之」猶宜於也。

【正文】以惠子之言〔一二二〇、五〕

以ラク【編者按：「以」字に注す。ここの「以」は爲・謂と通じる】

【正文】公孫龍説燕昭王以偃兵〔一二二〇、七〕

『〔審應覽〕審應』篇【編者按：「偃兵」に注す。有始覽・聽言にも「公孫龍之説燕昭王以偃兵」とある】

【正文】魏令孟卬割絳・窌・安邑之地以與秦王〔一二二一、六〕

「孟卬」疑卽芒卯之轉譌。
再按、『〔史記〕秦本紀』昭襄王「三十〔三〕年、客卿傷、攻魏卷・蔡陽・長社、取之。擊芒卯華陽、破之、斬首十五萬。魏入南陽以和」、『索隱』曰「芒卯、魏將。譙周云、孟卯也」。『〔戰國策〕魏昭王策』載此事互有詳略。

『韓子・說林上』（九面）、又『〔韓非子〕顯學』（十六面）。【編者按：「孟卬」に注す】

「窌」當作汾。『〔戰國策〕秦昭王策』（十背）「知伯曰、吾今乃知水可以亡人之國。汾水可以灌安邑、絳水可以灌平邑」是也。【編者按：秦策四・秦昭王謂左右に「智伯曰、始吾不知水之可亡人之國也、乃今知之。汾水利以灌安邑、絳水利以灌平陽」とある】

【正文】寡人寧以臧爲司徒、無用卬〔一二二二、七〕

「臧」、「臧獲」之臧。『字彙』〔未集・臣部〕「臧獲。奴婢也。男曰臧、女曰獲」。故下云「公甚〔賤〕於公之主」。

【正文】令二輕臣也〔一二二二、一二〕

今是【編者按：「令二」を訂す】

【正文】令臣責〔一二二二、一二〜一三〕

今【編者按：「令」字を訂す】

【正文】今割國之錙錘矣〔一二二二、一四〕

『荀子・富國』篇「割國之錙銖以賂之、則割定而欲無厭」、注引『韓詩外傳』作「割國之疆垂以賂之」。

【正文】秦王立帝〔一二二三、二〕

『荀子・彊國』篇「今秦」云云「若是則雖爲之築明堂於塞外而朝諸侯、殆可矣」。

『〔史記〕秦本紀』昭襄王「十九年、王爲西帝、齊爲東帝、皆復去之」。

【正文】三論之下也〔一二二三、四〕

「〔愼大覽〕順說」（十四面）。

【正文】士民倦、糧食〔一二二三、六〕

「糧食」下必有脫字。或云、當補盡字、或乏字。

【正文】有之勢是〔一二二三、七〕

「是」字當移上「有」下。

【正文】夫未可以入而入、其患有將、可以入而入、其患有將、可以入而不入〔一二二三、七〜八〕【編者按：「不」字を朱丸で圍む】

甚【編者按：上下の「有」字に注す】

在【編者按：上下の「有」字に注す】

於【編者按：上下の「將」字に注す】

可以而入【編者按：「其患有將」の上に補う】

不【編者按：「可以入而不入」の「可」の上に補う】

具備

「具」義亦見『荀子・王制』。【編者按：『荀子』王制に「知此三具者、欲王而王、欲霸而霸、欲彊而彊矣」とあり、「具具而王、具具而霸、具具而存、具具而亡」とある。

【正文】湯嘗約於郼薄矣〔一一三五、三〕

「郼」讀如衣。

『中庸』「壹戎字《ママ》而有天下」、鄭注「衣讀如殷、聲之誤也」。

「〔愼大覽〕愼大」篇【編者按：「郼」字に注す】

【正文】武王嘗窮於畢裎矣〔一一三五、四〕

「裎」與郢同。『〔孟子〕離婁下』「文王生於岐周、卒於畢郢、西夷之人也」。

『〔史記〕晉世家』「欒逞者、欒書孫也」。又『〔周禮〕考工記』「輪人、桯圍倍之」、『釋文』「桯、音盈」。

【正文】宓子賤治亶父〔一一三五、六〕

『家語・屈節解』、『新序・雜二』。

音單、古字通用。【編者按：「亶」字に注す。『孔子家語』『新序』はともに「單父」に作る】

【正文】請近吏二人於魯君、與之俱至於亶父。邑吏皆朝、宓子賤令吏二人書。吏方將書、宓子賤從旁時掣搖其肘。吏書之不善、則宓子賤爲之怒。吏甚患之、辭而請歸。宓子賤曰、子之書甚不善、子勉歸矣。二吏歸報於君曰、宓子不可爲書。君曰、何故。吏對曰、宓子使臣書、而時掣搖臣之肘、書惡而有甚怒、吏皆笑宓子、此臣所以辭而去也。〔一一三五、六〜一一三六、三〕

「吏」當作史。除下二「吏皆」之吏外皆同。『家語』作史。【編者按：傍點の「吏」字についていう】

【正文】子勉歸矣〔一一三六、一〕

「勉」、勉強也。「〔不苟論〕當賞」篇「公子勉去矣」同義。

「〔開春論〕審爲」篇「皆勉處矣」。

【正文】書惡而有甚怒、吏皆笑宓子〔一一三六、二〕

「有」音又。『家語』作「而又怒臣」。『家語』「吏」上有邑字。

【正文】寡人之亂子〔一一三六、三〕

「亂」下當補宓字。不然、「子」字誤衍也。『家語』作此「寡人之不肖、寡人亂宓子之政、而責其善者數矣」。
【正文】必數有之矣〔一一三六、三～四〕
アマタ【編者按：「數」字に注す】
【正文】遂發所愛〔一一三六、四〕
『家語』作「遽發所愛之使」。「遂」作遽爲是。
【正文】誠乎此者刑乎彼〔一一三六、九〕
「刑」讀爲形。『大學』云「此謂誠於中、形於外」。
【正文】故誠有誠乃合於情、精有精乃通於天〔一一三六、一二〕
二「有」字讀爲又。
【正文】水木石之性〔一一三六、一三〕
「水」下疑脫火字。

卷之十九　離俗覽

離俗

【正文】民之情〔一一四二、二〕
猶人也。【編者按：「民」字に注す】
【正文】然而以理義斲削〔一一四二、三～四〕
下「擧難」篇可幷考。【編者按：離俗覽・擧難に「理無自然、自然而斷相過」とある】
【正文】微獨舜・湯〔一一四二、四〕
『〔禮記〕檀弓下』「雖微晉而已、天下其孰能〔當〕之」、鄭注「微猶非也」。
『邶〔風〕・柏舟』詩「微我無酒、以敖以遊」、『毛傳』「非我無酒、可以敖遊忘憂也」、朱熹『集傳』「微猶非也」。
【正文】惓惓乎后之爲人也、葆力之士也〔一一四二、六〕

『莊子・讓王』篇「惓惓」作捲捲、『釋文』云「音權」、郭「音眷。用力貌」。【編者按：『莊子』讓王に「捲捲乎后之爲人、葆力之士也」とある】

『中庸』「回之爲人也、擇中庸、得一善、則拳拳服膺、而弗失之矣」。

『〈莊子〉釋文』云「葆力、音保。字亦作保」。

眷眷【編者按：「惓惓」を訂す】

【正文】游入於堯之門 〔一二四二、八〕

『莊子』無「入於」二字。

【正文】而自投於蒼領之淵 〔一二四二、九〕

「蒼領」猶滄浪也。

【高注】「蒼領」或作青令。

「青令」、『莊子』作清泠。

【正文】乃自投於潁水而死 〔一二四三、四〕

『莊子』「潁」作椆。

【正文】智者謀之 〔一二四三、五〕

『荀子・大略』【編者按：『荀子』大略に「知者明於事、達於數、不可以不誠事也」とある】

【正文】吾子胡不位之 〔一二四三、五〕

『莊子』作「吾子胡不立乎」。

【正文】乃負石而沈於募水 〔一二四三、八〕

『莊子』「募」作廬。

【正文】孤叔無孫 〔一二四三、一五〕

「孤叔」複姓。『〈禮記〉檀弓〈下〉』「公叔務人《ママ》」、孫叔敖等可以見。【編者按：「務」は「禺」字の誤記】

【高注】孤、孤特、位尊。叔、姓。無孫、名。

「過理」篇謂「公玉丹」爲「玉丹」可例。【編者按：貴直論・過理に「齊湣王亡居衞、謂公王丹曰、我何如主也。王丹對曰……」とある】

【正文】豈亢責也哉 〔一二四四、一〕

「亢」、坑儒・坑降卒之坑。〇「亢責」猶責塞也。

「亢」字有蔽塞之義。故『〈左傳〉昭元年』「大叔曰、吉不能亢身。焉能亢宗」、杜注「亢、蔽也」。『〈愼行論〉無義』篇「欲堙之責、非攻無以」、注「堙、塞也」。

【高注】亢、當也。

屛【編者按：「當」字を訂すか】

【正文】君子濟人於患 〔一二四四、二〕

【高注】濟、人也。【編者按：「人」字は「入」の誤刻】
「人」當作渡。
【正文】丹績之袧〔一二四四、六〕
績【編者按：「績」字を訂す】
【正文】東布之衣〔一二四四、六～七〕
「〔恃君覽〕達鬱」篇云「善衣東布衣、白縞冠、顙推之履」云云。
【正文】却而自歿〔一二四四、九〕
「歿」當作殺。
【正文】有可以加乎〔一二四四、一〇〕
「有」、音又。

高義

【正文】行不誠義〔一二五四、二〕
『荀子・王霸』篇「仲尼無置錐之地、誠義乎志意、加義乎身行」云云。
【正文】雖赦之不外〔一二五四、四〕
「外」當作迯。與逃同。下文「子囊之遁」是也。【編者按：後文に「子囊曰、遁者無罪、則後世之爲王將者、皆依不利之名而效臣遁」とある】
【正文】内及於心不慙然後動〔一二五四、四～一二五五、一〕
「及」疑當作反。「反於心」猶言『中庸』「反求諸其身」也。
【正文】孔子辭不受、入謂弟子曰〔一二五五、二〕
『說苑・立節』「入」作出、可從。
『家語・六本』
【正文】三王之佐不顯焉〔一二五五、四〕
「〔有始覽〕務本」篇「嘗試觀上古記、三王之佐、其名無不榮者」云云。
謂不在顯位也。【編者按：「不顯」に注す】
【正文】比於賓萌〔一二五五、一〇〕
「賓」當作民。音之譌也。『韓子・初見泰《ママ》』「彼固亡國之形也、而不憂民萌」。【編者按：「泰」は「秦」字の誤記】
【正文】未敢求仕〔一二五五、一〇〕
不【編者按：「求」字を訂す】
【正文】而受其國、是以義翟也〔一二五五、一一〕

「受」當作授。不然「是以」之是不穩。
【舊校】〔是〕一作退。
徒【編者按：「退」字を訂す】
【正文】秦之野人〔一二五五、一二〕
「秦之野人」擧全秦之人言之。秦戎夷而棄禮儀、上首功之國也。【編者按：『史記』魯仲連鄒陽列傳に魯仲連の言葉として「彼秦者、棄禮義而上首功之國也」とあり、また『戰國策』趙策三・秦圍趙之邯鄲に「彼秦者、棄力役而上首功之國也」とある】
【正文】荊人與吳人將戰……〔一二五五、一四〕
『〔左傳〕襄十四年』兩處出之。
【正文】荊將軍子囊曰「我與吳人戰、必敗。敗王師、辱王名、虧壤土、忠臣不忍爲也」〔一二五五、一四～一五〕
襄十四年【編者按：『左傳』襄公十四年に「君子謂子囊忠。君薨不忘增其名、將死不忘衞社稷。可不謂忠乎」とある】
【正文】後世之爲王者將〔一二五六、一～二〕
「者將」當易地。
【正文】乃爲之桐棺三寸〔一二五六、三〕
『〔左傳〕哀二年』「若其有罪、絞縊以戮、桐棺三寸、不設屬辟《ママ》、素車樸馬、無入于兆、下卿之罰也」。
【正文】嘗有鄭襄・州侯之避矣〔一二五六、五〕
「襄」疑當作褒或褎、褎共同袖。
【正文】荊昭王之時、有士焉、曰石渚〔一二五六、七〕
『史記・循吏傳』『新序・節士』共作石奢。
『韓詩外傳』卷二
【正文】子復事矣〔一二五六、一〇〕
「復」、『史記』『新序』共作治。
【正文】歿頭乎王廷〔一二五六、一二〕
『新序』作「刎頸而死于廷中」。『韓子《ママ》』無「中」字。
下「〔離俗覽〕上德」篇有「還歿頭前於孟勝」之文。
【編者按：「子」は「詩」字（すなわち『韓詩外傳』）の誤記】
『說苑・六一《ママ》節』「齊人有子蘭子者、事白公勝」云云「契領於庭以遂吾行」。【編者按：「六一」は「立」字（すなわち立節篇）の誤記】
再按、「歿頭」當作刎頸。『荀子・彊國』篇「辟之是猶欲壽而歾頸〔也〕」、楊注「歾當作刎」。
【正文】正法枉必死〔一二五六、一二〕

在【編者按：「枉」字を訂す】

上徳

【正文】此神農・皇帝之政也〔一二六四、三〕
山子曰、「皇」當作黃。【編者按：「皇」字は版本の誤刻かもしれない】
【正文】澹乎四海〔一二六四、五〕
「澹」蓋有湛滿之義。澹泊與泊對、義可見矣。
【正文】愛惡不臧〔一二六四、五〕
【高注】臧、匱也。
「匱」當作匿。
【正文】虛素以公〔一二六四、五〕
擧措【編者按：「虛素」を訂す】
【高注】素、質也。惡其質以奉公、王之實也。
「惡」當作虛。（一考本）
【正文】小民皆之〔一二六四、六〕
懷【編者按：「皆」字を訂す】
【正文】徳之速、疾乎以郵傳命〔一二六五、三〕
『〔孟子〕公孫丑上』「孔子曰、徳之流行、速於置郵而傳命」。
【正文】周明堂、金在其後、有以見先徳後武也〔一二六五、三〜四〕
「〔愼大覽〕愼大」篇（三背）【編者按：「周明堂」に注す】
「金」、蓋金革也。故云「後武」。『中庸』「衽金革、死而不厭、北方之強也」。
【正文】舜其猶此乎〔一二六五、四〕
音又。或云「有、當作者」。【編者按：「有」字に注す】
【舊校】〔此〕、一作上。
尚同。【編者按：「上」字に注す】
【正文】晉獻公爲麗姬遠太子〔一二六五、五〕
『〔左傳〕僖四年』
【正文】往昔君夢見姜氏〔一二六五、六〕
「昔」、音夕。
【正文】遂以劍死〔一二六五、八〕
「以」疑伏。
【正文】被瞻〔一二六五、一一〕
「被瞻」『左氏〔僖公二十三年〕』作叔詹。

【正文】去鄭之荊、荊成王慢焉〔一二六五、一二〕
禮【編者按：「慢」字を訂す】
【高注】『傳』曰……
『〔左傳〕僖二十三年』
【正文】秦繆公入之〔一二六五、一二〕
【高注】入、晉納也。
「晉納」當易地。
【正文】與之有符〔一二六六、四〕
爲【編者按：「有」字を訂す。朱筆】
【正文】還歿頭前於孟勝〔一二六六、九〕
「前」猶先也。或云、前當作先。
【正文】以致令於田襄子〔一二六六、一〇〕
「令」疑命。
ニ【編者按：「以」字に送る。「すでニ」と訓じる】
【正文】墨者以爲不聽鉅子不察〔一二六六、一二〕
可【編者按：「不聽」の「不」字を訂す】
【正文】嚴罰厚賞〔一二六六、一二〕
「〔孝行覽〕義賞」篇可幷考。
【正文】此上世之若客也〔一二六六、一二〕
上文云「嚴罰厚賞」、此衰世之政也。
「〔恃君覽〕驕恣」篇有「此三代之盛敎」之文。
「〔似順論〕處方」篇「此爲先王之所舍也」。或云、「若客」當作所舍。

用民

【正文】民無常用也、無常不用也〔一二七九、三〕
『〔論語〕衛靈公』「斯民也、三代之」云云（引）。
【正文】其爲三萬五萬尚多〔一二七九、四〕
「〔孟秋紀〕懷寵」篇「義兵之生千《ママ》人亦多矣」、考引
「檀弓」可考。【編者按：「千」は「一」字の誤記タルヨリ】【編者按：「爲」字に注す】
【正文】夫種麥而得麥〔一二七九、八〕
晉語四（九面）【編者按：『國語』晉語四に、叔詹が引用する諺の一部として「所生不疑、唯德之基」とあり、韋昭注に「所生、謂種黍得黍、種稷得稷、唯所在樹之、禍福亦由是也」という】
【正文】當禹之時、天下萬國、至於湯而三千餘國〔一二七

九、一〇〕
『戰國・齊策』「齊宣王見顏斶」云云「斶聞古大禹之時、諸侯萬國。何則。德厚之道、得貴士之力也。故舜起農畝、出於野鄙、而爲天子。及湯之時、諸侯三千。當今之世、南面稱寡者、乃二十四」云云。【編者按：齊策四・齊宣王見顏斶】

【正文】賞罰不充也〔一二七九、一一〕
中充。【編者按：「充」字に注す】

【正文】管・商亦因齊・秦之民也〔一二七九、一一～一二〕
「不侵」篇【編者按：「管・商」に注す。季冬紀・不侵に「管・商之師」とある】

【正文】欲也惡也〔一二七九、一三〕
『大學』「好人之所惡」云云。【編者按：「惡」字に注す】

【正文】句踐試其民於寖官〔一二八〇、三〕
宮【編者按：「官」字を訂す】

【正文】不爲勇者興懼者變〔一二八〇、四〕
【舊校】〔興〕一作興。
注「興」當作與、爲是。

【正文】多由布衣定一世者矣〔一二八〇、八〕
「首時」篇（九背）、下「適威」篇（十二背）【編者按：「布衣」に注す。孝行覽・首時に「有從布衣而爲天子者」とあり、離俗覽・適威に「舜布衣而有天下」とある】

【正文】不可察之本〔一二八〇、八〕
「察」上脫不字。
「不可不察之本」絕句。

【正文】三代之道無二、以信爲管〔一二八〇、八～九〕
『荀子・儒效』篇「聖人也者、道之管也。天下之道管是矣、百王之道一是矣」、楊倞注「管、樞要也」。

【正文】譬之若鹽之於味〔一二八〇、一三〕
『〔左傳〕昭二十年』「晏子曰、和如羹焉、水火醯醢鹽梅、以烹魚肉、燀之以薪、宰夫和之、齊之以味、濟其不及、以洩其過、君子食之、以平其心、君臣亦然」云云。

【正文】愛利之心諭、威乃可行〔一二八〇、一五〕
卷八有「〔仲秋紀〕論威」篇。【編者按：「諭威」に注す】

【正文】君、利勢也、次官也〔一二八一、一〕
『荀子・王霸』「國者、天下之利用也。人主者、天下之利勢也」云云。【編者按：現行本『荀子』王霸は「國者、

天下之制、利用也」に作るが、楊倞は「制、衍字耳」という】
「次官」、次序也。言人主者次序人之官也。
「官次」、襄二十三年（六面）。【編者按：「次官」に注す。『左傳』襄公二十三年に「恪居官次」とある】
【正文】不可而不察於此〔一二八一、一〜二〕
「不可而」之而、考見「〔仲春紀〕功名」篇。以通。【編者按：「而」字に注す。孟春紀・去私に「其誰而爲之」とあり、『呂氏一適』は「而猶以也。猶謂以來以往爲而來而往。古音蓋通用」という】

適威

【正文】先王之使其民、若御良馬〔一二八九、二〕
『淮南子・主術訓』【編者按：『淮南子』主術訓に「聖主之治也、其猶造父之禦」とある】
【正文】輕任新節〔一二八九、二〕
執策【編者按：「新節」を訂す】
按【編者按：「新」字を訂す。朱筆】
『字彙』〔未集・竹部〕「節」字注「操也、制也、檢也」。【編者按：「節」字に注す】
【正文】民日夜祈用而不可得、苟得爲上用、民之走之也〔一二八九、三〕
『〔尚書〕泰誓下』「古人有言曰、撫我則后虐我則讎」、又『孟子・離婁下』。【編者按：『孟子』離婁下に「孟子告齊宣王曰、君之視臣如手足、則臣視君如腹心。君之視臣如犬馬、則臣視君如國人。君之視臣如土芥、則臣視君如寇讎」とある】
【正文】若決積水於千仞之谿〔一二八九、三〕
『孫子・軍形』
【正文】『周書』曰「民善之則畜也、不善則讎也」〔一二八九、四〕
『家語・致思』篇（十二面）「子貢問治民於孔子。子曰、懍懍焉。若持腐索之扞馬。子貢曰、何其畏也。孔子曰、夫通達之屬皆人也、以道導之、則吾畜也。不以道導之、則吾讎也。如之何其無畏也」。
【正文】微召公虎……〔一二八九、五〕
「微召公虎」云云、指召公以其子代宣王事。見「周語

上」。【編者按：『國語』周語上に「以其子代宣王、宣王長而立之」とある】
【正文】不善則不有〔一二八九、六〕
「有」、有衆也。上云「有讎而衆、不若無有」是也。
【正文】桀天子也、而不得息〔一二八九、七〕
有【編者按：「息」字を訂す。朱筆】
【正文】若璽之於塗也、抑之以方則方、抑之以圜則圜〔一二九〇、三〕
齊俗訓（六面）【編者按：『淮南子』齊俗訓に「若璽之抑埴、正與之正、傾與之傾」とある】
【正文】問於李克曰……〔一二九〇、六〕
『新序・雜五』、『〔淮南子〕道應訓』（七面）、『韓詩』卷十。
【正文】此夫差之所以自歿於干隧也〔一二九〇、九～一〇〕
「歿」當作殺。
「知分」篇「隧」作遂、注云「干遂、吳邑」。【編者按：恃君覽・知分に「荊有次非者、得寶劍于干遂」とある】
【正文】東野稷以御見莊公〔一二九〇、一〇〕
「莊」上疑脫魯字。
『荀子・哀公』篇、『家語・顏回』、『新序・雜事五』。
【編者按：『荀子』哀公に「定公問於顏淵曰、子亦聞東野子之善馭乎」とあり、『孔子家語』顏回に「魯定公問於顏回曰、子亦聞東野畢之善御乎」とあり、『新序』雜事五に「顏淵侍魯定公于臺、東野畢御馬于臺下」とある】
【正文】使之鉤百而少及焉〔一二九〇、一一〕
『莊子・達生』（七背）作「使之鉤百而反」、『釋文』「司馬云、稷自矜其能、圓而驅之、如鉤、復迹百反而不知止」。
【正文】巨爲危〔一二九〇、一五～一二九一、一〕
「危」、「以危法中之」之危。【編者按：『史記』郅都傳（酷吏列傳）に「竇太后聞之怒、以危法中都、都免歸家」とある】
【正文】以爲繼矣〔一二九一、二〕
「繼」恐欺音之誤也。
【正文】以爲繼知〔一二九一、二〕
矣【編者按：「知」字を訂す。朱筆】
【正文】禮煩則不莊〔一二九一、三〕

『〔尚書〕說命中』「禮煩則亂、事神則難」。

【正文】故民因而身爲戮〔一二九一、四〕

「因」疑當作困。

【正文】子陽極也好嚴〔一二九一、四〕【編者按：「極也」を朱で圍み、衍文であることを示す】

【正文】應猘狗而弑子陽〔一二九一、五〕

考出「〔孝行覽〕首時」篇。

【高注】子陽、鄭君也、一曰鄭相也。好嚴猛、於罪刑無所赦。

因、音近。【編者按：「於」字に注す】

爲欲

此篇論宋研之道也。『荀子・正論』篇「〔子宋子曰〕人之情、欲寡」云云、又『〔荀子〕解蔽』篇「宋子蔽於欲而不知得」。
【正文】其視爲天子也與爲輿隸同〔一三〇二、二〕
「視爲」「與爲」之爲助語、無義、猶於也。『大雅・緜』詩『毛傳』「士讓爲大夫、大夫讓爲卿」、『莊子・天地』「伯成子高辭爲諸侯而耕」共與此同。
【正文】東至扶木〔一三〇二、五〕
「扶木」、「〔愼行論〕求人」篇作榑木。
【正文】⿰木異爲煩辱〔一三〇二、六〕
【高注】⿰木異、古「耕」字。
「⿰木異」、未考。注疑杜撰。
「⿰木異」、『字彙』〔午集・禾部〕「音亦。耕也」。『字通』同。
音亦。【編者按：「⿰木異」字に注す】
【正文】性異非性〔一三〇三、五〕
與。（一考本）【編者按：「異」字に注す】
【正文】不聞道者、何以去非性哉〔一三〇三、五～六〕
『〔孟子〕盡心上』「堯舜、性之也。湯武、身之也。五霸、假之也。久假而不歸、惡知其非有也」。
【正文】聖王執一〔一三〇三、七〕
卷十七有「執一」篇。
【正文】民命敵焉〔一三〇三、九〕
「命」疑當爲無。『〔孟子〕梁惠王上』「故曰、仁者無敵」、『〔左傳〕僖二十八年』「軍志曰、有德不可敵」。

【正文】群狗相與居、皆靜無爭、投以炙雞、則相與爭〔一三〇三、九〕

「〔孝行覽〕首時」篇（十四面）。

秦昭襄王策（十二背）【編者按：『戰國策』秦策三・天下之士合從相聚於趙に「見大王之狗、臥者臥、起者起、行者行、止者止、毋相與斗者。投之一骨、輕起相牙者、何則。有爭意也」とある】

【正文】或折其骨、或絕其筋〔一三〇三、一〇〕

『荀子・修身』篇「其折骨絕筋、終身不可以相及也」。

『〔左傳〕哀二年』「蒯聵不敢自佚、備持矛焉、敢告無絕筋、無折骨、無面傷、以集大事、無作三祖羞」。

【正文】晉文公伐原〔一三〇三、一四〕

『〔國語〕晉語四』（『〔左傳〕僖二十五年』）、『新序・雜四』、『〔韓非子〕外儲說左上』（十八面）、『〔淮南子〕道應訓』（十四背）。

貴信

【正文】百事不滿也〔一三一一、二～三〕

濟【編者按：「滿」字を訂す】

【正文】長遂不精〔一三一一、八〕

「至忠」篇【編者按：「精」字に注す。仲冬紀・至忠に「乃自伐之精者也」とある】

【正文】其穀不堅〔一三一一、九〕

「堅」、『大雅・生民』詩「實堅實好」之堅。

【正文】凍閉不開〔一三一一、九～一〇〕

「閉」「開」當易地。

【正文】齊桓公伐魯……〔一三一二、五〕

『〔史記〕刺客傳』。『左』『國』不載此事。

【正文】去魯國五十里而封之〔一三一二、五〕

「封」、封疆也。『〔左傳〕哀十七年』（十六背）子穀曰「彭仲爽、申俘也。文王以爲令尹、實縣申・息、朝陳・蔡、封畛於汝。唯其任也。何賤之有」、『〔左傳〕昭七年』芋尹無宇曰「吾先君文王作僕區之法曰、盜所隱器、與盜同罪、所以封汝也」、注「行善法。故能啓疆、北至汝水」。

『荀子・王霸』、『〔左傳〕僖三十年』（十六背）注「封、疆也」。【編者按：「封」字に注す。『荀子』王霸に「彼國錯

者、非封焉之謂也」とある】

［正文］右抽劍以自承〔一三一二、九〕

『〔左傳〕哀十六年』「白公」云云「承之以劍。不動」、杜注「拔劒指其喉」。『〔左傳〕昭二十一年』「使子皮承宜僚以劍而訊之」。

［正文］以地衞君〔一三一二、一一〕

藩衞。【編者按：「衞」字に注す】

［正文］人特劫君而不盟〔一三一二、一二〕【編者按：「不」字を朱で圍み、衍字であることを示す】

［正文］信於仇賊、又況於非仇賊者乎〔一三一二、一五〕

［高注］『公羊傳』曰……

莊十三年。

［正文］夫九合之而合、一匡之而聽〔一三一二、一五〕

「而合」「而聽」之而猶則也。

［正文］可謂後得之矣〔一三一三、一〕

『論語』「仁者得」。【編者按：「得」字に注す。現行『論語』にそのままの文辭は見えない】

擧難

「〔仲冬紀〕當務」篇幷「〔離俗覽〕離俗」篇可幷攷。

［正文］人傷堯以不慈之名〔一三一八、二〕

「〔先識覽〕察微」（十七面）【編者按：「傷」字に注す】

［正文］禹以貪位之意〔一三一八、二〕

「貪位」、『〔孟子〕萬章上』「萬章問曰、人有言『至於禹而德衰、不傳於賢而傳於子』。有諸」云云。蓋戰國有唱此義者。

志意。【編者按：「意」字に注す】

［正文］君子責人則以人〔一三一八、三〕

『中庸』「君子以人治人、改而止」。

［正文］責人以義則難贍、難贍則失親〔一三一九、一〕

「贍」疑當爲贍。

［正文］寸之玉必有瑕讁〔一三一九、三〕

『荀子・法行』篇「夫玉者」云云「瑕適竝見、情也」。

［正文］先王知物之不可不全也〔一三一九、三〕

下「不」疑衍。

【正文】於是受養而便説〔一三一九、五〕

「便」、便僻・便妄之便。

【正文】救溺者濡、追逃者趨〔一三一九、七〕

「〔審應覽〕精諭」篇（七背）。

【正文】魏文侯弟曰季成、……〔一三一九、八〕

『〔史記〕魏世家』、『新序・雜四』。

【正文】以問季克〔一三一九、八〕

李（下同）【編者按：「季」字についていう】

【正文】問樂騰與王孫苟端孰賢〔一三一九、九〕

『新序』「騰」作商。（下同）

【正文】以王孫苟端而不肖〔一三一九、九〕

「而不」之而當作爲。

【正文】以樂騰爲貴〔一三一九、一〇〕

「貴」當爲賢。『新序』作賢。

【正文】凡聽於主、言人不可不愼〔一三一九、一〇〕

下文有「凡聽必有以矣」之文。

【正文】孟嘗君問於白圭曰……〔一三一九、一四〕

『新序・雜四』

【正文】今擇而不去二人〔一三二〇、一〕

「去」猶出也。

【正文】三士羽之也〔一三二〇、三〕

「羽」疑翼。『新序』作翊。

【正文】甯戚欲干齊桓公……〔一三二〇、四〕

『新序・雜五』、『〔淮南子〕道應訓』。

干【編者按：「于」字を訂す。「于」は版本の誤刻】

【正文】將任車以至齊〔一三二〇、四〕

吉子曰、「任車」、任載之車。

「任」當作賃。『新序』作賃。

【正文】爝火甚盛〔一三二〇、五〕

『莊子・逍遙遊』「日月出矣、而爝火不息、其於光也、不亦難乎」、『釋文』「〔爝〕本亦作燋。音爵」云云。

【正文】擊牛角疾歌〔一三二〇、六〕

【高注】歌、碩鼠也。

『新序』作「擊牛角、疾商歌」、注疑杜撰。

【正文】患其有小惡〔一三二〇、一〇〕

『新序』「患」作恐。

【正文】凡聽必有以矣〔一三二〇、一一〕

「有」下脫所字。

『〔論語〕爲政』篇「視其所以」之所以（引）。
【正文】當擧也、桓公得之矣〔一三二〇、一二〕
『新序』「當」下有此字、可從。『淮南』作是。

卷之二十　恃君覽

恃君

『荀子・王制』（三背又十三面）
【正文】凡人之性、爪牙不足以自守衞、肌膚不足以扞寒暑、筋骨不足以從利辟害、勇敢不足以卻猛禁悍〔一三三〇、二～三〕
『列子・楊朱』（十五背）【編者按：『列子』楊朱に「楊朱曰、人者、爪牙不足以供守衞、肌膚不足以自捍禦、趨走不足以逃利害、无毛羽以禦寒暑、必將資物以爲養、性任智而不恃力」とある】
暴【編者按：「猛」字を訂す】
【正文】而以群聚邪〔一三三〇、四〕
「邪」、音耶。
【正文】人備可完矣〔一三三〇、五〕

下「〔恃君覽〕驕恣」篇「欲無召禍必完備」。

【正文】利而物利章〔一三三〇、九〕

【高注】熊虎爲旗、章明識也。

注「熊虎」之文、突然可疑。蓋「章」字注也。『〔左傳〕閔二年』狐突曰「衣、身之章也。佩、衷之旗也」、注「旗、表也」。欲引此文誤歟。

【正文】夷・穢之鄉〔一三三一、二〕

【高注】東方曰夷。穢、夷國名。

「穢」與獩通。獩、貊也。

【正文】儋耳之居〔一三三一、五〕

儋耳郡（『漢・武帝紀』元鼎二《ママ》年）【編者按：「二」は「六」字の誤記】

【正文】聖人深見此患也、故爲天下長慮、莫如置天子也。爲一國長慮、莫如置君也〔一三三一、六～七〕

『〔尚書〕太甲中』「民非后、罔克胥匡以生。后非民、罔以辟四方」。

【正文】然後天子利天下〔一三三一、八〕

「利」爲己利也。

【正文】滅鬚去眉〔一三三一、一一〕

『〔戰國策〕趙策』「滅」上有「漆身爲厲」四字。「〔季冬紀〕不侵」篇及「序意」可幷見。【編者按：趙策四・晉畢陽之孫豫讓】

【正文】又吞炭以變其音〔一三三一、一二〕

『〔戰國策〕趙策』「炭」下有「爲啞」二字。

【正文】襄子必近子〔一三三一、一四〕

「近」猶親也。『史記・周本紀』「厲王好利、近榮夷公」、『列子・黃帝』篇「近同狀而疏同智。狀與我同者、近而愛之。狀與我異者、疏而畏之」、又『〔尚書〕五子之歌』「民可近、不可下」。【編者按：延享四年梅村彌右衞門刊、覆明世德堂刊本『冲虛至德眞經』黃帝（卷二、二十六丁ウ）に「狀不必童而智童、智不必童而狀童、聖人取童智而遺童狀、衆人近童狀、而疏童智。狀與我童者、近而愛之、狀與我異者、疏而遠之」とあり、「狀不必童」の注に「童當作同」とある】

【正文】是先知報後知也、爲故君賊新君矣、大亂君臣之義者無此失、吾所爲爲之矣。凡吾所爲爲此者、所以明君臣之義也、非從易也。〔一三三一、一四～一三三二、二〕

『〔戰國策〕趙策』作「是爲先知報後知、爲故君賊新君、大亂君臣之義者無〔過〕此矣。〔凡〕吾所謂爲此者、以明君臣之義、非從易也」。
矣【編者按：「失」字を訂す】
謂【編者按：「凡吾所爲」の「爲」字に注す】
以【編者按：「凡吾所爲」の「爲」字に注す】
【正文】柱厲叔事莒敖公……〔一三三二、二〕
『列子・說符』、又『新序・義勇』「長兒子魚」似焉。
『說苑・立節』作莒穆公。【編者按：「莒敖公」についていう】
【正文】自以爲不知、而去居於海上〔一三三二、二〕
『〔左傳〕哀公八年』「公山不狃曰」可攷。
【正文】忠臣幸於得察〔一三三二、六〕
「幸」、「〔有始覽〕謹聽」篇。

長利

【正文】天下之士也者、慮天下之長利、而顧《ママ》處之以身若也〔一三四四、二〕【編者按：「顧」は版本の誤刻】
『〔禮記〕禮器』「君子之於禮也、有所竭情盡愼、致其敬而誠若、有美而文而誠若」。「〔孟夏紀〕勸學」篇「夫無父而無師者、餘若夫何哉」、「〔恃君覽〕驕恣」篇「莫敢諫若、非弗欲也」。
助語。【編者按：「若」字に注す】
【正文】陳無宇之可醜亦重矣〔一三四四、三〕
「醜」、醜辱也。
【高注】欒施彊出奔陳。
高【編者按：「施」と「彊」の間に補う】
【正文】堯治天下、伯成子高立爲諸侯〔一三四五、一〕
『莊子・天地』、『新序・節士』。
【正文】禹趨就下風〔一三四五、二〕
「下風」猶下方也。風・方、古音通用。『〔左傳〕僖四年』「唯是風馬牛不相及也」、服虔云「風、放也」。『小雅・北山』詩「或出入風議」、『箋』云「風猶放也」。『尚書・費誓』「馬牛其風」、『孔傳』「馬牛其有風逸」。風殷《ママ》與放通則亦可以與方通也。
【正文】故何也〔一三四五、二～三〕
「故何」當易地。『莊子』『新序』共作「何故」。
【正文】今賞罰甚數〔一三四五、四〕

「甚」、「甚盛德」之甚。『〔左傳〕襄二十九年』「雖甚盛德、其茂《ママ》以加於此矣」。【編者按：「茂」は「蔑」字の誤記】

【正文】無慮吾農事〔一三四五、五〕

「慮」猶妨也。『莊子〔天地〕』「慮」作落、『釋文』云「落猶廢也」。『新序』作留。

今按、慮・留共落轉譌。落與絡同。『漢・李廣傳』「李禹從落中、以劍斫絕纍、欲刺虎」、師古曰「落與絡同」。又「血脈經絡」『〔漢書〕藝文志』作「血脈經落」。又『〔漢書〕溝洫志』「竹落長四尺《ママ》、大九圍、盛以小石」云云。

【正文】協而耰、遂不顧〔一三四五、五〕

『莊子〔天地〕』作「俋俋乎耕而不顧」。

【正文】辛寬見魯繆公曰……南宮括對曰……〔一三四五、七・一〇〕

『說苑・至公』「辛寬」作辛櫟、「南宮括」作南宮邊子、爲是。

【正文】知吾先君周公之不若太公望封之知也。昔者太公望封於營丘之渚〔一三四五、七～八〕

上「封」字可削。因下文而誤衍。

【正文】南宮括〔一三四五、一〇〕

『〔論語〕憲問』篇「括」作适。

按、「南宮括」孔子時人。穆公與子思同時（見『孟子〔梁惠王下〕』）。此姓名亦誤。

「南宮括」、詳見『家語・七十二弟子解增注』。【編者按：太宰春臺『孔子家語增註』卷九（六丁ウ～七丁オ）】

又按、文武之時、亦有南宮括。見『〔尚書〕君奭』篇「有若泰顛、有若南宮括」、是也。

【正文】今使燕爵爲鴻鵠鳳皇慮、則必不得矣〔一三四五、一三～一四〕

『〔史記〕陳涉世家』「陳涉太息曰、嗟乎、燕雀安知鴻鵠之志哉」、『索隱』曰「『尸子』云、鴻鵠之鷇、羽翼未合、而有四方之志」。

【正文】一擧則有千里之志〔一三四五、一四〕

「一擧」上必有脫文。足「夫鴻鵠鳳凰」五字則通。

【正文】天大寒而後門〔一三四六、一〕

『荀子・大略』「柳下惠與後門者同衣、而不見疑、非一日之聞也」。

「後門」、『家語・好生』篇所謂「不逮門」也。
【正文】惡能與國士之衣哉［一三四六、三］
「之」・於通用。
【正文】達乎分仁愛之心識也［一三四六、五］
下「〈恃君覽〉知分」篇有「達乎死生之分・利害之經也」之語。
誠【編者按：「識」字を訂す】
「〈恃君覽〉觀表」篇「聖人於事志焉」。

知分

【正文】晏子與崔杼盟而不變其義［一三五四、二〜三］
『〈左傳〉襄二十五年』「崔杼立景公而相之、慶封爲左相、盟國人於大宮曰、所不與崔慶者。晏子仰天歎曰、嬰所不唯忠於君、利社稷者是與、有如上帝。乃歃」。
【正文】延陵季子、吳人願以爲王而不肯［一三五四、三］
【高注】季子、吳壽夢孫子也。【編者按：「孫」字を朱で圍み、衍字であることを示す】
『〈史記〉吳世家』「壽夢有子四人、長曰諸樊、次曰餘祭、次曰餘昧、次曰季札」云云。
【正文】皆有所達也［一三五四、四］
【高注】達於高立疾顚、厚味腊毒者也。
「立」疑當爲位。【編者按：「立」は版本の誤刻。「位」字が正しい】
【正文】荊有次非者［一三五四、五］
『〈淮南子〉道應訓』作佽非、『漢・宣帝紀』〈十二背〉作佽飛。【編者按：「次非」についていう】
【正文】得寶劍于干遂［一三五四、五］
「〈離俗覽〉適威」篇「遂」作隧。
【正文】有兩蛟夾繞其船［一三五四、五］
【高注】魚滿二千斤爲蛟。
「〈有始覽〉諭大」篇。
【正文】子嘗見兩蛟繞船能兩活者乎［一三五五、一］
『淮南〈道應訓〉』作「嘗有如此而得活者乎」。因按「兩」字當爲而。易地爲「而能」。
【正文】仕之執圭［一三五五、三］
『淮南』作「荊爵爲執圭」。『漢・宣帝紀』〈十二背〉注引此「仕之」作任以、是。

【正文】生、性也〔一三五五、六〕

「〔先識覧〕知接」篇【編者按：「性」字に注す】

【正文】有盛盈坌息〔一三五五、八〕

「坌」讀爲坌、與坋同。『字彙』〔丑集・土部〕「塵坋也。『韻會《ママ》』『唐書』坌集京師」。言坋然如塵之冥合。衆多貌。「息」、蕃息也。【編者按：「坌集京師」の出典は、『新唐書』列傳第一二三「儒學上」。現行『字彙』に『韻會』の文字は見えない】

【正文】愈然而以待耳〔一三五五、九〕

「愈」讀爲愉。

【正文】晏子與崔杼盟……〔一三五五、一一〕

『新序・義勇』、『韓詩』卷二。

【正文】不與崔氏而與公孫氏者受其不祥〔一三五五、一二〕

『晏子・雜上』「公孫氏」作公室、可從。『〔戰國策〕齊閔王策』「齊孫室子陳擧」云云、〔鮑彪〕注「公孫家子、猶宗室云」。【編者按：齊策六・齊負郭之民有孤狐咺者】

【正文】子獨不爲夫詩乎〔一三五五、一四〕

『〔論語〕陽貨』篇「女爲周南、召南矣乎」、『〔孟子〕告子下』「固哉、高叟之爲詩也」。

【正文】子惟之矣〔一三五五、一五〕

【高注】惟、宜也。

「宜」當作思。

【正文】晏子無良其僕之手曰〔一三五六、一〕

「無」當爲撫、與拊同。「良」字衍。『新序〔義勇〕』「無良」字作拊一字。「〔離俗覧〕擧難」篇「桓公聞之、撫其僕之手曰」云云。

【正文】安之。毋失節〔一三五六、一〕

『〔左傳〕襄七年』「吾子不後寡君。寡君未知所過。吾子〔其〕少安」、杜注「安、徐也」。【編者按：「安」字に注す】

【正文】鹿生於山而命懸於廚〔一三五六、二〕

『歴史綱鑑《ママ》』唐中宋《ママ》紀〔三十葉〕「鹿走山林而命懸庖廚」。【編者按：袁了凡『歴史大方綱鑑補』のことであろう。「宋」は「宗」字の誤記か。なお、『新唐書』列傳第三十八・徐有功に「鹿走山林而命繫庖廚」とあり、『資治通鑑』卷第二百四に「鹿走山林而命懸皰廚」とある】

【正文】踐繩之節、四上之志〔一三五六、五〕

「繩」疑當爲澠。按『字彙』、澠〔巳集・水部〕・黽〔亥集・黽部〕通用。黽、秦地名。『〔史記〕春申君傳』「踰黽隘之塞」是也。

「四上」亦疑當爲泗上。蓋「踐繩之節」謂秦也、「泗上之志」謂泗上十二諸侯也。

【高注】四上、謂君也。卿・大夫・士與君爲四、四者之中、君處其上、故曰「四上之志」。

「四上之志」注云云、「〔愼大覽〕順說」篇「四累之上」而言亦億說而已。

【正文】使不肖以賞罰、使賢以義〔一三五六、一一〕

『〔論語〕里仁』篇「君子喻於義、小人喻於利」。

召類

「〔有始覽〕名類」篇。

【正文】類同相召、氣同則合、聲比則應〔一三六九、二〕

『〔易〕文言傳』「同聲相應、同氣相求。水流濕、火就燥、雲從龍、風從虎、聖人作而萬物覩」。

【正文】攻亂則服、服則攻者利〔一三六九、五〕

「名類」篇、二「服」共作脆。

【正文】治則爲利者不攻矣、爲名者不伐矣〔一三六九、七〕

「名類」篇、『荀子・富国』【編者按：『荀子』富國に「若是則爲名者不攻也」「若是則爲利者不攻也」とある】

【高注】爲利動者不來攻己。爲武移者不來伐己。

【正文】非爲利則固爲名也〔一三六九、八〕

「名類」篇「固」作因。

【正文】堯戰丹水之浦、～禹攻曹魏、屈驁有扈、以行其敎〔一三六九、九～一〇〕

「宗・膾・胥敖」（『〔莊子〕齊物論』廿一背）、「叢枝・胥敖」（『〔莊子〕人間世』六面）。【編者按：「屈驁」についていう】

見『說苑・政理』（四面）。【編者按：「有扈」に注す。『說苑』政理に「昔禹與有扈氏戰」とある】

【高注】『春秋傳』曰「啓伐有扈」。言屈驁、不知出何書也。

「堯戰丹水」亦無所出。何但屈驁。

【正文】聖人之元也〔一三六九、一二〕

『〔左傳〕襄二十《ママ》九年』（廿五面）「元、體之長也」、『〔易〕文言傳』「元者、善之長也」、下文云「元者、吉之始也」。【編者按：「元」についていう。「二十九」は「九」の誤記】經。（一考本）【編者按：「元」字に注す】

【正文】士尹池爲荊使於宋〔一三七〇、一〕

「士尹」疑當爲工尹。『〔禮記〕檀弓下』「工尹商陽與陳棄疾」云云、鄭注「工尹、楚官名」。『〔左傳〕文十年』「子西」云云「王使爲工尹」、注「掌百工之官」。『〔左傳〕宣十二年』「工尹齊將右拒卒、以逐下軍」、注「工尹齊、楚之《ママ》大夫」。『〔左傳〕昭二十七年』「楚莠尹然・工尹麋《ママ》帥師救潛」、又云「左尹郤宛・工尹壽帥師至徑」。徑、徑庭之徑。【編者按：「麋」は「麇」の誤記】

【正文】犨於前而不直〔一三七〇、一〕

『新序〔刺奢〕』作擁、可從。【編者按：「犨」字に注す】

「擁」當爲壓。音之誤也。【編者按：「犨」字に注す】

【正文】爲輓百也〔一三七〇、二〕

「輓」、輓皷之輓。母官切。【編者按：「輓」字に注す】

「百」、『新序』作者、是。

【正文】荊王適興兵而攻宋、士尹池諫於荊王曰、宋不可攻也。其主賢、其相仁。賢者能得民、仁者能用人。荊國攻之、其無功而爲天下笑乎〔一三七〇、五〜七〕

「〔愼大覽〕順說」篇（「偃息」注）。

【正文】孔子聞之曰、夫脩之於廟堂之上、而折衝乎千里之外者、其司城子罕之謂乎〔一三七〇、七〜八〕

『家語・王言解』「明王之道、其守也、則必折衝千里之外。其征也、則必還師衽席之上」。又『新序・雜一』「晉平公欲伐齊」章、仲尼稱晏子語亦同。【編者按：『新序』雜事一に「仲尼聞之曰、夫不出於樽俎之間、而知千里之外」とある】

『〔禮記〕檀弓下』「陽門之介夫死、司城子罕入而哭之哀。晉人之覘宋者、反報於晉侯曰、陽門之介夫死、而子罕哭之哀、而民悅《ママ》、殆不可伐也。孔子聞之曰、善哉覘國乎。詩云、凡民有喪、扶服救之。雖微晉而已、天下其孰能當之」。【編者按：「司城子罕」について

いう】

【正文】使史默往睹之〔一三七〇、一一〕

「〈有始覽〉名類」篇「默」作墨。

『說苑・奉使』篇作黯。『〈國語〉晉語九』「趙簡子田于螻」章、注「史黯、晉大夫史墨」也。

【正文】猶弗察也〔一三七〇、一二〕

『說苑〈奉使〉』「猶」作由。

【正文】其佐多賢也〔一三七〇、一四〕

【高注】謂孔子・子貢之客也。吳公子札適衞、說蘧瑗・史鰌・公子荊・公叔發・公子鼂曰「衞多君子、未有患也」。故曰「其佐多賢也」。

『〈左傳〉襄二十九年』【編者按：「吳公子札適衞」に注す】

【正文】凡謀者疑也〔一三七〇、一四〕

『〈尚書〉大禹謨』「任賢勿貳、去邪勿疑。疑謀勿成、百志惟熙」。

達鬱

【正文】凡人三百六十節〔一三八二、一二〕

「〈孟春紀〉本生」篇。

【正文】肌膚欲其比也〔一三八二、一二〕

【高注】「比」猶致也。

「比」、密比也。因按注「致」當爲緻。

【正文】精氣欲其行也〔一三八二、一三〕

「〈季春紀〉盡數」篇可幷見。

【正文】國鬱處久〔一三八二、一五〕

「處」卽「盡數」篇「鬱處頭則爲腫爲風」云云之處。

「處」猶病也。注見「愛士」篇。【編者按：仲秋紀・愛士に「陽城胥渠處廣門之官」とあり、高誘注に「處猶病也」とある】

『漢・五行志下之上』「蜮猶惑也、在水旁、能射人、射人有處、甚者至死。南方謂之短孤《ママ》」。【編者按：「孤」は「弧」の誤記】

【正文】萬災叢至矣〔一三八二、一五〕

仲春紀【編者按：「叢」字に注す】

【正文】周厲王虐民、……〔一三八二、一七〕

『〈國語〉周語上』、『〈史記〉周本紀』。

【正文】王使衞巫監謗者〔一三八二、一七〕

「巫」、事神能先知。如「〔先識覽〕知接」篇「常之巫」事可見。

【正文】川壅而潰、敗人必多〔一三八二、九〕

『〔左傳〕襄三十一年』子產之言可幷考。【編者按：『左傳』襄公三十一年に、子產の言葉として「猶防川。大決所犯、傷人必多」とある】

【正文】是故天子聽政、使公卿列士正諫、好學博聞獻詩、矇箴師誦、庶人傳語、近臣盡規、親戚補察、而後上斟酌焉〔一三八二、一〇～一一〕

襄十四年（二十五背）【編者按：『左傳』襄公十四年に「自王以下、各有父兄子弟、以補察其姓政。史爲書、瞽爲詩、工誦箴諫、大夫規誨、庶人謗、商旅于市、百工獻藝」とある】

【正文】親戚補察〔一三八二、一一〕

「察」當作削。音之誤也。『荀子・臣道』篇「事暴君者、有補削無撟拂」。劉向『新序・雜四』「叔向〔對〕曰、管仲善制割、隰朋善削縫、賓胥無善純緣」云云。

【正文】管仲觴桓公、日暮矣。桓公樂之而徵燭。管仲曰、臣卜其晝、未卜其夜。君可以出矣〔一三八三、二～三〕

『左傳・莊公二十二年』田敬仲奔齊、桓公「使爲工正、飲桓公酒、樂、公曰、以火繼之。辭曰、臣卜其晝、未卜其夜、不敢。君子曰、酒以成禮、不繼以淫、義也。以君成禮、弗繼《ママ》於淫、仁也」。【編者按：「繼」は「納」字の誤記】

【正文】仲父年老矣〔一三八三、三〕

按管仲稱敬仲、田完亦稱敬仲。此蓋相涉誤已。

【正文】寡人與仲父爲樂將幾之〔一三八三、三〕

「幾之」猶幾何也。

【正文】老而懈則無名〔一三八三、四～五〕

「無名」、有初無終、幷從來令名失之也。

【正文】伸志行理、貴樂弗爲變、以事其主〔一三八三、六～七〕

『〔戰國策〕齊威王策』鄒忌徐公事可幷按。【編者按：齊策一・鄒忌脩八尺有餘】

【正文】列精子高聽行乎齊湣王〔一三八三、八〕

言聽道行〔言聽かれ道行はる〕。【編者按：「聽行」についていう】

術【編者按：「行」字を訂す。朱筆】

【正文】善衣東布衣・白縞冠・顙推之履〔一三八三、八〕

「〔離俗覽〕離俗」篇（三背）。
「纇推之履」、雖義未詳、必是美麗之稱。「離俗」篇「東布之衣、新素履」可以證。
【正文】特會朝雨袪步堂下〔一三八三、八〕
將【編者按：「特」字を訂す】
「袪」下疑脫衣字。「〔恃君覽〕知分」篇有「攘臂袪衣」之文。
【正文】粲然惡丈夫之狀也〔一三八三、九～一〇〕
明白貌。【編者按：「粲然」に注す】
【正文】又況於所聽行乎萬乘之主、人之阿之亦甚矣〔一三八三、一〇～一一〕
『新序・雜五』宋昭《ママ》王事可幷按。【編者按：「宋」は「秦」字の誤記】
【高注】萬乘之主、謂齊王。
之【編者按：「齊」字に注す】
人【編者按：「王」字に注す】
【正文】其殘亡無日矣〔一三八三、一一〕
滅。「〔仲春紀〕當染」篇（十面）。【編者按：「殘」字に注す】

【正文】孰當可而鏡〔一三八三、一一〕
以【編者按：「而」字を訂す。朱筆】
【正文】惡士之明己也〔一三八三、一二〕
【高注】鏡明見人之首、而人不推鏡破之、而扢以玄錫、靡以白旃、是說鏡之明己也。士有明己者、陳己之短、欲令長之、以除其病、而不德之、反欲殺之、是惡士之明己也。
「推」疑椎。【編者按：「推」は版本の誤刻。「椎」字が正しい】
「扢」・扢同音、蓋磨也。又音骨。蓋同。
磨同。【編者按：「靡」字に注す】
【正文】厥也愛我、鐸也不愛我〔一三八三、一四〕
【高注】厥、趙厥、趙簡子家臣也。鐸、尹鐸、亦家臣也。
『說苑・臣術』（十三面）作「尹綽・赦厥」。
【正文】敦顏而土色者忍醜〔一三八四、一〕
【高注】敦、厚也。土色、黃色也。土爲四時五行之主、多所戴受、故能辱忍醜也。指簡子之色也。
「辱忍」當易地。『說苑・建本』篇「趙簡子以襄子爲後、董安于曰、無恤不才、今以爲後、何也。簡子曰、是其人能爲社稷忍辱」云云。

行論

【正文】事讎以求存〔一三九八、二〕

「事讎」卽下「舜殛鯀、禹不敢怨、而反事之」是也。又若魯桓公爲齊所殺、而莊公事之。

【正文】指於國〔一三九八、三〕

「指」、指斥也。「〈孟夏紀〉尊師」篇「高何・縣子石、齊國之暴者也、指於鄉曲」、注「其暴虐爲鄉曲人所斥也」。

【正文】堯以天下讓舜〔一三九八、四〕

外儲右上【編者按：『韓非子』外儲說右上に「堯欲傳天下於舜、鯀諫曰……」とある】

【正文】得天之道者爲帝、得地之道者爲三公〔一三九八、四〕

『說苑・修文』（三背）【編者按：『說苑』修文に「知天道者冠鉥、知地道者履蹻」とある】

【正文】以堯爲失論〔一三九八、五〕

「論」、「論人」之論。季春紀有「論人」篇。又「〈季春紀〉先己」篇「欲論人者必先自論、欲知人者必先自知」。

【正文】副之以吳刀〔一三九八、七〕

「副」、普逼切、剖也。

【正文】以禮諸侯於廟〔一三九八、九〕

「禮諸侯於廟」、以梅伯之醢、鬼侯之脯、召諸侯。行饗禮於廟也。

「〈愼行論〉求人」篇「堯傳天下於舜、禮之諸侯、妻以二女」云云。

【正文】君雖不惠、臣敢不事君乎〔一三九九、一～二〕

『家語・弟子行』「君雖不量於其身、臣不可以不忠於其君」云云、蓋晏平仲之行也。又『孝經』孔序。【編者按：『古文孝經孔氏傳』序に「君雖不君、臣不可以不臣」とある】

【正文】客而謝焉〔一三九九、九〕

「客」當作國。

「國」字亦有客音、故誤。螻蟈之蟈等可以見。【編者按：「蟈」の音はカク】

【正文】左右官實〔一三九九、一一〕
「〔愼大覽〕下賢」篇（十面）「魏文侯」云云「汝欲官則相位、欲祿則上卿、既受吾實、又責吾禮、無乃難乎」、注「實猶爵祿也」。
宦或人。【編者按：「實」字を訂す】
【正文】因令使者進報〔一三九九、一一〕
「令使者進報」、使燕使者進報燕王之命也。
【正文】此濟上之所以敗、齊國以虚也、七十城〔一三九九、一三〕
當爲「此濟上之敗、所以齊國以虚七十城也」。
「虚」音墟。
【正文】微田單固幾不及〔一三九九、一三〕
「及」疑當爲免。
【正文】湣王以大齊驕而殘〔一三九九、一三～一四〕
滅【編者按：「殘」字に注す。恃君覽・達鬱に「其殘亡無日矣」とあり、『呂氏一適』はやはり「殘、滅」という】
【正文】楚莊王使文無畏於齊……〔一四〇〇、一〕
『〔左傳〕宣十四年』
【正文】楚之會田也、故鞭君之僕於孟諸〔一四〇〇、二〕
『〔左傳〕文六年《ママ》』【編者按：「六」は「十」字の誤記】
【正文】殺文無畏於揚梁之隄〔一四〇〇、三〕
『〔左傳〕宣十四年』
【正文】莊王方削袂〔一四〇〇、三〕
「方削袂」、莊王爾時、偶當削縫其袂破綻也。故下云「投袂而起」。『左傳』刪「削袂」二字。故「投袂」二字、雖杜預解不得。『新序・雜四』「叔向〔對〕曰、管仲善制割、隰朋善削縫、賓胥無善純緣」。【編者按：『左傳』宣公十四年に「楚子聞之、投袂而起」とあり、杜預注に「投、振也。袂、袖也」という】
【正文】車及之蒲疏之市〔一四〇〇、四〕
「及之」、『左氏』作及於。
【正文】委服告病〔一四〇〇、五〕
「委服」、扶服也。與匍匐同。
【正文】情矣宋公之言也〔一四〇〇、六〕
「情」、情實也。『詩〔邶風・雄雉〕』「展矣君子」、與情音通。
【正文】舍於盧門之闔〔一四〇〇、六〕
外【編者按：「闔」字を訂す】

閭【編者按：「闔」字を訂す】
期賢【編者按：「闔」字に注す。開春論・期賢に「魏文侯過段干木之閭」とある】
【正文】宋公服以病告而還師〔一四〇〇、八〕
「服」上當補委字。
【正文】夫舍諸侯於漢陽而飲至者〔一四〇〇、九〕
「舍」疑會。
皆【編者按：「飲」字を訂す。朱筆】
【正文】彊不足以成此也〔一四〇〇、九～一〇〕
【高注】『傳』曰、彊而不義、其弊必速。唯義以濟、故曰「彊不足以成」也。
斃【編者按：「弊」字を訂す】

驕恣

【正文】輕物則無備〔一四一三、二～三〕
【高注】傳曰、無備而官猶拾潘也。此之謂也。
『左・哀三年』（九背）「官」下有「辧者」二字。【編者按：「傳」に注す】
淅米汁也。【編者按：「潘」字に注す。『説文』巻十一・水部に「潘、淅米汁也」とある】
瀋【編者按：「潘」字についていう。『左傳』は「瀋」に作る】
【正文】晉厲公侈淫……〔一四一三、五〕
『（左傳）成十六《ママ》年』【編者按：「六」は「七」字の誤記】
【正文】魏武侯謀事而當……〔一四一三、一〇〕
『荀子・堯問』、『新序・雜一』。
「君子」篇（五面）可考。【編者按：「君守篇」の誤記。審分覽・君守の『呂氏一適』に「『荀子・堯問』及『新序・雜一』魏武侯謀事而當云云、可引正」とあって、この箇所と一致する】
【正文】仲虺有言、不穀説之〔一四一三、一二〕
『（左傳）定元年』「仲虺居薛、以爲湯左相」。
【高注】仲虺、湯左相也。不穀、自謂也。
注「自」上當補「莊王」二字。
【正文】曰、此霸王之所憂也〔一四一四、二〕
「曰」字可疑。疑依下行而衍。【編者按：後文に「武侯曰、善」とある】

【正文】齊宣王爲太室、大益百畝……〔一四一四、五〕

『新序・刺奢』「益」作蓋、是。下同。

【正文】荊王釋先王之禮樂而樂爲輕〔一四一四、六〕

『新序』作「爲淫樂」、可從。或云、「樂」「輕」當易地。【編者按：「樂爲輕」についていう】

【正文】賢臣以千數而莫敢諫〔一四一四、七〕

「賢」疑當爲群。

【正文】莫敢諫若〔一四一四、一一〜一二〕

助語。【編者按：「若」字に注す】

【正文】失國之主、多如宣王。然患在乎無春居〔一四一四、一三〕

「然」屬上句。【編者按：「失國之主、多如宣王然〈國を失ふの主、多くは宣王の如く然り〉」と読むということ】

【正文】不可不愼〔一四一四、一四〕

『治要』有也字。【編者按：『羣書治要』巻三十九・呂氏春秋にここの引用はない。後文に「而欒徼未嘗進一人也」とあり、『治要』引は「而欒徼未嘗進一人」と「也」字を缺く。書き込むところを間違えたのかもしれない】

【正文】趙簡子沈鸞徼於河……〔一四一四、一五〕

『說苑・君道』「鸞徼」作「欒激」。『韓非子・說林』及『說苑・權謀』載中行文子事。可幷攷。

【正文】是長吾過而絀善也〔一四一五、二〕

吾〈『治要』〉【編者按：「絀」字の下に補う。『羣書治要』巻三十九は「是長吾過而絀吾善也」に作る】

【正文】此三代之盛教〔一四一五、三〕

「〈離俗覧〉上徳」篇〈引〉。上徳〈〈巻〉十九〉。

也〈『治要』〉【編者按：「教」字の下に補う】

観表

『中庸』「至誠之道、可以前知」章。

【正文】觀事傳〔一四二一、二〕

「〈季秋紀〉順民」篇「湯達乎鬼神之化、人事之傳也」、「〈孝行覧〉必己」篇「若夫萬物之情・人倫之傳則不然」。

【正文】地爲大矣、而水泉草木毛羽裸鱗未嘗息也〔一四二一

一、三〕
季夏紀「中央土」云云、可幷看。
【正文】故聖人於事志焉〔一四二二、二〕
識【編者按：「志」字に注す】
【正文】先知必審徵表〔一四二二、三〕
「〔恃君覽〕召類」篇「文者愛之徵也、武者惡之徵《ママ》也」。
【正文】聖人則不可以飄矣〔一四二二、四〕
【編者按：下の「徵」は「表」字の誤記】
『史記・蔡澤傳〔范雎蔡澤列傳〕』唐擧曰「吾聞、聖人不相、殆先生乎」。
表【編者按：「飄」字を訂す】
標【編者按：「飄」字を訂す】
【正文】郈成子爲魯聘於晉、過衞〔一四二二、六〕
『孔叢子・陳志《ママ》義』（十四面）
【正文】鼂者右宰穀臣之觴吾子也甚歡〔一四二二、七〕
夫【編者按：「吾」字を訂す。朱筆】
【正文】今侯渫過而弗辭〔一四二二、七～八〕
何【編者按：「侯」字を訂す。朱筆】
爲【編者按：「渫」字を訂す。朱筆】

『孔叢子』無「侯渫」之二字。「辭」下有「何也」二字。【編者按：『孔叢子』陳士義は「今過而不辭、何也」に作る】
【正文】郈成子曰、夫止而觴我、……〔一四二二、八〕
『左・哀十一年』（三十一面及背）「吳將伐齊、越子率其衆以朝焉、王及列士、皆有饋賂、吳人皆喜、唯子胥懼曰、是豢吳也夫、諫曰、越在我、心腹之疾也、壤地同而有欲於我、夫其柔服、求濟其欲也、不如早從事焉、得志於齊、猶獲石田也、無所用之、越不爲沼、吳其泯矣、使醫除疾、而曰必遺類焉者、未之有也、盤庚之誥曰、其有顚越不共、則劓殄無遺育、無俾易種于茲《ママ》新邑、是商所以興也、今君易之、將以求大、不亦難乎、弗聽、使於齊、屬其子於鮑氏、爲王孫氏、反役、王聞之、使賜之屬鏤以死、將死、曰、樹吾墓檟、檟可材也、吳其亡乎、三年、其始弱矣、盈必毀、天之道也」。雖事異意同。（常興）
【正文】送之我以璧〔一四二二、八〕
「之」・於通用。
【正文】寄之我也〔一四二二、九〕

「寄」、「可寄百里之命」之寄。
以可託六尺之孤、以可寄百里之命。【編者按：『論語』泰伯に見える。「寄」字に注す】
［正文］甯喜之難作、右宰穀臣死之〔一四二二、九～一〇〕
『〔左傳〕襄二十七年』「殺甯喜及右宰穀、尸諸朝」。
［高注］甯喜、衞大夫甯惠子殖之子悼子也。惠子與孫林父共逐獻公出之。惠子疾、臨終、謂悼子曰……君入則掩君君《ママ》能掩則吾子也。
『〔左傳〕襄二十年』
之若【編者按：「君君」を訂す。朱筆】
［正文］三擧而歸〔一四二二、一〇〕
「擧」、「擧哀」之擧。【編者按：『東觀漢記』傳十一・陳龜に「陳龜爲五原太守、後卒、西域胡夷、幷・涼民庶、咸爲擧哀、弔祭其墓」とある】
『史記・自序傳』「擧音不盡其哀」云云。
『漢・文帝紀』「遺詔曰」云云「毋發人男女哭臨宮殿。宮殿中當臨者、皆以旦夕各十五擧聲」。【編者按：現行『漢書』文帝紀（『武英殿二十四史』本）は「無發民哭臨宮殿中。殿中當臨者、皆以旦夕各十五擧音」に作る】

［正文］夫智可以微謀、仁可以託財者、其郈成子之謂乎〔一四二二、一一～一二〕
『大學』「仁者以財發身、不仁者以身發財」。（引）一考本作「謀微」。【編者按：「微謀」に注す】
［正文］吳起治西河之外、王錯譖之於魏武侯、武侯使人召之。……〔一四二二、一三〕
已見「重《ママ》見」篇。（重山）【編者按：仲冬紀・長見に「吳起治西河之外、王錯譖之於魏武侯、武侯使人召之。……」とある】
［正文］吳起至於岸門〔一四二二、一三〕
「岸門」、注見『〔史記〕秦本紀』。【編者按：『史記正義』に「『括地志』云、岸門在許州長社縣西北二十八里、今名西武亭」とある】
［正文］吳起雪泣而應之〔一四二二、一五〕
「雪」讀爲刷。
［正文］寒風是相口齒〔一四二三、四〕
「是」、一作氏。
［正文］衞忌相髭〔一四二三、四〕
「髭」字、『字彙』不載。或云、髭字之譌。未穩。【編

者按：髭は版本の誤刻。「髭」字が正しい】

［正文］許鄙相朊［一四二三、四～五］

「朊」與尻同。苦高切。穹去弓切呼爲吳音。音相近。

［正文］管青相膹肳［一四二三、五］

「膹」疑當爲噴。「膹」、音憤、肉羹。噴、音歕、去聲、鼓鼻也、嚏也、噀也。「肳」與吻同。

『韓子・顯學』（十六面）【編者按：「肳」字に注す。『韓非子』顯學に「發齒吻形容」とある】

［正文］非意之也［一四二三、八］

「意」讀爲億、與臆同。

［正文］綠圖幡薄［一四二三、八］

「綠」、蓋與籙同。「薄」疑當爲帛。

『〔史記〕始皇本紀』三十二年「盧生使入海還、以鬼神事、因秦《ママ》錄圖書、曰、亡秦者胡也」。由此觀之、此時已有讖諱之學。【編者按：上の「秦」は「奏」の誤記】

巻之二十一　開春論

開春

『楚辭・九章・思美人』「開春發歳兮、白日出之悠悠」。

『楚辭』發首

詠懐十七首〔『文選』巻二十三・詩丙〕「開秋兆涼氣、蟋蟀鳴牀帷」。

【正文】共伯和修其行、好賢仁、而海内皆以來爲稽矣〔一四三五、三～四〕

『〔史記〕周本紀』「厲王出奔於彘」云云「召公・周公二相行政、號曰共和」云云、注有異説、可攷。注引魯連子曰「共伯名和、好行仁義、諸侯賢之。周厲王無道、國人作難、王犇于彘、諸侯奉和以行天子事、號曰共和元年」。『汲冢紀年』「厲王十二年、王在彘、共伯和攝行天子事。二十六年、大旱、王陟于彘。周定公・召穆公、立太子靖爲王。共伯和歸其國、遂大雨」。

『〔孟子〕盡心下』「孟子曰、不信仁賢、則國空虚」云云。

「仁」疑當作人。『莊子』譲王『釋文』引此文作「好賢人」。

「稽」、考也。『荀子・宥坐』（五面）。【編者按：宥坐篇に「稽首」の語はあるが、「考」の意味はない。非相篇に「則必稽焉」とあり、こちらと取り違えたか】

【高注】皆以來附爲稽遅也。

稽首之稽。

【正文】周厲之難、天子曠絶〔一四三五、四〕

【高注】周無天子十一年、故曰「曠絶」也。

「十一年」、按『〔史記〕周本紀』當作十四年。本紀云「厲王出奔於彘」云云「共和十四年、厲王死于彘。二相立大子靜爲王、是爲宣王」。『汲冢紀年』年數亦同。

【正文】而天下皆來謂矣〔一四三五、四〕

【高注】請天子也。

「謂」、依注當作請。

【正文】以此言物之相應也〔一四三五、四〕【編者按：「以」字を朱筆で圍み、衍字であることを示す】

【正文】故曰行也成也〔一四三五、五〕

誠【編者按：「成」字を訂す】

【正文】魏惠王死……〔一四三五、六〕

『戰國・魏襄王策』【編者按：魏策二・魏惠王死】

【正文】魏惠王死、葬有日矣。天大雨雪、至於牛目〔一四三五、六〕

『宣八年・經』「冬十月己丑、葬我小君敬嬴、雨不克葬。庚寅、日中而克葬」。『左傳』曰「雨不克葬、禮也。禮、卜葬先遠日、辟不懷也」。『正義』曰「曲禮云、〔凡〕卜筮日、旬之外曰遠某日、旬之内曰近某日。喪事先遠日、吉事先近日。鄭玄云、喪事、葬與練祥也。吉事、祭祀冠取《ママ》之屬也。然則先近日、先卜上旬、不吉、卜次旬、又不吉、卜下旬。喪事則先卜下旬、卜葬先卜遠日、辟不思念其親、似欲汲汲而早葬之也。今若冒雨而葬、亦是不思其親、欲得早葬、故〔擧〕卜葬先遠日、以證爲雨而止、禮也。王制云、庶人葬、不爲雨止者、鄭玄云、雖雨猶葬、禮儀少也」。『定十五年・經』「丁巳、葬我君定公。雨不克葬。戊午日下昃、乃克葬」。『左傳』曰「葬定公。雨不克襄事、禮也」、杜注「雨而成事、若汲汲於欲葬」。『正義』曰「『穀梁』以爲「葬不爲雨止、禮也。雨不克葬、喪不以制也」。非『左氏』意」。【編者按：「先」は「遠」字の誤記】

【正文】葬於渦山之尾〔一四三六、一〕

『國策』「渦」作楚。

【正文】欒水齧其墓、見棺之前和〔一四三六、一〕

【高注】棺頭曰和。

「欒水」、『戰國策』欒水名也。

『文選・謝惠連・祭古冢文』〔巻六十〕「以木爲槨、中有二棺、正方、兩頭無和」、李注引此文及注、「棺頭」作棺題。

【正文】今葬有日矣、～願太子易日〔一四三六、三～四〕

『宣八年・經』「冬十月己丑、葬我小君敬嬴、雨不克葬。庚寅、日中而克葬」。定十五年『經』『傳』『正義』可抃攻《ママ》。

【正文】太子爲及日之故〔一四三六、三〕
「及日」言及葬期之日也。

【正文】弛期而更爲日〔一四三六、四～五〕
『國策』注「爲猶撰也」。【編者按：「爲」字に注す】

【正文】惠子不徒行說也〔一四三六、六〕
『國策』「行」下有其字。

【正文】而因有說文王之義〔一四三六、六〕
『國策』〔鮑本〕「因有」作又因、無「說文王之義」五字。【編者按：後說は版本の誤脫に基づくであろう】
『國策』作「而說因」。【編者按：「而因有說」に注す】

【正文】封人子高〔一四三六、九〕
『〔左傳〕隱公〔元年〕』「潁考叔、爲潁谷封人」、杜注「封人、典封疆者」。義詳『正義』可攷。

【正文】說之行若此其精也〔一四三六、一三〕
襄二十一年【編者按：誤記であろう】

【正文】叔嚮之弟羊舌虎善欒盈……〔一四三六、一四〕
『〔左傳〕襄二十一年』、『說苑・善謀《ママ》』（十二面）【編者按：「謀」は「說」字の誤記】

【正文】叔嚮爲之奴而朡〔一四三六、一四〕
『說苑』「而朡」作旣而。
「朡」、音宗。疑當作囚。音之誤也。『左傳〔襄公二十一年〕』云云「囚伯華・叔向・籍偃」是也。

【正文】祈奚曰……〔一四三六、一四～一五〕
「祈」當作祁。『左傳』作祁。「〔孟春紀〕去私」篇作祁黃羊。

【正文】往見范宣子而說也〔一四三六、一五～一四三七、一〕
『說苑』「也」作之。

【正文】善爲國者、賞不過而刑不慢。～毋過而刑君子〔一四三七、一～二〕
襄二十六年（九面）【編者按：『左傳』襄公二十六年に「善爲國者、賞不僭而刑不濫。賞僭、則懼及淫人、刑濫、則懼及善人。若不幸而過、寧僭無濫。與其失善、寧其利淫」とある】
『荀子・致仕《ママ》』篇【編者按：『荀子』致士に「賞不欲僭、刑不欲濫。賞僭則利及小人、刑濫則害及君子。若不幸而過、寧僭勿濫。與其害善、不若利淫」とある】

『〔尚書〕大禹謨』「帝德罔愆、臨下以簡、御衆以寬。罰弗及嗣、賞延于世。宥過無大刑。故無小罪。疑惟輕功、疑惟重。與其殺不辜、寧失不經。好生之德、洽于民心、茲用不犯于有司」。

【正文】殛鮌於虞而用禹〔一四三七、二〕

『說苑』作「羽山」二字。【編者按：「虞」字に注す】

【正文】戮管・蔡而相周公〔一四三七、三〕

『〔孟子〕公孫丑下』「周公、弟也。管叔、兄也。周公之過、不亦宜乎」。『〔史記〕菅《ママ》蔡世家』「武王同母兄弟十人。長子曰伯邑考、次曰武王發、次曰管叔鮮、次曰周公旦、次曰蔡叔度」云云。

『〔左傳〕昭元年』〔十二面〕、子大叔曰「周公殺管叔而蔡〔放也〕蔡叔」。定四年「祝佗」云云。

察賢

【正文】今有良醫於此〔一四五一、二〕

『周禮・天官』「醫師。十全爲上、十失一次之、〔十失二次之、〕十失三次之、十失四爲下」。

「毉兵」連言〔蕩兵〕【編者按：孟秋紀・蕩兵に「得良藥則活人、得惡藥則殺人。義兵之爲天下良藥也亦大矣」とある】

【正文】今夫寒者〔一四五一、三〕

署【編者按：「者」を訂す。朱筆】

【正文】勇力時日〔一四五一、三〕

「勇」疑良。

【正文】卜筮〔一四五一、三〕

「盡數」篇

【正文】禮段干木〔一四五一、四〕

【高注】禮、式其閭也。

「式其閭也」當作「若式其閭」是也。

見下「期賢」篇。

【正文】執其要而已矣〔一四五一、五〕

【高注】要、謂師賢友敬有德。【編者按：他の刊本の高誘注は「要、謂師賢友明、敬有德而已也」に作る】

有道【編者按：「敬有德」に注す。朱筆】

【正文】堯之容若委衣裘〔一四五一、六〕

『韓詩』九「君子之居也、綏如安裘、晏如覆杅」云云。

『〔漢書〕賈誼傳』「上疏」云云「天下咸知陛下之義。臥赤子天下之上而安、植遺腹、朝委裘、而天下不亂」。

『韓詩外傳』【編者按：「若委衣裘」に注す】

【正文】宓子賤治單父……〔一四五二、一〕

『說苑・政理』

【正文】百官以治義矣〔一四五二、三～四〕

「義」疑當爲理。不爾、衍文。

【正文】弊生事精〔一四五二、四〕

「事」猶役也。

「禁塞」篇

期賢

【正文】今夫爚蟬者〔一四五七、二〕

『荀子・致仕《ママ》』篇「爚」作「曜」。【編者按：『荀子』致士に「夫耀蟬者」とある】

又『淮南・說山訓』。【編者按：『淮南子』說山訓に「耀蟬者務在明其火」とある】

【正文】趙簡子晝居〔一四五七、五〕

間居也。【編者按：「居」字に注す】

【正文】十人者其言不義也〔一四五七、七〕

「其」當爲共。

【正文】衞以十人者按趙之兵〔一四五七、八〕

「按」讀爲遏。

【正文】魏文侯過段干木之閭而軾之、……〔一四五七、一〇〕

『新序・雜五』、『淮南・修務訓』。

【正文】時往館之〔一四五七、一三〕

『家語・儒行解』「孔子既至舍、哀公館焉」、注「就孔子舍」。

【正文】司馬唐〔一四五八、二〕

『新序』作司馬唐且。

【正文】按兵輟不敢攻之〔一四五八、三〕

『荀子・君道』（六背《ママ》）、『新序・雜四』（二背《ママ》）。【編者按：「輟」字に注す。『荀子』君道に「不爲少頃輟焉」とあり、『新序』雜事四に「〔晉〕文公以輟田而歸」とある。なお、「六」は「五」の誤記。また「二」は「十二」の誤記】

【正文】扶傷輿死〔一四五八、五〕

「輿死」之死當作屍。『〔易經〕師卦』「六三。師或輿尸、凶」（或云、死・屍通用）。『〔漢書〕陳湯傳』（傳常鄭甘陳段傳〕「漢遣使三輩、至康居、求谷吉等死」、師古曰「死、尸也」。余疑彼死亦當作屍。師古誤字生義耳。

【正文】履腸涉血 〔一四五八、五〕

考具「〔孟冬紀〕節喪」篇。

【正文】其死者量於澤矣 〔一四五八、五～六〕

『荀子・富國』篇「葷菜百疏以澤量」、『淮南・氾論訓』「秦之時」云云「道路死人以溝量」亦同義。

『莊子・人間世』「死者以國量乎澤、若蕉」。

審爲

【正文】刈頸斷頭 〔一四六三、四〕

「〔愼大覽〕順說」篇「刈人之頸、刳人之腹」云云。

『〔左傳〕哀二年』「簡子曰、范中《ママ》・中行氏反易天明、斬艾百姓」。【編者按：「中」は「氏」字の誤記】

「刈」、斬刈也。『家語・六本』「斬刈黎民、如草芥焉」。

『〔史記〕項羽本紀』項王曰「斬將刈旗、令諸君知天亡我、非戰之罪也」。

【正文】太王亶父居邠…… 〔一四六三、五〕

『〔淮南子〕道應訓』、『家語・好生』。

【正文】皆勉處矣 〔一四六四、一～二〕

「〔審應覽〕具備」（二十背）【編者按：「勉」字に注す】

【正文】且吾聞之、不以所以養害所養 〔一四六四、二〕

依『家語』「聞之」下疑脫「君子」二字。【編者按：『孔子家語』好生に「吾聞之、君子不以所養而害人」とある】

【正文】韓、魏相與爭侵地。…… 〔一四六四、六〕

『莊子・讓王』

【正文】左手攫之則右手廢、右手攫之則左手廢 〔一四六四、七〕

『淮南・精神訓』「使之左手《ママ》據天下圖、而右手刎其喉、愚夫不爲」。「陸機・演連珠」（『文選』卷五十五）注引文字《ママ》。【編者按：『淮南子』精神訓に「使之左據天下圖」とあり、『文選』李善注に「文子曰、左手據天下之圖、而右手刎其喉、愚者不爲、身貴乎天下也」とある】

『韓子・内儲說上』（十一背）【編者按：『韓非子』功名に

「右手畫圓、左手畫方、不能兩成」とある】

【正文】君將攫之乎。亡其不與〔一四六四、八〕

「亡」字疑衍。下「愛類」篇「匡章曰、公取之代乎、其不與」、同句法。

【正文】君固愁身傷生以憂之臧不得也〔一四六四、一〇〕

上云「危身傷生」。心可言愁、身不可言愁。「〈開春論〉察賢」篇云「苦形愁慮」。【編者按：「愁身」に注す】

「幾（ホトンド）」【編者按：「臧」に注す】

【高注】臧、近也。

依『莊子』、「憂之臧」無「之」字、「臧」作戚、可從。【編者按：『莊子』讓王に「君固愁身傷生以憂戚不得也」とある】

再按、注「臧、近也」、「臧」、高誘時本似作幾。以字似、遂幷注而誤。

【正文】中山公子牟謂詹子曰、……〔一四六四、一二〕

『莊子・讓王』、『〈淮南子〉道應訓』。

【正文】心居乎魏闕之下〔一四六四、一二〕

『淮南・俶眞訓』（六面）【編者按：『淮南子』俶眞訓に「神游魏闕之下」とある】

【高注】一說、魏闕、象魏也。

『周禮〈天官冢宰〉大宰』（二十二葉）「正月之吉、始和布治于邦國都鄙、乃縣治象之法于象魏、使萬民觀治象、挾日而斂之」。又『左・哀三年』（九面）「司鐸火、火踰公宮、桓・僖災」云云「季桓子至、御公立于象魏之外」云云「命藏象魏曰、舊章不可亡也」。

【正文】無壽類矣〔一四六四、一四～一五〕

「類」、遺類・噍類之類。「〈孟冬紀〉安死」篇「此言不知鄰類也」。

「〈仲春紀〉情欲」篇「天地不能兩、而況於人類乎」。

「〈仲春紀〉當類《ママ》」篇「宗廟不血食、絕其後類」。

下篇「愛類」之類。【編者按：「類」字に注す】

愛類

【正文】士有當年而不耕者〔一四七二、三～四〕

「當年」猶當時也。言其年當可耕之時不失期會也。

年穀之年。【編者按：「年」字に注す】

【正文】故身親耕〔一四七二、四〕

「上農」篇【編者按：士容論・上農に「天子親率諸侯耕帝籍田」とある】
【正文】公輸般爲高雲梯、……［一四七三、五］
『墨子・公輸』篇、『淮南子・修務訓』。
【正文】必得宋乃攻之乎［一四七三、七］
依『淮南子』、「必」下脱計《ママ》字。【編者按：『淮南子』修務訓に「計必得宋而後攻之乎」とある】
【正文】亡其不得宋且不義猶攻之乎［一四七三、七］
「亡」當作忘、而「亡」下有脱文。『淮南子』作「忘《ママ》其苦衆勞民、頓兵剉鋭、負天下以不義之名、而不得咫尺之地、猶且攻之乎」。【編者按：「忘」は「亡」字の誤記】
上七面。【編者按：「亡」字に注す。開春論・審爲「君將攫之乎。亡其不與」の條を參照】
【正文】聖王通士不出於利民者無有［一四七三、一二］
「無有」猶言未曾之有也。
【正文】河出孟門、大溢逆流［一四七三、一二～一三］
【高注】昔龍門・呂梁未通、河水瀦《ママ》積、其深乃出於孟門山之上。大溢逆流、無有涯畔也。
「深」卽淵字。避唐高祖諱也。
【正文】盡皆滅之［一四七三、一三］
【高注】滅、没也。
「滅」「没」古字通用。『〔國語〕晉語九』（五面）「闇没」、字明。是坏滅・明二字、爲名字。以可以證。
【編者按：『國語』韋昭注に「闇没、闇明」とある】
【正文】名曰鴻水［一四七三、一三］
潁案、『孟子・告子下』「洚水」引。【編者按：『孟子』告子下に「水逆行、謂之洚水。洚水者、洪水也、仁人之所惡也」とある】
【正文】爲彭蠡之障［一四七三、一四］
【高注】彭蠡澤在豫章。隄防也。
障【編者按：「隄」を訂す。朱筆】
【正文】公之學去尊［一四七四、一］
上「審爲」篇「尊生」之尊。【編者按：「尊」字に注す】
【正文】今又王齊王、何其到也［一四七四、一］
「到」讀爲倒。
「〔愼大覽〕察今」篇「天下之學者多辨《ママ》言、辭倒不求其實」。

『韓子・難三』（初背）「穆公獨貴之、不亦倒乎」。

【高注】今王事齊王、居其尊位。【編者按：「事」字を朱で圍み、衍字であることを示す】

貴卒

【正文】得之同則遬爲上、勝之同則淫爲下〔一四八三、二〕
「〈士容論〉辨《ママ》土」篇「莖生有行、故遬長」、注「遬、長《ママ》也」。【編者按：「辨」は「辯」字の、「長」は「疾」字の誤記】
『荀子・議兵』篇「輕利僄遬、卒如飄風」、楊倞云「遬、與速同」。
「淫」當作溼、與濕同。注同。
『荀子・修身』篇「卑溼・重遲・貪利、則抗之以高志」、楊倞云云。【編者按：楊倞注に「卑溼、謂過謙恭而無禮者。……或曰、卑溼、亦謂遲緩也。言遲緩之人如有卑溼之疾、不能運動也」とある】
【正文】所爲貴驥者、爲其一日千里也〔一四八三、二～三〕
『新序・雜二』「鄒忌以皷琴見齊宣王」章可幷見。【編者按：『新序』雜事二に「所以貴騏驥者、爲其立至也」とある】
【正文】所爲貴鏃矢者、爲其應聲而至〔一四八三、三〕
『〈戰國策〉齊宣王策』「疾如錐矢」、注「錐、鋭也」。『呂氏春秋』所貴錐矢者、爲其應聲而至」。【編者按：齊策一・蘇秦爲趙合從說齊宣王】
【正文】吳起謂荊王曰……〔一四八三、五〕
「〈審分覽〉執一」篇可幷見。
『史記・吳起傳』
【正文】令貴人往實廣虛之地〔一四八三、六〕
「廣」讀爲曠。
【正文】群臣亂王吳起死矣〔一四八三、八〕
「群臣亂」絕句。【編者按：「荊王死、……貴人相與射吳起。吳起……拔矢而走、伏尸插矢而疾言曰、群臣亂、王・吳起死矣」と讀むということ】
【正文】齊襄公卽位、……〔一四八三、一〇〕
『〈左傳〉莊八年』、『新序・雜五』、『列子・力命』。
【正文】管仲扜弓射公子小白〔一四八三、一一～一二〕
「〈貴直論〉壅塞」篇「扜弓而射之」、注「扜、引也」。

「投人也」下脫文。

『韓子・說林下』「惠子曰、羿執鞅持扞、操弓關機、越人爭爲持的。弱子扞弓、慈母入室閉戶」。『山海經・大荒南經』「有蜮山者、有蜮民之國者《ママ》。桑姓、食黍、射蜮是食。有人方扜弓射黃蛇、名曰蜮〔人〕」、注「扜、挽也。音紆」。【編者按：「者」は衍字】

按、『山海經』「扜」宜爲扞。『正字通』〔卯集中・手部〕「扞、拒也。同捍」、「扜、音于。『說文』指麾也。又、持也」。

［正文］鮑叔御、公子小白僵〔一四八三、一二〕

使【編者按：「御」に注す。朱筆】

［高注］御猶使也。僵猶偃也。

「御」、御車也。「僵」、下注云「斃也」、爲死也。

［正文］以車投車〔一四八四、六〕

『〔左傳〕成十六年』「叔山冉搏人以投。中車折軾。晉師乃止」。

『〔左傳〕襄二十四年』「皆取冑於櫜而冑、入壘皆下、搏人以投、收禽挾囚。弗待而出」。皆謂晉張骼・輔躒及鄭宛射大也弗待而出者、射、大也。

［正文］以人投人也〔一四八四、六〕

巻之二十二　愼行論

愼行

【正文】雖悔無及〔一四九一、二〕
五子之歌【編者按：『尚書』五子之歌に「弗愼厥德、雖悔
可追」とある】
【正文】君子計行慮義〔一四九一、二〕
【高注】慮、度也。
乃利。【「義」字に注す。朱筆】
【正文】小人計行其利〔一四九一、二〕
慮【編者按：「其」字を訂す。朱筆】
【正文】則可與言理矣〔一四九一、三〕
利【編者按：「理」字を訂す。朱筆】
【正文】荊平王有臣曰費無極……〔一四九一、四〕
『〔左傳〕昭十九年』、『淮南・人間訓』。

【正文】晉之霸也、近於諸夏、而荊僻也〔一四九一、五〕【編者按：
楚語上（十一《ママ》背）、又『〔左傳〕昭十九年』。
「十一」は「十二」の誤記。『國語』楚語上に「靈王城……
問于范無宇曰、吾不服諸夏而獨事晉何也、唯晉近我遠也」
とあり、『左傳』昭公十九年に「費無極言於楚子曰、晉之伯
也、邇於諸夏。而楚辟陋」とある】
【正文】王說、使太子居於城父……〔一四九一、七〕
『〔左傳〕昭二十年』
【正文】且自以爲猶宋也〔一四九一、八～九〕
依『左傳』「宋」下脫鄭字。
【正文】左尹郄宛〔一四九一、一〇〕
『〔左傳〕昭二十七年』「左尹郤宛・工尹壽帥師至于
潛」云云。
【正文】令尹子常〔一四九一、一〇〕
【高注】子常、名囊瓦。令尹子臺《ママ》之孫。
『〔史記〕楚世家』「楚令尹子常誅無忌以說衆」、『正義』
曰「〔子常〕名瓦。『左傳』云瓦伐吳」。
『〔史記〕吳世家』「楚使子常囊瓦伐吳」。『正義』曰、
「『左傳』云「楚囊瓦爲令尹」、杜預曰「〔子〕囊之孫

子常」」。今按、昭二十三年「楚囊瓦爲令尹。城郢。沈尹戌曰、子常必亡郢」、杜云「囊瓦、子囊之孫、子常也」。
注「囊」字可削。瓦、子囊孫。以祖字爲氏。

【正文】郤宛欲飲令尹酒〔一四九一、一〇～一四九二、一〕
『〈左傳〉昭二十《ママ》年』、又『〈左傳〉定四年』。【編者按：「二十」は「二十七」の誤記】
『韓子・内儲說下』

【正文】因以爲酧〔一四九二、三〕
「酧」與酬同、酬幣也。
『〈詩經〉小雅・鹿鳴』小序・鄭注「飲之而有幣、酬幣也。食之而有幣、侑幣也」。

【正文】沈尹戌〔一四九二、五〕
【高注】沈尹戌、莊王之孫。沈諸梁・葉公子高之父也。
『〈左傳〉昭公十九年』杜注「沈尹戌、莊王之曾孫、葉公諸梁父也」。
又、『〈左傳〉昭二十七年』。

【正文】亡夫太子建〔一四九二、五～六〕
『左傳』「亡」作喪、無「夫」字。

【正文】崔杼與慶封謀殺齊莊公、……〔一四九二、九〕
『〈左傳〉襄二十五年』

【正文】慶封又欲殺崔杼而代之相、……〔一四九二、九～一〇〕
『〈左傳〉襄二十七年』

【正文】於是掾崔杼之子〔一四九二、一〇〕
「掾」當爲椽。〈按『韻會』掾・椽通用〉

【正文】崔杼之子相與私闀〔一四九二、一〇〕
【高注】闀、鬪也。
「闀」、拃注當作「閧」。『字彙』亦無「闀」字。按「闀」疑當爲鬩字。『〈國語〉周語中』「富辰〈諫〉曰、人有言曰「兄弟鬩於牆、外御其侮」。而雖鬩不敢親也」。
『〈孟子〉梁惠王下』「鄒與魯閧」、朱注「鬪聲也」。【編者按：『孟子集注』に「閧、鬥聲也」とある】
匣蟲切、音鴻。鬭也。【編者按：「闀」字に注す。『康熙字典』戌集上・門部「闀」に「『字彙補』匣蟲切、音鴻。鬭也。『呂氏春秋』崔杼之子、相與私闀」とある】

【正文】盧滿嫯〔一四九二、一一〕

『左傳』「滿婺」作蒲嫛。此疑誤。
『〔左傳〕成二年』「齊頃公之嬖人盧蒲就魁門焉」云云。
【正文】景公苦之〔一四九二、一二〜一三〕
「〔季秋紀〕順民」篇
【正文】慶封出獵、……〔一四九二、一三〕
『〔左傳〕襄二十八年』
【正文】荊靈王聞之、率諸侯以攻吳……〔一四九二、一四〕
『〔左傳〕昭四年』
【正文】圍朱方、拔之〔一四九二、一四〜一五〕
『史・高祖紀』「攻下邑、拔之」、『索隱』曰「范曄云、得城爲拔」。
【正文】弑其君而弱其孤〔一四九三、一〕
『〔戰國策〕秦昭襄王策』（三背）【編者按：「弱其孤」に注す。秦策三・范雎至秦に「此天所以幸先王而不棄其孤也」とある】
【正文】以亡其大夫〔一四九三、一〕
「亡」、『左傳』作盟。盟字有孟音。
【正文】若慶封者、可謂重死矣。身爲僇、支屬不可以見〔一四九三、二〕
『〔易〕下係辭』「死斯《ママ》將至、妻其可得見邪」之見。【編者按：「斯」は「期」字の誤記】
【正文】行忮之故也〔一四九三、二〜三〕
「忮」、狠也、害也。
『漢・地理志下』（二十二背）「邯鄲北道《ママ》燕・涿、南有鄭・衞」云云「民俗懻忮、好氣爲姦、不事農商」、臣瓚曰「懻音冀、今北土名彊直爲懻中」、師古曰「懻、堅也。忮、恨也。音章豉反」。【編者按：「道」は「通」字の誤記】
『荀子・榮辱』篇「察察而殘者、忮也」、注「爲忮害」。【編者按：楊倞注は「至明察而見傷殘者、由於有忮害之心也」に作る】
【正文】始而相與、久而相信、卒而相親〔一四九三、三〜四〕
『〔論語〕公冶長』「晏平仲善與人交」（引）。

無義

【正文】欲堙之責、非攻無以〔一五〇一、六〕
「〔離俗覽〕離俗」篇「亡戟得矛、豈亢責也」。

「之」・於通用。

用也。【編者按：「以」字に注す】

【正文】公孫鞅以其私屬與母歸魏。襄疵不受、曰「以君之反公子卬也、吾無道知君」〔一五〇一、一二～一三〕

『〔史記〕商君傳』「商君」云云「去之魏。魏人怨其欺公子卬而破魏師、弗受。商君欲之他國。魏人曰、商君、秦之賊。秦強《ママ》而賊入、魏弗歸、不可。遂内秦。商君既復入秦、走商邑、與其徒屬發邑兵北出擊鄭。秦發兵攻商君、殺之於鄭黽池。秦惠王車裂商君以徇、曰、莫如商鞅反者。遂滅商君之家」。【編者按：「強」は「彊」字の誤記】

【正文】其於應侯交也〔一五〇二、一〕

「交」猶友也。考出下「壹行」篇。

【正文】天下所貴之無不以者、重也。……天下所賤之無不以也、所可羞無不以也〔一五〇二、一～三〕

「以」、用也。下二「不以」同。

【正文】又況乎無此其功而有行乎〔一五〇二、七〕

「〔孟秋紀〕禁塞」篇

無【編者按：「有」を訂す。朱筆】

疑似

「〔審分覽〕愼勢」篇「知無敵則似類嫌疑之道遠矣」。

【正文】使人大迷惑者、必物之相似也〔一五〇七、一〕

『〔孟子〕盡心下』「孔子曰、惡似而非者」云云。又『〔論語〕陽貨』篇。

『〔荀子〕成相』篇（七面）。【編者按：「大迷惑」に注す。『荀子』成相に「門戸塞、大迷惑、悖亂昏莫不終極」とある】

【正文】亡國之主似智、亡國之臣似忠〔一五〇七、二～三〕

『列子・說符』「楊子亡羊」可證。

【正文】故墨子見歧道而哭之〔一五〇七、三〕

「見歧路而哭之」、『荀子・王霸』篇・『淮南・說林訓』爲楊朱事。此蓋「〔仲春紀〕當染」篇「墨子見染素絲者而歎」云云、又『墨子』見「所染」。

『賈誼新書・審微』

或云、此「墨子」當爲楊子。

【正文】周宅酆鎬近戎人〔一五〇七、四〕

『〔史記〕周本紀』。
【正文】爲高葆禱於王路〔一五〇七、四〕
『〔國語〕齊語』桓公云「昔吾先君襄公築臺以爲高位、田・狩・罼・弋、不聽國政」、注「高位、居高臺以自尊」。
「葆」・寶同。寶祠也。
位臨於皇路【編者按：「葆禱於王路」を訂す】
【正文】戎寇當至〔一五〇七、五〕
嘗（穎）【編者按：「當」字を訂す】
【正文】幽王身之〔一五〇七、七〕
「身」疑逃。【編者按：他の本には「之身」とある】
【正文】賢者有小惡以致大惡〔一五〇七、八〕
愚【編者按：「賢」字を訂す。朱筆】
【正文】所以勞王勞而賜地也〔一五〇七、九～一〇〕
事【編者按：「勞」を訂す】
【高注】晉文公仇。
侯【編者按：「公」字を訂す。朱筆】
【正文】豈謂不慈哉〔一五〇七、一三〕
爲【編者按：「謂」を訂す】
【正文】昔也往責於東邑人可問也〔一五〇七、一四〕
夕通。【編者按：「昔」字に注す】
宿【編者按：「責」を訂す】
【正文】入於澤而問牧童、入於水而問漁師〔一五〇八、三〕
「而」二字猶則也。

壹行

【正文】王者之所籍以成也何〔一五一四、五〕
「籍」・藉同。
【正文】大樹非人之情親知交也〔一五一四、一二〕
「交」猶友也。下「求人」篇「得陶・化益・眞窺・横革・之交」、是也。
【正文】陵上巨木、人以爲期〔一五一五、二〕
「陵上巨木」以人爲標表而言。與上「大樹」云云自別事。
『家語・好生』、『説苑・反質』。
【正文】孔子卜、得賁。……〔一五一五、五〕
『説苑』「卜」作卦、是。『家語』作「孔子嘗自筮、其卦得賁焉」。

【正文】而猶所得疋偶〔一五一五、八〕

匹、辟吉切。偶也。配也。

疋、山祖切。足也。

疋、語下切。正也。古字「雅」字。

今按、三字通用。

願【編者按：「所」字を訂す】

【正文】令天下皆輕勸而助之〔一五一五、八～九〕

『〔左傳〕昭元年』「去煩宥善、莫不競勸」。

競【編者按：「輕」字を訂す】

求人

【正文】身定、國安、天下治、必賢人〔一五二三、二〕

【高注】詹子曰「未聞身亂而國治者也」」。

「詹子」云云、「〔審分覽〕執一」篇。『淮南・詮言』〔二葉〕。

【正文】先王之索賢人無不以也〔一五二四、二〕

【高注】以、用也。

「以、用也」注當出上「無義」篇「天下所貴之、無不以者」下。

【正文】堯傳天下於舜、禮之諸侯〔一五二四、四〕

「〔恃君覽〕行論」篇〔十五背〕【編者按：「禮」字に注す】

【正文】身請北面朝之、至卑也〔一五二四、四〕

『〔孟子〕萬章上』咸丘蒙問曰「語云、盛德之士、君不得而臣、父不得而子。舜南面而立、堯帥諸侯北面而朝之、瞽瞍亦北面而朝之。舜見瞽瞍、其容有蹙。孔子曰、於斯時也、天下殆哉、岌岌乎。不識此語誠然乎哉。孟子曰、否。〔此〕非君子之言、齊東野人之語也」云云。蓋戰國稷下諸子有爲此說者。故呂子取之、而孟子辨《ママ》之。

【正文】禹東至搏木之地〔一五二四、五〕【編者按：「搏」字は版本の誤刻】

「搏」當爲搏、與扶同。「扶木」又曰扶桑。「〔離俗覽〕爲欲」篇「東至扶木、不敢亂矣」。

【正文】九陽之山〔一五二四、七〕

「〔審分覽〕知度」篇

【正文】裸民之處〔一五二四、七〕

「貴困《ママ》」篇【編者按：愼大覽・貴因に「禹之裸國、裸入衣出、因也」とある】

［正文］北至人正之國〔一五二四、九〕

［高注］今正、北極之國也。

「今」當作人。

［正文］禺彊之所〔一五二四、九〕

詳『列子・湯問』及張注。【編者按：「禺彊」に注す。

『列子』湯問に「乃命禺彊使巨鼇十五擧首而戴之」とある】

［正文］得陶化益眞窺横革之交五人佐禹〔一五二四、一二〕

『荀子・成相』篇「禹」云云「得益・皋陶・横革・直成爲輔」。

『漢書・律曆志上』（十四背）「張壽王言化益爲天子代禹、驪山之女、亦爲天子、在殷周間皆不合經術」、師古曰「化益卽伯益」。

皐陶伯【編者按：「陶化」を訂す。「伯」は朱筆】

夔【編者按：「窺」を訂す】

［正文］十日出而焦火不息〔一五二四、一三〕

「十」字衍。堯時十日出、自是別事。此本『莊子・逍遙』篇。『莊子』作「日月出矣、而爝火不息」云云、『釋文』云「爝、本亦作燋。音爝」。

［正文］不亦勞乎〔一五二四、一三〕

依『莊子』「勞」當爲難。

［正文］而天下已治矣〔一五二四、一四〕

以通用。【編者按：「已」字に注す】

［正文］自爲與〔一五二四、一五〕

何【編者按：「自」を訂す】

［正文］啁噍巢於林〔一五二四、一五〕

「啁噍」、『莊子』作鷦鷯。

［高注］巣、蔟也。偃、息也。

維甫按、注「偃息也」三字當屬下注。此衍文。

［正文］歸已君乎〔一五二四、一五～一五二五、二〕

『莊子』作「歸休乎君」。

［正文］皋子衆疑取國、召南宮虔・孔伯產而衆口止〔一五二五、四〕

言皋子衆者賢人也。而用其國有威權、疑其終奪國。因召用南宮虔・孔伯產二人賢者而共政。於是衆疑止息也。

察傳

【正文】故狗似玃〔一五三六、二〕

『爾雅・釋獸』「玃父、善顧」、注「貑玃也、似獮猴而大、色蒼黑、能玃持人、好顧眄《ママ》。玃、音钁」。【編者按：「眄」は「盼」の誤記（阮元校勘本）】

【高注】玃、假玃、獸名也。

「假」當作猳。【編者按：「假」字は版本の誤刻】

【正文】玃似母猴〔一五三六、二〕

『〈韓非子〉外儲左上』（五面）【編者按：「母猴」に注す】

「母」字有沐音。『汲冢紀年・周武王紀』牧野作「坶野」。

【正文】楚莊聞孫叔敖於沈尹筮〔一五三六、四〕

考見「〈孟夏紀〉尊師」篇。【編者按：「沈尹筮」に注す】

【正文】智伯聞趙襄子於張武〔一五三六、五〕

【高注】智伯圖趙襄子於晉陽。

「圖」當爲圍。【編者按：「圖」字は版本の誤刻】

【正文】凡聞言必熟論、其於人必驗之以理〔一五三六、六〕

『韓子・喩老』（初背）【編者按：上文「故國亡身死也」の注であろう。『韓非子』喩老に「故邦亡身死」とある】

【正文】魯哀公問於孔子曰……〔一五三六、六〕

『韓子・外儲說左下』

【正文】樂正夔一足〔一五三六、六〕

「夔」・奇蓋古字通。

【正文】夔於是正六律、和五聲、以通八風〔一五三六、八〕

『〈左傳〉昭（二十年及二十五年）』

【正文】夔能和之、以平天下〔一五三六、九〕

『家語・論禮』（二十面）「子曰」云云「夫夔達於樂而不達於禮、是以傳於此名也。古之人也」云云。

【正文】子夏之晉……〔一五三七、二〕

『家語・七十二弟子行《ママ》』。【編者按：「行」は「解」字の誤記】

【正文】辭多類非而是、多類是而非〔一五三七、三〕

「〈孟冬紀〉安死」（八面）

【正文】緣物之情及人之情以爲所聞則得之矣〔一五三七、四〕

「及」宜作反。

卷之二十三　貴直論

貴直

【正文】欲聞枉而惡直言〔一五四一、二〜三〕
在【編者按：「欲」を訂す。朱筆】

【正文】水奚自至〔一五四一、三〕
「奚自」、『論語・憲問』『列子・黃帝』（七背）。

【正文】能意見齊宣王。……〔一五四一、五〕
『〔戰國策〕齊宣王策』「先生王斗」事。【編者按：齊策四・先生王斗造門而欲見齊宣王】

【正文】不阿主之所得豈少哉〔一五四一、九〕
『治要』「主」下有主。

【正文】在人之遊〔一五四一、一〇〜一五四二、二〕
充【編者按：「在」を訂す】

【正文】其無使齊之大呂陳之廷、無使太公之社蓋之屏〔一五四二、二〕
下作「人之游」、「陳」下「蓋」下共似脱人字。
『〔史記〕樂毅傳』【編者按：「大呂」に注す】

【正文】狐援〔一五四二、三〕
『〔戰國策〕齊閔王策』「齊負郭之民有孤狐咺者、正議閔王、斮之檀衢、百姓不附。齊孫室子陳擧直言、殺之東閭」、〔鮑彪〕注「孤狐咺、孤因孤《ママ》字衍。『大事記』去之。『呂氏春秋・貴直』篇狐援云云、卽謂此正議也。『〔漢書〕古今人表』作狐爰」。【編者按：齊策六・齊負郭之民有孤狐咺者。鮑注を引き「因孤」に作るが、「因狐」の誤記であろう】

【正文】鮒入而鯢居〔一五四二、七〕
「鮒入而鯢居」蓋謂不以君之過爲憂、畏首畏民與世沈浮者也。
「鯢」、『莊子・庚桑楚』（二面）「鯢鰌」之鯢。

【正文】已不用若言〔一五四二、八〕
「若」、若說・若論之若。見「振亂」篇。【編者按：孟秋紀・振亂に「若說爲深」とある】

【正文】每斮者以吾參夫二子者乎〔一五四二、八〜九〕

「毋斮者」疑當作「無乃有」。
毋【編者按：「毋」を訂す】
【正文】此觸子之所以去之也〔一五四二、一〇〕
「〈愼大覽〉權勳」篇【編者按：「觸子」に注す】
【正文】趙簡子攻衞附郭、……〔一五四二、一一〕
『韓子・難二』
「附」讀爲傅。『〈左傳〉僖二十五年』「秦・晉伐鄀」云云「昏而傅焉」、杜注「昏而傅城」。『〈左傳〉隱十一年』「公會齊侯・鄭伯伐許。庚辰、傅于許」。
『〈左傳〉襄六年』「晏弱城東陽而遂圍萊。甲寅、堙之、環城傅於堞」。
『〈戰國策〉齊襄王策〈齊策六・田單將攻狄〉』「田單攻狄」可幷攷。
【正文】又居於犀蔽屏櫓之下〔一五四二、一一〕
『韓子』作「犀楯犀櫓」。【編者按：「犀蔽屏櫓」に注す】
【正文】士之遬弊一若此乎〔一五四二、一二〕
「〈開春論〉貴卒」篇「遬爲上」之遬。
【正文】寡人之無使汝〔一五四二、一三〕
故【編者按：「汝」を訂す】
【正文】秦人襲我、遜去絳七十〔一五四二、一五～一五四三、一〕
『韓子』作「秦人恣侵、去絳十七里」。
【正文】一鼓而士畢乘之〔一五四三、三～四〕
「乘」、乘城也。
【正文】戰鬬之上〔一五四三、五〕
卷二「情欲」、『家語・顏回』。

眞《ママ》諫

「眞」當作直。
【正文】言極則怒〔一五五四、二〕
【高注】極、盡也。
「極」、「極諫」之極。注非。〈常興〉【編者按：『史記』孝文本紀に「〈二年十一月〉擧賢良方正能直言極諫者、以匡朕之不逮」とある】
【正文】不肖主無賢者。無賢則不聞極言〔一五五四、三〕
下「賢」下當補者字。
【正文】齊桓公・管仲・鮑叔・甯戚相與飲酒酣、……

〔一五五五、一〕

『新序・雜四』

【正文】使公毋忘出奔在於莒也 〔一五五五、二〕

「〈開春論〉貴卒」篇

【正文】使管仲毋忘束縛而在於魯也 〔一五五五、二〕

「〈愼大覽〉順說」及「〈不苟論〉贊能」篇【編者按：「縛」字に注す】

【正文】使甯戚毋忘其飯牛而居於車下 〔一五五五、二～三〕

「〈離俗覽〉擧難」篇

【正文】荊文王得茹黃之狗、…… 〔一五五五、五〕

『說苑・正諫』

【正文】得丹之姬 〔一五五五、五〕

『說苑・正諫』「丹」作舟。「之」助語。猶『莊子・齊物論』「麗之姬、艾封人之子也」・『呂子・〈孟冬紀〉異寶』「寢之丘」之「之」。

【正文】葆申 〔一五五五、六〕

『說苑』「葆」作保。下同。

【正文】不穀免衣繈緥而齒於諸侯 〔一五五五、七～八〕

【高注】襁、褸《ママ》格繩。緥、小児補《ママ》也。【編者按：「褸」は「縷」字の誤刻】

「〈季夏紀〉明理」篇注「緥、小兒被也。繈、褸給上繩也」。

「補」當爲被。【編者按：「補」は「被」字の誤刻】

【正文】臣寧抵罪於王、毋抵罪於先王 〔一五五五、九〕

「抵」、抵觸也。

【正文】臣請君子恥之 〔一五五五、一一〕

「請」當爲謂。或云、當爲聞、更穩。再按、『說苑』作「臣聞之」。【編者按：「請」字は版本の誤刻。「聞」が正しい】

【正文】葆申趣出、自流於淵、請死罪 〔一五五五、一一～一二〕

『治要』作起。【編者按：「趣」字に注す】

「流」疑臨、音近。『說苑』作「保申趨出、欲自流、乃請罪於王」。

【正文】葆申何罪。王乃變更、召葆申 〔一五五五、一二〕

上「葆申」、『說苑』無「申」字。是。

【正文】析宛路之矰 〔一五五五、一三〕

「析」、『說苑』作折。〈可從〉

知化

[正文] 以雖知之與勿知同 〔一五六二、二〕
[高注] 『傳』曰、生、好物也。……
『〔左傳〕昭二十五年』
[正文] 禍及闔廬 〔一五六二、六〕
『〔左傳〕襄十七年』（五背）「吾儕小人皆有闔廬、以辟燥濕寒暑」。
『賈子・耳痺』（四背）【編者按：「闔閭」に注す】
[正文] 壞交通屬 〔一五六二、八〕
『家語・三怒』（十二背）「通達之屬皆人也」。【編者按：『孔子家語』致思に「孔子曰、夫通達之御皆人也」とある。『荀子』に「通達之屬、莫不從服」という文言が頻見する】
[正文] 雖無作 〔一五六二、一〇〕
「作」、作動也。
[正文] 不苦其已也 〔一五六二、一〇〕
若《モシ》【編者按：「苦」を訂す】
[正文] 譬之猶懼虎而刺猬 〔一五六二、一一〕
[高注] 獸三歲曰猬也。
『〔詩經〕齊風・還』詩「竝驅從兩肩兮」、『毛傳』「獸三歲曰肩」。
[正文] 子胥兩祛高蹶而出於廷 〔一五六三、二〕
「祛」疑當作裾。音之轉譌也。
『〔禮記〕曲禮上』「衣毋撥、足毋蹶」、鄭注「蹶、行遽貌」。「〔貴直論〕貴直」篇「狐援聞而蹶行過之《ママ》」、注「蹶、顚蹶走往也」。【編者按：「蹶」字に注す。「行」は「往」字の誤記】
[高注] 『傳』曰、曾人之高……
『〔左傳〕哀二十一年』
魯【編者按：「曾」を訂す】
[正文] 子胥將死曰、與 〔一五六三、三〕
「與」疑當爲於。音之誤也。
[正文] 夫差乃取其身而流之江 〔一五六三、四〕
「身」疑當爲尸。音之譌也。『〔史記〕伍子胥傳』作「乃取子胥尸、盛以鴟夷革、浮之江中」。
[正文] 夫差將死曰、死者如有知也、…… 〔一五六三、六〕
『〔史記〕越世家』。幷『正義』可考。

【正文】乃爲幎以冒面死〔一五六三、七〕

『〔儀禮〕士喪禮』「幎目用緇、方尺二寸、䞓裏、著、組繫」、鄭注「幎目、覆面者也」。

「〔先識覽〕知接」篇可幷考。【編者按：「幎」字に注す】

過理

【正文】亡國之主一貫〔一五六八、二〕

「〔孟秋紀〕振亂」【編者按：「貫」字に注す】

【正文】肉圃爲格〔一五六八、三〕

格、度格・架格之格。『〔史記〕殷本紀』所謂「以酒爲池、縣肉爲林」是也。

【正文】雕柱而桔諸侯〔一五六八、三〕

「桔」當爲梏。〔『左傳』〕成十七年「郤犨與長魚矯爭田、執而梏之」、襄六年「子蕩怒。以弓梏華弱于朝」、莊三十年「楚公子元歸自伐鄭、而處王宮。鬬射師諫。則〔執而〕梏之」。

『賈誼新書・君道』【編者按：『新書』君道に「紂作梏數千、睨諸侯之不諂己者、杖而梏之」とある】

【正文】刑鬼侯之女而取其環〔一五六八、三〕

肝（一考本）【編者按：「環」に注す】

鬟（一考本）【編者按：「環」に注す】

【正文】截涉者脛而視其髓〔一五六八、三〜四〕

「〔仲夏紀〕古樂」篇

【正文】殺梅伯而遺文王其醢〔一五六八、四〕

『〔史記〕殷本紀』可幷攷。

【正文】築爲頃宮〔一五六九、一〕

「頃」・璚・瓊、古字蓋通。

『列子・楊朱』（十四）【編者按：「頃宮」に注す。『列子』楊朱に「肆情於傾宮」とある】

【正文】夏・商之所以亡也〔一五六九、二〕

紂之所以亡、以三不適也。桀亦同惡之人、故陪引之。

【正文】晉靈公無道、……〔一五六九、三〕

『〔左傳〕宣二年』

『〔國語〕晉語五』、『說苑・立節』（五面）。

【正文】從上彈人而觀其避丸也〔一五六九、三〕

按『左傳』及注「上」上脫臺字。【編者按：『左傳』宣公二年に「晉靈公不君。……從臺上彈人而觀其辟丸也」と

ある】

〔正文〕使宰人臑熊蹞不熟〔一五六九、三〕

『左傳』「臑」作胹、「蹞」作蹯。『釋字《ママ》』「胹、音而、煮也」。『字彙』〔酉集・足部〕「蹞、同蹯」。『〔康熙〕字典』引『類篇』云「胹、或作臑」、『集韻』或作臑胹胹。【編者按：「字」は文の誤記】

〔正文〕乃使沮麛、沮麛見之不忍賊、曰不忘恭敬〔一五六九、四～五〕

「使沮麛」下脱文。不爾、下「見之」二字及「不忘恭敬」不通、當因『左傳』等補之。

〔正文〕民之主也。賊民之主不忠〔一五六九、五〕

「主」、人主・主上之主。

〔正文〕一於此不若死〔一五六九、五～六〕

「一」上當補有字。

〔正文〕公玉丹〔一五六九、七〕

「玉」（下同）。『新序・雜五』（十一面）、「〔先識覽〕正名」篇、「〔季秋紀〕審己」篇。【編者按：『新序』以下の文獻は「公玉丹」に作る】

〔正文〕王丹對曰……〔一五六九、七〕

「〔離俗覽〕離俗」篇「叔無孫」之例。

〔正文〕王名稱東帝〔一五六九、八〕

『〔史記〕秦王紀《ママ》』「昭襄王十九年、王爲西帝、齊爲東帝、皆復去之」。

〔正文〕帶益三副矣〔一五六九、一〇〕

『列女・母儀傳』「魏芒慈母」章【編者按：『列女傳』母儀・魏芒慈母に「慈母憂戚悲哀、帶圍減尺」とある】『新序〔雜事五〕』作「丹知寡人自去國而居衞也、帶三益矣」。

〔高注〕湣王湎涎無憂恥辱。

當爲淫。【編者按：「涎」字に注す】

〔正文〕宋王築爲蘖帝……〔一五六九、一一〕

『〔史記〕宋世家』（十四背）

臺【編者按：「帝」を訂す】

〔高注〕帝、當作臺。

此則脱誤。不可讀。「帝」必天帝之帝。注疑杜撰。

〔正文〕射著甲冑、從下、血墜流地〔一五六九、一二〕

「射」字疑當移下「從下」下。

自身【編者按：「射著」に注す】

『〔史記〕龜策傳』「桀爲瓦室、紂爲象郎」云云「賦斂無度、殺戮無方。殺人六畜、以韋爲囊。囊盛其血、與人縣而射之、與天帝爭強《ママ》。逆亂四時、先百鬼嘗」。【編者按：「強」は「彊」字の誤記】
『〔史記〕殷本紀』「帝武乙無道、爲偶人謂之天神與之博、令人爲行。天神不勝乃僇辱之。爲革囊盛血、仰《ママ》而射之、命曰射天」。【編者按：「仰」は「卬」字の誤記】

壅塞

【正文】則過無道聞〔一五七八、二〕
「無道聞」、無道聞己之過也。
「道」猶由也。
【正文】數飲食〔一五七八、四〕
「〔不苟論〕不苟」篇「食」作酒。
【正文】因扜弓而射之〔一五七九、一〕
「〔開春論〕貴卒」篇
【正文】雖善說者猶若此何哉〔一五七九、二〕
「此」當爲之。音之誤也。

【正文】此所謂肉自至蟲者也〔一五七九、四〕
「至蟲」當爲生蠹。或云、「至」讀爲致。『荀子・勸學』篇「肉腐出蟲、魚枯生蠹」。
『說苑・辨物』（十六背）【編者按：『說苑』辨物に「憂夫肉自生蟲、而還自食也」とある】
【正文】宋王因怒而詘殺之〔一五七九、四～五〕
射【編者按：「詘」を訂す。後文の「宋王又怒詘殺之」の「詘」も同じ】
【正文】爲兒視齊寇〔一五七九、七〕
「爲兒」之「兒」疑當爲王。
【正文】今又私患〔一五七九、七〕
「患」字、管到下二十九字。【編者按：ここにいう「二十九字」とは「鄕之先視齊寇者、皆以寇之近也報而死。今也報其情、死。不報其情、又恐死」のこと】
【正文】王自投車上〔一五七九、一〇〕
「投」、投擲也。「窮猿投林」之投。
『世說・假譎』「袁紹失道、墜枳棘中、紹不能得動。魏武〔復〕大叫云、偷兒在此。紹遑迫自擲出、遂以俱免」。

【正文】牛之性不若羊、羊之性不若豚〔一五七九、一一～一二〕

『荀子・解蔽』、『淮南・齊俗』。一一「性」疑當作身。音近而誤。

【正文】說人之謂己能則彊弓也〔一五八〇、三〕

引【編者按：「則」字を訂す】

『治要』「則」作用。【編者按：「則」字に注す】

【正文】中關而止〔一五八〇、四〕

【高注】關、謂關弓。弦正半而止也。

『治要』作至。【編者按：「正」字に注す】

【正文】所用不過三石、而終身自以爲用九石、豈不悲哉〔一五八〇、五〕

【高注】傷其自輕、而不知其實。

『治要』作誣。【編者按：「輕」字に注す】

【正文】患存乎用三石爲九石也〔一五八〇、六〕

「存」猶在也。

原亂

【正文】亂必有弟〔一五八七、二〕

【高注】弟、次也。

依注、「弟」當作第。再按、「弟」當作原。

【正文】訌亂三〔一五八七、二〕

「訌」、音喧聲也。

【高注】訌亂三、謂於朝欒盈以兵盡入於絳也。

衍【編者按：「朝」字に注す】

晝【編者按：「盡」字を訂す】

『左氏』、『國語』。

【正文】慮福未及、慮禍之、所以兒之也〔一五八七、二～三〕

先【編者按：「兒」を訂す】

『荀子・大略』「慶者在堂、弔者在閭」。【編者按：『荀子』大略に、引用文に續いて「禍與福鄰、莫知其門」とある】

【正文】荀息立其弟公子卓、已葬〔一五八七、五～六〕

「已」讀爲以。

【正文】太子圉逃歸也惠公死、圉立爲君、是爲懷公〔一五八七、九～一〇〕

「也」疑合爲及、屬下句。

[正文] 起奉公子重耳以攻懷公 〔一五八七、一〇〕

乃【編者按：「起」を訂す。朱筆】

[正文] 文公施舍、振廢滯、匡乏困、救災患、禁淫慝、薄賦斂、宥罪戾、節器用 〔一五八七、一一～一二〕

『〔國語〕晉語四』「文公屬百官、賦職任功。棄責薄斂、施舍分寡。救之《ママ》振滯、匡困資無。輕關易地《ママ》、通商寬農」云云、注「匡、正也。正窮困之人」。【編者按：晉語四は、「之」を「乏」に、「易地」を「易道」に作る】

『〔左傳〕成十八年』晉悼公卽位。【編者按：「振廢滯」に注す】

[正文] 三君死、一君虜 〔一五八八、二〕

「三君」謂奚齊・卓子・懷公也。申生未卽位、不可稱君。

[高注] 一君虜、惠公爲秦所執、因之靈臺也。

「因」當爲囚。【編者按：「因」字は版本の誤刻】

卷之二十四　不苟論

不苟

[正文] 雖貴不苟爲 〔一五九二、二〕

[高注] 雖欲尊貴、不苟爲也。【編者按：「欲」字を朱筆で圍み、衍字であることを示す】

[正文] 雖不肖其說 〔一五九二、三〕

「雖不肖」之「肖」當作肯。按「〔季冬紀〕不侵」篇「不肯爲人臣」、亦譌作肖。可例證。

[正文] 武王至殷郊、係墮 〔一五九二、六〕

『韓子・外儲說左下』爲文王之事。

[正文] 武王左釋白羽、右釋黃鉞 〔一五九二、七〕

『〔尚書〕牧誓』曰「王左杖黃鉞、右秉白旄、以麾曰逖矣西土之人」、『孔傳』「左手杖鉞、示無事於誅。右手把旄、示有事於敎」。與此異。

【正文】秦繆公見戎由余……〔一五九二、九〕
『韓子・十過』（九面）
【正文】繆公以女樂二八人與良宰遺之〔一五九二、一〇～一五九三、一〕
「〔貴直論〕壅塞」篇無「人」字、是。
【正文】秦國僻陋、戎夷事服〔一五九三、六〕
「事服」疑倒。
戎夷以服事【編者按：「戎夷事服」を訂す。「以」字は朱筆】
【正文】自敷於百里氏〔一五九三、七〕
「敷」、『〔尚書〕盤庚下』「今予其敷心腹腎腸、歷告爾百姓于朕志」之敷。
【正文】公孫枝徙〔一五九三、八～九〕
「徙」疑徒、下脱跣字。
【正文】晉文公將伐鄴、……〔一五九三、一一〕
『新序・雜四』
「〔孝行覧〕義賞」篇及『韓子・難一』篇「舅犯・雍季」事、可幷攷。
【正文】郤子虎〔一五九三、一二～一三〕
『新序』作郄虎。
【正文】凡行賞欲其博也、博則多助〔一五九三、一四～一五〕
溥溥。【編者按：「博」字に注す】

贊能

【正文】賢者善人以人〔一六〇〇、二〕
「善」猶遺也。或云、遺之譌。
或人云、「善」當作進。下云「無大乎進賢」。
【正文】不肖者以財〔一六〇〇、二〕
『家語・觀周』篇「老子曰、吾聞、富貴者送人以財、仁者送人以言」云云、又『〔孔子家語〕六本』篇「晏子曰、吾聞〔之〕、君子遺人以財、不若善言」。又見『荀子・大略』、『晏子・雜上』。
【正文】舜受之〔一六〇〇、三〕
授【編者按：「受」字を訂す】
【正文】管子束縛在魯。……〔一六〇一、一〕
『列子・力命』
【正文】固辭讓而相〔一六〇一、四〕

「而相」之「相」、疑衍。
「而」・於蓋通。『〔史記〕魏世家』（三背）「問而置相」。
【正文】祓以爟火〔一六〇一、六〕
『〔史記〕龜策傳』「褚先生曰」云云「常以日《ママ》旦祓龜、先以清水澡之、以卵祓之」、『正義』曰「以雞卵摩而祝之」。【編者按：「日」は「月」字の誤記】
「〔孝行覧〕本味」篇
【高注】傳曰「鄭伯使卒出猳、行出犬鷄」。
『〔左傳〕』隱十一年』【編者按：「傳」に注す】
【正文】生與之如國〔一六〇一、六〕
至【編者按：「生」を訂す。朱筆】
【正文】自孤之聞夷吾之言也、目益明、耳益聰〔一六〇一、七〕
『說苑・君道』
【正文】沈尹莖〔一六〇一、一二〕
「〔孟夏紀〕尊師」篇
【正文】叔敖遊於郢三年〔一六〇一、一二〕
「遊」、宦遊也。
【正文】期思之鄙人有孫叔敖者〔一六〇一、一四〕
『荀子・非相』篇亦云「楚之孫叔敖、期思之鄙人也」。

自知

【正文】欲知方圓、則必規矩〔一六〇九、二〕
「〔似順論〕分職」篇
【正文】人主猶其存亡安危〔一六〇九、三〕
「猶」當作尤。蓋尤譌作猶《ママ》、又譌爲猶。【編者按：「作猶」の「猶」は誤記か】
「其」疑當爲甚、屬上讀。
【正文】堯有欲諫之鼓、舜有誹謗之木、湯有司過之士、武王有戒愼之鞀〔一六〇九、五〕
『淮南子』【編者按：『淮南子』主術訓に「故堯置敢諫之鼓、舜立誹謗之木、湯有司直之人、武王立戒愼之鞀」とある】
『漢・賈誼傳』、『新書・保傳《ママ》』、『史・文帝紀』【編者按：「傳」は「傅」字の誤記】
『〔漢書〕賈誼傳』「欲」作敢、「司」作記、「士」作史。
「鞀」與鞉同。音陶。
『淮南子・氾論訓』「禹之時」云云「有獄訟者搖鞀」。

『〔禮記〕月令』「命樂師修鞀鞞鼓」、注「鞀、大刀反。本亦作鞉同」。【編者按：「鞀」字に注す】

【高注】欲諫者擊其鼓也。

注引『尸子』。

【正文】宋・中山不自知而滅〔一六一〇、二〕

「〔貴直論〕壅塞」【編者按：「宋」に注す】

「〔先識覽〕先識」【編者按：「中山」に注す】

【正文】范氏之亡也……〔一六一〇、五〕

『淮南・說山訓』（九葉）【編者按：『淮南子』說山訓に「範氏之敗、有竊其鍾負而走者、鎗然有聲、……」とある】

【正文】百姓有得鍾者〔一六一〇、五〕

「鐘」上『治要』有其字。

【正文】鍾況然有音〔一六一〇、五～六〕

「況」・跫通。『淮南』「況」作鎗。

【正文】非猶此也〔一六一〇、七〕

『治要』「非」作亦。【編者按：「非」字に注す】

「猶」當爲獨。

【正文】魏文侯燕飲……〔一六一〇、八〕

『新序・雜一』

【正文】知於顏色〔一六一〇、一〇〕

『〔左傳〕』僖二十八年「晉侯聞之、而後喜可知也」、杜注「喜見於顏也《ママ》」。【編者按：「也」は「色」字の誤記】

「〔愼大覽〕報更」篇

【正文】不敢遠其死〔一六一〇、一二〕

「遠」猶避。

再按、「遠」疑當爲違。

【正文】終座以爲上客〔一六一〇、一三〕

「座以」疑當易地。

當賞

【正文】民無道知天〔一六一九、二〕

「民」猶人也。『〔論語〕雍也』篇「務民之義」是也。

【正文】則諸生有血氣之類〔一六一九、二～三〕

『家語・三恕』（十六面）【編者按：「諸生」に注す。『孔子家語』三恕に、孔子のことばとして「以其不息、且徧與諸生而不爲也」とある】

【正文】皆爲得其處而安其產〔一六一九、三〕

所【編者按：「處」字に注す】
【正文】晉文公反國……〔一六一九、五〕
『說苑・復恩』
【正文】陶狐〔一六一九、五〕
『韓詩』卷三作「陶叔狐」。
【正文】君反國家〔一六一九、五〕
「家」疑衍。
【正文】若賞唐國之勞徒、則陶狐將爲首矣〔一六一九、七～八〕
謂晉爲唐說見『〔詩經〕唐風・蟋蟀』小序及鄭玄『詩・唐譜』。【編者按：『毛序』に「此晉也而謂之唐」とあり、『唐譜』に「此實晉也、而題之曰唐、故序每篇言晉」とある】
【正文】秦小主夫人用奄變〔一六一九、一〇〕
『〔左傳〕桓七年』「曲沃伯誘晉小子侯殺之」、注「小子侯、哀侯子」。
「去宥」篇可幷攷。【編者按：「小主」に注す。先識覽・去宥に「少主」とある】
「變」、蓋俺人之名也。

【高注】小主、秦君也。秦厲公曾孫惠公之子也。
『〔史記〕秦本紀』「惠公卒、出子立。出子二年、庶長改迎靈公之子獻公于河西而立之。殺出子及其母、沈之淵旁」
【正文】群賢不說自匿〔一六一九、一〇〕
「說」讀爲閱。
【正文】公子勉去矣〔一六一九、一一～一六二〇、一〕
「〔審應覽〕具備」篇「子之書甚不善、子勉歸矣」、同意。
【高注】内公子連則兩主矣。勸之使疾去。【編者按：「勸」字を朱筆で圍む。衍字と考えるのだろう】
【正文】菌改入之〔一六二〇、二〕
「菌阦《ママ》」、『〔史記〕秦本紀』所云庶長阦也。菌阦守焉氏塞吏也。【編者按：『史記』秦本紀所見の「庶長改」の誤記であろう】
【正文】公子連立、是爲獻公〔一六二〇、三～四〕
依秦本紀注「獻公」名師隰。
【正文】故復右主然之罪〔一六二〇、五～六〕
「復」字有優字之義。優又有宥之義。

博志

【正文】先王有大務、去其害之者〔一六二七、二〕

『〔論語〕爲政』篇「攻〔乎〕異端、斯害也已」之害與此「害」同。（引）

【正文】其時顧也〔一六二七、四〕

「時」猶數也。

時時。【編者按：「時」字に注す】

【正文】賢者之舉事也〔一六二七、五〕

「者」疑當爲主。

【正文】冬與夏不能兩刑〔一六二七、七〕

「刑」讀爲形。

『禮記・王制』「刑者侀也、侀者成也、一成而不可變、故君子盡心焉」。按、「侀」讀爲型。型、鑄金模也。孔疏誤矣。【編者按：『禮記正義』に「此説刑之不可変改、故云、刑者侀也。上刑是刑罰之刑、下侀是侀體之侀。訓此刑罰之刑以爲侀、體之侀言刑罰之刑加人侀體。又云、侀者成也。言侀體之侀」とある】

【正文】凡有角者無上齒〔一六二七、七〕

『漢・董仲舒傳』【編者按：「角」字に注す。『漢書』董仲舒傳に「夫天亦有所分予、予之齒者去其角」とある】

【正文】用智徧者無遂功〔一六二七、八〕

「徧」當爲偏。

【正文】故擇務當而處之〔一六二七、九〕

卷十一有「當務」篇。【編者按：「務當」に注す。「擇務當」を「務の當を擇ぶ」と訓む】

【正文】甯越〔一六二七、一〇〕

見下。【編者按：後文に「甯越、中牟之鄙人也。……」とある】

【正文】故曰精而熟之、鬼將告之。非鬼告之也、精而熟之也〔一六二八、二～三〕

『管子・內業』及『〔管子〕心術下』【編者按：『管子』內業に「思之而不通、鬼神將通之、非鬼神之力也、精氣之極也」とあり、心術下に「故曰、思之、思之不得、鬼神教之。非鬼神之力也、其精氣之極也」とある】

【正文】寶行良道〔一六二八、四〕

保【編者按：「寶」に注す。朱筆。また「良道を寶行する

も」と訓む】

【正文】一而弗復〔一六二八、四〕

「一」、一回也。

【正文】甯越、中牟之鄙人也。……〔一六二八、五〕

『說苑・建本』

【正文】甯越曰、請以十歳〔一六二八、六〕

「十」下脫五字。『說苑』作「十五歳」。

【正文】十五歳而周威公師之〔一六二八、七〕

『〔史記〕周本紀』

【正文】矢之速也〔一六二八、七〕

「矢」、『說苑』作走、是也。

『淮南・說林』（十五面）【編者按：「速」字に注す。『淮南子』說林訓に「矢疾不過二里也、步之遲百舍不休千里可致」とある】

【正文】養由基〔一六二八、九〕

『淮南・說山訓』【編者按：『淮南子』說山訓に「〔楚王〕使養由基射之、始調弓矯矢、未發而蝯擁柱號矣、有先中中者也」とある】

【正文】未之射而括中之矣〔一六二八、一〇〕

先【編者按：「括」字を訂す】

【正文】則養由基有先中中之者矣〔一六二八、一〇～一一〕

【高注】『幽通記』曰「養由基睇而猨號」。

流【編者按：「睇」字の上に補う】

【正文】尹儒學御三年而不得焉……〔一六二八、一一〕

『淮南・道應訓』

【正文】恐子之未可與也〔一六二八、一二〕

「與」・以通。以、用也。

【正文】上二士者可謂能學矣〔一六二八、一四〕

攺異端斯害而已。

貴當

【正文】必繇其道〔一六三七、二〕

「繇」・由同。

【正文】治物者不於物於人〔一六三七、二〕

正己、物自正。

【正文】桀・紂慢其行而天下畔〔一六三七、五〕

「慢」、汙漫之漫。

『荀子・不苟』篇「人汙而修之者、非案汙而修之之謂也」。

【正文】荊有善相人者、……〔一六三七、七〕

『新序・雜五』（十背）、『韓詩』卷九。

此章『論語・爲政』篇「人焉廋哉」之意。

【正文】皆交爭証諫〔一六三八、二〕

「証」當爲正。『新序』作「分爭正諫」。再按「〔孟夏紀〕誣徒」篇「愎過自用、不可證移」。

【正文】故賢主之時見文藝之人也〔一六三八、三〕

「〔不苟論〕博志」篇「養由基・尹儒、皆六藝之人也」、或疑「文」當作六。【編者按：「文藝」に注す】

【正文】夫事無大小、……〔一六三八、四〕

「事無大小」云云、『〔孟子〕梁惠王下』「諸侯朝於天子曰述職、述職者述所職也。無非事者」、亦此意。

【正文】賢者非不爲也〔一六三八、四〕

『〔孟子〕梁惠王上』「賢者而後樂」、此引。

【正文】君有好獵者〔一六三八、六〕

「君」合作若。

昔【編者按：「君」字に注す】

【正文】霸王有不先耕而成霸王者〔一六三八、九〕

「先耕」、富國彊兵之本。

【正文】此賢者不肖之所以殊也〔一六三八、九〕

「賢者」之者、衍。

卷之二十五　似順論

似順

【正文】荊莊王欲伐陳……〔一六四四、四〕

『說苑・權謀』

【正文】有兄曰完子〔一六四四、八〕

田齊之祖曰田完。此其裔而于其名、可疑。「完」字誤文必矣。

名下用「子」字、『列子・黃帝』篇「紀渻子」、張注「姓紀、名渻」。

桓【編者按：「完」を訂す】

【正文】越人興師誅田成子曰、……〔一六四四、八〕

『〔左傳〕哀十一年』「爲郊戰故、公會吳子伐齊」云云「陳僖子謂其弟書、爾死、我必得志」云云「陳書曰、此行也、吾聞鼓而已。不聞金矣。甲戌、戰于艾陵。展如敗高子。國子敗胥門巢。王卒助之、大敗齊師、獲國書・公孫夏・閭丘明・陳書・東郭書・革車八百乘・甲首三千、〔以〕獻于公」云云。同十四年「甲午、齊陳恆《ママ》殺其君壬于舒州」云云。【編者按：「殺」は「弑」字の誤記】

【正文】今越人起師、臣與之戰、戰而敗、賢良盡死、不死者不敢入於國〔一六四五、一～二〕

『〔史記〕仲尼弟子傳』子貢「說田常曰」云云「伐吳不勝、民人外死、大臣內空、是君上無強《ママ》臣之敵、下無民人之過、孤主制齊者〔唯〕君也。田常曰、善」云云。【編者按：「強」は「彊」字の誤記】

【正文】尹鐸爲晉陽……〔一六四五、五〕

『〔國語〕晉語九』

【正文】下有請於趙簡子〔一六四五、五〕

「〔孝行覽〕必己」篇【編者按：「下」字に注す】

【正文】往而夷夫壘〔一六四五、五〕

「往而夷夫壘」、『〔国語〕晉語』作「墮其壘培」。幷按、此「壘」下脫培字明矣。

【正文】孫明〔一六四五、七〕

『〔国語〕晉語』「孫明」作郵無正。注「無正、晉大夫郵良伯樂」。又下章注「無正、王良」。

【高注】孫明、簡子臣孫無政郄良也。

「政郄」當作正郵。

「〔審分覽〕審分」篇注【編者按：高誘注に「王良、晉大夫。孫無正・郵良也」とある】

『〔左傳〕哀二年』「郵無恤御簡子、衛大子爲右」、注「郵無恤、王良也」。又曰「郵良曰、我兩靷將絕」云云「見樂」云云。二句、『〔国語〕晉語』作「思樂而喜、思難而懼、人之道也」。

【正文】以臣私之〔一六四五、七〕

觀【編者按：「私」を訂す】

【正文】雖兼於罪、鐸爲之〔一六四五、九〕

「兼」猶倍也。

【正文】夫順令以取容者〔一六四五、九〕

【高注】容、說也。

「說」讀爲閱。

【正文】世主之患〔一六四五、一二〕

下「別類」篇【編者按：「之」字に注す。似順論・別類に「小有之不若其亡也」とあり、『呂氏一適』は「之」に朱點を附す】

「貴直」篇【編者按：「患」字に注す。貴直論・貴直に「人主之患」とある】

【正文】好愎過而惡聽諫〔一六四五、一二〕

「〔孟夏紀〕誣徒」篇「愎過自用、不可證移」。【編者按：「愎過」に注す】

別類

【正文】萬菫不殺〔一六五一、二〕

『荀子《ママ》・勸學』篇「是救病而飲之以菫也」、注「菫、毒藥也」。【編者按：引用文の出典は、『呂氏春秋』孟夏紀・勸學の誤り】

【正文】漆淖水〔一六五一、二〕

「水」下似脫淖字。

【正文】合兩淖則爲蹇〔一六五一、二～三〕

堅【編者按：「蹇」を訂す。朱筆】

【正文】淫之則爲乾〔一六五一、三〕

「涇」當爲涇。下同。【編者按：後文に「或涇而乾」とある】

【正文】公孫綽〔一六五一、六〕

『淮南子・覽冥訓』

【正文】此忠臣之所患也〔一六五一、一二～一三〕

「所」下脱以字。

【正文】義、小爲之則小有福、大爲之則大有福〔一六五一、一四〕

『管子・白心』篇「道者、一人用之、不聞有餘。天下行之、不聞不足、此謂道矣。小取焉、則小得福、大取焉、則大得福。盡行之、而天下服」云云。

【正文】射招者欲其中小也〔一六五一、一四～一五〕

【高注】招、埻藝也。

之允切。【編者按：「埻」字に注す。朱筆】

【正文】射獸者欲其中大也〔一六五一、一五〕

「君守」篇【編者按：審分覽・君守に「以其獸者先之、所以中之也」とある】

【高注】射獸欲其中大者、得肉多、故以中爲工也。

「以中」下脱大字。

【正文】高陽應將爲室家匠對曰……〔一六五二、一〕

『淮南・人間訓』【編者按：『淮南子』人間訓に「高陽魋將爲室、問匠人。匠人對曰……」とある】

「室家」絶句。

【正文】以益勁任益輕則不敗〔一六五二、三〕

『〔韓非子〕外儲說左上』（八面）「高陽應」作虞慶。

【高注】此免於辭、而後必敗、其言不合事實者也。

「免」、一作俛。

【正文】匠人無辭而對〔一六五二、三〕

「辭而」之「而」猶以也。

【正文】驥驁綠耳〔一六五二、五〕

「〔士容論〕士容」篇「驕《ママ》驁之氣、鴻鵠之志」云云。【編者按：「驕」は「驥」字の誤記】

【正文】不事心焉〔一六五二、六〕

「〔孟秋紀〕禁塞」篇

有度

【正文】不可惶矣〔一六五九、二〕

「惶」、惶惑也。『楚辭・劉向「九歎」・愍命《ママ》』篇「心惶惑而自悲」。【編者按：「愍命」は「思古」の誤記】

「驚惶亟革」（「〔季夏紀〕明理」篇）。

【正文】客有問季子曰〔一六五九、五〕

『荀子・成相』篇「愼・墨・季・惠、百家之說誠不詳」、注「或曰、季則《ママ》『莊子』云、季眞之莫爲者也。又曰、季子聞而笑之。據此、則是梁惠王・犀首・惠施同時人也。韓侍郎云、或曰、季梁也。『列子』曰、季梁、楊朱之友」。【編者按：「則」は「即」の誤記】

「〔有始覽〕諭大」篇【編者按：「季子」に注す】

「〔審分覽〕勿躬」篇有「李子」。【編者按：「季子」に注す】

【正文】奚以知舜之能也〔一六五九、五〕

「奚」上疑脫堯字。

【正文】奚道知其不爲私〔一六五九、六〕

由同。【編者按：「道」字に注す】

【正文】季子曰諸能治天下者……〔一六五九、六～一六六〇、二〕

「諭大」篇

【正文】夏不衣裘、非愛裘也、暖有餘也〔一六六〇、一〕

『淮南・俶眞訓』（十四面）

【正文】有所乎通也〔一六六〇、四〕

『莊子・刻意』「無所於忤、虛之至也」、又云「無所於逆、粹之至也」。

【正文】執一而萬物治〔一六六〇、八〕

卷十一有「執一」篇。【編者按：「執一」に注す】

【正文】物感之也〔一六六〇、八〕

『荀子・議兵』篇「善用兵者、感忽悠闇、莫知其所從出」、又『〔荀子〕解蔽』篇「凡人之有鬼也、必以其感忽之間、疑玄之時正之」、注「感忽猶恍惚也」。「〔孟春紀〕重己」篇「夫〔死〕殃殘亡、非自至也、惑召之也」。

【高注】感、感也。

惑【編者按：下の「感」字を訂す】

【正文】故曰通意之悖〔一六六〇、八～九〕

『莊子・庚桑楚』【編者按：『莊子』庚桑楚に「徹志之勃」とある】

分職

【正文】處虛素服而無智……智反無能……〔一六六六、二〜三〕

「素服」疑倒。

「〈離俗覽〉上德」篇「愛惡不臧、虛素以公」。

「虛素」倒。「〈離俗覽〉上德」篇「虛素以公」。又云「智反」之「智」當作知、非。（士寧考）

【正文】以其智彊智〔一六六六、四〕

彊當作彊。（下同）

【正文】欲無壅塞〔一六六六、五〕

卷三《ママ》十三有「壅塞」篇。【編者按：「三」は「二」字の誤記】

【正文】武王之佐五人〔一六六六、六〕

『尚書・君奭』「惟文王尚克修和我有憂《ママ》。亦惟有若虢叔、有若閔《ママ》、有若散宜生、有若泰顚、有若南宮括」云云「武王惟茲四人、尚迪有祿。後暨武王誕將天威、咸劉厥敵。惟茲四人昭武王惟冒丕單稱德」、『孔傳』「虢叔先死、故曰四人」。【編者按：「憂」は「夏」字の、「閔」は「閎」字の誤記】

【正文】能令辨者請矣〔一六六六、八〕

【按語】謂、一作語。【編者按：『一適』本の書眉に「謂一作語」と刷られている】

按、「語」疑當爲說。

【正文】夫馬者、伯樂相之、造父御之、賢主乘之、一日千里〔一六六六、八〕

『〈史記〉秦本紀』「蜚廉〈復〉有子曰季勝。季勝生孟增。孟增幸於周成王、是爲宅皋狼。皋狼生衡父、衡父生造父。造父以善御幸於周穆《ママ》繆王」云云。【編者按：「穆」は「繆」字の誤記】

【高注】造父、嬴姓、飛廉之子。

後【編者按：「子」字を訂す】

【正文】則知所乘矣〔一六六六、九〕

「乘矣」之乘、『〈論語〉衛靈公』「有馬者借〈人〉乘之」之乘。

「〈審分覽〉審分」篇可幷考。

【正文】今召客者、酒酣、歌舞鼓瑟吹竽、明日不拜樂己者、而拜主人、主人使之也。先王之立功名、有似於此。使衆能與衆賢、功名大立於世、不予佐之者、而予其主、其主使之也。〔一六六七、一～二〕

『尸子・治天下』篇（『四書考』引）【編者按：『尸子』治天下に「夫用賢、身樂而名附、事少而功多、國治而能逸」とある】

『荀子・大略』（廿七背）【編者按：「不予佐之者」の「予」字に注す。『荀子』大略に見える動詞の「予」には、「賜予其宮室」とあるように「あたふ」という用例と、「然而有所共予也」とあるように「くみす」という用例とが見える。なお、大略篇に「然而有所共予也」とあり、楊倞注に「予讀爲與」とある】

【正文】爲圓必以規〔一六六七、四〕

「〔不苟論〕自知」篇

【正文】而賞匠巧匠之〔一六六七、五〕

「匠巧」當易地。「匠之」二字疑衍。

【正文】自爲人則不能任〔一六六七、七〕

此節疑有脫誤。

『新序・雜二』「或使賢者爲之、與不肖者議之、使智者圖之、與愚者議《ママ》之。不肖嫉賢、愚者嫉智、是賢者之所以隔蔽也」、此節之意。【編者按：「議」は「謀」字の誤記】

又『荀子・君道』（九面）。

之（『治要』）【編者按：「人」字に注す。『羣書治要』巻三十九・呂氏春秋は「自爲之則不能任」に作る】

『韓子・孤憤』

人【編者按：「任」の下に補い「自爲之則不能任人」とする】

【正文】而己有之〔一六六七、九～一〇〕

依上文、「而己」之「而」讀爲如。【編者按：ここにいう「上文」とは、篇首の「如己有之」などのことである】

【正文】天下皆競〔一六六七、一一〕

勸（『治要』）【編者按：「競」字の下に注す。『羣書治要』は「天下皆競勸」に作る】

【正文】白公勝得荊國……〔一六六七、一三〕

『〔左傳〕哀公十六年』、『淮南・道應訓』。

【正文】出高庫之兵以賦民〔一六六七、一四～一五〕

「賦」、配賦也。『〔韓非子〕外儲〔說〕左上』「叔向賦獵、功多者受多、功少者受少」、同右上「薛公爲十玉珥而美其一而獻之、王以賦于《ママ》孺子」云云。

【正文】衛靈公天寒鑿池。……〔一六六八、二〕

『新序・刺奢』

【正文】天寒起役〔一六六八、二〕

洫（一考本）【編者按：「寒」に注す】

【正文】夫民未有見焉〔一六六八、六〕

『〔禮記〕曲禮上』「寡婦之子、非有見焉、弗與爲友」。

（引）

【正文】曰春也有善〔一六六八、七〕

且（『治要』）【編者按：「曰」字に注す。『羣書治要』は「且春也有善」に作る】

【正文】於寡人有也〔一六六八、七〕

「於」字衍。『新序』作「且春也有善、寡人有春之善、非寡人之善與」。

【正文】若是則受賞者無德〔一六六八、九〕

『〔韓非子〕外儲說左下・經』「以功受賞、臣不德君」。

處方

【正文】故異所以安同也、同所以危異也〔一六七八、二～三〕

『荀子・榮辱』「斬而齊、枉而順、不同而一」。是之謂人倫」。彼考引『〔荀子〕王制』篇及『〔尚書〕呂刑』可幷攷。【編者按：久保愛『荀子增注』榮辱篇の注に「王制篇曰、勢齊不一、與此相反」とある。「彼考」とは、片山兼山あるいは山子學派の誰かの『荀子』注釋のことか】

又、晏子論「和同」亦此意。見『〔左傳〕昭二十年』。

【編者按：『左傳』昭公二十年に「〔齊景〕公曰、唯據與我和夫。晏子對曰、據亦同也。焉得爲和。公曰、和與同異乎。對曰、異」とある】

【正文】今夫射者儀毫而失牆〔一六七八、五〕

「儀」、『〔詩經〕國風』鄘・柏舟』「實維我儀」之儀、『毛傳』「儀、匹也」。

『〔韓非子〕外儲說左上』「夫新砥礪殺矢、彀弩而射、雖冥而忘《ママ》發、其端未嘗不中秋毫也、然而莫能復其處、不可謂善射、無常儀的」云云。又、『〔韓非子〕問辯』

篇。【編者按：「忘」は「妄」字の誤記】
『淮南・俶眞』（十六背）「夫目察秋毫之末、耳不聞雷霆之聲。耳調玉石之聲、目不見太山之高。何則小有所志、而大有所忘也」。【編者按：「毫」字に注す】
［正文］必始乎本而後及末〔一六七八、六〕
［高注］本謂身、末謂國也、詹何曰不聞身亂而國治也、故曰始乎本而後及末。
「〔審分覧〕執一」篇【編者按：「詹何」に注す】
［正文］向摰處乎商而商滅〔一六七八、七〕
「摰」、『〔史記〕周本紀』作疵。考出「〔愼大覧〕貴因」篇。
『韓子・難二』篇（十四背）【編者按：「處」字に注す。『韓非子』難二に「且蹇叔處干而干亡、處秦而秦霸」とある】
［正文］百里奚之處乎虞、智非愚也〔一六七八、七〜八〕
『史記・淮陰侯傳』【編者按：『史記』淮陰侯傳に「百里奚居虞而虞亡、在秦而秦霸、非愚於虞而智於秦也」とある】
［正文］向摰之處乎商、典非惡也〔一六七八、八〕
「典」、典籍也、即大史之所掌。

［正文］其本也者、定分之謂也〔一六七八、九〜一〇〕
「分」、上所云「君臣父子」等之分也。
［正文］荊令唐篾將而拒之〔一六七八、一一〕
『荀子・議兵』篇「楚人」云云「兵殆於垂沙、唐蔑死」。考詳于彼。
［正文］齊令周最趣章子急戰〔一六七八、一一〜一二〕
『〔史記〕周本紀』赧王四十五年「客謂周最曰」云云、『索隱』曰「最、音詞喩反。周之公子也」。又、五十八年「齊重、則固有周聚以收齊」云云、徐廣曰「〔聚〕一作最、最亦古之聚字」。
［正文］不可以戰而戰、可以戰而不戰、王不能得此於臣〔一六七八、一二〜一三〕
『〔史記〕司馬穰苴傳』「穰苴曰、將在軍、君令有所不受」、又『〔史記〕孫武傳』「孫子曰、臣既已受命爲將、將在軍、君命有所不受」。『〔史記〕周亞父世家』〔絳侯周勃世家〕「都尉曰、將軍令曰、軍中聞將軍令、不受《ママ》天子之詔」、『索隱』曰「『六韜』云、軍中之事、不聞君命」。【編者按：「受」は「聞」字の誤記】
［正文］與荊人夾泚水而軍〔一六七八、一三〕

「泚水」、『荀子』所云「垂沙」。
【正文】荊人所盛守、盡其淺者也。所簡守、皆其深者也〔一六七八、一五〕
二一「者」猶處也。者・處音近、故古通用。
【正文】果殺唐篾〔一六七九、一〕
〔『史記』楚世家〕楚懷王二十八年「秦乃與齊・韓・魏共攻楚、殺楚將唐昧《ママ》、取我重兵《ママ》而去」。【編者按：「昧」は「眛」字の誤記。また「兵」は「丘」字の誤記】
【正文】其右攝其一靷〔一六七九、三〕
『〔左傳〕襄二十三年』「欒氏退、攝事《ママ》從之」。【編者按：「事」は「車」字の誤記】
【正文】昭釐侯至、詰庫《ママ》令、各避舍〔一六七九、四〜五〕【編者按：「庫」は「車」字の誤刻であろう】
『莊子・逍遙遊』篇「庖人雖不治庖、尸祝不越樽俎而代之矣」之意。
『左傳〔成公十八年〕』「……書退」。
【正文】擅矯行則免國家〔一六七九、六〕
國家之難。【編者按：「國家」に注す】
【正文】賢不肖之所以其力也〔一六七九、七〕

「以」、用也。
共【編者按：「其」字を訂す。朱筆】
【正文】此爲先王之所舍也〔一六七九、八〕
「〔離俗覽〕上德」篇引。【編者按：「舍」字に注す】

愼小

【正文】則上非下〔一六八九、三〕
「非」讀爲誹。〔下同〕【編者按：後文に「人主之情、不能愛所非」とある】
【正文】突洩一燥〔一六八九、五〕
「燥」當爲熛。『淮南・說林訓』「一家失熛、百家皆燒。讒夫陰謀、百姓暴骸」、又『〔淮南子〕人閒訓』「千里之堤、以螻螘之穴漏。百尋之屋、以突隙之煙焚」。又『韓子・喩老』〔三面〕。
【正文】衛獻公戒孫林父・甯殖食。……〔一六八九、七〕
『〔左傳〕襄公十四年』
【正文】來不擇皮冠而見二子〔一六八九、八〕
「擇」當作釋。『左傳』作釋。【編者按：「擇」は版本の

誤刻】

【正文】立公子黜〔一六八九、八〕

今按『〔史記〕衞世家』作黔。『索隱』引『世家《ママ》』作虔。皆音之轉也。「世家」云「出公季父黔攷《ママ》出公子而自立、是爲悼公」云云「悼《ママ》公父、公子適。適父、敬父也」、『索隱』曰「適、音的。『世本』適作虔。虔、悼公也」。【編者按：「家」は「本」字の、「攷」は「攻」字の、「悼」は「愼」字の誤記】

【高注】傳曰、衞人立孫剽、孫林父・甯殖相之。

公【編者按：「立」の下に補う。朱筆】

【正文】衞莊公立、欲逐石圃、……〔一六八九、八〜九〕

『〔左傳〕哀十七年』

【高注】石圃、衞卿石惡之子也。

『〔左傳〕哀十七年』杜注「石圃、石惡〔從〕子」。【編者按：「石圃」に注す】

【正文】不蹷於山、而蹷於垤〔一六八九、一二〕

『字彙』〔辰集・日部〕「日」字注引「黄帝巾几銘」曰「日愼一日、人莫躓于山、而躓于蛭《ママ》」。【編者按：「蛭」は「垤」字の誤記】

今按、此語見『淮南・人閒訓』爲「堯戒」。「〔先識覽〕觀世」篇「日愼一日、以終其世」。【編者按：『淮南子』人閒訓に「堯戒曰、戰戰慄栗、日愼一日。人莫蹪於山、而蹪於蛭」とある】

『韓子・六反』〔五背〕【編者按：『韓非子』六反に「故先聖有諺曰、不躓於山、而躓於垤」とある】

【正文】呉起治西河……〔一六九〇、二〕

『韓子・内儲說上』

【正文】夜日置表於南門之外〔一六九〇、二〕

「夜日」當爲夜密〔下同〕。密・日、古音通。金日磾可證。【編者按：「金日磾」は、北京語では「金密低」と發音する】

「置」卽植字。與下「加植」之「植」同。植爲去聲、音置。

【正文】令於邑中曰「明日有人僨南門之外表者、仕長大夫」〔一六九〇、一〜二〕

商君用呉起故智〔『〔史記〕商君傳』〕。

「長」當爲上。音之誤也。〔下同〕【編者按：後文に「仕之長大夫」とある】

〔正文〕呉起自見而出〔一六九〇、三〜四〕
「見」「出」當易地。
〔正文〕表加植〔一六九〇、四〕
如【編者按：「加」字を訂す】

卷之二十六　士容論

士容

〔正文〕其狀朖然不儇〔一六九七、二〕
按『字彙』〔辰集・月部〕、「朖」與朗同。
「俍乎人者」（『〔莊子〕庚桑楚』十背）。
『莊子・徐無鬼』（十及十二背）【編者按：「朖」字に注す。なお、太宰春臺點本『莊子南華眞經』では、巻八、十二丁以下が「徐無鬼」、ここの「十及十二背」は、「康桑楚」「徐無鬼」の二篇のことであろう】
自見陷然皃。【編者按：「朖」字に注す】
嗛【編者按：「儇」字を訂す】
〔正文〕若失其一〔一六九七、二〕
「若失其一」、『〔論語〕泰伯』篇「有若無、實若虛」是也。

『莊子・徐無鬼』（十一背）【編者按：「若失」に注す。徐無鬼篇に「中之質若亡其一、吾相狗又不若馬」とある】

【正文】傲小物而志屬於大〔一六九七、二～三〕

「傲」猶簡也。

【正文】富貴弗就而貧賤弗揭〔一六九七、五〕

「揭」、去也。『〔論語〕里仁』篇「子曰、富與貴是人之所欲也。不以其道得之不處也。貧與賤是人之所惡也。不以其道得之不去也」與此意同。

【正文】德行尊理而羞用巧衞〔一六九七、五〕

「尊」、疑遵。

「衞」、疑衍。

『〔史記〕五帝本紀』「黃帝」云云「千《ママ》徙往來無常處、以師兵爲營衞」。【編者按：「千」は「遷」字の誤記】

【正文】寬裕不訾而中心甚厲〔一六九七、五～六〕

【高注】不訾、毀敗人也。

「毀」上脫不字。

【正文】此國士之容也〔一六九七、六〕

「容」、容止之容。【編者按：『左傳』襄公三十一年に「故君子在位可畏、……容止可觀」とある】

【正文】齊有善相狗者〔一六九七、七〕

『周禮〔秋官司寇〕』「犬人。凡相犬・牽犬者屬焉、掌其政治」。

『荀子・儒效』「曾不如好《ママ》相雞狗之可以爲名也」。【編者按：「好」は衍字】

【正文】其鄰假以買取鼠之狗〔一六九七、七〕

「假」、借倩相狗之人也。

【舊校】一本作其鄰借之買鼠狗、借猶請也。謂善相狗者買取鼠之狗也。【編者按：ここは、底本では一見「高注」のように見えるが、舊校本の校語である】

或云、「請」疑倩。

「謂」下脫請字。

【正文】夫驥驁之氣〔一六九七、九〕

「〔似順論〕別類」篇【編者按：「驥驁」に注す】

【正文】衆無謀方、乞謹視見、多故不良〔一六九八、四～五〕

「〔審分覽〕不二」篇「聽群衆人議以治國、國危無日矣」之意。

【正文】純乎其若鍾山之玉〔一六九八、六〕

【高注】鍾山之玉、燔以爐炭、三日三夜、色澤不變。

『淮南・俶眞訓』（五面）【編者按：『淮南子』俶眞訓に「譬若鍾山之玉、炊以爐炭、三日三夜而色澤不變」とある】

【正文】淳淳乎愼謹畏化〔一六九八、六〕

『荀子・不苟』「庸言必信之、庸行必愼之、畏法流俗、而不敢以其所獨甚」。彼考、「流」爲容、「甚」爲善。

法【編者按：「化」字を訂す】

俗【編者按：「化」字を訂す】

【正文】乾乾乎取舍不悅〔一六九八、七〕

苟【編者按：「悅」字を訂す】

【正文】而心甚素樸〔一六九八、七〕

【高注】心甚素朴、精潔專一、情不散欲也。

佚【編者按：「欲」字を訂す】

【正文】唐尚敵年〔一六九八、八〕

蓋唐尚同年者。

【正文】其故人謂唐尚願之〔一六九八、八〕

【高注】唐尚明習天文宿度、審咎徵之應、故爲願之也。

謂【編者按：「爲」字を訂す】

【正文】以與伯陽〔一六九八、九～一〇〕

與ラル【編者按：「あたへラル」と受身に訓む】

【高注】尚與伯陽、以伯陽邑資之也。

以【編者按：「尚」字を訂す】

【正文】知人情不能自遺〔一六九八、一二〕

苦【編者按：「知」字を訂す。朱筆】

貴【編者按：「遺」字を訂す。朱筆】

務大

【正文】嘗試觀於上志〔一七一三、二〕

「務本」篇【編者按：有始覽・務本に「嘗試觀上古記」とある】

【正文】孔子曰〔一七一四、一〕

「〔有始覽〕諭大」篇「孔子曰」作季子曰。

【正文】燕爵爭善處於一屋之下……〔一七一四、一〕

『孔叢子・論勢』（十七背）【編者按：『孔叢子』論勢に「燕雀處屋、子母相哺、煦煦焉其相樂也。自以爲安矣。竈突決上、棟宇將焚、燕雀顏色不變、不知禍之將及己也」とある】

「善」當作棲。

【正文】區區焉相樂也〔一七一四、二〕
「區區」讀爲姁姁。「諭大」篇作姁姁。
【正文】烏獲奉千鈞〔一七一四、九〕
「奉」讀爲捧。
【正文】杜赫〔一七一四、九〕
『〔史記〕始皇本紀』、『過秦論』。
【正文】鄭君問於被瞻曰……〔一七一四、一二〕
『新序・雜五』「齊侯問〔於〕晏子」則。
【正文】昔有舜欲服海外而不成〔一七一四、一五〕
「有」當爲者。
「諭大」篇無「有」字。【編者按：有始覽・諭大に「昔舜欲旗古今而不成」とある】
【正文】旣足以王通達矣〔一七一五、二〕
「通達」、通達之國、謂中國也。『家語・致思』篇「孔子曰、夫道達之屬皆人也、以道遵之、則吾畜也」云云。『荀子・議兵』「四海之内若一家、通達之屬莫不從服」。【編者按：『孔子家語』致思の原文は「孔子曰、夫通達御皆人也、以道導之、則吾畜也」に作る】

上農

【正文】古先聖王之所以導其民者、先務於農〔一七一八、二〕
『〔左傳〕襄十三年』「世之治也、君子尚能而讓其下、小人農力以事其上」。
【正文】貴其志也〔一七一八、二〕
「貴」疑農。
『〔尚書〕洪範』「農用八政」、『孔傳』「農、厚也」。又『〔尚書〕洪範《ママ》』「稷降播種、農殖喜《ママ》穀」。【編者按：『尚書』呂刑に「稷降播種、農殖嘉穀」とある】
【正文】民農則其產復、其產復則重徙〔一七一八、四〕
「復」疑合作富。音之譌也。
【正文】重徙則死其處而無二慮〔一七一八、四〕
『老子』八十章
【正文】是故天子親率諸侯耕帝籍田〔一七一九、三〕
「籍」・藉同。
正月紀【編者按：「耕帝籍田」に注す】

【正文】是故當時之務、農不見於國〔一七一九、四〕
『〔尚書〕堯典』「春、厥民析」、『孔傳』「冬寒無事、竝入室處。春事既起、丁壯就功。〔厥、其也。〕言其民老壯〔分〕析」。又「夏、厥民因」、『孔傳』「因、謂老弱因就在田之丁壯以助農也」。又「秋、厥民田《ママ》」、『孔傳』「夷、平也。老壯在田與夏平也」。又「冬、厥民隩」、『孔傳』「隩、室也。民改歳入此室處、以辟風寒」。【編者按：「厥民田」の「田」は「夷」字の誤記】
四月紀「命農勉作、無休於都」。【編者按：『禮記』月令の引用。孟夏紀・孟夏は「命農勉作、無伏于都」に作る】
正月紀「王布農事。命田舍東郊」。
『〔國語〕齊語』〔六面〕「野處而不暱」。
【正文】男女貿功、以長生〔一七一九、六〕
「〔孟春紀〕重己」篇、『荀子・榮辱』。【編者按：どちらにも「長生久視」とある】
【正文】此聖人之制也〔一七一九、六〕
『禮記・王制』「制。農田百畝。百畝之分。上農夫食九人、其次食八人、其次食七人、其次食六人。下農夫食五人。庶人在官者、其祿以〔是〕爲差也」云云。
又『〔孟子〕萬章下』。
【正文】庶人不冠弁〔一七一九、一〇〕
「弁」當爲笄。
【正文】饗祀、不酒醴聚衆〔一七一九、一〇〜一一〕【編者按：「饗祀」に「スルモ」と送る】
【正文】農不出御、女不外嫁〔一七一九、一二〕
男【編者按：「農」字を訂す。朱筆】
【正文】繯網罝罦不敢出於門〔一七一九、一五〕
季春紀「田獵罼弋、罝罘《ママ》網羅、餧獸之藥、無出國門」。
【編者按：「網羅」は「羅網」の誤記】
『〔詩經〕豳風・九罭』詩「九罭之魚、鱒魴」、『毛傳』「九罭、緵罟。小魚之網也」。
【正文】澤非舟虞、不敢緣名〔一七二〇、一〕
六月紀「命虞人入材葦」。
【正文】墨乃家畜〔一七二〇、二〕
没【編者按：「墨」字を訂す。朱筆】
【正文】農攻粟〔一七二〇、三〕
『〔論語〕爲政』攻乎異端。〔引〕
【正文】四鄰來虛〔一七二〇、五〕

覰【編者按：「虚」字を訂す。朱筆】

虐【編者按：「虚」字を訂す。朱筆】

任地

[正文] 子能藏其惡而揖之以陰乎〔一七四〇、二〕

「揖」・輯・壹・一、四字通用。『讀荀子・修身』篇「知慮漸深則一之以易良」下引『通雅』、可考。【編者按：荻生徂徠『讀荀子』の當該箇所に「按『通雅』、專一、一作摶壹・竱一・摶揖」という】

[正文] 子能使吾士靖而甽浴士乎〔一七四〇、二～三〕

沃（一考本）【編者按：「浴」字に注す】

[正文] 子能使藿夷毋淫乎〔一七四〇、三〕

葦【編者按：「夷」字を訂す】

[正文] 子能使米多沃而食之彊乎〔一七四〇、五〕

維甫按、「彊」、「〔士容論〕審時」篇注曰「有勢力也」。

[正文] 無之若何〔一七四〇、五〕

爲【編者按：「無」字を訂す。朱筆】

[正文] 棘者欲肥、肥者欲棘〔一七四〇、六～七〕

『〔詩經〕檜風・素冠』詩「庶見素冠〔兮〕、棘人欒欒兮」、『毛傳』「欒欒、瘠皃」。

[正文] 又無螟蜮〔一七四〇、九〕

「蜮」當爲蟘。『詩・小雅』【編者按：『詩經』小雅・北山之什・大田に「去其螟螣」とあり、『說文』引は「去其螟蟘」（巻十三・虫部「蟘」）に作る】

[正文] 草諯大月〔一七四〇、一三〕

仲冬紀有「命之曰暢月」及「芸姓《ママ》生」之文。【編者按：「姓」は「始」字の誤記】

『〔康熙〕字典』〔酉集上・言部〕「諯、職緣切。音、專」。【編者按：「諯」字に注す】

[正文] 莒始生、莒者百草之先生者也〔一七四〇、一三〕

「莒」、蓋非今菖蒲也。菖蒲豈百草之先乎。

[正文] 孟夏之昔、殺三葉而穫大麥〔一七四一、二〕

「昔」讀爲夕。夕猶晩也。

[高注] 昔、終也。三葉、薺・亭歷・菥蓂也。是月之季枯死、大麥熟而可穫。大麥、旋麥也。

『書蕉・下』引此注、「薺」下有「芭」字。又云「月昔靡草死」。按『呂氏春秋』「孟夏之昔」注「昔、終也」、層評云「月昔卽腊字。取除舊更新之義」、非。

【正文】五時見生而樹生、見死而穫死〔一七四一、三〕

陳眉公『書焦・上』云「『呂子春秋』「五時見生而樹生、見死而穫死」。言農候也。見生樹生、謂望杏敦耕、瞻蒲勸穡也。見死穫死、謂靡艸死而麥秋至、草木黃落、禾乃登也」。層評云、似這樣險語、古書頗多。非注脚明白、幾令人費猜。

【正文】天下時、地生財〔一七四一、三〕

「名類」篇【編者按：「天」字に注す。名類とは有始覽・應同篇の原名。應同に「天爲者時」とある】

審時（十一背）【編者按：士容論・審時に「夫稼爲之者人也、生之者地也、養之者天也」とある】

【正文】渴時而止〔一七四一、五〕

竭（一考本）【編者按：「渴」字に注す】

【正文】其用日半〔一七四一、五〕

方【編者按：「日」字を訂す】

【正文】種重禾不爲重〔一七四一、七～八〕

『〔詩經〕豳風・七月』詩「黍稷重穋、禾麻菽麥」、『毛傳』「後熟曰重、先熟曰穋」。又『字彙』〔午集・禾部〕「穜」字注可考。

辯土

【正文】爲其寡澤而後枯〔一七六四、二〕

【高注】言上燥溼也。

「上」疑土。【編者按：「上」字は版本の誤刻】

【正文】必厚其靹〔一七六四、二〕

『字彙』『正字通』『玉篇』竝不見。『〔康熙〕字典』亦不載。【編者按：「靹」字に注す】

【正文】⿰飠倉者⿱艹紝之〔一七六四、二～三〕

『字彙』〔戌集・食部〕「⿰飠占、同飽」。【編者按：「⿰飠倉」字に注す】

「⿱艹紝」、『〔康熙〕字典』不載。

【正文】上田則被其處〔一七六四、三〕

陂【編者按：「被」字を訂す。朱筆】

【正文】則草竊之也〔一七六四、五〕

『尚書・微子』「殷罔不小大好草竊奸宄」。

【正文】稼乃多菑實〔一七六四、七～八〕

害【編者按：「實」字に注す】
【正文】寒則雕〔一七六四、八～九〕
「雕」與凋通。
【正文】熱則脩〔一七六四、九〕
『〔詩經〕王風・中谷有蓷』詩「中谷有蓷、暵其脩矣」。
【正文】故不能爲來〔一七六四、九〕
『〔詩經〕周頌・思文』「貽我來牟、帝命率育」、又『〔詩經・周頌〕臣工』詩「於皇來牟、將受厥明」。
【正文】農夫知其田之易也〔一七六四、一〇〕
『〔孟子〕滕文公上』「夫以百畝之不易爲己憂者、農夫也」。
【正文】不知其稼居地之虚也〔一七六四、一一〕
「虚」、卽上文「除之則虚」之虚。
【正文】縱行必術〔一七六五、五～六〕
得【編者按：「術」字を訂す】
【正文】樹墝不欲專生而族居〔一七六五、九〕
「專」讀爲團。（下同）【編者按：後文に「墝而專居則多死」とある】

審時

【正文】耨之容耨〔一七九〇、三〕
上八面〔士容論・任地〕「耨柄尺」。【編者按：「耨」字に注す】
【正文】據之容手〔一七九〇、三～四〕
『史記・呂后本紀』「見物如蒼犬、據高后掖、忽弗復見」、徐廣曰「據、音戟」。『老子』五十五章「蜂蠆虺蛇不螫、猛獸不據、攫鳥不摶」。
【正文】長稠長穗〔一七九〇、五〕
『字彙』〔午集・禾部〕「音同。禾盛皃」。【編者按：「稠」字に注す】
【正文】疏穖而穗大〔一七九〇、五〕
【高注】穖、禾穗果羸《ママ》也。
『〔詩經〕豳風・七月《ママ》』詩「果羸之實、亦施于宇」、『毛傳』「果羸、栝樓也」。注可疑。【編者按：「七月」は「東山」の誤記。高注、底本は「羸」であるが、他の刊本は「臝」に作る。「羸」が誤刻であることを疑っているのであ

ろう】

【正文】秈米而不香〔一七九〇、七〕

「秈」、『〔康熙〕字典』不載。

【正文】而食之不喂而香〔一七九一、一~二〕

『字彙』〔丑集・口部〕「音怨」。【編者按：「喂」字に注す】

【正文】厚糠多粃庛辟〔一七九一、六〕

「庛」、『字彙』『正字通』『玉篇』不見。『〔康熙〕字典』引此云云「音未詳」。

【正文】米不得恃定熟〔一七九一、六〕

時【編者按：「恃」字を訂す。朱筆】

【正文】薄糕而赤色〔一七九一、一二〕

『字彙』〔午集・禾部〕「之若切。禾皮也」。【編者按：「糕」字に注す】

【正文】失時之稼約〔一七九二、一〕

「約」與絢同。【編者按：「約」は「約」字の誤刻】

【正文】四衛變彊、殈氣不入、身無苛殃〔一七九二、三~四〕

「〔先識覽〕知接」篇「桓公曰、常之巫審於死生、能去苛病。管仲曰、死生命也。苛病失也」。

森鐵之助の『呂氏春秋』注釈

森鐵之助の『呂氏春秋』注釋第一冊（卷第一〜卷第五）

卷第一　孟春紀第一

孟春紀

[正文] 天子居青陽左个〔一、四〜五〕

『經義述聞』云「个當爲不。不隸作介、介之言界也。故高訓隔。按書傳个字皆隸書不字之俗省。故『說文』有介無个。介音古拜反、其轉音則爲古賀反、猶有二字也。（个之音古賀反、猶大之音唐佐反、柰之音奴箇反、皆轉音也）後人於古拜反者則作介、於古賀反者則作个、相沿已久、遂莫有能正之者矣」。【編者按：『經義述聞』卷三十一・通說上「个」の項の要約】

[正文] 乘鸞輅駕蒼龍〔一、五〕

仝云、鄭注『〔禮記〕月令』曰「馬八尺以上爲龍」、按下文「赤駵、白駱、鐵驪」下一字皆馬色名、倉龍不得異。龍讀爲駹。『〔易〕說卦傳』「震爲龍」、虞翻「龍」作駹云「駹、蒼色。震、東方。故爲駹」。思元《ママ》賦「尉尨眉而郎潛兮」、舊注曰「尨、蒼也」尨與駹通」。【編者按：「元」は「玄」字の誤記。『文選』卷十五・賦辛・志中に所載。作者張平子（名は衡）】

[正文] 還乃賞卿諸侯大夫於朝〔一、八〜九〕

[高注] 賞、爵祿之賞也。三公至尊、坐而論道、不嫌不賞、故但言卿諸侯大夫者也。

王尚書云、「卿」上當從『〔禮記〕月令』〔補〕公字。注「三公至尊、坐論道」云云、不可從。【編者按：『禮記』月令に「還反賞公卿諸侯大夫於朝」とあり、また『經義述聞』卷十四「還反」の項に引く『呂氏春秋』は「還乃賞公卿諸侯大夫於朝」に作る】

[正文] 布德和令〔一、九〕

[高注] 布陽德和柔之令。

王尚書云、和當讀爲宣、謂布其德教、宣其禁令也。『〔周禮〕大宰職』曰「始和布治于邦國都鄙」。和亦讀爲宣。謂宣布其治于邦國都鄙。古聲宣與和相近。故

宣字通作和。注謂「布陽德和柔之令」失之。【編者按:『經義述聞』卷十四「布德和令」の項。なお『經義述聞』の原文には、「注謂」の上に「高誘注呂氏春秋孟春紀」の十字がある】

[正文] 天子三推三公五推卿諸侯大夫九推〔二、三〕

仝曰、「三公五推」本作「公五推」。凡「月令」言「三公」者皆與九卿對文、「天子親帥三公九卿諸侯大夫」是也。其言公者則與卿對文、上文「賞公卿諸侯大夫於朝」是也。「賞公卿諸侯大夫」、不言「三公九卿」者、蒙上而省。今作「三公五推」、卽涉上文而誤也。『正義』内兩擧經文、皆無「三」字。『唐石經』亦無。『初學記・禮部下』、『白帖・藉田類』、『御覽・禮儀部』十六「資產部」二引此、皆無「三」字、幷其證也。【編者按:『經義述聞』卷十四「三公五推」の項。なお、『唐石經』は、『述聞』の原文には『唐月令』とあり、『初學記』の上に「又周頌載芟正義穀梁傳桓十四年疏北堂書鈔設官部二禮儀部十二」の二十八字がある】

[正文] 田事既飭先定準直〔二、七〕

『廣雅』曰「繩、直也」。王氏念孫『疏證』云「繩與直同義、故準繩亦謂之準直」、依引此「定準直」爲證。

[正文] 首種不入〔二、一四〕

緜案、「入」充、古聲相近。充、實也。首種謂稷。蓋稷比諸他穀、其種最早、故謂之首種。『廣雅・釋草』『疏證』曰「稷種於孟春、故謂之首種」。

本生

[正文] 以此爲子狂〔二一、九〕

緜案、「狂」、妄也。

[正文] 靡曼皓齒、鄭・衛之音〔二二、九〕

緜案、『文選』江淹「雜體詩三十首」序云「譬猶藍朱成〔采〕、雜錯之變無窮、宮商爲音、靡曼之態不極」。又案『列子・周穆王』篇「簡鄭・衛之處子娥媌靡曼者」、張湛注云「娥媌妖好也。靡曼柔弱也」。【編者按:六臣注にはこの序があるが李善注にはない】

重己

［正文］論其安危、一曙失之、終身復不得［三四、四～五］

［高注］貧賤所以安也、富貴所以危也。曙、明日也。言一日失其所以安、終身不能復得之也。

緬案、「安危」謂我生之案《ママ》危、言我生臨危而一旦失之、終不可復得也。「終身」身字衍、此注難解。

貴公

［正文］周公曰利而勿利［四五、六～七］

『荀子・富國』篇曰「利而後利之、不如利而不利者之利也。愛而後用之、不如愛而不用者之功也。愛而不用也者、取天下矣」。

［正文］上志而下求［四六、一］

［高注］志上世賢人而模之也。求猶問也。

所志于己則高、所求于人則卑、謂之上志而下求也。注謬。

去私

［正文］其誰可而爲之［五六、七］

緬案、「而」與以、古通用。「誰可而爲之」言誰可以爲之也。下倣之。

卷第二　仲春紀第二

情欲

【正文】九竅寥寥、曲失其宜〔八六、七〕

【高注】極三關之欲、以病其身。

緬案、注「三關」猶當作三官。卽謂耳目口三者也。

當染

【正文】無時乏絕〔九八、六〕

『尚書大傳・梓材』篇曰「行而無資謂之乏、居而無食謂之困」。下文高誘注「季春紀」作「居而無食曰絕」。

【編者按：『太平御覽』人事部一百一十八・施惠下に「『尚書大傳』曰老而無妻謂之鰥、老而無夫謂之寡、幼而無父謂之孤、老而無子謂之獨、行而無資謂之乏、居而無食謂之困。此皆天民之至悲哀而無告者。故聖人在上、君子在位、能者任職、必先施此、無使失職」とある】

功名

【正文】見利之聚、無之去〔一一三、二～三〕

緬案、「聚」與趣仝、則與如仝、如訓同、聚則言趣同也。與下「行鈞」其義仝。反復而言之耳。

【正文】亂雖信今、民猶無走〔一一三、四～五〕

「今」猶令。

【正文】賢不肖不可以不相分〔一一三、七〕

「以相不分」、緬案、「不」字疑衍。從來「賢不肖」以下、其意與下句相屬。言「賢不肖其名不可以相分、猶命之不可易、美惡之不可移也」。故下文亦云「名固不可以相分、必由其理」是也。

卷第三　季春紀第三

季春紀

【正文】分藺稱絲効功〔一二四、四～五〕

『廣雅』曰「稽・効、考」。王氏念孫『疏〔證〕』引此爲證。【編者按：『廣雅疏證』（巻五上、十五丁ウ）に「效之言校也、月令云、分藺稱絲效功」とあり、王氏が引くのは『呂氏春秋』ではない】

【正文】乃合纍牛騰馬游牝于牧〔一二四、九〕

【高注】皆將羣游從牝於牧之野、風合之。

王尚書曰「纍牛騰馬皆牡也。與游牝正相對。「乃合纍牛騰馬牝游于牧」十字、當作一句讀。謂合牛馬之牡者牝者於牧耳。注云《ママ》「游從牝於所牧之地、風合之」則與游牝別羣之文不合、疏矣」。【編者按：『經義述聞』（巻十四）「乃合累牛騰馬遊牝于牧」の項。「注云」は「高誘曰」に作る。なお引用に省略あり】

盡數

【正文】精氣之集也、必有入也〔一三九、四〕

緟案、「入」與合同義、閔元年『左傳』云「屯固比入」、其下文云「合而能固」、卽複說上文也。是「入」與合同義之證。中井積善『左氏傳逢源』以「入」字爲合字之譌、引下「合」字爲證、可謂知其一莫知其他矣。

【正文】處目則爲䁾爲盲〔一三九、八〕

【高注】䁾、眵也。

䁾者、『廣韻』・『集韻』竝「莫結切。音蔑」。『正韻』「蔑與眛仝、目不明也」。

注「眵」『廣韻』云「眵、目汁凝也」。韓愈短燈檠歌「兩目眵昏頭白雪」、『春秋・隱元年傳』「公及邾儀父盟于蔑」、『公羊』・『穀梁』竝作眛。【編者按：韓愈「短燈檠歌」の一節は「兩目眵昏頭雪白」に作る】

【付箋】「䁾、蔑也」。『正韻』「蔑與眛仝、目不明也」。

【正文】處鼻則爲鼽爲窒〔一三九、八～九〕
【高注】鼽、齆鼻。窒、不通。
【付箋】「鼽」ハナツマル　ハナフサカル
○注「齆」、『廣韻』・『集韻』竝「烏工切、音甕」。『字彙』「鼻塞曰齆」。
【正文】辛水所多疽與痤人〔一三九、一〇～一一〕
【付箋】「痤」、癰也。『左傳疏』「疽深而惡、癰淺而大」。
【正文】凡食無彊厚味無以烈味重酒是以謂之疾首〔一三九、一二〕
緪按、「是以」之以與「無以烈味重酒」之以同義（竝訓用）。「是以謂之疾首」、言闌。是「厚味」以下三者謂之疾之初首也。【編者按：「厚味以下三者」とは、厚味・烈味・甘味のことであろう】

先己

【正文】欲取天下、天下不可取。可取、身將先取〔一四六、二～三〕
【高注】言不可取天下、身將先爲天下所取也。
緪按、下「可取」二字疑衍、注義可證矣。
【正文】邪氣盡去、及其天年〔一四六、四〕
緪按、「及」當作没、蓋字殘缺。
【正文】孔子曰、非謂其躁也〔一四七、一三〕
緪按、古「非」與勿同義。「非謂其躁」言勿謂其言是躁也。

論人

【正文】嗜欲易足、取養節薄、不可得也〔一六二、五～六〕
緪按、「得」讀爲貪得之得、訓貪不可、古與無所同義。言「取養節薄」、猶無物所貪也。下「不可」亦倣之。
【正文】故知知一則可動作當務〔一六二、七〕
「則可」、「可」字衍。
【正文】言無遺者、集肌膚、不可革也〔一六二、八〕
緪按、「〈仲秋紀〉論威」篇云「古之至兵民之重令也。重乎天下、貴乎天子、其臧於民心、捷於肌膚也、深痛執固、不可搖蕩、物莫之能動」云云。可竝考。
【正文】致遠復食而不倦〔一六二、一〇〕

「復食」、「食」當作舍。一舍三十里而休。今車輕馬利、故復舍而不倦也。「復」與複同、訓重。

圜道

[正文] 圜周複雜 [一七四、二~三]

「雜」與匝、聲義幷仝。匝亦周也。

卷第四　孟夏紀第四

勸學

[正文] 學者師達而有材吾未知其不爲聖人 [一九八、四]

『荀子』（勸學篇）云「學惡乎始、惡乎終、曰其數則始乎誦經、終乎讀禮。其義則始乎爲士、終乎爲聖人」。

[正文] 師尊則言信矣道論矣 [一九八、八]

緪按、「道論」二字、難解。當作道諭。諭與論古書往往相混。

[正文] 凡說者兌之也非說之也、今世之說者多弗能兌而反說之 [一九八、一二]

【付箋】「兌」與論義相同。輸卽與上「道論」之諭亦仝。言說者以我意能諭於彼。故曰「說者兌」也。今無誠意感於人之德、而譟譟言說徒喧人耳、將何益焉、聽者生惑耳。

〔正文〕無乃畏邪〔一九九、七〕

【付箋】「畏邪」、一説爲却賊、被脅者爲畏。

『莊子・達生』篇云「夫畏塗者十殺一人、則父子兄弟相戒也、必盛卒徒而後敢出焉。不亦知乎、人之所取畏者、衽席之上、飲食之間而不知爲之戒者過也」。

『禮記・檀弓』云「死而不弔者三畏厭溺」。

尊師

〔正文〕且天生人也……〔二〇八、二〕

『莊子・天地』篇云「且夫失性有五。一曰五色亂目、使目不明。二曰五聲亂耳、使耳不聰。三曰五臭薰鼻、困惾中顙。四曰五味濁口、使口厲爽。五曰趣舍滑心、使性飛揚。此五者、皆生之害也」。

〔正文〕指於郷曲〔二〇八、五〕

〔高注〕其暴虐爲郷曲人所斥也。

緇案、「指」當訓斥、故高注云「爲郷曲人所斥也」。

『廣雅・釋言』「指、斥也」。是其證矣。

又案「〔恃君覽〕行論」篇云「指於國、不容郷曲」。當幷考也。

誣徒

〔正文〕草木雞狗牛馬、不可譙詬遇之、則亦譙詬報人〔二一四、六〜七〕

『莊子・則陽』篇云「長梧封人問子牢曰、君爲政焉勿鹵莽、治民焉勿滅裂。昔予爲禾耕而鹵莽之、則其實亦鹵莽而報予、芸而滅裂之其實亦滅裂而報予」。與此「焦詬遇之」「焦詬報人」、其意略似焉。

〔正文〕矜勢好尤、故湛於巧智〔二一四、九〜一〇〕

〔高注〕矜大其權勢、好爲尤過之事、湛没於巧詐之智。

緇案、『莊子・徐無鬼』篇云「錢財不積則貪者憂、權勢不尤則夸者悲」。此「好勢矜尤」正是義也。注謬。

〔正文〕昬於小利〔二一四、一〇〕

緇案、「昬」讀爲暋。『〔尚書〕康誥』曰「殺越人于貨、暋不畏死」、『說文』〔卷三・攴部〕云「暋、冒也。周書曰、暋不畏死」。『孟子〔萬章下〕』暋作閔者聲近義通。昬・暋・閔三字、皆貪冒之義也。

用衆

【正文】故學士曰〔二三五、七〕

緬案、「學士」、「士」當爲志。志猶記也。「學志」蓋書記之名也。或曰、「曰」字當移「學士」下《ママ》。【編者按：「下」は「上」の誤記であろう】

【正文】教、大議也〔二三五、七〕

「教大議也」、「大議」當作大義。「〈孟夏紀〉尊師」篇云「故教也者、義之大者也。學也者、知之盛者也」。是其證。

卷第五　仲夏紀第五

仲夏紀

【正文】其器高以觕養壯狡〔二四四、五〕

【畢沅】「壯狡」、『〈禮記〉月令』作壯佼。王尚書曰、『廣雅』云「狡、健也。「壯狡」猶言壯健。作佼者、假借字耳」。【編者按：『經義述聞』卷十四「養壯佼」の項】

【正文】農乃登黍〔二四四、八〕

【付箋】『漢書・律曆志』「一黍爲一分」。千二百黍爲龠。合龠爲合。【編者按：『漢書』律曆志上に「度者、分・寸・尺・丈・引也、所以度長短也。本起黃鐘之長。以子穀秬黍中者、一黍之廣、度之九十分、黃鐘之長。一爲一分、十分爲寸、十寸爲尺、十尺爲丈、十丈爲引、而五度審矣」とあり、「量者、龠・合・升・斗・斛也、所以量多少也。本起於黃鐘之龠、用度數審其容、以子穀秬黍中者千有二百實其龠、以井水準其槪。合龠爲合、十合爲升、十升爲斗、十斗爲斛、而五量嘉矣」とある】

【正文】羞以含桃〔二四四、九〕

緬案、『廣正《ママ》』曰「含桃、櫻桃也」。王氏念孫『疏證』曰、「『月令』『釋文』云「含本作函。函與櫻皆小之貌」。函若『爾正《ママ》』云「羸小者蛹。櫻若小兒之稱嬰兒也。櫻或作嬰《ママ》」。高誘注『呂氏春秋・仲夏紀』云「含桃、嬰《ママ》桃」也。蓋櫻・嬰《ママ》同聲通用耳。而高誘乃謂嬰《ママ》鳥所含、故言含桃、失之於鑿矣」。【編者按：『廣雅疏證』卷十上「含桃櫻桃也」の條。「嬰」に作るのは、すべて「鸎」字の誤記】

【正文】鹿角解〔二四五、四〕

清乾隆帝云、「鹿」當作麀。

大樂

【正文】生於度量〔二五八、二〕

『國語・周語』「是故先王之制鐘也、大不出鈞、重不過石、律度量衡於是乎生、小大器用於是乎出、故聖人愼之。今王作鐘也、聽之弗及、比之不度」、注「不度、不中鈞石之數」。

【正文】天使人有欲、人弗得不求。天使人有惡、人弗得不辟〔二五九、九～一〇〕

【高注】欲、貪也。

緬案、「欲」、好也。與「惡」對、注訓貪非是。

【正文】人不得興焉〔二五九、一〇〕

「興」當作與。

侈樂

【正文】其生之與樂也〔二六九、一〇〕

「與」讀爲於、古通用。

【正文】樂之有情、譬之若肌膚形體之有情性也。……從此生矣〔二六九、一二～二七〇、二〕

【付箋】人生而靜、天之性也、感於物而動、性之欲也。物至知、知然後好惡形焉。好惡無節於內、知誘於外、不能反己、天理滅矣。夫物之感人無窮、而人之好惡無節、則是物至而人化物也。人化物也者、滅天理而窮人欲者也。於是有悖逆詐僞之心、有淫佚作亂之事、故彊者脅弱、衆者暴寡、知者詐愚、勇者苦怯、病疾不養、老幼孤寡不得其所。此大亂之道也。（『禮記・樂記』）

適音

[正文] 不容則横塞 〔二七六、二〕

鄭注『〔禮記〕樂記』云「横、充也」。

[正文] 不收則不摶、不摶則怒 〔二七六、五〕

絙案、「怒」讀爲拏。煩拏、擾亂之意。卽與「不收」「不摶」義相承。

[正文] 大不出鈞 〔二七六、六〕

『國語・周語』韋注「鈞、所以鈞音之法也。以木長七尺者弦繫之以爲鈞法」。

[正文] 清廟之瑟、朱弦而疏越、一唱而三歎 〔二七六、一一〕

『國語・周語』「越之匏竹」、韋注「越匏竹以爲笙管。越〔謂〕爲之孔」。

〔『禮記』〕樂記『疏』云「朱弦謂練朱絲爲弦、練則聲濁也。越謂瑟底孔也。疏通之使聲遲」。故云疏越、弦聲既濁、瑟音又遲、是質素之聲、非要妙之響。【編者按：ここに引く「疏」の文章は、ほぼ鄭注のそれである】

【付箋】樂記『疏』又云「朱弦練朱弦者、按「虞書」傳云「古者帝王升歌清廟之樂、大琴《ママ》練弦」。此云朱弦者、明練之可知也。云練則聲濁者、不練則體勁而聲清、練則絲熟而弦濁。云「三歎、三人從歎之耳」者、三歎謂擊瑟贊歎美者、但有三人歎之耳。言歎者少也」。【編者按：「琴」は「瑟」字の誤記】

[正文] 大饗之禮、上玄尊而俎生魚、大羹不和 〔二七六、一一～一二〕

樂記『疏』云「大饗謂祫祭。尚玄酒在五齊之上、而俎腥魚。腥、生也。俎雖有三牲、而兼載腥魚也。大羹謂肉湆也。不和謂不以鹽菜和之。此皆質素之食、而大饗設之」。

古樂

［正文］惟天之合、正風乃行〔二八八、一二〕

緬案、「天之合」當作「天地之合」。「〔季夏紀〕音律」篇云「大聖至理之世、天地之氣合而風生」。是其證。

卷第六　季夏紀第六

季夏紀

［正文］三旬二日〔三一五、六〕

［高注］十日爲旬。二日者、陰晦朔日也。

緬案、注「陰」當作除、字之誤也。

又案、「三旬二日」當作三旬三日、是解其再三至之義也。言每旬一至三旬正三至、故云三旬三日。

［正文］祭先心〔三一五、一〇〕

［高注］祭祀之肉先進心、心、火也、用所勝也。

緬案、注「用所勝」當作用所生。聲近而誤。

［正文］其氣圜以揜〔三一五、一一～一二〕

器【編者按：「氣」字を訂す】

音初

[正文] 子長成人、幕動拆橑、斧斫斬其足 〔三三八、一〕

【付箋】「幕動拆橑」四字、奇怪似不可讀。緬案、「幕」疑本暴之破裂。後人妄補綴於此也。蓋「暴動」猶言輕率也。二字本屬上文「長成人」爲一句。言「長成人」擧動暴率不自重。當欲拆屋橑、其斧誤破其足也。下句「斫斬其足」斫斬二字從『御覽』作破一字爲是。

[正文] 凡音者產乎人心者也、感於心則蕩乎音、音成於外而化乎内、是故聞其聲而知其風 〔三三八、一三～一四〕

【付箋】『〔禮記〕樂記』云「凡姦聲感人而逆氣應之。逆氣成象而淫樂興焉。正聲感人而順氣應之。順氣成象〔而〕和樂興焉」。

制樂

[正文] 熒惑在心 〔三五一、三〕

『淮南子・天文訓』曰「熒惑常以十月入太微、受制而出行列宿、司無道之國、爲亂爲賊、爲疾爲喪、爲饑爲兵、出入無常、辨《ママ》變其色、時見時匿」。【編者按：「辨」は「辯」字の誤記】

明理

[正文] 是正坐於夕室也 〔三六二、三〕

緬案、『廣雅』〔卷二下「釋詁」〕「夕、衺也」。王氏念孫『疏證』引此文及『晏氏春秋・雜』篇之文以證。

【編者按：『晏氏春秋』雜下に「景公新成柏寢之臺、使師開鼓琴、師開左撫宮、右彈商、曰室夕。公曰、何以知之。師開對曰、東方之聲薄、西方之聲揚」とある】

[正文] 百疾、民多疾癘 〔三六三、一二〕

「疾」當作出。「百出」言變態之多也。涉下「疾」字而誤。

卷第七　孟秋紀第七

蕩兵

【正文】若積大水而失其壅隄也〔三八九、一〇〕

「失」當作缺。或決字之殘誤。

振亂

【正文】慮莫如長有道而息無道〔三九九、四〕

緬按、「慮」與亡慮仝。猶云大凡也。

【正文】若說爲深〔三九九、九〕

「若」與是同義。「若說」卽是說也。

禁塞

【正文】自今單脣乾肺〔四〇六、五〕

緬案、「單」讀爲燀。燀亦乾也。

【正文】上稱三皇五帝之業以愉其意〔四〇六、五～六〕

「愉」讀爲輸。輸、致也。

【正文】雖欲幸而勝〔四〇六、九〕

緬按、「欲」字疑衍。

【正文】吾未知其厲爲無道之至於此也〔四〇七、二〕

「厲」字涉上下文而誤衍。

懷寵

【正文】子之在上無道〔四一七、九〕

「子之在上」子卽指民也。「在上」者謂君也。

巻第八　仲秋紀第八

仲秋紀

[正文] 天子乃儺、禦佐疾、以通秋氣〔四二六、一〇〜四二七、二〕

「佐」疑瘥。聲近而誤。昭十九年『左傳』云「夭昏札瘥」、注「小疫曰瘥」。「禦瘥疾」言掃疫癘之疾也。

【編者按：『左傳』の引用は「札瘥夭昏」の誤り】

論威

[正文] 治亂安危過勝之所在〔四三五、二〕

[高注] 過猶取也。

緪案、注云「過猶取」當言過猶敗。蓋「過」與敗其義互相通故也。

[正文] 其令信者其敵詘〔四三五、八〕

信、伸也。與「詘」對。

[正文] 猶不得已也〔四三五、九〕

「猶」與由仝。

[正文] 在於知緩徐遲後而急疾捷先之分也〔四三六、三〕

「而」讀爲與。

[正文] 則知所免起鳧舉死殙之地矣〔四三六、四〜五〕

緪案、『廣雅』〔巻三下・釋詁〕曰「殙、死也」。王氏念孫『疏證』云、殙古通作昏。昭十九年『左傳』「寡君之二三臣、札瘥夭昏」。案、昏猶没也。『〔尚書〕皐陶謨』「下民昏墊」、鄭注云「昏、没也」云云。【編者按：王念孫が「皐陶謨」と引く『尚書』の文は「〔益稷〕」の誤り。『廣雅疏證』巻三下・釋詁】

簡選

[正文] 不可爲而不足專恃〔四四六、一四〕

「爲」疑無。蓋爲無楷書字相似。

決勝

【正文】此以智得也〔四五七、五〕

「智」疑勇。

【正文】幸也者〔四五七、一二〜一三〕

「幸」當作勢。字之殘缺。

【正文】故執不可勝之術以遇不勝之敵〔四五八、三〜四〕

上云「不可勝在己可勝在彼」則此當云「執不可勝之術以遇（遇猶言待）可勝之敵」。下「不」（字可字之誤）當作可。【編者按：「下不字可字之誤」の書き込みを「下不當作可」に改める】

【付箋】出奇、無窮如天地、不竭如江海、終而復始。

先爲不可勝、以待敵之可勝。

善守者、臧於九地下。善政者、動於九天之上。【編者按：出典は全て『孫子』。一行目が「兵勢」で、他は「軍形」。なお、「兵勢」の原文は「出奇者、無窮如天地、不竭如江河、終而復始」に作る】

愛士

【正文】甚如饑寒〔四六四、一一〜一三〕

「如」與於仝。

【正文】昔者秦繆公乘馬而車爲敗〔四六四、四〕

「而車」之間疑脱出字。『説苑・復恩』篇云「秦繆公嘗出、而亡其駿馬」。

【正文】晉惠公之右路石奮投撃繆公之甲〔四六四、七〕

「路石」其姓名、「奮」下屬。「投」亦撃也。

卷第九　季秋紀第九

季秋紀

[正文] 候鴈來、賓爵入大水爲蛤〔四七三、三～四〕

謝肇淛『五雜俎』曰「月令、八月鴻雁來矣。至九月又言鴻雁來賓、何也。仲秋先至者爲主、季秋後至者爲賓也」。

[正文] 寒氣總至〔四七三、八〕

緢按、「總」與奏同義。『廣雅』云「奏、至也」。『詩・〔商頌〕那』篇云「湯孫奏假」。奏又與鬷同義。『詩・〔商頌〕烈祖』篇云「鬷假無言」。此言「寒氣總至」猶下章云「暖風來至」。【編者按：『廣雅』に「奏、至也」という文言はない】

順　民

[正文] 取民之所說而民取矣〔四八五、一～二〕

緢案、「取」與趣義同。言趣民之所說、則民從而趣之也。

[正文] 𨟠其手〔四八五、五〕

緢案、「𨟠」當作酈。𨟠與歷仝。從邑本無義。『文選』李善注引此音酈是也。但其字亦誤作鄏。不可從也。『〔三國志〕蜀志・郤正傳』〔裴松之注〕引作攦、『論衡〔感虛〕』作麗、義竝仝。『莊子・胠篋』篇云「攦工倕之指」、「天地」篇云「罪人交臂歷指」、『禮記・祭義』云「君牽牲、麗於碑」。案、𨟠・歷・攦・麗四字竝以音相假借、字異而義仝。皆執拘繫縛之名也。𨟠之爲磿、猶攦之爲麗、故『蜀志』作攦、『論衡』乃作麗、「祭〔義〕」亦作麗、『莊子・天地』篇作磿、此文乃作𨟠、或亦從糸作纚。『詩・〔小雅〕采菽』篇云「汎汎楊舟、紼纚維之」是也。注云「纚、維、皆繫也」。【編者按：『文選』卷四二書中・應休璉「與

廣川長岑文瑜書」に「翦爪宜侵肌乎」とあり、李善注に「呂氏春秋曰、昔殷湯克夏、而大旱五年、湯乃身禱於桑林。於是翦其髮、𨟍其手、自以爲犧、用祈福於上帝。民乃甚悅、雨乃大至。𨟍音酈」とある。なお、『太平御覽』巻五二九・禮儀部八・禱祈に引く『呂氏春秋』は「於是翦其髮、麗其手、自以爲牲、用祈福于上帝」に作る。『詩經』の注は『朱熹集傳』】

【正文】以視孤寡老弱之漬病困窮顏色愁悴不贍者〔四八五、一五〕

緬案、「之」讀爲與。言「以視孤寡老弱與漬病困窮顏色愁悴」者、十五字一句。

【正文】若此而不可得也〔四八六、二〕

「此而」猶言此之也。

【正文】外事之諸侯〔四八六、三〕

「事之」、「之」與於仝。

【正文】四枝布裂〔四八六、五〕

緬案、「布」、敷也。『〔尚書〕禹貢』云「禹敷土」、馬〔融〕注云「敷、分也」。「布裂」言分裂也。

【正文】問於和子〔四八六、七〕

「問」疑衍。

【正文】雖猛虎也、而今已死矣〔四八六、八〕

【高注】言越王衰老、不能復致力戰也、故曰而今已死矣。越王雖已死、而其遺風餘烈猶生也。注非。

知士

【正文】猶若弗取〔四九六、二〕

「猶若」二字一訓。

【正文】能使士待千里者〔四九六、三〕

緬案、「待」當作得。

【正文】劑貌辨〔四九六、五〕

吳禮部云「此人蓋有奇節而不修細行者」。【編者按：引用は『戰國策』齊策一・靖郭君善齊貌辨の吳師道注（『戰國策校注』）】

【正文】剗而類〔四九六、六〕

【高注】剗、滅。

『集韻〔產韻〕』云「剗、翦也」。

【正文】揆吾家〔四九六、六～七〕

緬案、「揆」讀爲闋。闋、卒也。卒猶盡也。

【正文】且靜郭君聽辨而爲之也［四九七、二］

緬案、「且」・如仝義。「且靜郭君」言如靜郭君也。「〔季秋紀〕審己」篇「且柳下季」亦仝。蓋「且」與如聲相近。故「漸洳」又謂之「沮洳」是其證也。【編者按：『六韜』犬韜・戰騎に「進退漸洳、此騎之患地也」とあり、『詩經』魏風・汾沮洳に「彼汾沮洳、言菜其莫」とある】

【正文】寡人少、殊不知此。客肯爲寡人少來靜郭君乎［四九七、五～六］

緬案、下「寡人少」、「少」字涉上「寡人少」而衍。『國策』無。

審己

【正文】必有故［五〇四、二］

「故」猶言本。卽謂其所以其然也。

【正文】故子路揜雉而復釋之［五〇四、四］

緬案、『說文』云「掩、自關而東謂取曰揜」。【編者按：『說文』卷十二・手部「揜」に「自關以東謂取曰揜」とあり、段玉裁注に、「掩・索、取也。自關而東曰掩。自關而西曰索。或曰抯。按許所據方言蓋作揜」とある】

【付箋】「揜」、兩手持物之名也。雉本非可揜之者而今得揜之。未知其故。未知其故而得之、卽君子之所惡。故捨而不取也。

【正文】君之賂、以欲岑鼎也［五〇四、一一～一二］

緬案、「欲」與好古義通。「欲岑鼎」猶言「好岑鼎」、謂「其所好之岑鼎」也。【編者按：畢沅の『新校正』に「猶言賂以其所欲之岑鼎」とある】

【正文】於是魯君乃以眞岑鼎往也［五〇四、一二～一三］

『韓子〔說林下〕』云「齊伐魯、索讒鼎、魯以其鴈往、齊人曰、鴈也。魯人曰眞也。齊曰、使樂正子春來、吾將聽子。魯君請樂正子春、樂正子春曰、胡不以其眞往也。君曰、我愛之。答曰、臣亦愛臣之信」。

【正文】且柳下季可謂此能說矣［五〇四、一三］

「且」猶言抑。又曰、「且」與如聲近字互通。

【正文】晝日步足［五〇五、二］

緬案、「晝日步足」當作「盡日步走」。

【正文】王故尚未之知邪〔五〇五、三～四〕
「故」・固通用、固亦爲尚。「故」・尚二字一意。
【正文】此公玉丹之所以過也〔五〇五、六〕
緧案、「過」猶詿也。「此公玉丹之所以過也」言此卽「公玉丹之所以詿誤之也」。蓋湣王之出亡、職由於公玉丹之詿誤。【編者按：『說文』卷三・言部に「詿、誤也」とある】
【正文】惡其三人而殺之矣〔五〇五、七～八〕
「惡」讀爲𧩙。𧩙、譖也。

精通

【正文】宋之包丁好解牛、所見無非死牛者。三年而不見生牛。用刀十九年、刃若新磨研〔五一四、三～四〕
【付箋】『莊子・養生主』「包丁爲文惠君解牛、手之所觸、肩之所倚、足之所履、膝之所踦、砉然〇奏刀騞然、莫不中音。合於桑林之舞、乃中經首之會。文惠君曰、譆。善哉。技蓋至此乎。包丁釋刀對曰、臣之所好者道也、進於《ママ》技矣。始臣之解牛之時、所見無非牛者。三年之後、未嘗見全牛也」。嚮然【編者按：引用文中の「〇」の箇所に補う。朱筆。『莊子』の原文は「進於技」を「進乎技」に作る】
【正文】神出於忠〔五一四、一三〕
忠猶衷、聲之誤。「神出於我之衷而應於彼之心也」。

卷第十　孟冬紀第十

節葬

【正文】若慈親孝子者之所不辭爲也〔五三二、一三〕

「若」讀爲乃。

異寶

【正文】地險而民多知〔五五八、七〕

緬案、「險」、小也。「多知」猶云多說也。

異用

【正文】今之人學紓〔五六八、一〕

緬案、『廣雅・釋詁』〔卷三下〕云「敎・學、效也」。紓與緒聲義相近。緒、序也。「學紓」猶云效述也。

【正文】孔子荷杖而問之〔五六八、八〕

緬案、「荷」、假也。假、格也。格猶廢。蓋放所執之杖而與之爲禮也。

巻第十一　仲冬紀第十一

仲冬紀

［正文］以固而閉〔五七四、六〕
「而」讀爲其。

［正文］命之曰暢月〔五七四、七〕

【付箋】「暢」之言舒也。「月」當作阴（阴・陰別體）。是承上「諸蟄則死」以下語而總之之辭也。猶言命之曰阴氣舒發之災也。

［正文］兼用六物〔五七四、一〇〕

［高注］六物、秫・稻・麴・蘗・水・火也。
緬案、秫稻一、麴蘗二、湛饎三、水泉四、陶器五、火齊六、謂之六物。

至忠

［正文］射隨兕〔五八四、五〕

【付箋】隨兕、『說苑〔立節〕』作科雉。科雉當是秭鴂之僞。『史記・歷書』曰「秭鴂先滜」、徐注云「子規也」。又作姊歸、「高唐賦」作「思歸」是也。『說文』作子巂。『廣雅〔釋鳥〕』〔卷十下〕作子鳺。鳺與規仝。又作鷤搗・鶇鴂・鶗鳺・蝭蛙、轉爲杜鵑。此書作隨兕、蓋亦聲之轉也。或曰、隨兕當作兕隨、兕與姊聲近、隨與巂聲近。『〔國語〕齊語』「紀巂」、『莞子〔小匡〕』作「紀隨」、是其證也。『呂覽・〔仲冬紀〕至忠』篇「隨兕」說。谷先生。

【編者按：『史記』歷書の『集解』に「徐廣曰、秭音姊、鴂音規、子鳺鳥也」とある。高唐賦は宋玉の作（『文選』巻十九・賦癸・情）。『說文』巻四・隹部に「巂、周燕也。从隹、屮象其冠也。冏聲。一曰蜀王望帝、婬其相妻、慙亡去、爲子巂鳥。故蜀人聞子巂鳴、皆起云望帝」とある。畢沅も『說苑』を引く】

【正文】其忠也可謂穆行矣〔五八五、二〕

緬案、「穆」、闇也。「穆行」猶云隱行也。謂人所不知之行。

忠廉

【正文】士議之不可辱者大之也〔五九四、二〕

「議」讀爲誼。「之」猶者、語辭。

【正文】摯執妻子〔五九四、一〇〕

緬案、「摯」當作縶。字似而誤。

當務

【正文】所貴辨者、爲其由所論也。所貴信者、爲其遵所理也〔六〇二、三〕

「所論」「所理」二「所」字、讀如於。古通用。

【正文】夫妄意關内〔六〇二、五〕

「妄」與望、古通用。故「無妄」或「無望」是其證也。「妄意」言望而計之。

【正文】備說非六王・五伯、以爲堯有不慈之名、舜有不幸之行、禹有淫湎之意、湯武有放殺之事〔六〇三、一～二〕

『莊子・盜跖』篇曰「堯不慈、舜不孝、禹偏枯、湯放其主、武王伐紂、文王拘羑里。此六子者、世之所高也」。此疑脫「文王」云云句。不然則唯五王而已。

【正文】一父而載取名焉〔六〇三、七～八〕

「載」與再、古通用。「〔季秋紀〕順民」篇「文王載拜」、「〔季夏紀〕制樂」篇「子韋還走、〔北面〕載拜」竝與再仝。

【正文】於是具染而已〔六〇三、一〇～一一〕

緬案、「於是具染而已」、「於是」二字輕輕讀之。猶『詩・〔國風〕采蘩』「于以采蘩」之于。言于以具染而已也。

長見

【正文】不以吾身爵之〔六一一、五～六〕

緬案、「以」・與通用。與訓及。「不以吾身爵之」言不及吾身爵之也。下文「不以吾身遠之」倣之。

[正文] 爲不能聽 〔六一二、一二〕

緪案、「爲」與若、古通用。故『御覽』作若也。

巻第十二　季冬紀第十二

季冬紀

[正文] 旁礫、出土牛、以送寒氣 〔六二二、五〕

緪案、「旁礫」以送今歲之寒氣、「出土牛」以勸來歲之耕、文有所省也。

[正文] 征鳥厲疾 〔六二二、五〕

【付箋】「征鳥厲疾」、『〔禮記〕月令』注云「征鳥、〔謂〕鷹隼之屬〔也〕」。以其善擊、故曰、征。「厲疾」者、猶厲而迅疾也。【編者按：ここに言う注は『禮記正義』である】

[正文] 三旬二日 〔六二三、五〕

緪案、「三旬二日」上必有脱語、以季夏紀例之、當言

「是月時雪三至、三旬二日」。

士節

【正文】必見國之侵也、不若先死〔六三〇、一〇〕

緬案、「必」當作以、字似而誤。以與與同義。『後漢・光武紀』「以守柏人不如定鉅鹿」之「以」字、亦讀爲與。此言與見國之侵也、不如先死也。

介立

【正文】今晉文公出亡〔六三四、二〕

「今」疑方。

【正文】其卒遞而相食、不辨其義〔六三五、七〕

緬案、「遞」讀爲褫、褫奪也。『易・訟上九』「或錫之鞶帶、終朝三褫之」。「而」讀爲以、「其卒遞而相食」、言其終奪以相食也。

不侵

【正文】而時使我與千人共其養〔六四七、四〕

緬案、「千」當作衆、字之殘缺也。

卷第十三　有始覽第一

有始覽

[正文] 水道八千里、受水者亦八千里、通谷六、名川六百、陸注三千。小水萬數〔六六三、一〇〜一一〕

緢案、「水道八千里、受水者亦八千里」疑涉上文而衍二「里」字。「通谷六」下疑當百字。

又案、「水道」猶言水源也。

[正文] 聖人覽焉、以觀其類〔六六四、二〕

[高注] 天斟輸萬物、聖人總覽以知人也。

緢案、「覽」字據注當讀爲攬、攬訓取。「類」、理也。

[正文] 解在乎天地之所以形〔六六四、二〜三〕

三山先生云、「解」字當刪。蓋本書往往有「解在乎某」云云之語、傳寫涉之而誤衍也。「在」、察也。此「在」字闕至篇末二十七字。

[正文] 陰陽材物之精〔六六四、三〕

緢案、陰陽材物之精、「精」疑當情。卽與篇首「察其情、處其形」之情相應。不然則此「精」猶言氣也。

應同

[正文] 天爲者時、而不助農於下〔六八三、二〜三〕

『廣雅』曰「農、勉也」。襄十三年『左傳』曰「君子上《ママ》能而讓其下、小人農力以事其上」。王氏引之云「農力猶努力、語之轉也」。案、「不助農於下」、言不助勉於下也。【編者按：「上」は「尚」字の誤記。また、「農力猶努力、語之轉」について、王念孫『廣雅疏證』に「農猶努也、語之轉耳」（卷三上二一丁オ）とある。『左傳』襄公十三年の「君子尚能」云云の文を引く】

[正文] 凡人之攻伐也、非爲利則因爲名也〔六八四、三〕

緢案、「因」當作固、字似而誤、固訓必。

去尤

［正文］『莊子』曰、以瓦投者翔［六九四、一二］

緬案、「投」當作投、投・注聲近義同。故『莊子』作注、或作摳、又作鉒者、假借爲之也。【編者按：『山子垂統』にも同じ説がみえる。『莊子』達生に「以瓦注者巧」とあり、『列子』黃帝に「以瓦摳者巧」とあり、『淮南子』說林訓に「以瓦鉒者全」とある。なお、『新校釋』六九九頁の注二一を參照】

聽言

［正文］夭腈壯狡、汔盡窮屈［七〇三、二］

緬案、「汔」亦盡也。「汔盡」二字一訓、讀爲幾。

［正文］善不善本於義、不於愛［七〇三、六～七］

緬案、「不於愛」、「不」當作本、字之誤也。

［正文］其與人穀言也、其有辯乎、其無辯乎［七〇三、一〇～一一］

緬案、「穀」當作觳。『韓子・用人』篇曰「訟争《ママ》止技長立、則彊弱不觳力、冰炭不合形」。案以力與人争謂之觳力、則以言與人争謂之觳言、其義一也。【編者按：「訟争」は「争訟」の誤記】

【付箋】其與人觳言也、其有辯乎、其無辯乎、言與人相辯難也。不貴其言之有辯、只貴其能當事情。其有辯乎、其無辯乎、猶云與其有辯寧無辯也。

謹聽

［正文］殷周以亡、比干以死、誖而不足以擧［七〇九、五～六］

緬案、「殷周」當作殷紂、聲之誤也。「誖」當作諫、字似而誤也。「擧」與繩義同、繩正也。

［正文］周箴曰「夫自念斯、學德未暮」。學賢問、三代之所以昌也［七一〇、四～五］

緬案、「德」下脫一字、或是積、又來字。「未暮」言其速也。「賢問」之問下亦脫一字、或是能、又知字歟。

［正文］故見賢者而不聳則不惕於心［七一〇、六］

緬案、「聳」讀爲慫慂之慫、慫慂者勸勉之義也。『國語・楚語』云「敎之春秋、而爲之聳善而抑惡、以戒勸其心」、韋注云「聳、奬也。抑、貶也」。案、奬卽勸勉也。

【正文】四海之内〔七一〇、一〇〕

緬案、「四海之内」、下「〔先識覽〕觀世」篇作江海之上。

卷第十四　孝行覽第二

本味

【正文】故黄帝立四面〔七四四、一二〕

緬案、『尸子』曰「子貢問孔子曰、古者黄帝〔立〕四面信乎。孔子曰、黄帝取合己者四人、使治四方、不謀而不約而成、大有成功、此之謂四面也」。（親）【編者按：「不謀而」の下に、朱で〇を付す。馬叙倫『讀呂氏春秋記』は、『太平御覽』卷七九及び三六五に引くところは「不謀而親、不約而成」に作るという（『新校釋』七五一頁、注二一を參照）。汪繼培の輯本もこれに同じ（楊家駱編「世界文庫」本）。なお、森氏は、『湖海樓叢書』所收の汪繼培輯本『尸子』を使用したと考えられる。後掲四一二頁編者注參照】

【正文】宰揭之露〔七四六、三〕

「露」當作酪。

[正文] 長澤之卵〔七四六、三～四〕

「卵」疑是茆之誤。

義賞

[正文] 故善教者不以賞罰而教成〔七八六、五〕

三山先生曰、「不」字疑衍。

[正文] 姦僞賊亂貪戾之道興、久興不息、民之讎之若性、戎夷胡貉巴越之民是以雖有厚賞嚴罰弗能禁〔七八六、六～七〕

[高注] 讎、用也。

緬案、「是以」二字試移「戎夷」上看。

又案、「讎」之言周也。『尚書・召誥』曰「予小臣敢以王之讎民百君子」、清儒孫氏星衍『注疏』云「讎與稠聲近」。稠、衆也。按、讎之爲周、猶周之爲稠也。

『孟子・盡心下』篇曰「周于利者、凶年不能殺、周于德者、邪世不能亂」、趙岐注云「周、達也」、焦氏循『正義』云「周有達義者。劉熙『釋名・釋船』云「舟言周流」。『易・繫辭傳』云「舟楫之利以濟不通」。舟取義於周、是周有達義也」。此讎字、正與『孟子』之「周」同義。

「姦僞賊亂貪戾之道興、久興而不息、民之讎之、若性者」、言民周達乎姦僞賊亂貪戾之道、而無所不至也、乃若其性也。此注「讎用也」、「用」是周之字誤。

「〔恃君覽〕行論」篇注正作讎周也。

[正文] 昔晉文公將與楚人戰於城濮……〔七八六、一〇〕

【付箋】僖廿八年『左傳』「公曰、宋人告急。舍之則絕。告楚不許。我欲戰矣、齊・秦未可。若之何。先軫曰、使宋舍我〔而〕賂齊・秦、藉之告楚、我執曹君、而分曹・衛之田、以賜宋人、楚愛曹・衛、必不許也。喜賂怒頑、能無戰乎」、又曰「私許復曹・衛以攜之、執宛春以怒楚、既戰而後圖之」。按、是本出於先軫之謀、而用咎犯之言、逆用之以勝楚也。所謂君亦說之而者殆是歟。

長攻

【正文】各一則不設〔七九七、二〕

緢案、「設」、合也。『〔禮〕記・禮器』云「禮也者合於天時、設於地財」。設亦訓合。説詳『經義述聞』。

【編者按：『經義述聞』は『廣雅疏證』の誤り。『廣雅疏證』巻二、十二丁ウに「説者禮器云、夫天禮者合於天時、設於地財、順於鬼神、合於人心。設亦合」とある】

【正文】始在於遇時雨〔七九八、二〕

緢案、「始」當作收、字似而譌也。

【正文】山處陸居〔七九八、八～九〕

「山處陸居」、言隔山而處、阻陸而居也。

【正文】乃攻之〔七九八、一四〕

「乃」當爲仍。

【正文】息夫人、吾妻之姨也〔七九九、二〕

三山先生曰、「吾妻」、「妻」字衍。

【正文】請以其弟姉妻之〔七九九、七〕

三山先生曰、「弟」字衍、下句倣之。

愼人

【正文】萬民譽之〔八〇九、八〕

緢案、「譽」、古與豫通、豫樂也。或曰、「譽」與「與」仝。

【正文】七日不嘗食、藜羹不糝〔八一〇、七〕

緢案、『廣雅』曰「⿰黍攵、黏也」。『〔廣雅〕疏證』引『釋名』云「糝、⿰黍攵也。相⿰黍攵黏《ママ》也」。「藜羹不糝」、言羹中加米則相黏著有味、散之糝也。今不糝、則漓澆無味矣。「〔審分覽〕任數」篇作「不斟」。『補注』云「斟乃糂之譌。『説文』「糂、以米和羹也」」。【編者按：『廣雅疏證』に引く『釋名』は「黏數」に作る。『補注』とは經訓堂本の畢沅の注を指す】

【正文】孔子烈然返瑟而弦、子路抗然執干而舞〔八一〇、一五〕

緢案、「烈」與栗聲近相假借。栗然、敬肅之貌。

又案、「抗然」當從『莊子・〔讓王〕』作扢然。扢然卽慨然也。蓋扢・扢二字、古以聲相通。段氏玉裁曰「磯與扢・概字、古音同、謂摩也。故『毛詩音義』云「磯、居依反、又古愛反、古假借字」」。『説文』云「概所以扢斗也」。『易』「月幾望」、荀爽作月既望。

『周禮・犬人・幾珥』注云「幾讀爲刉」、從既從气、與從幾原可相通。【編者按：段玉裁の說は、『重栞宋本孟子注疏』の阮元『校勘記』（卷十二上、告子下）に引くもの。なおこのことは、宋福邦等主編『故訓匯纂』（北京、商務印書館、二〇〇三年）の「磯」の項（一五九〇頁）も指摘している】

[正文] 爲寒暑風雨之序矣 〔八一一、二〕

緬案、「爲」・若古通。「爲寒暑風雨之序」言若寒暑風雨之序也。

又案、聖人於窮達所遇安之、猶遇風雨寒暑之以序而至、卽安之。

遇合

[正文] 凡遇合也時 〔八二二、二〕

[畢沅] 句下當疊一「時」字。

緬案、句下不必疊一「時」字。

[正文] 厲女德而弗忘 〔八二三、七〕

緬案、「厲」之爲言賴也、賴善也、言善女德不忘也。

[正文] 客有進狀有惡其名言有惡狀 〔八二三、一三〕

緬案、「客有」之「有」涉下文而衍。下二「有」字幷訓爲又。「惡」「狀」之間脫其字。

[正文] 而友之足於陳侯而無上 〔八二四、二〕

緬案、「足於」之「足」涉上文而衍。

[正文] 豈能獨哉 〔八二四、四〜五〕

「獨哉」猶言徒哉也。

必己

[正文] 不終其壽、內熱而死 〔八三六、一五〕

[高注] 幽通記《ママ》曰「張毅修襮而內逼」、此之謂。

緬案、『〔文選〕幽通賦』云「單治裹而外凋兮張修襮而內逼」。

[正文] 其野人大說相謂曰、說亦皆如此、其辯也獨如嚮之人 〔八三七、三〜四〕

『爾雅〔釋詁〕』「胥、皆也」「相也」。王尚書曰「胥・相・皆、三字同義」。緬案、此「皆」當讀爲胥。胥、視也。「獨」訓乃、如如何。言說亦視如此、其辨也、

乃如嚮之人何也。【編者按：『詩經』小雅・角弓の鄭箋に「胥、相也」「胥、皆也」とあり、『經義述聞』の「淪胥以鋪」の項（巻六）と「艾歷視相也」の項（巻二十六）とに、それぞれ「胥相」とあるが、胥・相・皆の三字が同義であるとは言っていない。「王尚書曰」の出典は未詳】

巻第十五　愼大覽第三

愼大覽

【正文】言者不同、紛紛分分、其情難得〔八五〇、五〕

「分」當爲棼、棼亦與紛同義。『左氏傳』〔隱公四年〕「治絲而棼之也」、可證。

【正文】衆庶泯泯、皆有遠志〔八五〇、六～七〕

「泯」讀爲愍、愍訓憂。

【正文】欲令伊尹往視曠夏〔八五〇、八〕

【畢沅】梁伯子云「曠、空也。或云、是獷之譌也」。『廣雅』曰「礦、強也」。王氏念孫『疏證』〔巻四上〕云「礦者、『說文』「獷、犬獷獷不可附也」、『文選・齊故安陸昭王碑文』「彊民獷俗」、李善注引『韓詩』「獷彼淮夷」、『漢書・叙傳』云「獷獷亡秦、滅我聖文」。獷與礦通」。

緬案、「曠」亦與獷通、非譌也。「曠夏」猶言暴秦也。
【正文】靖箕子之宮〔八五一、一二～一三〕
緬案、「靖」與旌古同義、謂旌表之也。說詳王尚書『經義述聞』。【編者按：『經義述聞』卷十九「春秋左傳下・不靖其能」の項を參照】
【正文】庶士施政去賦〔八五一、一四〕
緬案、「庶士」當作庶人。「施政」、「施」讀爲弛、政讀爲征、謂弛舒征稅也。
【正文】夫憂所以爲昌也、而喜所以爲亡也〔八五二、九～一〇〕
二「爲」字讀爲將。
【正文】而不肯以兵加〔八五二、一二〕
緬案、湖海樓〔叢書〕本『列子〔說符〕』、「不敢以兵加」、「加」字作知、可從。【編者按：『湖海樓叢書』本『列子』（八卷、附『列子冲虛至德眞經釋文』二卷、晉張湛注、『釋文』唐殷敬順撰、宋陳景元補遺）は清嘉慶十八年（一八一三）に陳春が刊行】

權勳

【正文】齊王欲戰使人赴觸子耻而訾之曰〔八七四、一〇～一二〕
緬案、「訾」當讀爲疵、疵猶言謫也、謫咎也。

下賢

【正文】富有天下而不騁夸、卑爲布衣而不瘁攝〔八八六、四〕
「騁」、娉婷之娉。娉婷、美好也。一轉爲好夸之義也。
【正文】忽忽乎其心之堅固也〔八八六、五～六〕
緬案、「忽」讀爲總。總、束也。「忽忽」卽堅固之義。【編者按：「總」は通じて「忽」に作り、「微」に同じ。森氏は、「束」と同義の「總」と混同しているようである】
【正文】確乎其節之不庳也〔八八六、七〕
緬案、『易・文言』「確乎其不可拔」、鄭注云「確、堅高之貌」。【編者按：ここにいう鄭注とは、『經典釋文』に

「鄭云、堅高之貌。『說文』云、高至」とあるものである】
〔正文〕不肯受賓者其禮之。禮士莫高乎節欲〔八八七、一三～一四〕
緬案、舊本下「禮」字下注云「一作卑」、可從。

報更

〔正文〕堪士不可以驕恣屈也〔九〇一、五〕
緬案、「堪士」謂堪能之士也。「堪」亦能也。
〔正文〕此『書』之所謂「德幾無少」者也〔九〇一、一三～九〇二、一〕
〔畢沅〕此德幾無小、猶所謂惠不期多寡期於當阨云耳。
【付箋】「幾」・期通、故『校注』以不期多寡期於當阨爲句、特不明言二字之通用耳。「德幾」者謂德之當其時期者、我所費不多而彼所德者深矣。所謂中流失船、一壺千金也。【編者按：付箋には、前文に「『魯詩申堵詩傳』在塗以後稍微至音而亡」とあるが、正文のどこに注するのか不詳】
翟晴江博極羣書、考語之雅、一時稀其比。璣不必與機通、然晉陸機字士衡、而同時陸璣字元恪、則謂機璣通用亦無不可矣。【編者按：『呂氏春秋新校正』の畢沅注に「翟氏灝謂『逸周書・世俘解』有禽艾侯之語、當卽此禽艾」とある】
〔正文〕將西遊於秦、願君之禮貌之也〔九〇二、五〕
緬案、「君之」之「之」讀爲「其」、古之與・其義仝。說詳王尚書『經義述聞』。【編者按：『經義述聞』に「之」「其」同義の說は見えない。『經傳釋詞』卷九「之」の項に「『呂氏春秋・音初』篇注曰「之、其也」、『書・西伯戡黎』曰「殷之卽喪」、言殷其卽喪也（以下『論語』『詩經』『禮記』『荀子』『孟子』等の例を引く）、之可訓爲其、其可訓爲之。互見其字下」とある。『經義述聞』は『經傳釋詞』の誤りであろう】

順說

〔正文〕而言之與響〔九一三、二〕
緬案、「而言」之「而」讀爲如。「而言之與響」言如言之與響也。

[正文] 康王蹀足謦欬 [九一三、四]
【付箋】謦欬之聲、輕曰謦、重曰欬、又『集韵』「謦欬言笑也」。【編者按：『集韵』は『康熙字典』の引用】

不廣

[正文] 其人事則不廣 [九二五、二]
以下章文義推之、「不廣」上疑脱「不可」二字。
三山先生亦云、恐脱「不可」二字。
[正文] 管子・召忽居公子糾所。公子糾外物則固難必 [九二五、九～一〇]
三山先生曰、下「公子糾」三字衍。
[正文] 古善戰者、莎随賁服 [九二五、一三～九二六、一]
緬案、「莎」當作莫。「随」猶言追也。「賁」、奔也。
「服」與北聲近義仝。言莫追奔北也
三山先生曰、「莎」字疑少字之緐。
[正文] 知大禮 [九二六、一四]
緬案、「禮」・體古互相通。「大禮」卽大體也。

貴因

[正文] 今甲子不至 [九三四、一二]
「今」讀爲卽、卽訓若。
[正文] 此君子也。取不能其主、有以其惡告王、不忍爲也 [九三五、三]
三山先生曰、「取」當作既、字似而誤。
緬案、「不能」之「能」猶柔遠能近之能也。「有」讀爲又。

察今

[正文] 東、夏之命 [九四四、三]
緬案、「東夏」當夷夏、夷字與東故相似而誤。
[正文] 其所爲欲同、其所爲異 [九四四、五]
緬案、「爲」與以古通用。「所爲」卽所以也。此句當作「其所爲欲同其所欲異」。
[正文] 口惛之命不愉 [九四四、五]

緬案、下「〔審應覽〕精諭」篇云「口㖧不言、以精相告」。『廣正』《ママ》云「𠯑塞也」。王氏念孫『疏證』〔卷三上〕引『說文』云「𠯑、塞口也。古文作昏、𠯑與括聲相近也」。此及「精諭」篇疑當作𠯑、傳寫誤作惛或㖧耳。

又案、「口惛」一句、與上下文意不相屬、必是他篇之文迸入於此者矣。下文「人以自是」至「以勝爲故」三十一字、亦是他篇之迸入也。

【正文】法雖今而至、猶若不可法也〔九四四、八〕

緬案、「至」猶言合。「而」與乃古同義。「法雖今而至」言法雖今乃合也。

又案、「雖」猶言「縱令」、卽與『論語〔雍也〕』「仁者、雖告之曰、井有仁焉」之「雖」同義。言先王之法雖令與今之時相合、猶或不可用、謂其不可用之甚也。

【正文】故擇先王之成法〔九四四、八〕

【畢沅】舊校云、擇一作釋。

緬案、「擇」與舍古同義。故舊校云「擇一作釋」。「釋」亦與舍仝。擇先王之成法、言舍先王之成法而不法也。

【正文】軍驚而壞都舍〔九四五、一〕

緬案、「都」當〔作〕却。却、退也。「却舍」言退其軍舍也。

【正文】嚮其先表之時可導也〔九四五、二〕

緬案、「嚮」猶方也。「嚮其先表之時」言方其先表之時也。與下「嚮之壽民」之「嚮」字異義。故注於下「嚮」字云「嚮、曩也」、而此無注矣。

【正文】必循法以動、變法者因時而化〔九四五、五～六〕

【高注】動作也

緬案、「變」字疑衍。或曰、是動字、注譌混本文也。

【正文】良馬期乎千里、不期乎驥驁〔九四五、九〕

【高注】驁千里馬名也。王者乘之遊驁、因曰驥驁也。

緬案、馬之抜群者、名曰驁、猶犬之抜群者名曰獒也。注云「王者乘之遊驁、因曰〔驥〕驁」、恐不然也。

卷第十六　先識覽第四

先覽識

【正文】晉太史屠黍見晉之亂也、見晉公之驕而無德義也［九五六、二］

北醉岡翁云、「見晉公」至「義也」十字、疑是注文。傳寫誤入正文也。【編者按：『漢文學者總覽』に、谷三山の弟子として岡本通理なる人物が見える。「岡」はその修姓かもしれない。ただし『總覽』に北醉の號は見えない。あるいは「北」は姓で「醉岡」は號か。審分覽・知度に「北子億」という人物の說が引かれている】

【正文】日月星辰之行多以不當［九五六、三］

緜案、「以不」之「以」字不當有。

【正文】固無休息［九五六、八］

「固」猶常也。

【正文】天遺之賢人與極言之士［九五六、一二］

【付箋】「天遺賢人」、『尚書（君奭）』篇云「天維純祐命、則商實百姓王人。罔不秉德明恤」。

【正文】周乃分爲二［九五六、一三］

緜案、（呂祖謙）『大事記』云、顯王二年「趙與韓分周爲二」。猶是東西各爲列國、顯王雖在東周、將建空名。是後史傳所載致伯歸服之類周王也。征伐謀策稱東西周君者、皆記二周也。『（史記）周本紀』云「赧《マ》王《マ》時東西周分治」、非也。赧王特徙都西周耳。當以『（史記）趙世家』正。【編者按：『史記』趙世家の成侯八年に「與韓分周以爲兩」とあり、『集解』に「徐廣曰、顯王二年。周紀無此」とあり、『正義』に「『括地志』云、史記周顯二年、西周惠公封少子子班於鞏、爲東周」とある。なお、『史記』周本紀には「王赧時東西周分治」とある】

觀世

【正文】不得休息、而佞進〔九六八、四〕
緬案、「〔有始覧〕謹聽」篇「而佞進」三字無。
【正文】則於江海之上〔九六八、四〕
〔有始覽・謹聽〕「江海之上」作「四海之内」。
【正文】故文王得之〔九六八、五〕
「得之」下、「謹聽」篇有「而王」二字。
【正文】鄭子陽令官遺之粟數十秉〔九六九、二〕
古人倉稟多積穀。粟即穀也。『〔詩經〕大雅〔召旻〕』云「彼疏斯粺」、『箋』曰「疏、謂糲米也。米之率、糲十、粺九、鑿八」、疏曰「粟率五十、糲米三十、粺二十七、鑿二十四」。然則如五秉之穀而以米計、大約有四十斛之數也。〔呉氏英『經句說』論粟五秉之解〕【編者按：呉英『有竹石軒經句說』。『璜川呉氏經學叢書』道光十年、璜川呉氏眞意堂刊等に收める】
【正文】君過而遺先生食〔九六九、四〕
緬案、「過」、過存之過、非過失之過也。【編者按：『後漢書』馬援列傳に「援閒至河内、過存伯春」とあり、李賢注に「存猶問也」とある】
【正文】？

【付箋】公還及方城、季武子取卞、使公冶問、璽書追而與之、曰、聞守卞者將叛、臣帥徒以討之、既得之矣、敢告、公冶致使而退、及舍而後聞取卞、公曰、欲之而言叛、祇〔見〕疏也。〔襄廿八《ママ》年『左傳』〕【編者按：襄公二十九年の誤り。付箋は、巻十六の五丁ウ～六丁オに貼ってあるが、正文・高注に該當箇所を見出し得ない】
【正文】死其難則死無道也〔九六九、七〕
「死無道」言助無道之人爲之死也。
【正文】先見其化而已動〔九六九、八〕
「已」與以通。

知接

【正文】其所以接智所以接不智同〔九七八、三～四〕
緬案、「其所以接智」與「所以接不智同」、此二句試作「其智所以接不智所以接同」看則文意明矣。言其智之所以接物不智之所以接物同也。
【正文】齊鄙人有諺曰、居者無載、行者無埋〔九七八、一〇～一一〕

【高注】謂臣居職有謀計、皆當宣之於君、無有載藏之於心也。行謂卽世也。亦當輸寫所知、使君行之、無有懷藏埋之地中。

絪案、「埋」古訓止。「居者無載行者無理」言居住者無載裝之事、去行者無止藏之理。是引諺以譬身將死止言而亦何爲之意也。注全誤。亦職由不知埋訓爲止。『後漢・張綱傳』「綱獨埋其車輪於洛陽都亭」、「埋」字亦當與此仝、訓爲止。

【正文】苛病失也〔九七九、四〕

【高注】精神失其守、魍魎鬼物乘以下人、故曰「失」。

絪案、「苛」與痾聲近義仝。亦訓疾、未必如注。

悔過

【正文】今袀服回建〔九八九、一二〕

三山先生曰、「回」當作四。「四建」者車上所建兵器之數也。

【正文】鄭賈人弦高・奚施〔九八九、一三〕

絪案、『公羊傳〔僖公三十三年〕』云「弦高者、鄭商也。遇之殽、矯以鄭伯之命而犒師焉」『左氏傳』云「及滑、鄭商人」。

【正文】寡君與士卒竊爲大國憂、曰無所與焉〔九八九、一五〕

三山先生曰、「與」・豫通用。豫、樂也。

【正文】使人臣犒勞以璧、膳以十二牛〔九九〇、一〕

三山先生曰、「人臣」當作小臣。

「弦高將市于周、遇之」云云。【編者按：『史記』晉世家に「襄公元年春、秦師過周、無禮、王孫滿譏之。兵至滑、鄭賈人弦高將市于周、遇之、以十二牛勞秦師。秦師驚而還、滅滑而去」とある】

樂成

【正文】魯人鷖誦之曰〔九九九、二〕

「鷖」當作毀。蓋字之譌。

【正文】舟車之始見也〔九九九、一〇〕

『史記・天官書』云「以星見爲效」。『正義』云「效、見也」。效已訓見、則見亦可訓效。言舟車之利始效見于世也。

【正文】論士殆之日幾矣中山之不取也奚宜二篋哉。一寸而亡矣〔九九九、一四～一五〕

三山先生曰、「日」當作曰。「幾矣中山之不取也」八字一句。

緬案、「論士殆之日幾矣」句絶。「幾」當讀爲機。機、稠也。稠、盛也。言論士殆之者日盛矣。「中山之」以下屬下句。

緬案、「亡」當作止。

「中山之不取也奚宜二篋哉一寸而亡矣」爲句。「宜」猶類也。「亡」當作止。言中山之不取奚類、二篋之書哉。一寸而其功邁止矣也。「一寸」者謂其書之厚也。古之書用簡策、故計之以厚薄輕重。

又案、下文云「中主以之哅哅也止善」、是「亡」爲「止」之誤可證也。又案、「宜」與及古通用。『尚書・呂刑』「何度非及」、『史書《ママ》』作「何居非宜乎《ママ》」、是其證也。【編者按：『史記』周本紀に「何居非其宜與」とある】

【正文】不可與莫爲〔九九九、一五～一〇〇〇、二〕

三山先生曰、「不可與莫爲」、「爲」字當作易。

【正文】漳水猶可以灌鄴田乎〔一〇〇〇、八〕

緬案、「猶」讀爲若。

察微

【正文】凡持國、太上知始、其次知終、其次知中。三者不能、國必危、身必窮〔一〇一三、八～九〕

昭廿六《ママ》年『左傳』「文子曰、君子之謀也、始・衷・終皆舉之、而後入焉。今我三不知而入之、不亦難乎」。【編者按：哀公二十七年の誤り】

去宥

【正文】不以善爲之愨〔一〇二三、五〕

緬案、「愨」與殼一聲轉。殼卽「殼率」之殼。殼猶言法也。【編者按：『禮記』檀弓の『釋文』に「愨本作殼」とある】

【正文】且數怒人主、以爲姦人除路。姦路以除而惡壅

卻、豈不難哉〔一〇二三、一二〕
緬案、下「以」與已仝。已訓旣。【編者按：「姦路以除而惡壅卻」の「以」は誤刻のようである】
緬案、「壅卻」二字近於后世之語。古書之所無。是當作壅刼。字似而誤也。
緬案、襄廿九年『左傳』「天又除之、奪伯有魄」。王尚書『經義述聞』云「除、啓也」。「姦人路除」、「除」字亦從王說讀爲啓。
[正文] 宥之爲敗亦大矣〔一〇二四、六〕
「敗」猶禍也。

正名

[正文] 刑名不當也〔一〇二九、五〕
「刑」與形仝。
[正文] 以爲臣不以爲臣者罪之也〔一〇三〇、一四〕
緬案、上「以爲臣」當作「臣以爲」。谷先生舊說以此三字爲衍。

卷第十七　審分覽第五

審分

[正文] 奪其智能〔一〇三九、九〕
緬案、「奪」當作奮。
[正文] 不可以卒〔一〇三九、一〇〕
又「卒」與率仝、訓帥。
[正文] 無使放悖〔一〇四〇、四〕
緬案、「放」、逆也。『尚書・堯典』。【編者按：『尚書』堯典に「方命圮族」とあり、『正義』に「馬云、方、放也」とある。また『孟子』梁惠王下に「方命虐民」とあり、趙岐注に「方猶逆也」とある】
[正文] 而實以過悗〔一〇四〇、一〇〕
[畢沅] 舊校云「過、一作遇」。又本「悗」作「悅」。今案「遇」「悅」皆非也。悗音瞞、又音懣、『玉篇』「惑

也」。『莊子』大宗師『釋文』「廢忘也」。王氏引之『經義述聞』〔巻三〕釋「暫遇姦宄」之義云、「遇・愚古字通。『晏子春秋・外篇』「盛爲聲樂以淫愚民」。『墨子・非儒』篇「愚」作「遇」。『莊子・則陽』篇「匿爲物而愚不識」、『釋文』「愚一本作遇」。『〔戰國策〕秦策』「今愚《ママ》惑與罪人同心」。姚本作遇惑」、可以證愚遇古字通用。「悗」音瞞、訓惑。「遇悗」卽遇惑也。此文「遇」誤作過、當從一本作遇。【編者按：引用の「暫遇姦宄」は『尚書』盤庚中に見える。秦策三・秦攻邯鄲】

【正文】此之謂定性於大湫〔一〇四一、一二〕

緬案、「湫」之言寂也。卽下文「意氣得游乎寂寞之宇矣」之義也。又案、『淮南子・原道』篇曰「其魂不躁、其神不嬈、湫漻寂寞、爲天下梟」、是正此篇之義相符矣。

【正文】至知不幾……〔一〇四一、三〜五〕

下篇「君守覽」云「故善爲君者無識、其次無事。有識則有不備矣、有事則有不恢矣」。此章「至知不幾」至「其不全也」、正是此意也。

【正文】故得道忘人乃大得（句）人也夫其非道也。知德忘知乃大得（句）知也夫其非德也。至知不幾靜乃明（句）幾也夫其不明也。大明不小事假乃理（句）事也夫其不假也。莫人不能全乃備（句）能也夫其不全也。〔一〇四一、二〜五〕【編者按：朱筆で「句」字を補う】

君守

【正文】鴻範曰「惟天陰騭下民」〔一〇五九、四〜五〕

【高注】陰陽升陟也。言天覆生下民、王者助天學發、明之以仁義也。

段氏茂堂〔段玉裁〕『〔古文〕尚書撰異』「洪範」條引此注、於「言天覆生下民」之下云「覆訓陰、生訓隲。本馬融也」、於「王者助天學發」之下云「句絕。學發卽經文隲字之義。助天云云謂經下文「相協厥居」。」又曰「按「陰陽升陟也」當是「陰覆陟升也」之誤。「隲」者陟之假借字。故注作陟」。

【正文】故曰不出於戸而知天下、不窺於牖而知天道〔一〇五九、五〜一〇六〇、一二〕

『淮南・主術』篇云「人主深居隱處以避燥濕、閨門重襲以避姦賊、内不知閭里之情、外不知山澤之形、帷幕之外、目不能見十里之前、耳不能聞百歩之外。天下之物、無不通者、其灌輸之者大、而斟酌之者衆也。是故不出於《ママ》戸而知天下、不窺於《ママ》牖而知天道、乘衆人之智、則天下之不足有也」。【編者按：二つの「於」字、他の刊本に無し】

【正文】不可以一物一方安車也〔一〇六〇、九〕

「安車」、「車」字衍。

【正文】鄭大師文終日鼓瑟而興、再拜其瑟前曰〔一〇六〇、一四～一五〕

緬案、『淮南・原道』篇曰「修道理之數、因天地之自然、則六合不足均也。是故禹之決瀆也、因水以爲師。神農之播穀也、因苗以爲敎」。今大師文「再拜瑟前」、亦是此意歟。

【正文】智差自亡也〔一〇六一、二〕

王氏引之『尚書述聞』解「暫遇姦宄」條云、『淮南・原道』篇曰「偶䁟智故、曲巧僞詐」、皆姦邪之稱也。「本經」篇曰「衣無隅差之削」、高誘注曰「隅、角也。差、邪也」。

緬案、據王說是也。「智差」卽說邪。

【正文】故至神逍遥倏忽而不見其容〔一〇六一、一～二〕

又案、「逍遥」、擧動也。說詳『廣雅疏證』。

【正文】此則姦邪之情得〔一〇六一、三〕

「此」、如此也。

任數

【正文】馳騁而因耳矣、此愚者之所不至也〔一〇七五、八〕

【高注】馳騁、田獵也。田獵禽獸、亡國之主所樂、及修其本者弗爲也、故曰「愚者之所不至也」。

三山先生曰、「因」疑當作困。「馳騁而困耳」言人君操人臣之事、則終日奔走不遑啓處。故曰「馳騁而困耳」。注全謬矣。

【正文】孔子之所以知人難也〔一〇七七、四～五〕

緬案、「孔子之所以知人難也」、「孔子」二字試作「君子」看則其義通。

勿窮

［正文］兔化而狗、則不爲兔〔一〇八八、一一〜一三〕

緬案、「兔化」至「爲兔」八字語必有誤脱。當作「狗化而兔、則不得兔」。其意猶「〔審應覽〕不屈」篇云「使工女化而爲絲、不能治絲。使大匠化而爲木、不能治木也」。

［正文］人主知能・不能之可以君民也、則幽詭愚險之言無不職矣、百官有司之事畢力竭智矣〔一〇八九、一二〜一四〕

【付箋】

上宣明、則下治辨矣。上周密、則下疑玄矣。
上端誠、則下愿慤矣。上幽險、則下漸詐矣。
上公正、則下易直矣。上偏曲、則下比周矣。

治辨則易一　易一則彊　疑玄則難一　難一則不彊
愿慤則易使　易使則功　漸詐則難使　難使則不功
易直則易知　易知則明　比周則難知　難知則不明

（『荀子・正論』篇）

［正文］則幽詭愚險之言無不職矣〔一〇八九、一三〕

王氏引之『經義述聞』解『尚書・盤庚』篇「暫遇姦宄」條引此文、作「幽詭愚險之言無不戢」。案王氏所引必別是正本矣。「戢」、今本作職者譌也。

知度

［正文］故有職者安其職、不聽其議〔一一〇三、一二〕

緬案、「安」、置也。言必置其職以試其效、不聽其徒議也。

北子憶曰、「安」當爲按。按、亦驗也。【編者按：北子億については不明。あるいは弟子の北厚治のことか】

［正文］君服性命之情、去愛惡之心、用虚無爲本〔一一〇三、一三〕

【付箋】『淮南・原道』篇曰「達於道者、反於清淨。究於物者、終於無爲。以恬養性、以漠處神、則入於天門。所謂天者、純粹樸素、質直皓白、未始有與雜糅者也。所謂人者、偶𥈭智故、曲巧僞詐、所以俛仰於世人而與俗交者」、此「服性命之情、去愛惡之心、用虚無爲本」亦是此意。

【正文】官使自司〔一一〇三、一四～一五〕
緬案、「司」當讀爲治。蓋從司・從台、古字通。『尚書・堯《ママ》典』「舜讓于德、不《ママ》嗣」、今文「嗣」作台、是其例也。【編者按：引用文の出典は「舜典」の誤り。「不」は「弗」字の誤記】

愼勢

【正文】天下之地方千里以爲國〔一一一九、六〕
緬案、「天下之地方」當作「天子之地方」。『孟子・告子下』篇「天子之地方千里。不千里、不足以待諸侯」、可證也。

【正文】神農十七世有天下〔一一一九、八～九〕
三山先生曰、「十七世」當作「七十世」。蓋謂世數之長也。

【正文】以宋・鄭則猶倍日而馳也〔一一一九、一一～一二〕
緬案、「日」當作風。『淮南・原道』篇有「若背風而馳」之語、注云「疾而易也」、是其證也。

【正文】湯其無鄗、武其無岐〔一一二〇、二〕
又案、「湯其」至「其」二「其」字讀爲如。

【正文】功名著乎槃盂、銘篆著乎壺鑑〔一一二〇、三〕
【付箋】「盂」、『說文』〔卷五・皿部〕云「飯器也」、『方言』「宋楚〔魏〕之閒或云之盌」、『史記』「田蚡學禮、甲盤盂之諸書」、謂盤之刻銘也。『集韻』「齊人謂盤爲盂」。【編者按：『史記』魏其武安侯列傳に「武安侯田蚡者、孝景后同母弟也。……蚡辯有口、學槃盂諸書、王太后賢之」とある】
「鑑」、盛水之器也。如鼎而大。『說文』〔卷一四・金部〕「大盆也」。

【正文】有知小之愈於大、少之賢於多者、則知無敵矣〔一一二〇、一〇～一一〕
【付箋】『淮南・原道』篇云「託小以包大、在中以制外、行柔而剛、用弱而強、轉化推移、得一之道、而以少正多」、所謂「知小之愈於大、少之愈《ママ》於多、則知無敵矣」者其此意歟。

【正文】愼子曰、今一兔走、百人逐之〔一一二〇、一三～一四〕
緬案、『尹文子・大道上』篇「彭蒙曰、雉兔在野、衆人逐之、分未定也。雞家滿市、莫有志者、分定故也」。

〔正文〕卽簡公於廟〔一一二一、六〕

緢案、「卽」、就也。就猶言迫也。「卽簡公於廟」猶『昭《ママ》十五年左傳』云「迫孔悝於廟」也。【編者按：引用文は『左傳』哀公十五年の誤り】

執一

〔正文〕目不失其明、而見白黑之殊。耳不失其聽、而聞清濁之聲〔一一四三、二〜三〕

緢案、二「失」字當作迭。迭猶言換也。言不改換其明與聽、而見白黑之殊、聞清濁之聲也。

〔正文〕變化應求而皆有章〔一一四四、七〕

緢案、「章」、法也。

〔正文〕今日置質爲臣、其主安重。今日釋璽辭官、其主安輕〔一一四四、一二〕

三山先生曰、二「安」字語詞、與焉仝。

〔正文〕馬與人敵人在馬前〔一一四四、一二〕

三山先生曰、當重「敵」字。

緢案、「與」下當有「馬」字。「與」亦訓敵。言「馬敵馬、人敵人」也。

〔正文〕傾造大難、身不得死焉〔一一四五、二〕

緢案、「傾」當爲頃。頃訓及。言及至大難也。

卷第十八　審應覽第六

審應

【正文】而自以爲能論天下之主乎〔一一五一、六～七〕

緬案、『廣雅』曰「論、撰也」。撰訓擇。

【正文】使人戰者嚴駔也〔一一五三、六〕

【高注】嚴、尊。駔、驕也。◯案、駔與怚・姐同。『廣雅』曰「怚、傷也」。王氏念孫『疏證』云、「『説文』「怚、驕也」。又云「嫭、驕也」。『呂氏春秋・審應覽』「使人戰者嚴駔也」、高注「嚴、尊也。駔、驕也」。『淮南〔子〕・繆稱』篇「矜《ママ》怚生於不足」。『〔文選〕稽康・幽憤詩』云「恃愛肆姐」。幷字異而義仝。傷、古通作易」。

重言

【正文】有輔王室之固〔一一六六、四〕

「有」、又也。

緬案、「輔」、副也。副猶言益也。固訓守。

【正文】有執蹠𤸎而上視者〔一一六六、一四～一五〕

【高注】蹠、踰。

緬案、「蹠」當作樜、與柘仝。「𤸎」卽杵字之緐。又案、注「蹠、踰」、「踰」當作行牏。牏、築牆兩頭版也。「執樜杵」猶言執版築也。

精諭

【正文】海上之人有好蜻者〔一一七六、一〕

緬案、「蜻」、鶄也。水鳥鷗鳥之類。故『列子』通作漚鳥。漚與鷗仝。亦水鳥也。【編者按：『列子』黄帝に「海上之人有好漚鳥者」とある】

【正文】前後左右盡蜻也〔一一七七、一〕

〔高注〕蜻、蜻蜓。
「蜻」又作青。『禮記・曲禮』「前有水則載青旌」是也。『經義述聞』解「青旌」之義引此篇以爲證。高誘解爲「蜻蜓」可謂謬矣。
〔正文〕而精言之而不明〔二一七七、四〕
緬案、「精」、精微之精、卽謂微言也。
〔正文〕殷雖惡周〔二一七七、六〕
緬案、「惡周」猶『宣十四年・左傳』「申舟以孟諸之役惡宋」之惡、謂忌畏之也。
〔正文〕不能疵矣……弗能知……弗能窺〔二一七七、六～七〕
緬案、「疵」與訾古字通。「不能疵」言不能測也。下文「不能知」「不能窺」、皆一意之文也。
〔正文〕口㖧不言〔二一七七、六〕
緬案、「㖧」猶𠯑之譌。『廣雅』「𠯑、塞也」。王念孫『疏證』引『說文』曰「𠯑、塞口也。古文作昏。𠯑與括、聲相近也」。
〔正文〕夫子之欲見温伯雪子好矣〔二一七七、九〕
緬案、「好」・孔、古字通。孔、甚也。
〔正文〕故未見其人而知其志、見其人而心與志皆見〔二一七七、一〇～一一〕
緬案、「志皆」有欲。「皆」與諧通。欲、好也。
〔正文〕唯知言之謂者爲可耳〔二一七七、一五〕
『列子・說符』篇曰「白公曰、人故不可與微言乎。孔子曰、何爲不可。唯知言之謂者乎。夫知言之謂者、不以言言也。爭魚者濡、逐獸者趨」、張湛注云「謂者所以發言之旨趣。發言之旨趣、則是言之微者。形之〔於〕事、則無所隱」、又注云「言言則無微隱」。
緬案、張注「形之事」、「事」字疑言字之誤。
〔正文〕君舍衞乎〔二一七八、五～六〕
緬案、「舍」讀赦。
〔正文〕故言不足以斷小事〔二一七八、一四〕
緬案、「小」、微也。「小事」猶言隱微之事也。
〔正文〕唯知言之謂者可爲〔二一七八、一四〕
緬案、「爲」語詞。不然則「可爲」二字當乙正。

離謂

〔正文〕甚多流言〔二一八七、二〕

緬案、「流」與化、古字通。化、譌也。「流言」卽譌言也。譌言謂無實之言也。

【正文】故惑惑之中有曉焉、冥冥之中有昭焉〔一一八七、四〕

【畢沅】句【編者按：「故惑」の下に注す】

三山先生曰、「惑惑」與「冥冥」對。中間不當句。「有昭焉」與「有曉焉」對。「昭」「曉」爲韵。二「有」字讀爲。言身處於惑惑之中、自以爲曉焉、身居於冥冥之中、自以爲昭焉。

【正文】故與桀・紂・幽・厲皆也然有亡者國無二道矣〔一一八七、五〕

三山先生曰、「皆也」、「也」字衍。「者國」當乙正。

緬案、「皆也然」、「也然」二字當乙。或曰、「也」是亡之誤。「然」語詞、猶焉也。

又案、「有亡者國無二道矣」、「有」是存之誤、「國」是固之誤。當作「存亡者固無二道矣」。「〔審分覽〕任數」篇云「治亂安危存亡其道固無二也」、是其證也。

【正文】是者數傳〔一一八八、九〕

「是者」猶言「如是者」也。「數傳」、「傳」、變也。謂其辨之不窮也。

淫辭

【正文】亂亂辭之中又有辭焉〔一一九五、二〕

三山先生曰、「亂亂」當除一亂字。

【正文】言行相詭、不祥莫大焉〔一一九五、三～四〕

緬案、「詭」與恑通。『廣雅』曰「恑、反也」、王氏念孫『疏證』曰、「『〔文選〕班固・幽通賦』「變化故而相詭」、曹大家注云「詭、反也」。『大戴禮・保傅』篇「左右之習反其師」、『賈子・傅職』篇「反」作詭、『漢書・武五子傳』云「詭禍爲福」、『〔史記〕李斯傳』「今高有邪佚之志、危反之行」、詭・危竝與恑通。『說文』「恑、變也」、變又反也」。

【正文】荊柱國莊伯、令其父視曰日在天……視其時日當今〔一一九六、五～六〕

三山先生云、「其父」當作其舍人。「曰日」當乙。「時日」當作時曰。

【正文】齒十二與牙三十〔一一九六、六～七〕

緬案、「三十」、「十」字衍。

不屈

【正文】則施不可而聽矣〔一二〇六、一〕

緬案、「而」與以、古字通。

【正文】惠王布冠而拘於鄄〔一二〇六、六〕

案、『〈戰國策〉魏策』云「齊・魏戰於馬陵、齊大勝魏、殺太子申、覆十萬之軍。魏王召惠施而告之曰、夫齊、寡人之讎也、怨之至死不忘」云云「對曰、不可。臣聞之、王者得度、而覇者知計」云云「王若欲報齊乎、則不如因變服折節而朝齊、楚王必怒矣。王游人而合其鬭、則楚必伐齊。以休楚而伐罷齊、則必爲楚禽矣。是王以楚毀齊也。魏王曰、善。乃使人報於齊、願臣畜而朝」、此所謂「布冠而拘於鄄」。蓋此之謂也。【編者按：魏策二・齊魏戰於馬陵】

【正文】惠子易衣變冠、乘輿而走〔一二〇六、六〕

緬案、「乘」當作棄、字似而誤。

【正文】惠王曰、惠子施……〔一二〇六、一〇〕

三山先生、「惠王」當作惠子。「曰惠子」、「惠子」二字衍。「施」、惠子之名也。

【正文】或操表掇以善睎望〔一二〇六、一一〕

緬案、『廣雅』曰「睎、視也」。

【正文】施而治農夫者也〔一二〇六、一三〕

又「施而」之「而」、讀乃。

【正文】惠子之治魏爲本〔一二〇六、一三〕

案、「之治」句逗。

【正文】大將・愛子有禽者也〔一二〇六、一四〕

又案、「大將」卽愛子也。『〈戰國策〉魏策』云「魏惠王起境內衆。將太子申而攻齊」、是也。【編者按：魏策二・魏惠王起境內衆】

又案、『〈戰國策〉魏策』注引『大事記』云「惠王三十年、魏龐涓伐韓、齊田忌・孫臏伐魏以救韓。魏大發兵、使太子申將、與龐涓合軍拒之、戰于馬陵、魏師大敗、殺太子申・龐涓」。據之卽「大將」卽龐涓、「愛子」卽謂太子申歟。【編者按：魏策二・齊魏戰於馬陵の鮑彪注】

【正文】得擧其諱〔一二〇六、一五〕

緬案、「擧」、稱也。『尹文子・大道上』篇「稱家大怖」、注云「稱家、擧家也」。

緬案、「得」字、古作㝵。故古書中「見」「得」往往相亂。『〔戰國策〕趙策』「用兵踰〔年〕、未見一城」、『史〔趙世家〕』「未得一城」、是其證也。此「得」當作見。「見擧其諱」言被稱其諱也。【編者按：趙策一・秦王謂公子他】

【正文】乃請令周太史更著其名〔一二〇六、一五〕

著、著錄之著。言更錄太史之籍也。

【付箋】緬案、「周太史」者、非謂在周室太史也。諸國皆在也。各於其國、掌周之禮樂典籍、故稱周太史耳。『〔國語〕晉語』云「智果別族于太史」〔注云「太史、掌氏姓」〕、是亦周太史之類也。

【正文】？

【付箋】『史・〔劉敬〕叔孫通傳』「爲綿蕞」、徐廣曰「表位標準。音子外反」。〔如淳曰〕「春秋傳曰、置茅蕝」。賈逵云「束茅以表位爲蕝」。〔『索隱』引「纂文」云〕「音卽悅反」。【編者按：巻十八、十三丁ウと十四丁オの間に挟まれているが、正文・高注のどこに注するか未詳。恃君覽・召類に「故明堂茅茨蒿柱」（一三七〇、一〇）とあり、高誘注に「茅非柱任也。雖云儉節、實所未聞」（巻二十、十丁オ）とある。あるいはここに該當するかもしれない】

【正文】諸侯不譽〔一二〇七、一〕

緬案、「譽」「擧」二字與「與」古字通。故「譽」舊本或作擧也。「諸侯不譽」言諸侯惡魏之所爲而不黨與之也。

【正文】說以不聽不信〔一二〇七、三〕

又案、「說以不聽不信」言不聽於未信之主也。

【正文】宜安矜煙視媚行〔一二〇七、七〕

緬案、『文選・〔鮑照〕舞鶴賦』「頂凝紫而煙華」。

【正文】此非不便之家氏也〔一二〇七、八〕

「之」與於仝、語詞。

【正文】其非有甚於白圭亦有大甚者〔一二〇七、一三〕

緬案、「亦」當作爲。「其非」以下十二字一句。言白圭初以「惠子說之以彊」、猶爲「有大甚者」、惠子聞之、乃以民之父母自居、是其非更有甚於白圭之初以惠子爲有大甚者也。

應言

【正文】市丘之鼎以烹雞、多洎之則淡而不可食、少洎之則焦而不熟〔一二二〇、二〕

三山先生曰、『帝範』注引作「亟牛之鼎」。下兩「洎」字幷作汁。

【正文】則莫宜之此鼎矣〔一二二〇、四〕

「之此」於此也。

【正文】路説謂周頗曰、公不愛趙、天下必從〔一二二一、三〕

【付箋】「公不愛趙」、「愛」疑受字之誤。不受猶言不聽也。

周頗嘗唱從之不利、以游於諸侯者、今游於趙其説不聽、故云「公不受趙、天下必從」。蓋路説以頗不受趙、爲天下約從之候也。頗乃變其説云「頗固欲天下之從。天下從則秦利也」。路説應云「然則公是欲秦之利者矣。秦已以從爲利、則公胡不爲從、却爲天下唱從之不利也」。頗之對遂窮矣。緬案、此段『史記』『國策』幷不載、無所考、然其意約略如此。

【正文】魏令孟卬割絳・窌・安邑之地以與秦王〔一二二一、六〕

【畢沅】梁仲子云「安邑、魏都也。奈何割其國都以與人。此殊不可信」。

三山先生曰、是時魏已徙都大梁。故得割安邑與秦也。梁説非是。

【正文】令起賈爲孟卬求司徒於魏王〔一二二一、六〕

【畢沅】起賈疑卽須賈。

又曰、『國策』「齊欲攻宋、秦令起賈禁之」。此當時秦自有起賈、非須賈之誤。且須賈魏臣、秦焉得令之。校非。【編者按：趙策四・齊欲攻宋】

【正文】寡人寧以臧爲司徒〔一二二一、七〕

【高注】臧亦魏臣。

緬案、「臧」、臧獲之臧。謂賤役之者、非人名也。注非。

【正文】令負牛書與秦〔一二二一、一一〕

又案、「負牛」當乙正。

【正文】令二輕臣也〔一二二一、一二〕

三山先生曰、「令二」之令當作今。

〔正文〕令臣責〔一二三二、一二～一三〕

〔高注〕令秦責臣。

又曰、「令臣責」言令臣以與三邑之事責秦求其償也。注非。

〔正文〕今割國之錙錘矣〔一二三二、一四〕

絅案、「錙」讀爲灑。又與差仝、謂三分之一也。「錘」、半也。言割國之大也。說別詳隨筆。【編者按：ここにいう「随筆」については未詳】

絅案、『禮記・儒行』有「雖分國如錙銖」之語。與此「錙錘」相涉。然義則懸別。

〔正文〕孟卯爲司徒〔一二三三、一〕

三山先生曰、以「孟卯爲司徒」則魏王所拙也。

〔正文〕許綰誕魏王〔一二三三、二〕

絅案、『〔戰國策〕魏策』云「秦敗魏於華、魏王且入朝於秦。周訢謂王曰」云云「王曰、子患寡人入而不出邪。許綰爲我祝曰、入而不出、請殉寡人以頭」云云。此云「許誕王」正謂此事也。【編者按：魏策三・秦敗魏於華魏王且入朝於秦】

〔正文〕兩周全其北存魏擧陶〔一二三三、六〕

三山先生曰、此句當作「兩周全存其北、魏擧陶」云云。

倶備

〔正文〕書惡而有甚怒〔一二三六、二〕

「有」讀又。下文「誠有誠」「精有精」、二「有」字幷讀又。

〔正文〕寡人之亂子〔一二三六、三〕

三山先生曰、「亂子」字當作「亂宓子」。

〔正文〕巫馬旗短褐衣弊裘〔一二三六、六〕

三山先生曰、「衣」字涉「褐」邊傍而誤衍。

〔正文〕誠乎此者刑乎彼〔一二三六、九〕

三山先生曰、「刑」讀形。

〔正文〕乃通於天水〔一二三六、一二～一三〕

三山先生曰、「水」字衍。

卷第十九　離俗覽第七

離俗

[正文] 游入於堯之門〔一二四二、八〕

三山先生曰、「游入」、「入」字誤、當作人。

緇案、「游」、游揚・游說之游、與『〔戰國策〕魏策』云「王游人而合其鬬」同義。言先使人游揚己之德於堯之門也。【編者按：魏策二・齊魏戰於馬陵】

[正文] 其視天下若六合之外、人之所不能察〔一二四三、八〜九〕

緇案、「察」、際也。際訓至。「其視天下若六合之外、人之所不能至」言如以天下撒在九霄雲外、渾不與已相關然也。

[正文] 以愛利爲本、以萬民爲義〔一二四三、一一〕

緇案、「以愛利爲本、以萬民爲義」言舜湯之意。以愛利萬民爲之本義也。今配語言之、故其文如斯。

[正文] 嘻還反戰〔一二四四、一〜二〕

緇案、「還反戰」與『孟子・〔滕文公上〕』「歸反虆梩」句法正仝。

又案、「嘻」字句絕。

[正文] 東布之衣〔一二四四、六〜七〕

緇案、「東」疑練之殘缺。或云、下「達鬱」篇亦作東。未必皆殘缺。蓋齊出善布、世稱之東布、以齊地濱東海也。【編者按：恃君覽・達鬱に「善衣東布衣」とある】

高義

[正文] 雖赦之不外〔一二五四、四〕

緇案、「外」當從辵作迯。逃字俗體也。傳寫誤脫辵耳。

[正文] 度之於國必利長久長久之於主必宜〔一二五四、四〕

三山先生曰、「長久」二字似是「利」字注誤入正文。傳寫更衍「長久」二字、而脫一字。其所脫或是量字。

[正文] 嘗有乾谿・白公之亂矣〔一二五六、五〕

【高注】白公勝、平王太子建之子也。出奔鄭、鄭人殺之。勝請令尹子西・司馬子旗伐鄭復讐。
緬案、注「出」字上脱建字。
【正文】正法枉必死［一二五六、一二］
「正法枉必死」五字有錯誤。當作「正法以死矣」。五字屬上讀。【編者按：朱筆】
【正文】父犯法而不忍［一二五六、一二］
「忍」猶私。【編者按：朱筆】

上徳

【正文】澮乎四海［一二六四、五］
【高注】澮、之也。
緬案、注「澮、之也」、「之」當作至。依聲而誤也。『廣雅』云「澮、至也」是其證。
【正文】小民皆之其之敵而不知其所以然、此之謂順天［一二六四、六］
緬案、「皆」與比、古字通。比、親也。「其之敵」三字難解。句必有脱誤。
緬案、「順天」句絕。與下文「順情」對。
【正文】敎變容改俗而莫得其所受之、此之謂順情［一二六四、六～七］
「敎」、使也。屬下讀。
【正文】形息而名彰［一二六四、七］
緬案、息熄也、猶言滅也。
【正文】周明堂、金在其後［一二六五、三～四］
【付箋】『大戴禮・盛徳』篇『補注』云「案古明堂五室、畫方九區、四正爲堂、四隅爲室、中央曰太廟太室、南曰明堂、北曰玄堂、東曰青陽、西曰總章、東北水室、東南木室、西南火室、西北金室。『呂氏春秋』曰「周明堂、金在其後」、此之謂也」。【編者按：ここにいう『補注』とは孔廣森『大戴禮記補注』のこと。和刻本（官版）は文化三年刊、『皇清經解』所收】
【正文】舜其猶此乎［一二六五、四］
緬案、「猶」與由仝、訓用。
【正文】死而有益陽城君［一二二六六、五］
緬案、「死而」、「而」與若仝。
【正文】還歿頭前於［一二六六、九］

緬案、「歿」猶刎也。「還」與旋通、旋猶言廼也。邦語耶伽亭是也。「前於」當乙正。

【正文】三人以致令於田襄子〔一二六六、一〇〕

「以」讀爲已。又「以」字上脱「二人」二字。【編者按：朱筆】

【正文】墨者以爲不聽鉅子不察〔一二六六、一一～一二〕

緬案、此「墨者」渾指徐弱之輩而言。「不聽」當作不死。「不察」猶言不義也。言墨者之法以爲不死其師則不義也。

【正文】今世之言治、多以嚴罰厚賞、此上世之若客也〔一二六六、一二～一三〕

緬案、「世之」之閒疑脱譬字。其意約略謂上世之治民、以德義爲主。賞罰借以爲治之具耳。比之德義則賞罰譬若客也。

用民

【正文】萬乘之國、其爲三萬五萬尚多〔一二七九、四～五〕

「萬乘」之「萬」上試添今字看。蓋謂方今萬乘之國也。「爲」讀爲與、「尚」訓加。「爲三萬五萬尚多」言與《ヨリ》三萬五萬加多也。

【正文】莫邪不爲勇者與懼者變〔一二八〇、四～五〕

緬案、舊本注云「興、一作與」。

【正文】君利勢也、次官也〔一二八一、一〕

三山先生曰、「次」亦利也。次與佽飛之佽仝。

【正文】不可而不察於此〔一二八一、一～二〕

緬案、「不可而」之「而」與以仝。言不可以不察於此也。

適威

【正文】輕任新節、欲走不得〔一二八九、二〕

案、「新」當作飾。飾、整也。「整節」言調整轡御之節也。卽下句「欲走不得」是也。【編者案：朱筆】

【正文】則以爲繼矣、以爲繼知〔一二九一、二〕

【畢沅】此二句疑當作「則難以爲繼矣、難以爲繼」、脱兩「難」字、下「知」字衍。

緬案、「爲」與僞、古字通。『蘭陵書』每每訓「僞」

爲「爲」、可以證也。所謂民窮則詐、已知其能力之不足、則以詐僞繼之也。

又案、「繼知」之知讀爲「知見」之知、謂僞之見也。

【付箋】「進退」猶言前後也。「爲」之言僞也。（『蘭陵書』中每每訓「僞」爲「爲」、以二字互通也）。「繼知」之知讀爲知見之知。此段言民前有賞之可欲、後則有罪之可畏、而其事煩數巨重、非能力之所堪、下已知其能力之不足、則繼之以僞、已繼之以僞而及其知見也。則上又從而罪之、是以煩數巨重之政罪之、因以招詐僞之罪。愚案、此段無一字舛誤、而文理明順矣。畢氏不通訓詁、乃妄以意改句、欲破無疊之璧、可咲也。【編者案：『蘭陵書』とは『荀子』のこと】

【正文】不能用威適、子陽極也好嚴〔一二九一、四〕

又案、「子陽極也」之「極也」二字涉上下之文而誤衍。「不能用威適」五字、當移於「好嚴」下。

【正文】上下皆曲〔一二九一、五〕

又案、「上下皆曲」言上曲則下亦曲、以喩上枉物則下枉慮。上下相讎之意也。

爲欲

【正文】是三者不足以禁〔一三〇二、五〕

緬案、「禁」猶言制也。

【正文】不敢亂矣〔一三〇二、五〕

三山先生曰、「亂」當作辭。

【正文】晨寤興、務耕疾庸、樸爲煩辱、不敢休矣〔一三〇二、六〕

緬案、此句本作「晨興夜寐」。傳寫誤脱夜字、「晨興寐」其義不通矣。後校者以意改之、作「晨寤興」、聊通其義耳。古書書簡、每行字數必有定。上若脱一字、則下必空一格。此段云「晨興夜寐、務耕疾庸、爲煩辱不敢休矣」。文理明亮、不可更加一字也。「樸」字疑訓耕、而於此無用矣。是夜字空格、妄竄別字、轉轉相誤、遂如此也。

【正文】人猶不可用也〔一三〇三、一〕

三山、「人猶」之「人」疑衍。

【正文】性異非性、不可不熟〔一三〇三、五〕

緬案、「異」當作與。

【正文】故民命敵焉〔一三〇三、九〕

緬案、「命敵焉」當作「爭敵焉」。言上文「四夷皆至」是也。

【正文】謀士言曰〔一三〇三、一四〕

緬案、「謀士」、『左傳〔僖公二十五年〕』作「諜出」。從『左傳』作諜出爲是。「出」與士、諸書往往相混。『史記・夏本紀』「稱以出」、徐廣曰「出、一作士」、亦此類也。

貴信

【正文】百事不滿也〔一三一一、二～三〕

【高注】「滿」猶成。

緬案、「滿」猶實也。（此說非、注義甚有理、不可改。）

【編者按：（一）内朱筆】

【正文】人主有見此論者〔一三一一、五〕

緬案、「見」亦猶言知也、通上。

【正文】凍閉不開〔一三一一、九～一〇〕

緬案、本書孟冬紀「孟冬行春令、則凍閉不密、地氣發泄」、此「開」字亦當從紀作密。

【正文】丹漆染色不貞〔一三一二、二～三〕

緬案、「貞」、固也。『易・文言〔乾〕』曰「貞固足以幹事」是也。

【正文】且二君將改圖〔一三一二、一〇〕

王氏引之『經傳釋詞』〔卷八〕引此文曰「且二君將改圖、且字發語詞也」。

【正文】人特劫君而不盟、君不知、不可謂智〔一三一二、一二～一三〕

緬案、「特」當作將。字似而誤。

【畢沅】『御覽』四百三十作「人將劫君而不知、不可謂智」、此「不盟君」三字賸。

三山先生曰、「不盟」之「不」字賸。不必從『御覽』也。

舉難

【正文】言人不可不慎〔一三一九、一〇〕

三山先生曰、「言人」猶論人也。

[正文] 理無自然、自然而斷相過 [一三二九、一一～一二]
又、下「自然」上亦無字當有。「相」疑當作則。
[正文] 擊牛角疾歌也 [一三三〇、六]
[高注] 歌、碩鼠也。其詩曰「……莫我肯逃、……」。
勞【編者按：「逃」字を訂す】

巻第二十　恃君覽第八

恃君

[正文] 然且猶裁萬物、制禽獸、服狡蟲 [一三三〇、三]
【付箋】「裁」與制仝。
[正文] 君道何如、利而物利章 [一三三〇、九～一〇]
緬案、「物」當作勿、「章」疑是耳字之誤繁者。「〔孟春紀〕貴公」篇云「伯禽將行、請所以治魯、周公曰、利而勿利也」。此章之義、正與之仝。言君人之道如何、唯能利人、而勿自利耳。如此解則與下文「天子利天下、國君利國」云云之語、亦能相反影矣。
[正文] 大解・陵魚・其・鹿野・搖山・揚嶋、大人之居 [一三三一、一]

緬案、「鹿」下疑脱之字。

【正文】故忠臣廉士、内之則諫其君之過也〔一三三二、九〜一〇〕

【付箋】廉士之之而也。内《ニシテハ》之。

長利

【正文】而固處之以身若也〔一三四四、二〕

三山先生曰、「若」當作者。或云、「若也」當乙正、「若」下屬讀。

【正文】夫子蓋行乎、無慮吾農事〔一三四五、五〕

緬案、「慮」讀爲攄、攄與抒聲近義仝、抒猶攬也。『詩〔大雅〕生民』篇云「或春或揄」、注云「揄、抒臼也」。抒臼卽謂攬糅臼中之物也。此云「無慮吾農事」、猶言無攬擾吾農事也。本注云「慮猶亂也」。亦讀「慮」爲攬擾之義也。但不明其訓詁、故讀者恠之耳。『莊子〔天地〕』作落。予別有說焉。

又案、攄與抒義仝、猶與舒義仝也。

【正文】協而耰、遂不顧〔一三四五、五〕

緬案、「協而耰」、『莊子〔天地〕』作「俋俋乎耕」。

【正文】太公望封之知也〔一三四五、七〕

三山先生曰、「望封」、「封」字衍。

【正文】與一擧則有千里之志、德不盛義不大則不至其郊〔一三四五、一四〜一五〕

三山先生曰、「與」讀爲孰。「與」以下廿字一氣讀。

【正文】達乎分仁愛之心識也〔一三四六、五〜六〕

緬案、「識」當作誠、涉上文「識」字而誤。

知分

【正文】荊有次非者、得寶劒于干遂、還反涉江、至中流有兩蛟夾繞其船。次非謂舟人曰、子嘗見兩蛟繞船能兩活者乎……。孔子聞之曰、夫善哉、不以腐肉朽骨而棄劒者其次非之謂乎〔一三五四、五〜一三五五、四〕

緬案、『淮南・道應』篇云「佽非謂枻船者曰、嘗有如此而得活乎。對曰、未嘗見也。於是佽非瞑目、勃然攘臂拔劒曰、至此士可以仁義之禮說也、不可劫而奪也。此江中之腐肉朽骨、棄劒而已。余有奚愛焉。江《マ》赴《マ》刺蛟、遂斷其頭。船中之人盡活。風波畢除。荊爵爲執圭、孔子聞之曰、夫善載腐肉朽骨棄劒者、佽非之謂乎。〔故〕老子曰、夫唯無以生爲者、是賢於貴生焉」。【編者按：『淮南子』の原文は「江赴」を「赴江」に作る】

三山先生曰、「能兩」之「兩」當作而、移「能」上。又曰、「兩活」猶言再生也。言兩蛟繞舟牙、既陷死地矣。苟得免之、乃爲再生。

緬案、「兩活」猶言兩全也。言我與蛟共無事也。今我不斃蛟、則蛟必斃我、是不兩全也。

此說是否、未質諸吾師、姑妄錄之。

緬案、「哉」・載古字通、故此作「哉」、『淮南』作載。「不以」二字疑後人之所加、當從『淮南』刪之、「而」字亦傚之。【編者按：『淮南子』には「孔子聞之曰、夫善載」とある】

[正文] 有盛盈坌息〔一三五五、八〕

緬案、「坌」蕃聲之通用。蕃、繁也。

[正文] 此皆天之容物理也〔一三五五、八～九〕

又案、「容」讀爲裕。『方言』〔第三〕曰「裕・猷、道也」。「物」下疑脫之字。「天之容物之理」、言天之道物之理也。

[正文] 古聖人不以感私傷神〔一三五五、九〕

又案、「感私傷神」、「感」亦猶傷也。「私」當作和。字似而譌。

[正文] 崔杼不說、直兵造胷、句兵鉤頸、……子不變子言、則今是已〔一三五五、一二～一三〕

又案、「是已」、「已」語詞、與矣仝。「是矣」指「直兵造胸、句兵鉤頸」而言。

召類

[正文] 南家之牆、犨於前而不直〔一三七〇、一〕

緬案、古謂屋壁爲牆。「直」疑當作置。置、廢古字相通。『文二年・左氏傳』「廢六關」、『家語・顏回』篇作「置六關」、可證。「不置」謂不使廢而他移也。即下文「爲是故吾不移」是也。

又案、「犨」與讎、聲之通用。讎猶當也。言南家之牆正當其前也。

[正文] 南家工人也、爲鞔者也〔一三七〇、一二〕

『廣雅』曰「鞔、補也」。王氏念孫『疏證』云「鞔者、『廣韻』鞔「鞔、履也」。又云「絻、連也」。絻與鞔仝」。

[高注] 鞔、履也。作履之工也。一曰、鞔靭也。作車靭之工也。

【付箋】『廣雅』曰「鞔、補也」。王觀察『疏證』云「鞔者、『廣韻』鞔「鞔、履也」。又云「絻、連也」。絻與鞔仝」。緬案、此爲鞔者、正是補履之工也。高注云「作履之工」、略與王説合、但注不明説「鞔」之字義、是爲闕耳。

[正文] 史黙曰、謀利而得害猶弗察〔一三七〇、一二〕

緬案、「猶」與由通。

[正文]『易』曰「渙其羣、元吉」。渙者、賢也、羣者、衆也。元者、吉之始也。渙其羣元吉者、其佐多賢也〔一三七〇、一三～一四〕

三山先生曰、古人説字、多以音近取義。上自六經、下至東漢諸儒、皆然。劉熙『釋名』之類、尤其顯證也。此亦不過以「渙」與「賢」聲近爲説耳。近日、清人『易述補〔一二〕』取『呂氏春秋』此説爲解、與王弼以下注『易』者大異。【編者按：『易述補』とは、江藩撰『周易述補』五巻（嘉慶二十五年刊）のこと。『皇清經解』にも収める】

達鬱

[正文] 老而解則無名〔一三八三、四～五〕

緬案、「無」・亡仝。亡名、喪名也。

[正文] 仲志行理、貴樂弗爲變、以事其主〔一三八三、六～七〕

緬案、「貴」、貴倖之貴。君臨其家、歡宴及夜、徽燭以遊、貴倖之至也、而以禮節之、不敢從其命、可謂行之不壞矣。

[正文] 善衣東布、衣白縞冠〔一三八三、八〕

三山先生曰、「善」當作著、移「白縞冠」上。

[正文] 特會朝雨袪歩堂下〔一三八三、八〕

緬案、「特」當作時。

[正文] 孰當可而鏡、其唯士乎〔一三八三、一一～一二〕

【付箋】緬案、「可」讀爲阿衡之阿。鄭康成云「阿、倚也」。此章言阿倚師友、則去私愛就公義之譽。安依愛戚、則有去公義就私恩之嫌、故曰、師友也者公可也、愛戚也者私安也。凡讀「可」爲阿、其證一而不足。本篇「〔恃君覽〕達鬱」篇云「孰當可而鑑《ママ》。其唯士乎」。「可」字亦當讀爲阿。阿、倚也。「而」與以通。言孰當倚以鑑、其唯士乎也。『禮記・內則』曰「凡生子擇諸母與可者」。王氏引之『禮記述聞』云「可當爲阿、阿者謂阿母・保傅之類」。是亦讀可爲阿之證。蓋「可」之通阿、猶「可」之通何也。【編者按：「鑑」は「鏡」字の誤記。『詩經』商頌・長發の『鄭箋』に「阿、倚。衡平也」とある。なお『經義述聞』の引用はかなり省略されている】

【正文】不質君於人中、恐君之不變也〔一三八四、二〕

三山先生曰、上「不」字疑衍、「恐」上試添猶字看。

行論

【正文】不得以快志爲故。故布衣行此、指於國、不容鄉曲〔一三九八、三〕

三山先生曰、下「故」字衍。

緬案、「〔孟夏紀〕尊師」篇云「指於鄉曲」彼注云「爲鄉曲所斥」。此亦當從彼注、訓爲斥。『廣雅・釋言』云「指、斥也」。與彼注正合。「指於國」言一國賤之而不與齒也。卽與下文「不容鄉曲」同意。

【正文】怒甚猛獸〔一三九八、五〕

【付箋】「怒甚猛獸」、「甚」當作其。「怒其猛獸」言常敎服虎・豹・犀・象之類、欲怒之用爲戰也。古戰用猛獸、觀『呂覽』『史記』諸書而可知也。商人服象爲虐于東夷、軒轅敎熊・羆・貔・貅・貙・虎、以與炎帝戰阪泉之野之類是也。

【正文】比獸之角、能以爲城。擧其尾、能以爲旌〔一三九八、六〕

【付箋】「比獸之角、能以爲城、擧其尾以爲旗」、是擧其角與尾、借以喩猛獸之多、非謂實比角爲城、擧尾爲旗也。其意猶『〔史記〕蘇秦傳』云「車轂擊人肩摩、連衽成帷、擧袂成幕、揮汗成雨」、是擧衽袂與汗、借以喩家殷人足之意。

又案、「能」與堪、古字通用。【編者按：この下の一字不明、或いは人名か】

【正文】余興事而齊殺我使〔一三九九、五〕

緬案、「興」當作與。

【正文】客而謝焉〔一三九九、九〕

三山先生、「客」疑衍。

【正文】齊王方大飲、左右官實、御者甚衆、因令使者進報〔一三九九、一二〕

【高注】使其使者進報燕使之至也。

案、「實」當作貫。貫、慣也。或作串。「官串」謂左右慣習之官也。

「使者進報」者是燕之使者也。注迂。

【正文】而舍於廬門之闔〔一四〇〇、六〕

緬案、「舍」、釋也。「闔」疑圍之誤、言釋廬門之圍一面也。

觀表

【正文】故聖人於事志焉〔一四二二、二～三〕

緬案、「志」與識通。識、知也。

【正文】衆人則無道至焉〔一四二二、四〕

緬案、「道」、由也。「至」之言察也。

【正文】夫智可以微謀、仁可以託財者〔一四二二、一一〕

緬案、「微」疑當作徵。「謀」與「財」韻。

【正文】不觀其事而觀其志〔一四二二、一二〕

又案、上文云「故聖人於事志焉」。「志」讀爲識。識、知也。言於其所爲之事、知其難見難測之心也。據之則此句「不」字疑衍。

【正文】足之滑易〔一四二三、七〕

『〔國語〕周語〔下〕』「滑夫二川之神」、『淮南・精神』篇「趣舍滑心」韋昭・高誘注竝曰「滑、亂也」。「易」、治也。「滑易」、治亂也。

卷第二十一　開春論第一

開春

【正文】而海内皆以來爲稽矣〔一四三五、三～四〕

緬案、「稽」、稽留之稽。言海内之仁賢、皆來而稽留於其國也。所謂「奮歸來」是也。

【正文】而天下皆來謂矣〔一四三五、四〕

三山先生曰、「謂」疑請字之誤、謂來請爲天子也。

【正文】又令魏太子未葬其先君而因有說文王之義〔一四三六、六〕

三山先生曰、「因有」當作有因、「有」與又通。『國策』作「又因」、可證。【編者按：魏策二・魏惠王死】

【正文】乃見段喬、自扶而上城〔一四三六、一〇〕

三山先生、「自扶」猶言自勉也。

【正文】叔喬爲之奴而腰〔一四三六、一四〕

三山先生曰、「腰」讀爲綏。

【正文】與其不幸而過〔一四三七、一～二〕

緬案、「與」讀爲若。

察賢

【正文】故賢者之致功名也〔一四五一、二〕

緬案、「故」語詞、與固通。「〔愼行論〕無義」篇「故義者百事之始也」之「故」字亦同此。

【正文】而百官以治義矣〔一四五二、三～四〕

緬案、「以治」當乙。

期賢

【正文】而我伐之、是我爲不義也〔一四五七、七～八〕

「而」讀如。

【正文】其僕曰、然則君何不相之。於是君請相之、段干木不肯受。則君乃致祿百萬、而時往館之。於是國人皆喜相與誦之曰〔一四五七、一二～一四五八、一〕

緬案、上「於是」二字衍。「曰然則」至「往館之」、皆其僕勸文公之言也。「館之」下、試添「從之」二字看。

審爲

【正文】事以珠玉而不肎〔一四六三、五〕

【畢沅】『詩』大雅・緜『正義』云「……『呂氏春秋』云不受」。據此肎字定誤。

緬案、「不肎」當從畢氏之說作「不受」。不受猶言不容也。卽不得免之意。

【正文】今使天下書銘於君之前、書之曰〔一四六四、六〜七〕

「銘」之言名也、古字通用。「使天下書銘」言使天下之人各書其名於籍也。所謂戶籍之類是也。「書銘」「書之」二「書」字各別。

【正文】君將攫之乎。亡其不與〔一四六四、八〕

「亡」之言亡乃也、訓寧。

【正文】君固愁身傷生以憂之戚不得也〔一四六四、一〇〕

緬案、「戚」疑是或之字緐、「或不得也」猶言或不可乎也。

【正文】重傷之人無壽類矣〔一四六四、一四〜一五〕

緬案、「類」、倫也、倫理也。「無壽類矣」謂無壽長之理也。

【付箋】「無壽類矣」下、『淮南〔道應訓〕』云「故老子曰、知和曰常、知常曰明、益生曰祥、心使氣曰強。是故、用其光、復歸其明也」。

愛類

【正文】憂民之利〔一四七三、三〜四〕

緬案、「憂」・謀古互通。義詳『廣雅疏證』及『經義述聞』。【編者按：『廣雅疏證』に「憂・謀、古互通」說は見えない】

【正文】亡其不得宋且不義猶攻之乎〔一四七三、七〕

「亡」、寧也。

【正文】且有不義則曷爲攻之〔一四七三、八〕

「有」、又也。

【正文】勤勞爲民無苦乎禹者矣〔一四七三、一四〜一五〕

緬案、「無苦乎禹者」猶言無甚乎禹者也。
【正文】匡章謂惠子曰、公之學去尊、今又王齊王、何其至也〔一四七四、一〕
三山先生曰、是惠子說魏王以王齊王也。
【正文】匡章曰、公取之代、其不與〔一四七四、二〕
【高注】言公取石以代子頭乎、其不與邪。
又曰、「匡章曰」三字衍。
又、注「與」字衍。
【正文】暑則欲冰、燥則欲溼〔一四七四、六〕
「冰」與燥韵。

貴率

【正文】所爲貴鏃矢者、爲其應聲而至〔一四八三、三〕
緬案、『〔戰國策〕齊策』吳注、『史』蘇秦傳『索隱』引高誘注、竝擧此文、「鏃矢」作錐矢、高誘曰「錐小《ママ》矢、喩徑疾」。【編者按：齊策一・蘇秦爲趙合從說齊宣王。『史記』蘇秦列傳の『索隱』に「『戰國策』作「疾如錐矢」、高誘曰、錐矢、小矢、喩徑疾也。『呂氏春秋』曰、所貴錐矢者、爲應聲而至」とある】
【正文】今君王以所不足益所有餘、臣不得而爲也〔一四八三、五～六〕
緬案、「得」猶言知也。「而」與其、「爲」與謂、古通用。「不得而爲」言不知其謂也。
【正文】羣臣亂王。吳起死矣〔一四八三、八〕
緬案、「亂」讀虐亂・暴亂之亂。
【正文】管仲扜弓射公子小白〔一四八三、一一～一二〕
『〔山海經〕大荒南經』郭注云「扜、挽也、音紆」。
【正文】鮑叔御〔一四八三、一二〕
『廣雅〔釋詁〕』曰「御、使也」。
【正文】令其子速哭曰、以誰刺我父也〔一四八四、三〕
三山先生曰、「以誰」之「以」字疑衍。緬竊案、「以」與爲、古通用、「以誰」言爲誰也。

卷第二十二　愼行論第二

愼行

【正文】小人計行其利、乃不利〔一四九一、二～三〕

緬案、「其利」上當補「慮利」二字。

【正文】不若大城城父而置大子焉、以求北方、王收南方、是得天下也〔一四九一、六～七〕

緬案、「求」、逑也。逑、聚也。與下「收」義仝。

【正文】毋或如齊慶封、弑其君而弱其孤、以亡其大夫〔一四九二、一五～一四九三、二〕

三山先生曰、「亡」當爲𥁰、𥁰與盟古今字、『左傳〔昭公四年〕』作盟。

無義

【正文】人臣與人臣謀爲姦〔一五〇一、四〕

三山先生曰、「姦」疑當作義。

【正文】天下所貴之無不以者、重也〔一五〇二、一～二〕

三山先生曰、「無不以者」猶言無不至者也。「〔愼行論〕求人」篇「先王之索賢〔人〕無不以」亦仝。

【正文】趙急求李欬、李言續經與之俱如衞〔一五〇二、四〕

緬案、「李言」二字、疑涉上「李欬」而衍。

疑似

【正文】爲高葆禱於王路〔一五〇七、四〕

緬案、「禱於王路」四字、其義未審、姑以意解之。「王路」猶言官道也、卽謂周道也。「禱」之言疇也、相接遞之義也。言爲高堡以接遞於周道之閒也。

【正文】賢者有小惡以致大惡〔一五〇七、八〕

三山先生曰、「賢者」當作愚者。

壹行

【正文】不可知則知無安君、無樂親矣〔一五一四、四〕

緬案、「則知」、「知」字衍。

【正文】而王必強大〔一五一四、五〕

緬案、「必強大」下、當重「強大」二字。

【正文】威利敵、而憂苦民〔一五一四、七〕

緬案、「利敵」閒脱「無」字。

【正文】陵上巨木人以爲期、易知故也〔一五一五、二〕

唐・盧仝詩〔逢鄭三游山〕「相逢之處草茸茸、峭壁攢峰千萬重、他日期君何處好、寒流石上一株松」。

【正文】而猶所得匹偶、又況於欲成大功乎〔一五一五、八〕

三山先生曰、「所」上疑脱「無」字、「猶無所得匹偶」言盗賊猶且不敢與之匹偶也。

緬案、此説似未穏、姑記備後考。

【畢沅】「所得」二字、疑倒。

緬案、「猶所得匹偶」當從畢説作「猶得所匹偶」。「得」猶言知也。「猶得所匹偶」言猶知所匹偶也。此句與下「又況於欲成大功乎」之句緊接。

求人

【正文】天地不壞、鬼神不害、人事不謀〔一五二五、三〕

『易・繋辭下傳』「人謀鬼謀、百姓與能」。

【正文】此五常之本事也〔一五二五、三〕

緬案、王氏鳴盛『尚書後案』云「五常卽五敎也」。『文十八年・左傳』「擧八元使布五敎〔四方〕、父義母慈兄友弟恭《ママ》子孝」是也。【編者按：「恭」は「共」字の誤記】

察傳

【正文】吳王聞越王句踐於太宰嚭、智伯聞趙襄子於張武〔一五三六、四〜五〕

「〔仲春紀〕當染」篇「吳王夫差染於王孫雄・太宰嚭、智伯瑶染於智國・張武」。

【正文】昔者舜欲以樂傳敎於天下〔一五三五、七〕

緬案、「傳」當作傅、傅與敷仝。『書〔舜典〕』曰「敷五教、在寛」。

卷第二十三　貴直論第三

貴直

【正文】有人自南方來、鮒入而鯢居［一五四二、七］

緬案、『史・田完世家』云「楚使淖齒將兵救齊、因相齊湣王。淖齒遂殺湣王、而與燕共分齊之侵地鹵器」。此「鮒入而鯢居」、正指淖齒也。

【正文】又斮之東閭、每斮者以吾參夫二子者乎［一五四二、八～九］

【高注】「每」猶當也。

緬案、注「每猶當也」、當是常字之譌。『〔戰國策〕齊策』云「齊負郭之民、有孤狐咺者正議、閔王斮之檀衢、百姓不附。齊孫室子陳擧直言、殺之東閭、宗室《ママ》離心」云云。【編者按：齊策六・齊負郭之民有孤狐咺者。姚宏本は「宗室」を「宗族」に作る】

【正文】嗚呼士之遬弊、一若此乎〔一五四二、一二〕

緬案、「〈開春論〉貴卒」篇云「得之同則遬爲上、勝之同則濕爲下」。此「遬」當與「貴卒」篇同也。

【正文】亦有君不能耳、士何弊之有〔一五四二、一三〕

緬案、「有君」之「有」讀爲「爲」、下文「有君」竝仝。

【正文】淫色暴慢、身好玉女〔一五四二、一五〕

緬案、「玉」讀爲畜。畜、好也。「玉女」卽好女也。

【正文】文公卽位二年、底之以勇〔一五四三、二〕

又案、「底」與砥仝。『尚書〈禹貢〉』「礪砥砮丹」、鄭云「礪磨刀刃石也。精者曰砥」。『〈禮記〉儒行』篇「砥厲廉隅」。

【正文】簡子曰、與吾得革車千乘也〔一五四三、四〕

「與」讀爲「爲」。

直諫

【正文】而非賢者也、將以要利矣〔一五五四、二〕

緬案、「而」讀若也、猶歟也。此句與「將以要利矣」之句緊相接。

【正文】臣寧抵罪於王〔一五五五、九〕

緬案、「抵」猶冒也。

【正文】自流於淵、請死罪〔一五五五、一一～一二〕

緬案、「自流於淵」當作「自囚於街」。蓋「流」・囚聲相近、「淵」・街形相近。「〈不苟論〉不苟」篇云「自敷於街」、正與此義相似。但彼文「敷」字是繫之譌。

知化

【正文】疥癬之病也、不苦其已〔一五六二、一〇〕

三山先生曰、「不苦」當作不藥。「已」、愈也。

【正文】子胥兩袪高蹶而出於廷〔一五六三、二〕

緬案、「蹶」、撅也。撅、揭也。

過理

【正文】高懸之、射著甲冑、從下、血墜流地〔一五六九、一一〕

緬案、「射著」當作躬著、「下」字之下當有「射之」二字。

壅塞

〔正文〕凡説之行也道（句）不智聽智從自非受是也〔一五八〇、一〕

緬案、「道」、由也。當下屬讀。【編者按：「（句）」は畢校本に付されたものである】

原亂

〔正文〕大亂五、小亂三、訂亂三〔一五八七、二〕

緬案、「大亂五」、殺太子申生、殺奚齊、殺卓子、惠公虜、懷公殺、是也。「小亂三」、殺里克、殺呂郤、是也。「討亂三」定襄王、釋宋圍、出穀戍、是也。

〔正文〕慮福未及慮禍之所以皃之也〔一五八七、二～三〕

又案、「慮禍」之「慮」涉上而譌、當作而。「皃」、端皃之皃、猶言兆也。「慮福」以下十二字一句。

〔正文〕釋宋、出穀戍〔一五八七、一二〕

三山先生曰、「宋」下疑脱圍字。

卷第二十四　不苟論第四

不苟

【正文】賢者之事也、雖貴不苟爲、雖聽不自阿［一五九二、二］

緬案、「事」下疑脫君字。

又案、「貴」謂爲其君貴幸也。與「聽」字略同意。

【正文】異故其功名禍福亦異。異故子胥見說於闔閭而惡乎夫差［一五九二、四～五］

三山先生曰、「異故」之「異」字衍。下同。

【正文】五人御於前［一五九二、六］

緬案、「〈似順論〉分職」篇云「武王之佐五人」、注云「周公旦・召公奭・太公望・畢公高・蘇公忿生」。此篇「五人御於前」者、亦恐是也歟。

【正文】公孫枝出、自敷百里氏。……公孫枝徙、自敷於街［一五九三、七～九］

緬案、「自敷」當作自繫、涉上文「自敷」而譌、且「敷」繫形亦相近。

贊能

【正文】賢者善人以人［一六〇〇、二］

「善人以人」言賢人擧賢人、以上爲君、下爲民也。

【正文】舜得皋陶而舜受之［一六〇〇、三］

【編者按：朱筆】

緬案、「舜受之」疑似當作「受堯之禪」。

【正文】固辭讓而相［一六〇一、四］

三山先生云、「而」疑是不字之誤。

【正文】生與之如國［一六〇一、六］

三山先生云、「生」字疑衍。

【正文】說義以聽［一六〇一、一二］

【付箋】「說義」、平和不敢爲詭激之言、同乎流俗、合乎汙世、以適其主之心。

自知

【正文】欲知平直則必準繩〔一六〇九、二〕

緢案、「必」猶言期也。『孟子・告子上』篇云「至於味、天下期於易牙、至於聲、天下期於師曠」。

【正文】爲主人而惡聞其過、非猶此也〔一六一〇、六～七〕

【畢沅】『〔文〕選』注作「亦猶此也」。

三山先生云、當從『選注』作「亦猶此也」。

【正文】終座以爲上客〔一六一〇、一三〕

三山先生云、「座以」二字當乙正。

當賞

【正文】彊我以賢者〔一六一九、六～七〕

三山先生曰、「賢」疑當作堅、字似而誤。

【正文】拂吾所欲、數擧吾過者〔一六一九、七〕

緢案、「數」、責也。「擧」、正也。

【正文】秦小主夫人〔一六一九、一〇〕

三山先生曰、古稱母直曰夫人、未必大字也。「小主夫人」卽小主之母也。

【正文】而賜菌改官大夫、賜守塞者人米二十石〔一六二〇、六〕

緢案、上「賜」字當作奪、涉下「賜」字而譌。

博志

【正文】以重載則不能數里、任重也。……然而名不大立、利不及世者、愚不肖爲之任也〔一六二七、五～六〕

【高注】愚不肖人爲之任政事。

緢案、「及」與被同義。

又案、「爲之任」、「任」字承上「任重也」之「任」字。此「任」字猶言煩也。言愚不肖爲之煩也。注云「任政事」、義未明亮。

【正文】用智褊者無遂功、天之數也。〔一六二七、八〕

三山先生曰、「褊」當爲徧。

【正文】故天子不處全、不處極、不處盈〔一六二七、八〕

緢案、「天子」疑當作君子。

【正文】上二士者可謂能學矣〔一六二八、一四〕
緬案、「上」與「二」古字相似、因而誤衍。「二士」即指養由基・尹儒耳。

貴當

【正文】治人者不於事於君〔一六三七、二〕
緬案、「事」當作人、準上下之文而知之。
【正文】窺赤肉而烏鵲聚〔一六三七、四〕
三山先生曰、「窺」疑窗之誤。
【正文】齊人有好獵者〔一六三八、六〕
【畢沅】「齊人」、舊本或作君。
三山先生曰、注云「舊本作君」、案「君」是昔字也。蓋昔誤若、若又誤君。
【正文】覇王有不先耕而成覇王者〔一六三八、九〕
「有」訓亦。【編者按：朱筆】
【正文】此賢者不肖之所以殊也〔一六三八、九〕
三山先生曰、「賢者」、「者」字疑衍。
【正文】此功之所以相萬也〔一六三八、一一〕
緬案、「萬」當作過。「〔仲冬紀〕長見」篇云「智所以相過」、與此語意相似。一曰、「萬」當從辵作邁。邁亦過也。

卷第二十五　似順論第五

似順

[正文] 有兄曰完子、仁且有勇〔一六四四、八〕

三山先生曰、「完」是田氏之祖諱、子孫不得以祖諱爲名也。此疑是定之譌。

[正文] 百姓怨上、賢良又有死之、臣蒙恥〔一六四五、一〕

又曰、「死之」、「之」字疑當作「大而」、下屬。一曰、「死之臣」三字衍。緬案、「之」與志古字通用、「死之」言死志也。「臣」上疑脱群字。

緬又案、前說非是、「臣」當作心、因聲而誤。「蒙」訓包、包猶言抱也。言賢良皆抱恥、各有「死之」之心也。

[正文] 以完觀之也、國已懼矣〔一六四五、二〕

緬案、「懼」讀爲「危懼」之惧《ママ》。

[正文] 見憂則諍治〔一六四五、八〕

緬案、「諍」當作竫。竫、諞也。諞、辨也。辨、平也。『尚書・秦誓』「截截善諞言」、『公羊傳〔文公十二年〕』作「諓諓善竫言」、『莊子・人間世』篇「巧言偏辭」、『釋文』引晉崔譔本「〔偏〕作諞、音辨」、是竫與辨通之證也。『〔尚書〕堯典』「平章百姓」「平秩東作」、『周禮・馮相氏』注平字皆作辨、是辨與平通之證也。竫治卽平治也。

別類

[正文] 夫草有莘有藟、獨食之則殺人、合而食之益壽、萬堇不殺〔一六五一、二〕

緬案、「莘」當作堇、蓋堇譌華、華又譌莘、故『御覽』作華、是其證。

三山先生亦謂之。先生又云、「藟」蓋指野葛。

又案、「萬」當作藟、「藟堇不殺」四字、疑是注文混正文。

[正文] 類固不必、可推知也〔一六五一、四〕

絪案、下文云「物固不必、安可推也」、以是例之、此文「必」下亦當有安字。

【正文】黄白雜則堅且牣、良劒也〔一六五一、九～一〇〕

三山先生曰、古人造劒、多用銅、故其色黄、用銕造者、別有銕劒之名。

【正文】高陽應將爲室家〔一六五二、一〕

三山先生曰、「應」疑是魋之譌、「高陽魋」卽是尚魋。

有度

【正文】不可惶矣〔一六五九、二〕

三山先生云、「惶」讀爲「惶惑」之惶。

【正文】若雖知之、奚道知其不爲私〔一六五九、六〕

三山先生曰、「若」當作客、下脫曰字。

【正文】許由非彊也〔一六六〇、四〕

三山先生曰、「許由」二字疑有誤。

【正文】孔墨之弟子徒屬、充滿天下、皆以仁義之術敎導於天下。然而無所行、敎者術猶不能行、又況乎所敎。是何也。仁義之術外也〔一六六〇、五～六〕

【付箋】吾聞〔之〕、良賈深藏若虛、君子盛德容貌若愚。去子之驕氣與多欲、態色與淫志、是皆無益於子之身。吾所以告子、若是而已。（『史記・老子傳』老子告孔子語）

分職

【正文】夫君也者、處虛素服而無智〔一六六六、二〕

三山先生曰、「素服」當乙正。

絪案、「素服」仍舊、下「而」字讀爲其。「處虛素服而無智」言「處虛素（句）服其無智」也。

【正文】今將令民以此見之。曰春也有善、於寡人有也〔一六六八、六～七〕

【畢沅】「曰」、『新序』作且。

三山先生曰、「有也」、「有」字疑衍。

絪窃案、「有也」、「有」或是所字之誤。「曰」字不必從『新序』作且也。

【正文】工拙下也、賞罰法也。〔一六六八、八〕

絪案、「工拙下也、賞罰法也」言工拙任下、賞罰任法也。

【正文】受賞者無德、而抵誅者無怨矣〔一六六八、九〕

三山先生云、「受」讀爲授。

處方

【正文】凡爲治必先定分〔一六七八、二〕

【付箋】上下有別、貴賤異等、所以各安其同也。上下無別、貴賤亂等、所以互危其異也。

【正文】晝者儀髪而易貌〔一六七八、五〕

緬案、「易」、忽易之易、猶言忘也。

【正文】殺之免之、殘其家〔一六七八、一二〕

三山先生云、「免之」謂免其官也。

緬案、『莊子・天道』篇云「孔子西藏書於周室。子路謀曰、由聞、周之徵藏史有老聃者、免而歸居」云云。是「免」之一言、以爲免官之名可證也。

【正文】其右攝其一靷適之〔一六七九、三〕

緬案、「攝」、正也。

【正文】詰車令各避舍〔一六七九、五〕

三山先生曰、「車」字句、「令」字下屬。

【正文】今有人於此、擅矯行則免國家、利輕重則若衡石、爲方圜則若規矩、此則工矣巧矣、而不足法〔一六七九、六～七〕

緬案、「矯」與擧、古字通用。「矯行」猶擧措也。又案、「利」疑是料之譌、言意料物之輕重也。「免」當作便、聲近而誤。

愼小

【正文】卑則不得以小觀上〔一六八九、二〕

三山先生曰、「以小」、「小」字疑衍。

【正文】日晏、公不來、至來不釋皮冠而見二子〔一六八九、七～八〕

緬案、「至」字下屬、「至來」猶言及來也。

「皮冠」、田獵之冠。『昭十二年・左傳』「楚王見子革、去皮冠」、是敬大臣之禮也。【編者按：『左傳』昭公十二年に「右尹子革夕。王見之、去皮冠、舍鞭」とあり、『左傳』襄公十四年の杜預注に「皮冠、田獵之冠也」とある】

【正文】侍者曰、戎州也〔一六八九、九〕
『昭《ママ》十七年・左傳』云「初、公登城以望、見戎州。問之、以告。公曰、我姫姓也。何戎之有焉。翦之」、杜注「翦壞其邑聚」。【編者按：引用文の出典は『左傳』哀公十七年である】
【正文】三言而天下稱〔一六八九、一二〕
緬案、「三言」、三令也。
【正文】夜日置表於南門之外〔一六九〇、一〕
緬案、「夜日」猶言夕日也。謂前日也。
【正文】吳起自見而出、仕之長大夫〔一六九〇、三～四〕
三山先生云、「見而出」當作出而見。

卷第二十六　士容論第六

士容

【正文】其狀䏔然不儇〔一六九七、二〕
三山先生曰、「儇」與獧仝、謂輕獧也。
【正文】狼執固横敢而不可辱害〔一六九七、三〕
【高注】狼、貪獸也。所搏執堅固。横猶勇敢。之士若此者不可辱、亦不可害也。
三山先生云、「固」字衍。「横」當作獷。
緬案、「執」與摯仝。「狼執獷敢不可辱害」言狼摯獷敢不可以辱害此人也。注謬。
【正文】骨節蚤成、空竅哭歷、身必不長。衆無謀方、乞謹視見、多故不良。志必不公、不能立功〔一六九八、四～五〕
三山先生云、「哭歷」未詳、「無謀」當乙轉。

緬案、「空竅」猶言節目也。「哭歴」猶言磊砢也。

又案、此文有錯誤、當作「乞謹視見、志必不公、衆謀無方、多故不良、不能立功」。

三山先生訓「乞」爲勤。

【正文】唐尚敵年爲史〔一六九八、八〕

三山先生云、「敵年」未詳、或「數年」之誤。

緬案、「敵年」猶言同年也。蓋謂其年庚同等之友也。

【正文】知人情、不能自遺〔一六九八、一二〕

三山先生云、「知」字疑衍。

【正文】自用則戇陋之人從而賀之〔一六九八、一三〕

緬案、「賀」當作資、字似而誤。

務大

【正文】此所謂以弗安而安者也〔一七一四、一一〕

【高注】當昭文君時、人不安行仁義、而仁義不行也。然仁義必安之本也。故曰、以弗安而安者也。

緬案、「此所謂以弗安而安者也」言其道安天下則周弗安而自安也。與下文「大義之不成、既有成已」語意相似、高注非是。

上農

【正文】民農則重、重則少私義〔一七一八、三〕

緬案、「重」與童通、卽童然之童、謂無知也。

【正文】以力婦敎也〔一七一九、五〕

「力」、勉也。

【正文】男女貿功以長生〔一七一九、六〕

「長」、養也。

【正文】農不出御〔一七一九、一二〕

「御」、百兩御之之御。【編者按：「百兩御之」は『詩經』國風・召南の鵲巣に見える。朱筆】

【正文】不出糞〔一七一九、一三〕

孔氏廣森『經學卮言』〔卷五〕云「羊・麋・犬・豕之骨汁、所以爲糞種之具者、孰非待粟而易之。歲凶則粟不足食、幸而足食、亦無餘粟以易其所無。於是來歲所以糞其田者、無以爲資矣。又凶之甚者、其所穫不足以償今歲糞田之費矣。遑供税乎、且來歲之田糞旣不足、則土疆不美、雖自天降康、亦將不逮平歲之穫、故一歲遇凶〔屢〕三歲而後、其力可復、此稼穡之艱難有國所當知也」。（『孟子・滕文公〔上〕』篇「糞其田不足」之解）

【正文】農不敢行賈、不敢爲異事〔一七一九、一四〕

三山先生云、「賈」字上屬。

【正文】若民不力田、墨乃家畜、國家難治〔一七二〇、二〕

緬案、「墨」之言冒也、冒訓貪。『昭十四年・左傳』「貪以敗官爲墨」是也。「若民不力田、墨家畜」言民不務農、而舍本通末、以貪畜積家之家財也。

【正文】三疑乃極〔一七二〇、二〕

緬案、「三疑乃極」、「疑」讀䰯。䰯、恐也。「極」訓至。

【正文】是謂稽、不絕憂唯、必喪其粃。奪之以水事、是謂籥、喪以繼樂〔一七二〇、四～五〕

又案、「憂唯」連讀。「唯」與惟仝、訓思、思亦訓憂、憂・惟二字仝義。

三山先生云、「唯」與「粃」韻。

緬案、「喪」當作收、涉下「喪」字而誤。「〔士容論〕辯土」篇「不收其粟而收其粃」是其證也。【編者按：朱筆】

【正文】四鄰來虛、奪之以兵事、是謂厲、禍因胥歲〔一七二〇、五〕

「四鄰來虛」、緬案、「來」當作乘、「虛」與「胥」韻。「因胥」、胥因也。猶胥因之爲「因胥」、猶胥淪之爲淪胥也。王氏引之『經義述〔聞〕』解『詩〔大雅〕抑』篇「如彼流泉《ママ》無淪胥以亡」云「淪胥、率相也。率相卽相率也」、是其例也。【編者按：『經義述聞』卷六「淪胥以鋪」（『詩經』小雅・節南山・雨無正）の項に「『毛傳』曰「淪、率也」、『箋』曰「胥相鋪、偏也」言王使此無罪者見牽率相引而徧得罪也」とあり、また「淪胥以鋪、謂相率而入於刑」という。森氏の引くところと同文ではないが、森氏の引く王引之說はこれらを要約したものか】

【正文】野有寢耒、或談或歌〔一七二〇、六〕

【付箋】緬案、『廣雅』云「寢、止也」。「野有寢耒」言民惰農自安、不服田畝、乃田野時有輟止耒耜之患也。

【正文】莫知其本眞〔一七二〇、六～七〕

【高注】〔「眞」〕不敏也。
【畢沅】〔「不敏也」〕三字疑亦正文。
緪案、「眞」或是與字之誤。與、語詞、猶乎也。注三字衍文。

任地

【正文】無之若何〔一七四〇、五〕
三山先生曰、「無」當作爲。
【正文】上田棄畝、下田棄甽〔一七四〇、八〕
緪案、「棄」當作乘、字似而誤。乘訓治、「上田」地高故治畝耳、「下田」地卑故治甽以去濕也【編者按：朱筆】
【正文】人耨必以旱、使地肥而土緩〔一七四〇、一一～一二〕
緪案、「人耨」當作入耨。
【正文】草諯大月。冬至後五旬七日、菖始生〔一七四〇、一三〕
又案、「草諯大月」當作草端之月。「端」訓始、言草始生之月也。卽「冬至後五旬七日、菖始生」之月、是也。
【正文】日至苦菜死而資生〔一七四一、一〕
【畢沅】「資」疑卽「薋」、蒺藜也。
三山先生云、「薋」、和名波磨美志。
【正文】無失民時、無使之治。下知貧富利器〔一七四一、四〕
緪案、「無使」之「無」字衍。「下知貧」三字必有誤脫。「富」訓備、「富利器」言備利器也。
【正文】使其民而郄之〔一七四一、六〕
「郄」猶違也。【編者按：朱筆】
【正文】操事則苦、不知高下〔一七四一、七〕
緪案、「苦」讀爲功苦之苦、與盬同義。

辯土

【正文】必厚其靹、爲其唯厚而及、䬸者莛之、堅者耕之、澤其靹而後之〔一七六四、二～三〕
三山先生曰、「爲」屬上句、語詞。
緪案、「及」下疑脫之字。「及之」與下文「後之」對。

又案、「後」・從二字、意相近。「後之」猶言從之也。古書、後・從互相混。『史記・蘇秦傳』「寧爲雞口、無爲牛後」、『戰國策』作「寧爲雞尸、不爲牛從」。是亦後・從相混一證也。【編者按：ここにいう『戰國策』とは『史記索隱』所引の『戰國策』】

【正文】上田則被其處〔一七六四、三〕

緬案、「被」當爲波。波、播也。謂播種也。【編者按：『山子垂統（下）』の說も同じ】

【正文】苗若直獵、地竊之也〔一七六四、四〕

緬案、「直」當作植。「獵」讀爲鬣、言植苗若馬鬣也。

【正文】寒暑不節、稼乃多菑實〔一七六四、七～八〕

本書「〔恃君覽〕達鬱」篇補注云「木立死曰菑」。

緬案、「〔士容論〕審時」篇云「多枝數節、競葉蕃實」、又云「浮葉疏節、小莢不實」、竝以「節」「實」押韻。此文亦當「節」「實」爲韻。

【正文】熱則脩〔一七六四、九〕

又案、「熱則脩」「脩」訓乾。『詩〔王風〕』中谷有蓷『集傳』「或曰、脩乾也」。此說是也、當引此文相證也。

【正文】農夫知其田之易也、不知其稼之疏而不適也。知其田之際也、不知其稼居地之虛也。不除則蕪、除之則虛、此事之傷也〔一七六四、一〇～一七六五、一〕

緬案、上二句「易」與「適」爲韻。下二句「蕪」與「虛」爲韻。此二句亦當押韻、而「際」與「虛」則非韻矣。且「際」字此處於義亦不可解、當作除、除訓治、與「虛」爲韻。

【正文】熟有耰也〔一七六五、三〕

緬案、「有耰」、「耰」當作成。此一句屬下讀。

【正文】其耰也植、植者其生也、必先〔一七六五、三～四〕

緬案、二「植」字當作稹。字殘缺而譌也。稹、密也。謂覆種稹密也。

【正文】縱行必術〔一七六五、五～六〕

三山先生云、「術」、遂也。遂訓成。

【正文】夬心中央、帥爲冷風〔一七六五、六〕

緬案、「夬心」當作使必、二字互換。「帥」、率也。率訓盡。「必使中央率爲冷風」與「〔士容論〕任地」篇「能使子之野盡爲冷風乎」、其義相仝。

【正文】樹墝不欲專生而族居〔一七六五、九〕

緬案、「專」、摶也。「摶生」猶言簇生矣。

【正文】厚土則孽不通、薄土則蓄幡而不發〔一七六五、一二〕

「通」、達也。『詩〈周頌〉載芟』「驛驛其達」、注「達、出土也」。【編者按：ここに言う「注」は鄭玄『箋』】

「通」聲古如達、與「發」成韻。【編者按：朱筆】

案、「孽」下疑脫而字。「蓄幡」、「幡」字疑衍。「蓄」當作菑、「孽」菑竝草木之病也。「發」、生也。

【正文】剛土柔種、免耕殺匿、使農事得〔一七六五、一二〕

「種」疑當作殖、與上下成韻。【編者按：朱筆】

緬案、『〈戰國策〉秦策』「免〈於〉國患、大利也」、注云「免、元作勉」、〈吳師道〉『補』云「『策』、免・勉通」。此「免」當讀爲勉。【編者按：秦策四・三國攻秦入函谷】

審時

【正文】厚之爲寶〔一七九〇、二〕

『廣雅・〈釋詁〉』曰「寶、道也」。

【正文】不折必穂〔一七九〇、二〕

緬案、「必穂」、「穂」當作穜。穜、禾垂皃。依取物垂撓之義。

【正文】是以得時之禾〔一七九〇、五〕

「禾」、謂稷也。

【正文】莖葉帶芒以短衡、穂鉅而芳奪、秮米而不香〔一七九〇、六～七〕

三山先生曰、「短衡」、「衡」字疑衍。

緬案、似「衡」與「香」爲韵、然其義未詳。

【正文】穂閱而青零〔一七九〇、七〕

【高注】青零、未熟而先落。

緬案、「青零」猶言冷靜也、又猶言肅索也。二字形容之文也。注非是。

【正文】得時之黍、芒莖而徼、下穂芒以長〔一七九一、一〕

緬案、「徼」字句、下當作「不而在穂下」。

案、「徼」讀爲竅、謂莖中有竅孔也。

【正文】先時者、大本而華、莖殺而不遂、葉藁短穂〔一七九一、二～三〕

三山先生曰、「華」當作苹、字似而譌。「苹」與「遂」「穂」爲韵。

【正文】得時之稻、大本而莖葆〔一七九一、四〕
緬案、『廣雅疏證』曰、葆之言苞也。「『爾雅』「苞・〔蕪〕・茂、豐也」。又云「苞、稹也」。孫炎注云「物叢生曰苞」」。【編者按：『廣雅疏證』卷第三下には「葆猶苞也」とある】
【正文】如此者不謚〔一七九一、五〕
「謚」當作益、字似而誤。
【正文】厚糠多粃、庤辟米、不得恃定熟〔一七九一、六〕
緬案、「辟米」上當有脫字。以「米」與「粃」爲韻知之。「庤」字正是其痕跡猶存者矣。「得」字衍、「恃」或作待者是也。「不得」二字屬下讀。
【正文】浮葉疏節、小莢不實〔一七九一、一〇～一一〕
緬案、「浮」訓大。
【正文】後時者短莖疏節、本虛不實〔一七九一、一一〕
緬案、「本」當作莢。
【正文】二七以爲行而服〔一七九一、一二〕
三山先生云、「服」當爲伏。
【正文】薄糕而赤色、稱之重、食之致香以息、使人肌澤且有力〔一七九一、一二～一三〕
糕、之弱・古督二翻、禾皮也。
【正文】是故得時之稼興、失時之稼約〔一七九二、一〕
緬案、「約」聲爲要、與「興」爲韻。
【正文】四衞變彊、殉氣不入、身無苛殃〔一七九二、三～四〕
三山先生曰、「變」當作燮。燮、和也。
又云、「苛」讀爲痾。痾、病也。

あとがき

この十数年来、われわれ両名は、多田狷介、太田幸男両氏の主催する『呂氏春秋』輪読会に参加してきた。この会では、当代の代表的な『呂氏春秋』注釈書である陳奇猷の『呂氏春秋新校釋』（上海古籍出版社刊）を一字一句もらさず読み通すことを課題としている。そのために、色々な参考資料も身辺に集めてきたが、たまたま土屋が入手した二種類の和刻本の『呂氏春秋』に詳細な注が付けられているものがあった。

当初、これにあまり気にも留めず、いたずらに書架に放置したままであった。近年に至って、そのうちの一点の題簽が「呂氏一適」とあることに気づき、調べてみると、これが国文学研究資料館の「古典籍総合目録データベース」に片山兼山の著として書名のみが記載されているものであるのではないかと思い至った。そこで、これを陳氏の注釈と比較してみると、端倪すべからざるものであることがわかった。さらに、もう一点の覆經訓堂本に付せられた注も充実したものであることがわかった。

「はじめに」でふれたように、江戸時代の『呂氏春秋』注釈は、他の主要な諸子に比べると、手薄である。そのような中で、この両者を、世に紹介することは意義があるのではないかと考えるに至った。そこで、長年の同志であり、その実力についてかねて畏敬するところの佐々木氏に意見を徴したところ、氏も賛意を示された。

かような次第で、具体的に翻刻の準備作業を開始することになったが、弱体な私一人ではいかにも心もとない。佐々木氏に協力をお願いしたところ、快諾を得た。二〇一四年の夏から作業を開始し、翻刻と、利用の便を考慮したかなりの量の編者注を付したが、この部分は、両名の完全な協同作業の結果である。
これら二点の注釈の日本における『呂氏春秋』受容と江戸時代までの研究に占める位置を確認するために、やや詳細な解説を付した。「『呂氏一適』の注釈として特筆すべき点」と「森鐵之助注の注釈として注目すべき点」は佐々木氏が、その他は土屋が執筆した。

この間、国立国会図書館、国立公文書館、都立中央図書館、東京大学総合図書館、京都大学付属図書館、筑波大学付属図書館、奈良県立図書情報館、群馬県立図書館、練馬区立光が丘図書館、同貫井図書館、静嘉堂文庫等多くの図書館のご協力を得ることができた。国立国会図書館の大沼宜規氏には、難読の箇所についてご教示いただき、元国立国会図書館の堀内寛夫氏からは、同館憲政資料室資料についてのご教示を得た。多田・太田両氏には、本書編纂のきっかけを作っていただいた。この場を借りて御礼申し上げる。

最後になったが、有意義ではあるがきわめて特殊な内容の本書の出版を、あえて引き受けられた中国書店の侠気と見識に敬意をささげるとともに、何かとご配慮をいただいた編集担当の原篤氏、きわめて面倒な版の製作にご苦心いただいた花乱社の宇野道子氏に厚く御礼申し上げる。

（土屋 識）

土屋紀義（つちや・のりよし）
1946年，東京都生まれ。一橋大学大学院社会学研究科博士課程中退。国立国会図書館司書，福井県立図書館長，国立国会図書館専門調査員，大阪学院大学国際学部教授を経て，現在同大学名誉教授。
【論文】「中国近代図書館前史に関する一考察」（太田幸男・多田狷介編著『中国前近代史論集』汲古書院，2007年），「中国における近代図書館の出現について」（『大阪学院大学国際学論集』18巻１号，2007年６月），「図書館で漢籍はどのように収集されたか―国立国会図書館の場合―」（大澤顕浩編著『東アジア書誌学への招待』第１巻，東方書店，2011年）
【訳書】張宏傑著（小林一美，多田狷介，藤谷浩悦と共訳）『中国国民性の歴史的変遷』集広舎，2016年）

佐々木研太（ささき・けんた）
1970年，新潟県生まれ。二松学舎大学大学院文学研究科博士後期課程単位取得退学。専攻は中国古代社会史。現在，東京学芸大学研究員。
【著書】『中国百科』（共著，「諸子百家」を執筆，株式会社めこん，2013年）
【論文】「戦国期の「質」の機能」（『史潮』新43号，1998年），「春秋期の在外公子の即位をめぐって」（『二松学舎大学人文論叢』第67輯，2001年），「出土秦律書写形態之異同」（『清華大学学報（哲学社会科学版）』2004年第４期），「春秋期の諸国間における公子の保護」（太田幸男・多田狷介編著『中国前近代史論集』汲古書院，2007年），「龍崗六号秦墓木牘訳注」（共著，『中国出土資料研究』第16号，2012年），「『戦国策』韓策所見の「質子」の解釈をめぐって」（『史潮』新73号，2013年），「戦国後期の秦の内政干渉策」（『史潮』新80号，2016年）ほか。

江戸《えど》時代《じだい》の呂氏《りよし》春秋《しゆんじゆう》学《がく》
山子学派《さんしがくは》と森鐵之助《もりてつのすけ》・新出《しんしゆつ》注釈《ちゆうしやく》二種《にしゆ》【解説《かいせつ》と翻刻《ほんこく》】

2017年６月20日　第１刷発行

編　著　土屋紀義・佐々木研太

発行者　川端幸夫

発行所　中国書店
〒812-0035 福岡市博多区中呉服町５番23号
電話 092(271)3767　FAX 092(272)2946

制　作　図書出版 花乱社

印刷・製本　モリモト印刷株式会社

ISBN978-4-903316-58-1

【中国書店刊】

論語における孔子の教育思想と楽

荒木雪葉著

▼A5判上製／三〇三頁／四二〇〇円
ISBN978-4-903316-33-8

孔子の思想の特徴は、身分の差を超えた人格の修養と礼楽を重視したことにある。礼楽に倫理観の根拠を求め、楽に学ぶことを通して、全てを統合した〈和〉を体得した君子となる。音楽理論における〈和〉の概念を考察し、『論語』に見る孔子の音楽思想とその教育理念の歴史的意義について明らかにする。

天台山記の研究

薄井俊二著

▼A5判上製／四九五頁／九五〇〇円
ISBN978-4-903316-24-6

最澄・円珍はじめ多くの高僧が訪れ、日本との関わりも深い、中国浙江省の聖地・天台山の地誌――唐の道士である徐霊府の撰「天台山記」について、唯一伝存する国立国会図書館所蔵本によって全面的な校勘作業を行い、様々な角度から論じる。

古学者高橋赤水　近世阿波漢学史の研究

有馬卓也著

▼A5判上製／三〇六頁／四六〇〇円
ISBN978-4-924779-98-3

江戸後期、当時の主流であった朱子学を排し、孔子本来の教えに立ち戻ることを主張した碩学に迫る。荻生徂徠の古学に私淑した阿波藩の儒学者の思想を、その主著『赤水文鈔』、『古今学話』を中心に読み解く。

竹窓随筆　明末仏教の風景

荒木見悟監修／宋明哲学研討会訳注

▼B5判上製／五五二頁／六三〇〇円
ISBN978-4-903316-02-4

陽明の良知は仏教の真知に及ばない……。中国・明朝末期の頃、陽明学が栄える一方、仏教が不振な中、杭州の雲棲にあって、仏教の根本からの立て直しと人びとの心の救済に全力をそそいだ僧の珠玉の書。待望の完全訳注。

【集広舎刊・中国書店発売】

中国国民性の歴史的変遷　――専制主義と名誉意識

張宏傑著／小林一美・多田狷介・土屋紀義・藤谷浩悦訳

▼A5判上製／三九八頁／三四〇〇円
ISBN978-4-904213-38-4

中華数千年の専制体制と古代・中世の貴族・武人の「名誉意識」との凄絶にして長大なる闘争！　中国人の「国民性」なるものとは何か？　その非人間的な負のシステム・歴史遺産を剔抉し、それらと悪戦苦闘した梁啓超・魯迅・胡適から孫文・蔣介石・毛沢東までの政治思想を再検討する。

中国書店　〒812-0035 福岡市博多区中呉服町5-23 ☎092-271-3767 fax092-272-2946
http://www.cbshop.net/ 集広舎 http://www.shukousha.com/
［価格は税抜き］